Inhaber der Simon-Hirschland-Bank

Inhaber der „kleinen“ Levi-Hirschland-Bank

Moses Hirschland
1810–1888
Erster jüd. Abiturient
u. akad. Arzt in Essen

Levi Hirschland
1804–1863
Gründer der
„kleinen“
Levi H. Bank

Herz Levi Hirschland

Max Hirschland
gest. 1944 in
Theresienstadt

Karl Hirschland
1925–2015
(Charles Hannam),
Kindertransport
England
Schwester Margot
Hirschland

DIE HIRSCHLANDS

Aufstieg und Vertreibung
einer jüdischen Bankiersfamilie

Norbert Fabisch

INHALT

Abb. 1: Der Kutschenhof der Villa Franzenshöhe in Essen-Werden.

VORWORT

Der Kutschenhof der untergegangenen Villa Franzenshöhe in Essen-Werden stand am Anfang meiner historischen Entdeckungsreise. Dieses auffällige Gebäude mit einem großen Pferdeemblem an der Fassade, einem Uhrturm und einer Wetterfahne mit der Jahreszahl 1874 passt offensichtlich nicht in die bürgerliche Wohnumgebung. Hinter dem Kutschenhof liegt ein verwilderter japanischer Steingarten. Ein trockengefallenes Wasserbecken umgibt eine Art riesige Bonsaischale, in deren Mitte eine alte Magnolie steht. Mit Wasser wurde dieses Becken früher über einen kleinen Wasserfall versorgt, der über mehrere Natursteinstufen geleitet war. Das anliegende aufwendige Gartenhaus mit Pagodendach könnte einen traumhaften Blick auf diesen Garten bieten, wären die früher bodentiefen großen Fenster nicht zugemauert. Man muss kein spezielles Interesse an „lost places“ haben, um hier neugierig zu werden. Selbst die unmittelbaren Anwohner wissen kaum etwas zu sagen über diesen außergewöhnlichen Ort, unterhalb eines recht gepflegten Parks, in dessen oberen Teil das ehemalige Priesterseminar des Bistums Essen liegt, ein verschachtelter Gebäudekomplex der 1960er Jahre mit Kapelle in ambitionierter Architektur. Davor ist bis heute das Schild „Kardinal-Hengsbach Haus“ angebracht.

Bei ersten Recherchen zu diesem faszinierenden Ort stieß ich auf den Bergwerksbesitzer Ewald Hilger, der hier 1874 eine Industriellenvilla baute, die wie eine kleinere Ausgabe der Villa Hügel am Hang über der Ruhr lag. Der nächste Besitzer war der zweitbeste Steuerzahler der Stadt Essen, der Bankier Moritz Beer. 1923 übernahm mit Georg Hirschland einer der erfolgreichsten jüdischen Privatbankiers den Besitz. Georg und seine Frau Elsbeth Hirschland statteten die vom Architekten Metzendorf modernisierte Villa, die 1964 abgerissen wurde, mit einer Gemäldegalerie aus, die in Deutschland ihresgleichen suchte. Die 28 Spitzengemälde, darunter vier van Goghs, wurden dann Beute des Essener Gauleiters Terboven. Georg Hirschland, einer der wichtigsten Repräsentanten des deutschen Judentums, hatte in dieser Villa 1933 zur Gründungssitzung der „Reichsvereinigung der deutschen Juden“ eingeladen. Nach zermürbenden Kämpfen um die Bank und mit größtem Einsatz für die jüdische Gemeinde verließen die Hirschlands im Oktober 1938 das Anwesen. Ihren Einsatz, um möglichst viele Juden aus Deutschland zu retten, setzten sie im Ausland fort. Nach dem Weltkrieg entstand im Park der Villa das Priesterseminar des neuen Ruhrbistums. Als 1964 der Denkmalschutz kein Interesse hatte, gegen den Willen des Essener Bischofs zu intervenieren, wurde die Villa abgerissen. Im Jahr 2021 verkaufte das Bistum Essen das Grundstück an einen Investor, der den Willen hat, die untergegangene Villa nach den alten Plänen wiederaufzubauen. Ein historischer Erinnerungsort von Bedeutung soll damit wieder Anschauung gewinnen.

In ihrer Heimatstadt ist die Erinnerung an die Bankiersfamilie Hirschland an verschiedenen Orten präsent. Es gibt einen Hirschland-Saal im Museum Folkwang und die Alte Synagoge zeigt in ihrer Ausstellung, dass ihr imposantes Gebäude ohne den Bankier Isaac Hirschland wohl kaum hätte gebaut werden können. Die Stadtverwaltung hat in der Nähe der Hirschland-Bank, deren Fassade noch erhalten ist, einen Platz nach der Familie benannt. Die historische Forschung hat die „Arisierung“ der Bank sehr gründlich aufgearbeitet und es gibt eine fundierte Darstellung, die die besonderen Verdienste der Familie um Gründung und Förderung des Museums Folkwang wie auch den Raub ihrer Bilder darstellt. Einen ersten sehr verdienstvollen Überblick zur Familiengeschichte hat Hermann Schröter in einem Kapitel seines Buches „Geschichte und Schicksal der Essener Juden“ im Jahr 1984 vorgelegt.

Danach wurde es still um die Geschichte der Familie. Ein Glücksfall für mich war die Möglichkeit, auf dem heimischen Rechner digitalisiertes Archivmaterial einzusehen: Das Leo Baeck Institute in New York hat ca. 16 000 Seiten des schriftlichen Nachlasses „Hirschland Bank and Family“ gescannt und im Internet zur Einsicht bereitgestellt. Dieses Material dient diesem Buch als zentrale Grundlage. Besonderen Dank gilt dem Archivar Michael Simonson. Mitglieder der Familie halfen mir mit Informationen und Fotos. Eine ganz besondere Hilfe war das von Victoria Hirschland-Hess hervorragend gestaltete Internetangebot zur Familiengeschichte. * Edward Hirschland, Enkel des Bankiers Kurt Hirschland, hat mir die Einsicht in die bislang nicht zugänglichen Teile des Nachlasses im Leo Baeck Institute gestattet. Für sein Vertrauen danke ich ihm sehr. Sehr viele Menschen haben mir bei der Entstehung dieses Buches geholfen. Ihnen sei hier gedankt; insbesondere meiner Ehefrau Angelika, die an diesem Vorhaben intensiv mitgearbeitet hat. Die GLS Treuhand förderte mit einem Stipendium die Forschung, und der neue Eigentümer des früheren Hirschland-Anwesens, der Essener Projektentwickler FC Real estate GmbH, machte es mit einem Druckkostenzuschuss möglich, dass dieses Buch in ansprechender Aufmachung im Hentrich & Hentrich Verlag erscheinen kann.

Essen, März 2023
Norbert Fabisch

* A Blog For The Hirschland Family Of Essen And Its Descendants, siehe: www.hirschland.com.

1

VON STEINHEIM NACH ESSEN – DER STEINIGE WEG DES SALOMON HERZ HIRSCHLAND

Sein Kopf wird voller Sorgen gewesen sein, als sich Salomon Herz Hirschland 1811 zu Fuß auf den Weg in das 170 Kilometer entfernte Landstädtchen Essen machte. An sich war es für junge Juden nicht ungewöhnlich, fern der Heimat eine neue Existenz aufzubauen. Oft trieben sie die restriktiven Ansiedlungsbestimmungen, die noch um 1800 galten, in die Fremde. Salomon muss aber besondere Gründe gehabt haben, als er in seinem 44. Lebensjahr seinem Heimatort Steinheim im Kreis Höxter den Rücken kehrte, denn er ließ seine Frau Judel mit fünf Söhnen und zwei Töchtern zurück. Ohne den Beistand ihres Mannes starb Judel vier Jahre später und Salomon holte seine Kinder zu sich nach Essen.[1] Wahrscheinlich ist, dass er in Steinheim ein Berufsverbot durch die Regierung befürchtete und keine auskömmliche Zukunft für seine Familie erwartete, obwohl die Hirschlands zu den alteingesessenen und angesehenen jüdischen Familien des Ortes gehörten.

In Steinheim arbeitete er als Lehrer und Vorsänger in der Synagoge. Da die kleine und arme Gemeinde keinen Rabbiner hatte, gehörte die Predigt am Schabbat zu seinen Pflichten. Den wenigen Kindern – 1821 unterrichtete sein Nachfolger fünf Jungen und fünf Mädchen – brachte er vor allem mosaische Religion und etwas hebräische Sprache bei; weltliche Fächer spielten kaum eine Rolle. Den unzureichenden Lohn der Gemeinde besserte er als Metzger und Händler auf.

Um das Jahr 1811 kam das Angebot einer Lehrerstelle bei der jüdischen Gemeinde in Essen, die den Ausschlag gab, die Familie zu verlassen. Für Salomon war es ein gewagter Schritt in einer Umbruchzeit mit unkalkulierbaren Risiken, aber auch Chancen, die Juden in den alten Zeiten nicht hatten.

Das Leben auf dem Land, in Dörfern oder Kleinstädten war zu Salomons Zeit noch der Normalfall jüdischer Existenz. Als im Spätmittelalter Juden für die Ausbreitung der Pest verantwortlich gemacht und aus den Städten vertrieben wurden, ließen sich viele in ländlichen deutschsprachigen Gegenden nieder oder zogen nach Osteuropa. In Steinheim wuchs die kleine Zahl der Juden im 18. Jahrhundert langsam durch die Ansiedlungspolitik der Paderborner Fürstbischöfe, die aus Schutzgeldzahlungen eine regelmäßige Einnahmequelle hatten und den Handel stärken sollten. Die rund zehn jüdischen Familien pflegten ihre Tradition und waren häufig im Viehhandel und Metzgerhandwerk tätig, zwei Berufe, die durch die rituellen Vorschriften des Schlachtens eng miteinander verbunden waren. Der Beruf des Metzgers war Juden bis zur Emanzipation fast als einziges Handwerk gestattet.

Seit 1808 galt in Steinheim die rechtliche Gleichstellung der Juden. Unter der Herrschaft von Napoleons Bruder Jérôme, der das Königreich Westfalen regierte, wurde der Fremdenstatus der Juden mit Duldungsbestimmungen und regelmäßigen Schutzbriefzahlungen abgeschafft. Bis dahin war die Bewegungsfreiheit von Juden eingeschränkt, der Handel reglementiert, das Handwerk bis auf den Beruf eben des Metzgers verboten. Die meisten Juden lebten in sehr ärmlichen Verhältnissen. Sie waren eine religiöse und kulturelle Minderheit, die einen jiddischen Jargon sprach und sich durch Kleidung, eigene Feiertage, Speisevorschriften und Lebensgewohnheiten von der Mehrheitsgesellschaft unterschied. Selbst zivilrechtliche Fragen regelten Juden innerhalb ihrer Gemeinden. Immer wieder spürten sie die Verachtung der christlichen Mehrheitsgesellschaft, die auch in der Beschreibung der jüdischen Bewohner Steinheims aus dem Jahre 1817 durch den Bürgermeister anklingt:

> „… in hiesieger Stadt lassen sich gar keine besonderen Veränderungen […] an den Juden bemercken, sondern dieselben nähren sich vor wie nach von dem Schweiße der Bauern, und ob zwarn mehrere Familien darin sind die zu arm oder unvermögend sind Geld- oder Handelsgeschäfte zu treiben, so sieht man doch kein anderes Gewerbe als Mäkelen [Makeln, Zwischenhandel betreiben, N. F.] und Bettelen zu ihrer Unterhaltung ergreifen. Nur muß ich noch bemercken, daß sich dadurch, daß sie die verfassungsmäßigen staatsbürgerlichen Rechte genommen und von Bezahlung der Schutzgelder frei sind, die unvermögenden und oft nichtsnutzigen Juden aus dem benachbarten Auslande hierher niedergelaßen, ohne Mittel zu haben, sich auf eine rechtliche Art ernähren zu können und somit dem Staate oder den Unterthanen zur Last sind.“[2]

Diese vielerorts zu hörende Kritik – „die Juden nähren sich vom Schweiße der Bauern“ – erklärt sich durch die ortsgebundene Lebensweise der Bauern, die Vieh und Hof nicht gut allein lassen konnten, um Produkte andernorts zu verkaufen oder einzukaufen, und die deshalb auf die Handelstätigkeit der Juden angewiesen waren. Missernten und Agrarkrisen konnten dann zur Verschuldung bei jüdischen Händlern führen und die daraus entstehenden wirtschaftlichen Spannungen verstärkten die ohnehin bestehende religiöse Judenfeindschaft.

Wie nicht anders zu erwarten, fand in Westfalen die rechtliche Gleichstellung allgemeine Zustimmung in der jüdischen Gemeinschaft, allerdings forderte die Verfassung Neuerungen, die bei religiös konservativen Juden Widerstand provozierten: Juden sollten nützliche Staatsbürger werden und reformfreudige liberale Kräfte unter den Juden wollten in diesem Kontext auch die religiöse Praxis modernisieren. Nach ihrer Vorstellung sollte der Gottesdienst nach protestantischem Vorbild modernisiert und das Trauungszeremoniell reformiert werden. Insbesondere das Bestreben der Regierung, öffentliche jüdische Volksschulen mit staatlich ausgebildeten Lehrern einzuführen, gefährdete nicht zuletzt die Lehrertätigkeit Salomon Hirschlands.[3] Ein Konsistorium unter Leitung des Bankiers Israel Jakobson wollte die jüdischen Schulen gründlich verbessern und sie in das staatliche Schulwesen integrieren. Das Lehrerseminar in Kassel nahm staatlich

Abb. 2: Die Alte Synagoge Steinheim in der Rochusstraße 90. Das um 1750 entstandene Gebäude diente als Synagoge und Schule, in der Salomon Hirschland bis 1811 als Lehrer wirkte.

kontrollierte Prüfungen ab, deren Bestehen die Voraussetzung für die Anstellung waren. Nur mit dieser staatlichen Konzessionierung hätte Salomon Hirschland weiter als Lehrer tätig sein können. Vieles spricht dafür, dass er in dieser Situation den Entschluss fasste, nach Essen zu gehen, wo noch an den alten Traditionen jüdischer Gemeindeschulen festgehalten wurde. Was Salomon 1811 nicht ahnen konnte, war, dass die Schulreform scheiterte, als das Königreich Westfalen nach der Niederlage Napoleons von der Landkarte verschwand. 1813 schloss das Lehrerseminar und nach staatlichen Prüfungen wurde vorerst nicht mehr gefragt. Auch in Steinheim waren Lehrer wieder ungenügend bezahlte Untergebene der jüdischen Gemeindevorsteher.[4]

Über Jugend und Ausbildung von Salomon Hirschland ist nichts bekannt. Wie jeder jüdische Junge hatte er mit dreizehn Jahren seine Bar Mizwa und war jetzt ein Sohn des Bundes, der alle religiösen Pflichten und Vorschriften zu beachten hatte. Seine Mutter Golde wird wie alle jüdischen Mütter davon geträumt haben, dass er ein Mann von großer Gelehrsamkeit und ein cleverer Geschäftsmann wird. Salomon Hirschland favorisierte die Gelehrsamkeit und das hieß für einen jüdischen Jungen dieser Zeit, an fünf Tagen der Woche von acht bis achtzehn Uhr in der Schule zu sitzen, um die Tora zu studieren, am Freitag halbtags. Es hieß „Studieren hat einen Anfang, aber kein Ende", denn „die Tora hat keinen Boden". Salomon Hirschfeld fand Freude daran.

Zu den Anpassungsforderungen des beginnenden 19. Jahrhunderts gehörte die Verpflichtung, dass Juden feste Familiennamen führen. Vom 15. Jahrhundert an hatte es sich in fast ganz Europa durchgesetzt, dass jeder Mensch einen von den Eltern gewählten Vornamen sowie einen Familiennamen trägt. Nur unter Juden war es noch um 1800 Praxis, allein den Namen des Vaters zu übernehmen, also: Salomon Ben (= Sohn des) Herz. In Frankreich war bestimmt worden, dass Juden für sich nur Namen aus einer Liste wählen durften, die typisch französisch klangen. In deutschen Staaten hingegen ließ man ihnen freie Wahl: Sie durften jüdisch klingende Namen wie Moses oder Cohn annehmen, was viele mit Stolz taten, oder ihren Namen frei erfinden, wie Salomon Herz es tat.[5] In einer Liste der Juden Steinheims wird unter Nr. 67 im Jahr 1812 registriert, dass der bisherige Name „Simon Herz" durch den neuen Namen „Simon Hirschland" ersetzt wird und seine Eltern Salomon Herz Hirschland zu Essen und Judel Abraham in Steinheim sind.[6] „Hirschland" ist wahrscheinlich, wie der Genealoge Phiebig schreibt, ein Phantasiename. Es sei in dieser Gegend schon vor Annahme von Familiennamen Brauch gewesen, den Namen Herz (Varianten: Hersch, Herschel, Hirsch) als festen Zunamen zu tragen. In der Tradition ist der springende Hirsch das Zeichen des Stammes „Naftali" und auf dem Grabstein Salomon Hirschlands steht hebräisch „Naftali Hirz".[7] Die Hirschlands nutzten den Hirsch in unterschiedlichsten Anwendungen und als Firmensignet und Siegelmarke.

Es können sicherlich keine zeitgenössischen Empfehlungen des unbedeutenden Landstädtchens gewesen sein, die Salomon Herz Hirschland nach Essen zogen. Justus Gruner, ein eifriger preußischer Beamter und späterer Generalgouverneur der westfälischen Provinzen, warnte 1802:

„Wen aber der Genius der Freundschaft nicht unter seine Fittiche nimmt, der kehre um vor dieser Stadt, oder leiste Verzicht auf reine Freuden, sobald er sie betritt [...]. Auf alle Bequemlichkeiten des Lebens muß man in Essen entsagen [...]. Schiefe, schlecht gepflasterte Gassen, altmodische, zum Teil verfallene Gebäude, Unreinlichkeit, Enge und Dunkelheit sind ihre (Essens) Altertumsdokumente."[8]

Abb. 3: Die Siegelmarke der Simon-Hirschland-Bank.

Abb. 4: Ein Exlibris von Franz Hirschland.

Als Salomon in Essen eintraf, war der allgemeine wirtschaftliche Niedergang als Folge der napoleonischen Kontinentalsperre in der ganzen Stadt zu spüren. Die bescheidene Kohleförderung im Essener Stadtgebiet ruhte 1811 vollständig und das Aachener Revier bot Essener Bergleuten ein angemessenes Reisegeld, wenn sie zur Eschweiler Zeche wechselten. Gegen alle Zeichen des Niedergangs gründete der 25-jährige Friedrich Krupp in diesem Jahr eine Fabrik, die eher eine Werkstatt war, um das Geheimnis der englischen Gussstahlherstellung zu ergründen. Bislang ohne Konkurrenz auf dem Kontinent wurde dort schmiedbarer Gussstahl für Werkzeuge, Prägestempel und viel später für die Radreifen der Eisenbahn produziert. Der glücklose Friedrich Krupp kam über das Stadium des Experimentierens kaum hinaus. Als er 1826 starb, hatte er 10 000 Taler Schulden und das Gussstahlwerk war bankrott. Ebenfalls verarmt starb im selben Jahr der zweite große Pionier der Schwerindustrie, Franz Dinnendahl, der Essens erste Dampfmaschine gebaut hatte, mit der Grundwasser und später auch Kohle aus Tiefenzechen gefördert werden konnten. Als Salomon Hirschland nach Essen kam, war für ihn der zukünftige Aufstieg dieses Ortes zur Industriemetropole nicht zu ahnen. Essen galt eher als Ort der Vergangenheit als der Zukunft. Das Zeitalter von Kohle- und Eisenindustrie ließ noch gut vierzig Jahre auf sich warten.

Große Erwartung an seine neue Stelle in Essen durfte Salomon Hirschland nicht gehabt haben. Elias Moses, einer seiner Vorgänger, bekam vierzig Reichstaler jährlich und freie Kost und Logis. Mehr konnte die Gemeinde nicht aufbringen. Die Domänenkammer Hamm urteilte über die rund einhundert Mitglieder der Gemeinde in Essen und Steele, dass fast alle arm seien und „von dem niedrigsten Schachern leben“[9]. Anders als in Mülheim, Düsseldorf und Bochum war Essener Juden der Detailhandel verboten.[10] Von seinem schmalen Lohn konnte kein Lehrer leben, und er musste zwangsläufig dazuverdienen. Bislang war den Kindern nur sehr bescheidenes religiöses Anfangswissen geboten worden, das auf eine sehr rudimentäre Weise vermittelt wurde. Von Salomon Hirschland erwartete die Gemeinde besseren Unterricht.

Die rechtliche Gleichstellung der Juden in Essen erfolgte 1807. Als Bürger des Großherzogtums Berg, einem napoleonischen Satellitenstaat, wurden sie vorbehaltlos emanzipiert. Der regelmäßige Kauf von Schutzbriefen, die rechtlichen Diskriminierungen und die Beschränkung der Erwerbsmöglichkeiten hatten ein Ende. Wie an anderen Orten lebte die jüdische Gemeinde auf und dachte über neue Wege in die Zukunft nach. Als die französische Herrschaft 1812 endete, bestätigte das Emanzipationsedikt vom 11. März 1812 den Juden in Preußen, dass sie „Inländer“ waren und gleiche bürgerliche Rechte und Pflichten besaßen wie Christen. Allerdings war ihnen der Zugang zu öffentlichen Ämtern in einem sich als christlich verstehenden Staat verwehrt. Erst nach einem Erziehungsprozess sollte ihre völlige rechtliche Gleichstellung erfolgen.

Ein Zeichen des Aufbruchs in Essen war der Neubau der Synagoge in der II. Weberstraße.[11] 1808 trugen „acht jüdische Hausväter unter 2 Baldachins jeder ein Exemplar der Tora, unter einer vor ihnen hergehenden Musik, nach dem neuen Tempel“,[12] wo sie von der Empore der Frauen mit Pauken und Trompeten empfangen wurden. Nach der Predigt des Düsseldorfer Rabbiners hielt der Lehrer eine Rede, worin er das Beten in der Synagoge in deutscher Sprache empfahl.[13] Es gab einen starken „Trieb nach bürgerlicher Erhebung“ der Essener Juden, der seinen Ausdruck darin fand, dass die Unterschrift unter amtliche Schriftstücke kaum noch in hebräischen Schriftzeichen erfolgte.[14]

Im Gebäude der jüdischen Schule in der Hinteren Weberstraße bekam der neue Schulmeister Salomon für sich und seine Kinder eine Wohnung.[15] Wie er mit dieser Kinderschar zurechtkam, wissen wir nicht. Zu einer Wiederheirat findet sich in den Akten kein Hinweis. Vielleicht galt hier das nigerianische Sprichwort: „Um ein Kind aufzuziehen, braucht es ein ganzes Dorf.“ Wahrscheinlich halfen ihm hilfsbereite Frauen aus der Gemeinde, seinen großen Haushalt zu organisieren.

Als Lehrer war Salomon Herz Hirschland in der Gemeinde bald geehrt. Rabbiner Samuel beschreibt ihn 1813 als einen wohlunterrichteten Mann „von vielseitigem Wissen und Können, im Alten wurzelnd, aber auch mit hellem Blick für die Forderungen der Zeit begabt“.[16] Über seiner Lehrtätigkeit lag aber seit 1819 der Schatten eines Konflikts mit seinem zwanzig Jahre jüngeren Lehrerkollegen Adler, der sich über zwei Jahrzehnte hinzog. Im Gegensatz zu Hirschland hatte Adler 1823 vor der Königlichen Kommission in Düsseldorf die staatliche Lehrerprüfung abgelegt und fühlte sich seitdem seinem Kollegen weit überlegen. Darin bestärkte ihn im Folgejahr das Amtsblatt der Düsseldorfer Regierung. Darin wurde bestimmt, dass jüdischer Religionsunterricht nur von Personen erteilt werden dürfe, die diese Prüfung bestanden hatten.[17] „Mit Hochgefühl bezeichnete sich Adler in einer von ihm geforderten Aufstellung über jüdische Lehrpersonen in Essen als der einzig konzessionierte; war er auch zufrieden, daß dem Schullehrer Hirschland die Schule geschlossen wurde.“[18] Salomon Hirschlands Sorgen wuchsen noch, als im Juli 1824 ein Ausweisungsverfahren gegen ihn betrieben wurde. Das Landratsamt in Essen witterte ein unerlaubtes Einschleichen von Ausländern, und es dauerte bis November, als endlich eintreffende Papiere aus Steinheim seine preußische Staatsangehörigkeit bewiesen. Das Unterrichten blieb ihm aber streng verboten.

Der Streit zwischen Lehrer Adler, unterstützt von der Schulbehörde, und der jüdischen Gemeinde, die ganz auf Hirschlands Seite stand, zog sich bis 1841 hin. Letztlich ging es in allen Episoden der Auseinandersetzung immer darum, ob der Lehrer stärker der staatlichen Schulaufsicht oder der jüdischen Gemeinde verpflichtet sei. Die Gemeindemitglieder votierten entschieden für Hirschland und schickten unter Protest ihre Kinder in die evangelische oder katholische Volksschule. Schließlich eskalierte der Konflikt so weit, dass Isaac Adler 1839 ankündigte, er wolle eine eigene jüdische Gemeinde aufbauen. Der inzwischen zum Gemeindevorsteher ernannte älteste Sohn Salomons, der namensgleiche Tierarzt Salomon Hirschland, kündigte ihm darauf die Lehrerstelle. Adler hatte am Ende nur noch zwei Schüler, von denen einer dauerhaft erkrankt war. Danach erwog die Gemeinde die Gründung einer neuen jüdischen Schule.[19] Schadenfroh resümierte Rabbiner Samuel: „1842 ist Adler gänzlich flügellahm; er bittet um Genehmigung an den Nachmittagen keine Schule halten zu müssen […]. Die Antwort steht noch aus, da erlöst ihn (Mai 1842) der Tod aus einem Leben voll Unfrieden, Mühen und Sorgen.“[20]

De facto diente Hirschland seiner Gemeinde als Rabbi, der Trauungen und Beschneidungen vornahm und als Vorsänger, Vorbeter, Kassierer und Aufwärter fungierte. Wann Salomon zum Vorsitzenden der Gemeinde gewählt wurde, erfahren wir aufgrund fehlender personenbezogener Quellen nicht. Mit ihm begann die Reihe der Gemeindevorsteher aus der Familie Hirschland, die über vier Generationen reichte. Meist über viele Jahre hatten Salomon, seine Söhne Moses und Simon, dann Isaac und zuletzt Georg Hirschland dieses Amt inne, das die Gemeinde demjenigen übertrug, dessen Ansehen und Achtung aufgrund von Bildung, Einsatz für die Gemeinde und Wohlstand am höchsten war. Ob Salomons Bezüge aus seiner Tätigkeit für die Gemeinde auskömmlich waren, wissen wir nicht. Die Aufstiegsgeschichte seiner Kinder belegt aber, dass es ihm möglich war, für die bestmögliche Ausbildung aufzukommen. Salomon wurde Tierarzt, Abraham war Kaufmann und Lotterieeinnehmer, Levi hatte die heute sehr bemerkenswerte Berufskombination Strumpfweber, Metzger und Bankier; Simon ist der Begründer des bedeutenden Bankhauses, Bertha war Hausfrau – ihre jüngere Schwester Goldchen starb vermutlich als Kleinkind –, der jüngste Sohn Moses war erster jüdischer Abiturient in Essen und später ein angesehener Arzt und Hausarzt der Familie Krupp.[21]

Abb. 5: Die fünf Söhne des Salomon Hirschland, hinten v. l.: Simon (1807–1885, Bankier), Moses (1810–1888, erster akademisch ausgebildeter Arzt in Essen und Freund Alfred Krupps); vorne v. l.: Salomon (1799–1869, Veterinär), Abraham (1801–1866, Kaufmann und Lotterieeinnehmer), Levi (1804–1863, Strumpfweber, Metzger und Bankier). Auffällig zeigen die Brüder mit ihren Händen ihre innige Verbundenheit.

Während Salomon noch in einem geschlossenen jüdischen Umfeld lebte, das streng durch das Studium der Tora und des Talmuds bestimmt war, fanden seine Kinder ihren Weg in die Mitte der Essener Bürgergesellschaft. Anders als die vorangegangenen Generationen, die ihr Judentum aufgeben mussten, wenn sie zur bürgerlichen Gesellschaft gehören wollten, profitierten die Hirschlands von gesellschaftlichen Fortschritten, die es ihnen erlaubten, der Religion der Väter treu zu bleiben.

Die Taufe war nicht mehr die Eintrittsvoraussetzung, um wirtschaftlichen Erfolg und Anerkennung in der christlichen Umgebung zu erreichen. Allerdings war ihr Jüdischsein zunehmend weniger durch das Studium der jüdischen Quellen und die hebräische Liturgie bestimmt. Das Hochdeutsche hatte das Jiddische verdrängt und die bürgerlich-humanistische Bildungswelt mit Latein und Altgriechisch, die Verehrung von Goethe und Beethoven bestimmte ihre Interessen und verband sie mit dem christlichen Bürgertum Essens. Für alle vier Generationen der Essener Hirschlands stand eine Konversion zum Christentum, für die sich nicht wenige jüdische Privatbankiers entschieden, nie zur Debatte. Im Gegenteil: Über vier Generationen hinweg engagierten sie sich und waren als Vorstände der Gemeinde bis 1938 unermüdlich tätig.

In der Festschrift zum 50-jährigen Bestehen des Königlichen Gymnasiums Essen ist Moses Hirschland als erster jüdischer Abiturient in Essen im Jahr 1833 genannt. Ob sein Vater das beträchtliche Schulgeld selbst hat aufbringen können, ist fraglich. Vielleicht hatte Moses einen Freiplatz oder die Gemeinde finanzierte dem geschätzten „Rabbi" Salomon die kostspielige Ausbildung seines talentierten Sohnes. In der 1819 gegründeten überkonfessionellen Bürgerschule war Moses der 43. Abiturient überhaupt. In seinem Jahrgang gab es nur drei Mitschüler, die diesen Abschluss erreichten. Zu bestehen war ein Prüfungsmarathon mit sieben schriftlichen Prüfungen, darunter ein fünfstündiger Latein-Aufsatz, und mündliche Prüfungen quer durch alle Fächer, zu denen die Öffentlichkeit eingeladen wurde. Die drei glücklichen Abiturienten hatten das Anrecht, auf der Straße von allen gegrüßt zu werden.

Mit einem Mitschüler studierte Moses Medizin und 1838 erlangte er seine Approbation und den Doktortitel. Er war der erste akademisch ausgebildete Mediziner, als er sich 1838 in Essen niederließ. 1913 schrieb Rabbiner Salomon über ihn, er sei einer der gesuchtesten Ärzte seiner Vaterstadt geworden. Bildung war der entscheidende Schlüssel für den Zugang zur bürgerlichen Stadtelite, selbst dann, wenn es am Geld noch fehlte. Diese außergewöhnlichen Aufstiegschancen, die die erste Generation nach der rechtlichen Gleichstellung 1812 nutzen konnte, erklären sich vor dem Hintergrund eines gesellschaftlichen Wandels, in dem sich die aufklärerische Bildungsidee durchgesetzt hatte. Aufstieg durch Leistung und Anstrengung hatte sich diese Gesellschaft auf die Fahne geschrieben, und die so lange ausgeschlossene jüdische Minderheit ergriff die Chance, sich zu integrieren. Die traditionellen Lehrmethoden des Cheder, bestimmt durch stures Vor- und Nachsprechen,[22] die Salomon noch intensiv kennengelernt hatte, wurden nach 1800 mehr und mehr aufgegeben, weil sie das Alter der Kinder kaum berücksichtigten. Die hier ausgebildete Anstrengungsbereitschaft und Hochschätzung von Bildung war eine optimale Voraussetzung für den Schulerfolg am Gymnasium. Schließlich korrespondierte die Idee des humanistischen Gymnasiums, das junge Griechen und Römer heranbilden wollte, mit dem Versuch von Cheder und Talmudschule, junge Orientalisten zu entlassen. Rabbiner Salomon verschwieg nicht die Hürden, die sich talentierten, aufstiegswilligen Juden entgegenstellten:

„Dr. Hirschland kostete als junger Arzt die Bitternis mancher Zurücksetzung in der Gesellschaft und selbst bei den nichtjüdischen Kollegen; nach und nach gewann er die Freundschaft der Besten, z. B. von Hermann Krupp, dem Bruder Alfreds, ärztliches Vertrauen in der Familie dieses selbst, politisches bei der Bürgerschaft, die ihn zum Stadtverordneten wählte.“[23]

Noch als alte Herren waren sich Moses Hirschland und Alfred Krupp darin einig, dass lebenslanges Lernen unverzichtbar sei. Um ihre Englischkenntnisse zu verbessern, korrespondierten sie untereinander gerne in einem etwas eigenwilligen englischen Idiom.

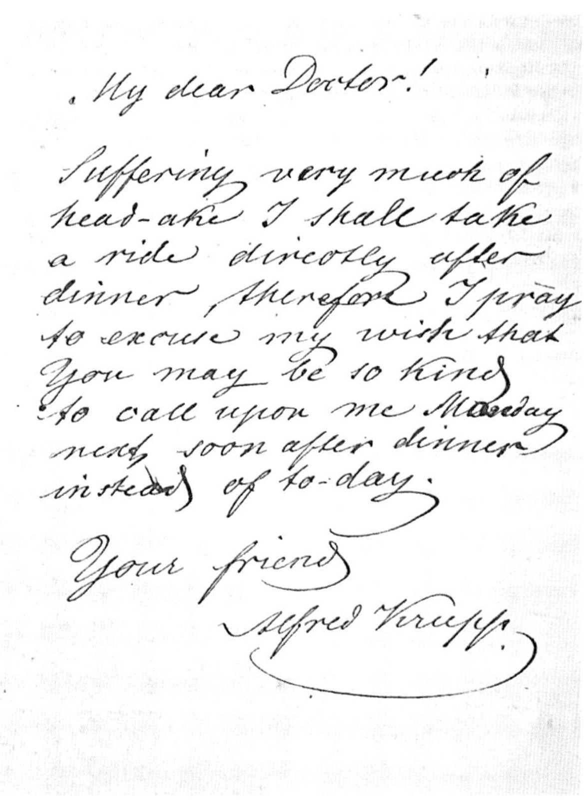
My dear Doctor!
Suffering very much of head-ake I shall take a ride directly after dinner, therefore I pray to excuse my wish that You may be so kind to call upon me Monday next, soon after dinner instead of to-day.
Your friend
Alfred Krupp.

Abb. 6: Englische Übungskorrespondenz zwischen Alfred Krupp und seinem Arzt Moses Hirschland.

2

„ICH HABE IHM THALER GELEHNT" – DIE ANFÄNGE DES BANKGESCHÄFTS

Simon Hirschland und sein drei Jahre älterer Bruder Levi begründeten die Banktradition der Familie, wobei die 1841 offiziell gegründete Simon-Hirschland-Bank die deutlich erfolgreichere Unternehmung war, die nach dem Ersten Weltkrieg in die Spitzengruppe deutscher Privatbanken aufrückte. Bis zur Mitte des 19. Jahrhunderts wurde das Bankgeschäft fast ausschließlich von einer Vielzahl meist jüdischer Privatbankiers betrieben. Dass Juden in diesem Geschäft dominierten, hatte eine lange Tradition, die mit dem kirchlichen Zinsverbot und ihrer Geschichte als „Hofjuden" zusammenhing, die Kredite und Luxusgüter für die Fürsten organisierten. Die beherrschende Position der Privatbanken in der Frühphase der Industrialisierung blieb so lange unangefochten, bis der enorme Kapitalbedarf der Industrie in der Hochindustrialisierung die großen Aktienbanken hervorbrachte.

Das ausleihfähige Kapital für Kreditgeschäfte stammte bei den Hirschlands in den Anfängen aus Warengeschäften. Wie alle Privatbankiers betrieben sie ihr Geschäft unter Einsatz des eigenen Kapitals, sie hafteten unbeschränkt für Verluste, trafen alle Entscheidungen selbst und wussten, dass das Vertrauen ihrer Kundschaft die entscheidende Grundlage des Geschäftserfolgs war.

Man darf annehmen, dass Simon Hirschland eine kaufmännische Ausbildung erhielt, die ihn ermutigte, schon als 22-Jähriger einen „Kramladen" zu eröffnen. Hosen und Strümpfe, Federn und Betten, Uhren und Schmuck – kurz: alles Mögliche, was sich handeln ließ, interessierte ihn. Bald kamen auch Darlehensgeschäfte gegen Pfand dazu. Solche Abzahlungsgeschäfte mit Kleidern verzeichnen die Firmenunterlagen häufiger. Dazwischen tauchte dann immer wieder ein kleines Kreditgeschäft gegen Ausfallbürgschaft auf. Es bedurfte in dieser Zeit keiner aufwendigen Genehmigungsverfahren um eine Bank zu gründen. Simon konnte einfach sagen, „ich gründe eine Bank", und dann war sie da. Entscheidend war, dass er seine Kunden überzeugte: dass er vertrauenswürdig war, über die notwendigen kaufmännischen Kenntnisse verfügte, Verbindungen hatte, die andere nicht hatten, solide Informationen über lukrative Anlagen bekommen und Risiken einschätzen konnte, um das noch schmale Startkapital nicht zu gefährden.

Abb. 6: Simon Hirschland (1807–1885), Gründer der Simon-Hirschland-Bank.

Abb. 7: Erstes Gebäude der 1841 offiziell gegründeten Simon-Hirschland-Bank in der Weberstraße, Essen.

Die ersten geschäftlichen Aufzeichnungen reichen bis in das Jahr 1829 zurück und belegen Warengeschäfte auch gegen Pfand oder Bürgschaften im kleinsten Umfang:

> „15.6.1831 Salomon Gottschalk, hier
> habe ich ihm Thaler gelehnt. In 4 Wochen will er mir's widergeben.
> 20.1.1832 Hat Salomon Gottschalck, hier
> 1¼ Pfund Fett a 4.8 (das am 13.2.1832 bezahlt wurde.)
> 14. Juny 1831 Franz von Schmitz, hier
> Muß mir einen Wechsel am 7. Sept. d. J. von 40 Thaler aufzahlen.
> 1. Juli 1831 einen Wechsel, welchen Schmitz akzeptiert und am 2. Sept. bezahlen muss – 350 Thaler, Levi hat 175 daran zu fordern."[24]

Die letzte Notiz nennt seinen Bruder Levi, auch Moses und Salomon waren gelegentlich an Geschäften beteiligt. Als Simon Hirschland am 1. September 1841 Marianne Isaac aus Ruhrort heiratete, legte er im Geschäft ein neues „Hauptbuch Nr. 1" an. Später wird dieses Datum in der Familie als Gründungsdatum des Bankhauses tradiert. Noch immer wurde Vieh gekauft, verkauft oder getauscht. So am 10. Mai 1847: „Wortmann auf Raupershof für ein trächtig Ziegenlamm schuldet uns Thlr. 3.5"; „Hegenkranz zu Altendorf auf einen Kuhtausch muß er herausgeben Thlr. 11.- und das Kalb."[25] Nach 1850 trat das Warengeschäft allmählich in den Hintergrund. Häufiger nennt das Hauptbuch jetzt die Namen der später so bedeutenden Pioniere der Ruhrindustrie. Oft taucht der Name Mathias Stinnes aus Mülheim als Aussteller von Wechseln auf. Die Beträge gehen schon weit über einhundert Thaler. Friedrich Krupp erscheint als Aussteller solcher Wechsel wie auch August Reusch, Franz Dinnendahl, Hugo Jacobi, Franz Haniel und Heinrich Arnold Huyssen.[26]

Entscheidend für den beginnenden Aufstieg der Bank war, dass Simon Hirschland genau den richtigen Zeitpunkt traf und den besten Ort wählte, den es damals in Deutschland gab, um in das Geschäft der Industriefinanzierung einzusteigen. In der Mitte des Jahrhunderts begann das Gründungsfieber im Bergbau, und Essen war so ziemlich der optimale Standort für die Finanzierung der neuen Grubenunternehmen und der Eisenindustrie. Zechen, die sich mit modernen Maschinen ausrüsten wollten, konnten nicht einfach Kredite aufnehmen. Einerseits verboten staatliche Reglementierungen deren Aufnahme, andererseits fehlten auch noch Geschäftsbanken, die solche Kredite hätten geben können. Ein Ausweg waren lange Lieferungskredite der Maschinenhersteller, die die Hirschlandbank über Wechsel mobilisierte. Wechselgeschäfte waren über einige Jahrzehnte das zentrale Geschäftsfeld: „Das wichtigste Finanzierungsmittel Essens wie des gesamten Ruhrgebiets blieb der Wechsel, der vor allem im Handelsgeschäft seine Vorzüge ausspielen konnte, der aber auch für mittel- und langfristige Darlehen genutzt wurde, die regelmäßig prolongiert wurden."[27]

Mit der in den 1840er Jahren langsam aufkommenden Kohleindustrie begann im Ruhrgebiet auch der Handel mit Anteilsscheinen an Bergwerken, den Kuxen. Den unsicheren und spekulativen Handel mit Kuxen vermied der vorsichtige Simon Hirschland zunächst, da Anteilseigner an Bergwerken, die Gewerken, für Verluste haften mussten, wenn die Ausbeute einer Zeche zu gering war. Risiken hatte natürlich auch das von Hirschland betriebene Wechselgeschäft, wenn der Schuldner nicht zahlen konnte und damit der Wechsel „in Protest ging". Prokurist Heinrich Schumacher, der vermutete Autor der 1938 verfassten Firmengeschichte, überlieferte einen Brief Simon Hirschlands an einen Herrn Langenfeld in Borbeck, der einen Wechsel platzen ließ. In dem Brief ist einerseits die Bereitschaft Hirschlands erkennbar, einen Kunden nicht gleich fallen zu lassen und bei erkennbar gutem Willen zu verhandeln, andererseits auch der Wille, sein Recht konsequent durchzusetzen, wenn er sich beschwindelt fühlte. Diese Maxime wurde dann auch von allen Nachfolgern übernommen.

> „18. Okt. 1862 Ad. Langenfeld,
> Delwig bei Borbeck.
> Heute ist wieder ein Wechsel von 326 Thaler, welchen Sie ausgestellt und Ihr Vater akzeptiert bei mir zahlbar protestiert worden. Ich setze Ihnen [sic] hiervon in Kenntnis und fordere Sie freundschaftlichst auf, doch mal hier zu kommen, am Ende läßt sich die Sache noch durch übereinkommen ergeben. Kommen sie nicht und lassen Sie alles laufen, so werden Sie solches bereuen, ich werde dann Sie nebst Ihren Vater mit allen mir gesetzlichen Mittel [sic] verfolgen, und werde noch 200 Thlr. Kosten wagen. Ich rathe Ihnen also, dass Sie den Weg der Unterhandlung einschlagen. Sie würden es sonst später bereuen. Am Freitag steht schon Termin für 700 Thlr. an, auch diese Woche war ich bei Ihrem Vater, trav ihn aber nicht zu Hause, derselbe ist bis jetzt auch noch nicht hier gewesen."[28]

Der in den 1840er Jahren noch bescheidene Umsatz des Bankhauses entwickelte sich kontinuierlich und stieg in der ersten Gründerzeit des Ruhrgebiets nach 1856 deutlich an. Neben Hirschland betrieben in Essen in dieser frühen Phase nur die Wollhandelsfirma W. & C. Waldthausen, die Speditionsfirma Th. C. Sprenger und Levi Hirschland seit 1845 das Bankgeschäft. Der wichtigste auswärtige Konkurrent dieser noch recht bescheidenen Ortsbanken war Sal. Oppenheimer in Köln. Das Bankhaus war seit den 1820er Jahren ein bedeutender Finanzier der Rheinschifffahrt. Später beteiligte sich Oppenheimer an der Entwicklung des Eisenbahnwesens sowie an der entstehenden Schwerindustrie an Rhein und Ruhr. Die 1841 in Essen gegründete Sparkasse durfte nach ihrem Statut keine riskanten Industriekredite verleihen. Ohnehin waren die Einlagen dazu kaum ausreichend.

Mit der ausgesprochen dynamischen Wirtschaftsentwicklung der zweiten Hälfte der 1860er Jahre stiegen die Umsätze im Essener Bankgeschäft fast zwangsläufig. Die mit den Hirschlands befreundeten Brüder Moritz und Bernhard Beer verkauften ihr Manufakturgeschäft und gründeten eine überaus erfolgreiche Privatbank, die sich auf den Handel mit Industrieanleihen spezialisierte. Die Berliner Großbanken traten erst nach der Jahrhundertwende mit Filialen in Essen auf. Ab 1863 erschien in der Geschäftskorrespondenz der Simon-Hirschland-Bank der Name des 19-jährigen Sohnes Isaac, der zwar noch in der befreundeten Düsseldorfer Firma Prag in der Ausbildung stand, aber mit den dort vorliegenden Wechselgeschäften der väterlichen Bank befasst war. Unter seiner Regie sollte sich der Aufbau der Bank rasant entwickeln.

3

EIN DEUTSCHER JÜDISCHEN GLAUBENS – ISAAC HIRSCHLAND, DER „BÄNKER VON ESSEN“

Als junger Mann nannte man ihn den „gutaussehenden Bänker“, im vorgerückten Alter meist nur den „Bänker von Essen“. Fest stand: Isaac Hirschland (1845–1912) war eine stattliche Erscheinung. Ihm gelang der Aufstieg der Hirschland-Bank zu einer in ganz Deutschland bekannten Privatbank. Er war der erste Hirschland, der eine qualifizierte bankfachliche und kaufmännische Ausbildung erhielt. Dazu hatte ihn sein Vater in das freundschaftlich verbundene Privatbankhaus S. H. Prag in Düsseldorf vermittelt. 1874 trat Isaac als Teilhaber in die Simon-Hirschland-Bank ein und sein Vater überließ ihm bald die Leitung des Unternehmens. Isaacs um drei Jahre älterer Bruder Hermann (1842–1929) wurde im gleichen Jahr zum Prokuristen ernannt und blieb bis zu seinem Ruhestand auf diesem Posten. Dass Hermann nie Teilhaber wurde, lag vermutlich an seiner körperlichen Einschränkung: Er war wie seine Schwester Johanna taubstumm und konnte deshalb nur bedingt für die Firma tätig sein. Der Entwurf der Festschrift 1938 erwähnt seine Lebensdaten leider in nur einem Satz. Albert, der dritte Sohn, war gesund und wurde ein erfolgreicher Bankier in Berlin.[29]

Die beiden ersten Jahrzehnte waren für den jungen Bankier Isaac Hirschland eine ausgesprochen schwierige Zeit. Seit 1845 hatte es im Ruhrgebiet eine lange Phase des wirtschaftlichen Aufschwungs gegeben, die mit dem Gründerkrach 1873 abrupt zu Ende ging. An der Essener Börse stürzten die Kurse ins Bodenlose. Von 125 Aktienbanken, die in den Gründerjahren entstanden waren, gingen 73 in Konkurs. Mit kurzen Unterbrechungen hielt die Krise bis in die Mitte der 1890er Jahre an. Wilhelm Wisskirchen findet es deshalb ausgesprochen bemerkenswert, „daß es diesem Mann nicht nur gelang, die Firma durch alle Fährnisse hindurchzuführen, sondern sie darüber hinaus stetig weiter auszubauen. Die Bilanzen aus den Krisenjahren 1876 bis 1887, die auf Mark lauteten – 1875 wurde die Mark

Abb. 9: Isaac Simon Hirschland (1845–1912), Museum Folkwang, Portrait eines unbekannten Künstlers.

als einheitliche Währung in Deutschland eingeführt, [...] waren, wenn auch stark schwankend, immer aktiv."[30]

In einem schwierigen Umfeld setzte Isaac auf eine stetige Geschäftsentwicklung und auf bescheidene eigene Entnahmen. Er führte mit seinem Eintritt ins väterliche Geschäft eine ordnungsgemäße Buchführung ein, die es dem Autor der 1938 verfassten Firmengeschichte erlaubte, die Gewinnentwicklung abzubilden:

„Die Gewinne schwankten in den Jahren 1876–87 zwischen 44.000.- und 75.000.- Mark; im Jahre 1888 wird infolge hoher Gewinne auf Effekten- und Kuxenkonto ein Reingewinn von rund 150.000.- Mark ausgewiesen. Das Kapital vergrößerte sich beständig; am 31.12.1885 wurde die Millionengrenze überschritten. [...] Isaac Hirschland bezog jährlich 8.500.- Mark, und die Abhebungen seines Vaters bewegten sich ungefähr auf der gleichen Linie. Die Handlungskosten, bestehend aus Gehältern, stiegen langsam von 3.463.- Mark im Jahre 1878 auf 11.724.- im Jahre 1895."[31]

Die Bank arbeitet hoch profitabel und das wachsende Firmenvermögen wurde gut verzinst in Wertpapieren angelegt. Überhaupt nahm das Geschäft mit Aktien, Anleihen, Pfandbriefen und Unternehmensanleihen gegenüber dem traditionellen Wechselgeschäft immer mehr zu. Auch das industrielle Kreditgeschäft wuchs allmählich. Die Grundeinstellung Isaacs zu seinem Beruf als „Bankherr" überliefert ein Brief in der Firmengeschichte.[32] Menschenkenntnis und Menschenfreundlichkeit verbunden mit Hilfsbereitschaft und Gerechtigkeitssinn werden darin deutlich:

„Essen, den 9. April 1888

Werther Herr Leiser!

Aus Ihrem gestrigen Brief habe ich zu meinem grossen Bedauern erfahren, dass Ihre Verhältnisse zurückgegangen sind und Sie sich in Noth befinden. So leid mir das thut, so habe ich keine Veranlassung auf Ihre früheren Geschäfte mit meiner Firma zurückzukommen, denn wenn mein Vater sol. durch Sie verdient hat, so haben Sie auch durch ihn verdient, und Sie haben nur Geschäfte zusammen gemacht um beide zu verdienen. Das Geschäft von Heiding, das Sie anführen, ist jetzt über 15 Jahre und haben wir Sorge genug gehabt bis wir das Geld zurückbekommen haben. Was die Hypothek von Oppenheimer betrifft, so habe ich solche nur übernommen, weil Sie mich so sehr darum gebeten haben und damals wirklich sagten: ich bin alt und krank und da ich fühle, daß ich bald sterbe, so will ich vor meinem Tod alles ordnen ... [es folgen einige unleserliche Sätze].

Auf eine Rückerstattung dieses Betrages kann ich mich deshalb nicht einlassen, doch bin ich bereit, wenn Sie mir jemanden zuweisen können, die Hypothek unter Rückvergütung ½ % Zinsen für die noch unkündbare Zeit zu cedieren.

Von Ihrer Bedrängnis habe ich meiner Mutter Mitteilung gemacht und sie hat mich beauftragt Ihnen in Andenken an meinen mit Ihnen befreundeten Vater 150.- Mark für ihre Rechnung als Geschenk zu übersenden und zwar wie sie mir ausdrücklich dabei gesagt hat: vorläufig. Sie hofft, dass dadurch die bitterste Noth befriedigt werden kann.

Indem ich gleichfalls wünsche, dass nach den trüben Tagen bald wieder bessere Zeiten für Sie kommen, verbleibe ich mit besten Grüßen

Ihr

S. Hirschland"[33]

Ein ganz besonderer Gewinn war für Isaac die Heirat mit Henriette Simon (13. März 1851 – 30. Mai 1935) im Jahr 1874. „Würde und Glanz ist ihr Gewand und sie lacht des späten Tages" – so hat es die Familie über sie auf dem Grabstein eintragen lassen.[34] Henriette war eine außergewöhnlich kluge, mitfühlende und selbstbewusste Frau, die von allen in der Fami-

Abb. 10: Henriette und Isaac Hirschland, einige Jahre nach ihrer Hochzeit (1874).

lie in höchstem Maße respektiert und geehrt wurde. Sie stammte aus der sehr vermögenden Familie Simon, die von Lechenich nach Köln gezogen war und dort ein Bankhaus betrieb. Längere Zeit hatten sich Isaac und Henriette Briefe geschrieben und einige Male auch getroffen. Als Isaac ihr einen Heiratsantrag machte, sagte sie „Ja" und kehrte nach Köln zurück, wo sie dann erfuhr, dass ihr Vater dem Bräutigam eine beachtliche Mitgift versprochen hatte, die dieser augenscheinlich akzeptiert hatte. „Wenn er mich nicht ohne diese Mitgift genug liebt, will ich ihn nicht heiraten", soll sie darauf geantwortet haben. Isaac verzichtete auf die Mitgift und später erzählte er gerne augenzwinkernd seinen Kindern, es sei allein Henriettes Schuld, dass sie so arm seien.

Die vom Brautvater ausgerichtete Hochzeit von Henriette und Isaac am 12. August 1874 war ein rauschendes Fest. Die Verwandtschaft hatte im Vorfeld eine humoristische Hochzeitszeitung, den „Hochzeits-Kladderadatsch" (siehe Selbstzeugnisse ab S. 207), mitsamt Flitterwochenkalender gereimt und drucken lassen. Für die Feier waren Aufführungen und Rezitationen vorbereitet, die in vielen Strophen das Glück der Brautleute besangen. Über Isaac hieß es:

> „In der Börse heil'gen Hallen
> Ist er ebenfalls zu Haus;
> Course steigen Course fallen,
> Immer zieht er Nutzen draus.
> Treulich stehen ihm zur Seite,
> Albert Simon, Moritz Beer.
> Kein Concours und keine Pleite
> Machen ihm die Kasse leer.
> Mag es donnern, mag es krachen.
> Nutzen wird er immer machen."

Henriettes energischer Widerstand gegen die ausgehandelte Mitgift erzählt viel über ihre starke Persönlichkeit, aber auch über das vorherrschende Heiratsverhalten in den Familien der Privatbankiers. Ähnlich reagierte Lola Warburg (1901–1989), die ihrem Vater, der sie mit einem Schweizer Bankier verheiraten wollte, erklärte: „Wenn du mit der Bank fusionieren willst, warum tust du das dann nicht einfach, statt mich zu benutzen."[35] Die Männer sahen das anders. Gerade für die Gründung oder Erweiterung eines familieneigenen Unternehmens spielte die Mitgift eine wichtige Rolle und war ein Korrektiv gegen die Aufteilung des Kapitals im Erbfall. Planvolle Heiraten innerhalb der eigenen Kreise ermöglichten für das Geschäft strategische Allianzen und konzentrierten die Kräfte. Praktika in Banken der Verwandtschaft und bei guten Freunden konnten so für den Nachwuchs organisiert werden und Aufenthalte bei Verwandten im Ausland brachten den Kindern Sprachkenntnisse und innovative bankspezifische Qualifikationen. Isaac und Henriette richteten die Erziehung ihrer Kinder danach aus. Nur selten wandten sich jüdische Bankiers durch die Taufe vom Judentum ab oder heirateten außerhalb des Judentums. Schwer konnten Henriette und

Isaac akzeptieren, dass ihr erstgeborener Sohn Franz in den USA Gula Anderson, eine norwegische Nichtjüdin, heiraten wollte. Sie blieben der Hochzeit fern, nur Georg vertrat die Familie. Als Gula nach Deutschland kam, gaben ihre Schwiegereltern dem jugendlichen Charme Gulas nach. Die Endogamie, das Verbot, außerhalb der eigenen Gruppe zu heiraten, stärkte Zusammenhalt und Solidarität. Auch die Zersplitterung von Vermögen konnte so eingeschränkt werden. Die Hirschlands, die über Generationen das Amt des Gemeindevorstehers innehatten, sahen sich als Vorbild und wussten, dass die Stabilität ihrer Verwandtschaftsnetzwerke von der gemeinsamen religiösen Bindung abhing.[36]

In einem Brautbrief vom 9. August 1874 an Isaac schreibt Henriette aus Köln über ihr religiöses Empfinden:

> „Geliebter Isaac,
> [...] nach langer Zeit ging ich mit Mutter in die Synagoge; ich wollte nicht nach Essen kommen ohne zu wenig zu wissen. Dieser Gedanke ließ mich dahin gehen, obwohl ich mich schämen sollte, dieses Geständnis zu machen. Aber es ist eine Tatsache, dass ich die Notwendigkeit zu beten nicht fühle. Ich verstehe nicht, warum ich so unreligiös bin. Aber ich finde es unmöglich, diese jüdischen Gebete reinen Herzens herunter zu rasseln, weil ich sehr wenig von ihrer Bedeutung verstehe. Jedenfalls sind sie gedacht für andere Arten von Gefühlen und andere Menschen. Ist das Arroganz? Ich glaube mein Vater würde das so nennen. Wie auch immer, ich kann meine Haltung hier nicht ändern. Liegt der Grund darin, dass ich auf diesem Gebiet zu wenig gelernt habe und dass mein Verstand sich weigert, den leeren Worten einfach nur zu folgen? Oder habe ich mit offenen Ohren auf Ideen gehört, die zu liberal waren? Egal, es kann jetzt nicht geändert werden. Von Frauen erwartet man, fromm zu sein, aber ich glaube, dass mein Gott zufrieden sein muss, wenn ich rein handle und fromm denke.“[37]

Wenn Henriette in diesem Brief ihre mangelnde religiöse Bildung eingesteht, dann hat dies seine Erklärung darin, dass Frauen im orthodoxen Judentum nicht als vollwertige Mitglieder der Gemeinde betrachtet wurden. Sie verstanden die hebräische Sprache des Gottesdienstes nicht, weil für sie das Studium der Tora und des Talmuds im orthodoxen Judentum nicht vorgesehen war. Für Mädchen gab für es keinen vergleichbaren Ritus zur Bar-Mizwa-Feier der 13-jährigen Jungen. An diesem Tag wurden Jungen aufgerufen, zum ersten Mal aus der Tora zu lesen; danach galten sie als Erwachsene, die alle religiösen Pflichten zu befolgen hatten. Mädchen und Frauen hatten die Synagoge durch einen separaten Eingang zu betreten und saßen in einem abgetrennten Bereich, oft auf einer Empore, die mit einer Sichtblende vom Gottesdienstraum abgetrennt war.

Selbstbewusste und kluge junge Frauen wie Henriette wollten sich mit dem funktionellen Ungleichgewicht der Geschlechter im orthodoxen Judentum nicht abfinden. Überraschend mag es daher zunächst klingen, wenn ihr Enkel Lutz Grünebaum seinen Kindern schreibt, dass seine Großmutter Henriette einen koscheren Haushalt führte und häufig die Synagoge besuchte.[38] Diese Hinwendung Henriettes zur Synagoge nach ihrer Heirat war möglich, weil die Essener Gemeinde sich dem entschiedenen Reformjudentum angeschlossen hatte. „Erste Anstöße, die jüdische Aufklärung nach Essen zu bringen, gingen von Moses Hirschland aus“,[39] der während seiner Studienjahre in Bonn auf einen Kreis junger jüdischer Reformtheologen traf. Die Gemeindevorsitzenden Salomon und Simon Hirschland waren für innere Modernisierungen eingetreten und seit 1841 wirkte der charismatische Lehrer und Prediger Moses Blumenfeld in Essen, der eine Bat-Mizwa-Feier für Mädchen einführte, ergreifende Predigten hielt, gemeinsamen Chorgesang von Männern und Frauen erlaubte, eine Orgel anschaffte und Gebete in deutscher Sprache vortrug. Feierlichkeit, Stille und Ordnung prägten nach protestantischem Vorbild mehr und mehr den Gottesdienst. All dies fand unter Jüdinnen besondere Resonanz und bewirkte eine neue emotionale Bindung an das Judentum.[40] Für die neue jüdische Besitz- und Bildungselite in Essen war das Engagement für Synagoge und Gemeinde durch diese innere Modernisierung kein Hemmnis, sondern wurde eher als ein Vehikel des Aufstiegs und der gesellschaftlichen Anerkennung verstanden. Dies unterschied die jüdische Elite von evangelischen Bankiers, Unternehmern, Rechtsanwälten und Ärzten, deren Entkirchlichung im 19. Jahrhundert in einem ungebremsten Tempo verlief. Sie fühlten sich von protestantischen Pfarrern nicht angesprochen, die sich meist den kleinbürgerlichen Traditionalisten zuwandten. Mit dem überregional bekannten Prediger und Lehrer Blumenfeld und seinem Nachfolger, dem als ersten Rabbiner Essens eingeführten Salomon Samuel, der von 1894 bis 1932 tätig war, hatte die Synagogengemeinde zwei reformfreudige liberale geistliche Führer gewonnen, die dem Ideal des gebildeten Bürgers entsprachen und ganz nach dem Herzen des Vorsitzenden Isaac Hirschland wirkten. Für Essen galt, wie die Historikerin Simone Lässig schreibt, dass „die jüdische Religion damit in einer Zeit, die ohnehin durch Brüche in den traditionellen Lebenswelten erschüttert wurde, tendenziell zum Agenten des Fortschritts, zu einem Medium [wurde], das [sich] in Inhalt und Form auf die Berufs- und Lebenswelt des Bürgertums orientierte und sie in die Synagoge integrierte“.[41]

Isaac Hirschland wurde 1879 analog zu dem in Preußen bis 1918 geltenden Dreiklassenwahlrecht in den Vorstand der Gemeinde gewählt, dessen Vorsitzender er über lange Jahre war. Bekannt sind die Zahlen zur Wahl dieses Gremiums im Jahr 1910. Nur 17 der insgesamt 535 Wahlberechtigten bildeten nach der Höhe der gezahlten Kultussteuer die erste Klasse, unter ihnen Isaac, Hermann, Albert und Moses Hirschland; 56 Personen wählten in der zweiten und 462 in der dritten Klasse. Diese Dominanz der reichen Oberschicht in der Gemeindevertretung rief zeitweise Unmut und Beschwerden hervor. Noch in den 1920er Jahren wurde die soziale Pyramide durch die Sitzordnung im Gottesdienst abgebildet und von einem Gemeindemitglied so beschrieben:

> „Unter den Essener Juden war es genau nach Kasten aufgeteilt. Die Hirschlands und noch einige andere waren ganz oben. Das war ein exklusiver Kreis. Meine Eltern gehörten schon zur zweiten Garnitur. Man konnte das an den hohen Feiertagen in der Synagoge gut unterscheiden: Die aus der ersten und zweiten Garnitur trugen Zylinder; die dritte Garnitur trug dann oft diese runden, schwarzen Melonen, und die vierte Garnitur trug weiche Hüte – also, das war schon gar nichts mehr. Die Sitze in der Synagoge wurden bezahlt. Die Reichsten saßen vorne, und die anderen saßen hinten.“[42]

Wer wie Isaac Hirschland als reformorientierter Jude Anerkennung und Wertschätzung erfuhr, gewann auch in der christlichen Mehrheitsgesellschaft bald Vertrauen und wurde mit einem Mandat im Stadtrat betraut. Seit 1892 vertrat Isaac die nationalliberale Partei in der Stadtverordnetenversammlung, die eine Bastion des Wirtschaftsbürgertums darstellte. Die Nationalliberalen standen für Bürgerrechte und freie wirtschaftliche Möglichkeiten wie für einen konservativen Patriotismus. Weil sie am entschiedensten für die Gleichberechtigung der jüdischen Minderheit eingetreten waren, unterstützten die meisten jüdischen Wähler diese Partei. Im Rat engagierte sich Hirschland in der Schuldeputation, im Kuratorium der höheren Schulen, in der Finanzkommission und in der Sparkassenverwaltung. Auf dem bekannten Gemälde, das den unverhofften Besuch Wilhelms II. 1896 in der Essener Stadtverordnetenversammlung zeigt, wird die Darstellung Isaac Hirschlands kontrovers kommentiert: Timo Saalmann sieht hier eine „Integration am Rande“, weil Hirschland fast gänzlich verdeckt am äußersten rechten Bildrand steht, während Hermann

Abb. 11: Der überraschende Besuch Kaiser Wilhelms II. im Rathaussaal Essen am 28. Oktober 1896 – ein Gemälde des Malers Klein-Chevalier.

Schröter schreibt, Hirschland stehe selbstbewusst und aufrecht da, während die anderen Abgeordneten nicht tief genug ihre Verbeugung machen können.[43]

Wie auch immer. Im Rathaus liefen alle wichtigen Informationen zusammen, hier wurden Zukunftsprojekte beraten und Aufträge vergeben. Es war ein Knotenpunkt in einem möglichst weit verzweigten Netzwerk, in dem lukrative Informationen über Investments oder aufkommende Risiken ausgetauscht wurden. Für einen Privatbankier war die Ratstätigkeit eine unabdingbare Voraussetzung, um seine Kunden gut zu beraten. In einer Zeit, die professionelle Wertpapieranalysen noch nicht kannte und Börsenneuigkeiten über Telegraphenverbindungen „gekabelt" wurden, bildeten exzellente persönliche Verbindungen und das Vertrauen der Kundschaft in die Seriosität der Bank die Fundamente des Erfolgs. Dass der „Bänker von Essen" die lange wirtschaftliche Depression nach 1873 heil überstanden hatte und in harten Zeiten dennoch solide Gewinne erwirtschaften konnte, hatte das Vertrauenskapital in der Essener Bürgerschaft beträchtlich vermehrt. Zahlreiche Ehrenämter steigerten die Reputation, die durch den 1906 erworbenen Ehrentitel „Kommerzienrat" bestätigt wurde. Würdige Männer der Wirtschaft und der Industrie wurden häufig auf Vorschlag des Bürgermeisters oder Regierungspräsidenten ausgezeichnet, wenn beruflicher Erfolg, allgemeine Seriosität und soziales Engagement

Abb. 12: Das Wohnhaus der Hirschlands im I. Hagen 34. Alle wichtigen Bezugspunkte waren von hier aus mit wenigen Schritten zu erreichen: Bank, Synagoge, Börse, Hauptbahnhof, Gesellschaft Verein, Rathaus, Theater, Museum.

zusammentrafen. Voraussetzung war immer auch ein bedeutendes Vermögen, um jederzeit als krisenfest zu gelten; damit war auch die Erwartung von Stiftungen zugunsten der Allgemeinheit verbunden.[44] 1909 erhielt Isaac Hirschland den sehr begehrten preußischen „Roten Adlerorden".

Nur wenige Schritte entfernt vom Haus der Hirschlands in der Straße I. Hagen traf sich die Stadtelite – im Haus der „Gesellschaft Verein". Auf der Mitgliederliste standen alle prominenten Familien des Essener Wirtschaftsbürgertums wie von Waldthausen, Krupp, Huyssen, Grillo, Funke und die jüdischen Privatbankiers Moritz Beer und Isaac Hirschland, die hier die Spitzen der Stadtverwaltung, der Essener Verbände und Unternehmen treffen konnten. In dieser typischen Honoratiorenversammlung – ein Männerclub, der nur zu festlichen Anlässen und Konzerten die Frauen einlud – sollten nach den Statuten keine Streitthemen aus Politik und Wirtschaft erörtert werden. Konfessionelle Streitereien oder antisemitische Äußerungen waren in diesem vorwiegend protestantischen Kreis verpönt und in politischer Hinsicht war die bürgerlich-nationalliberale Haltung dominierend. Tatsächlich war der Verein natürlich die zentrale Börse für alle möglichen Informationen und Kontakte der Stadtgesellschaft, und der mit Hirschland befreundete Bürgermeister Zweigert besprach in diesem Kreis gerne seine Vorhaben. Alle Organisationen und Vereinsmitgliedschaften Isaacs aufzuzählen ist kaum möglich: Essener Museumsverein, Historischer Verein, Industrie- und Handelskammer, Essener Börse ... Letztere war, so der Wirtschaftshistoriker Scholtyseck, ein „zentraler Knotenpunkt im Netzwerk der Essener Banken", der Isaac im Vorstand angehörte. „Neben den konkreten Geschäftsabschlüssen findet in Börsen jedoch vor allem der Austausch von Informationen statt. In Essen tauschten Händler bereits eine halbe Stunde, bevor die eigentliche Börse um 15:30 Uhr für eine Stunde geöffnet wurde, in der sogenannten Vorbörse Neuigkeiten und Meinungen aus."[45]

Die Frage, ob die äußere Anerkennung der Hirschlands durch die nichtjüdische bürgerliche Stadtgesellschaft auch einer inneren Verbindung entsprach, ist für die Zeit bis zum Ende des Ersten Weltkriegs mit Einschränkungen zu bejahen. Verbindende Interessen und der direkte persönliche Kontakt überlagerten „die Wahrnehmung des Gegenübers als Juden", besonders wenn Erfolg und Ansehen diesen schmückten. Es war der Einzelne, weniger die amorphe Gruppe „der Juden" insgesamt integriert. Ein Beispiel für die labile Beziehung zwischen Juden und Nichtjuden ist die Freundschaft mit Alfred Krupp in den 1870er/1880er Jahren:

> „Nach dessen Tod 1887 nahmen die Besuche des jüdischen Gastes in der Villa Hügel stetig ab und hörten letztlich ganz auf. Auch in den fol-

genden Jahren verkehrten weder die Familie Hirschland noch andere jüdische Wirtschaftsbürger im Hause Krupp. Sie wurden gesellschaftlich geschnitten und nicht mehr zu Empfängen eingeladen."[46]

In Vereinen, die sich über gemeinsame Interessen definierten, bestand der Wille, die montanindustriell geprägte städtische Agglomeration Essens auf eine neue kulturelle Stufe zu heben und die provinzielle Rückständigkeit zu überwinden; Detlev Vonde spricht hier von einem „Revier der großen Dörfer"[47], die sich kaum durch kulturelle Einrichtungen und Stätten der Intellektualität auszeichneten. Professor Paul Borchardt, der spätere Direktor des ersten Essener Mädchengymnasiums und ein guter Bekannter Hirschlands, beklagte, dass ein Fremder, der Essen um 1900 besuchte, eine Stadt sah, in der nur der Erwerb regierte.

„Das ‚Bahnhofsgebäude' an der Märkischen Straße eine große Hütte von dörflicher Einfachheit; kein Vorplatz; die Hauptgeschäftsstraßen ein Nebeneinander von kleinen Häuschen und geschmacklosen Neubauten mit aufdringlichster Ornamentiasis [sic], belebt von Menschen, die im Geschwindtempo aneinander vorbeihasteten. Dem kopfschüttelnden Ankömmling zeigte dann wohl ein Lokalpatriot den Stolz Essens, das Theater, das seit 1892 in die Erscheinung getreten war. Herauszukommen aus der einseitig wirtschaftlichen Einstellung und kulturelle Gebiete zu erobern"[48], darin waren sich Verwaltungsspitzen, engagierte Unternehmer und jüdische Bankiers einig. Isaac und Henriette Hirschlands Interesse richtete sich besonders auf den Bildungs- und Schulbereich; ein Engagement, das der starken jüdischen Bildungsmotivation entsprach. Dass Essen 1912 als erste Stadt im Ruhrgebiet mit der Viktoriaschule ein Mädchengymnasium einrichtete, hing stark mit dem Engagement der Familie Hirschland zusammen, die im Kuratorium dieser Schule einen Sitz hatte. Schon 1904 hatte sich die Jüdin Berta Marcus dafür eingesetzt, dass für junge Frauen gymnasiale Nachmittagskurse an der Goetheschule in der Alfredstraße eingerichtet wurden, die zum Abitur führten. Isaacs Freund, Professor Borchardt, leitete diese Kurse. Höhere Bildung für Mädchen war nur im zehnklassigen Lyzeum mit angeschlossenem Lehrerinnenseminar möglich. Die städtische Luisenschule oder die katholische Mädchenschule BMV boten keinen formalen Schulabschluss an. Da Jüdinnen im Kaiserreich keine Chance hatten, als Lehrerin im Staatsdienst tätig zu werden, wollten sie wie ihre Brüder ein vollwertiges Abitur ablegen, das ihnen eine Berufsperspektive in den freien akademischen Berufen ermöglichte. Deshalb hatte die 1912 gegründete Viktoriaschule als „Studienanstalt" einen beachtlichen Anteil jüdischer Schülerinnen, der bei knapp zehn Prozent lag.[49] Um den hohen Anteil an Juden im Handel zu reduzieren, gründete Isaac Hirschland einen Verein zur Förderung des Handwerks und engagierte sich für die bessere Ausbildung der Lehrer an jüdischen Schulen durch sein Eintreten für die jüdischen Lehrerseminare in Köln und Münster.[50]

Das wichtigste Projekt der letzten Lebensjahre Isaac Hirschlands war der Bau der neuen Synagoge in Essen. Die 1870 erweiterte Synagoge in der II. Weberstraße war um die Jahrhundertwende für die stetig gewachsene und fast 3000 Mitglieder zählende Gemeinde zu klein geworden. Der Gemeindevorstand überlegte neu zu bauen und Isaac Hirschland war als Vorsitzender die treibende Kraft hinter diesen Plänen. Von Anfang an trat er für eine große Lösung ein und versprach, gegen manche Zweifel an der Machbarkeit, die Finanzierung zu organisieren. Im April 1905 gelang es, am Steeler Tor ein Filetgrundstück von der Stadt Essen zu erwerben. Oberbürgermeister Zweigert, der sich mit dem Stadtverordneten Hirschland gut verstand, setzte sich ein, dass der Grund zum Selbstkostenpreis abgegeben wurde.

Die *Allgemeine Zeitung des Judentums* kommentierte: „Dieser Akt hochsinniger Denkart beleuchtet

Abb. 13: Die Synagoge am Steeler Tor, nur 200 Meter von Rathaus und Marktplatz entfernt, ist das bleibende Vermächtnis Isaac Hirschlands. Das Bauprogramm dieses monumentalen Gebäudes schuf in Essen ein Abbild des Jerusalemer Tempels und drückt aus, dass Juden in Deutschland eine bleibende Heimat gefunden haben. Der Architekt Prof. Körner lebte in Essen.

zugleich das schöne Einvernehmen der jüdischen mit der gesamten Bürgerschaft, das hoffentlich hiervon erhalten bleibt bis in die fernsten Zeiten."[51] Das entgegenkommende Verhalten erklärt sich auch aus dem Wunsch der aufstrebenden Stadt, an dieser Stelle ein herausragendes Gebäude nach dem Zeitgeschmack zu errichten. Wie allen gesichtslosen Ruhrgebietsstädten fehlte es auch in Essen an repräsentativen Bauwerken. Den Architektenwettbewerb gewann Edmund Körner. Sein Entwurf entsprach dem Wunsch nach einem repräsentativen Bau, der dem neuen Selbstbewusstsein der jüdischen Bürger Ausdruck gab und die Umgebung beherrschte; zugleich sollte der byzantinisch-orientalische Gesamteindruck auf die Herkunft des Judentums hinweisen und einen Unterschied zur Kirchenarchitektur schaffen. Rabbiner Samuel knüpfte an den Neubau auch die Hoffnung, er möge ein Impuls sein für die „Heilung des Judentums" von nachlassender Religiosität durch den Siegeszug der Wissenschaft: „Die gebildeten jüdischen Kreise zurückzugewinnen muß daher das erste Bestreben sein."[52] Diese Hoffnung auf Zuwachs der Gemeinde erklärt auch das überdimensionierte Ausmaß des Gebäudes. Am 11. Juli 1911 erfolgte die feierliche Grundsteinlegung. Die zu diesem Anlass verfasste Stiftungsurkunde bringt die Selbstwahrnehmung der Gemeinde zum Ausdruck, die sich inmitten der „glänzenden Entwicklung der Industriestadt Essen“ auf einem hoffnungsfrohen Weg „unter der glorreichen Regierung Sr. Maj. des Kaisers und Königs Wilhelms II.“ sieht.[53]

Die Baukosten der Synagoge, die im Jahr der Fertigstellung 1913 mit 1,05 Millionen Mark beziffert wurden, waren zu einem wesentlichen Teil durch Stiftungen aufgebracht worden. Auf einer Ehrentafel in der Synagoge werden die Spender in der Reihenfolge der Spendenhöhe genannt. An erster Stelle steht das Ehepaar Isaac und Henriette Hirschland, die den Toraschrein und die ewige Lampe spendeten, gefolgt von Hermann Hirschland und den drei Söhnen Isaacs, Franz, Kurt und Dr. Georg Hirschland. Letztere stifteten die Bronzetüren des Haupteingangs.

Die glanzvolle Einweihung „seiner“ Synagoge am 25. September 1913 erlebte der im Vorjahr verstorbene Isaac Hirschland nicht mehr. Der entscheidende Akt der religiösen Einweihung der Synagoge war die Einsetzung der Tora in den Toraschrein. Rabbiner Samuel hielt nach dieser Zeremonie die Festpredigt über die Hauptfunktionen einer Synagoge. Manchem Zuhörer fiel dabei auf, dass Samuel als Vertreter des liberalen Reformjudentums immer wieder den nicht jüdisch besetzten Begriff „Gotteshaus“ dem Wort „Synagoge“ vorzog und damit Nähe zu den christlichen Kirchen herstellte. Den Gottesdienst beendete Samuel mit Dankesworten an die Stifter und sprach Fürbitten für den Kaiser und die deutsche Nation. Der patriotische Geist dieser Feier kam auch in einer Ansprache des Rechtsanwalts Max Abel zum Ausdruck, als er über das Wirken des verstorbenen Vorstehers Hirschland sagte, dass dessen Arbeit „nicht nur im Dienste des Judentums, sondern auch im Dienste der Allgemeinheit“ zu verstehen sei.[54] Presseberichte lobten die städtebauliche Qualität und die Monumentalität der Synagoge und zitierten den Eisenbahndirektionspräsidenten Lehmann mit den Worten:

Abb. 14 u. 15: Der Toraschrein und der Aufbau um ihn herum, die Innenkuppel und die Bronzetüren der Haupteingänge wurden nach dem Tod von Isaac Hirschland von der Familie gestiftet.

„[I]ch bin überzeugt, daß auch die Gesamtheit der Essener Bürger, [...] stolz ist auf den edlen Bau, wie die Essener Bürgerschaft mit gleichem Recht stolz ist auf die beispiellose Entwicklung ihrer Heimatstadt, die nun durch das wunderbare Bauwerk eine so herrliche Bereicherung erfahren hat, die sich so prächtig in das Städtebild unserer Stadt einfügt."

Die allgemein positive Wahrnehmung der monumentalen Synagogenarchitektur an exponierter Stelle der Essener Innenstadt war keineswegs selbstverständlich. Offenbar verstand und akzeptierte die Stadtgesellschaft die Botschaft, die hinter dem Bauprogramm stand. Architekt Körner hatte am Steeler Tor ein Abbild des zerstörten salomonischen Tempels geschaffen. Die Abfolge und Steigerung der Gebäudeteile Vorhof, innere Vorhalle, Tempelraum und Allerheiligstes entsprach der Gliederung des Jerusalemer Tempels. Damit artikulierte die Gemeinde ihr deutsch-jüdisches Selbstverständnis, dass der angeblich heimatlose Jude in Deutschland endgültig sesshaft geworden war. Der jüdische Wunsch des Sederabends „Nächstes Jahr in Jerusalem!" hatte damit allein ideellen Charakter.

Indem die Synagoge diese Vorstellung baulich repräsentierte, entsprach sie dem entschiedenen Bekenntnis Isaac Hirschlands zur deutschen Nation, zu der die jüdische Religion in keinem Gegensatz stehe: Juden seien eine Religionsgemeinschaft; eine ethnisch-nationale Einheit der Juden sei historisch überwundenen. Isaac war fest überzeugt, dass die „Judenfrage" mehr oder weniger gelöst sei. Juden würden in keiner Hinsicht mehr als andersartig gelten, sie seien assimiliert und könnten mit ihren Mitbürgern die Früchte des Fortschritts genießen. Wenn von einigen populistischen Antisemiten behauptet werde, dass Juden zu sehr wie andere Deutsche seien und sie sich Machtpositionen und Reichtum auf Kosten der Christen erschlichen hätten, dann müsse dem durch juristische Mittel und Aufklärung begegnet werden.

Vor diesem Hintergrund versteht man den leidenschaftlichen Ausbruch Isaac Hirschlands auf einer Veranstaltung des Jahres 1903, auf der die Essener Ortsgruppe des Centralvereins deutscher Staatsbürger jüdischen Glaubens gegründet wurde. Schon in seinem etwas umständlichen Namen hatte der Verein das Bekenntnis zu Deutschland vorangestellt und als Kern seines Programms formuliert. Rechtsanwalt Ernst Herzfeld, der mit seinem Sozius Max Abel den Centralverein in Essen etablieren wollte, berichtete, dass ein auswärtiger Redner die entschiedene Ablehnung des Zionismus durch das jüdische Establishment Essens angreifen wollte. Die zionistische Idee einer eigenständigen jüdischen Nation, deren Angehörige aufgefordert seien, sich in Palästina, dem „Gelobten Land", niederzulassen, fand Isaac völlig abstrus. Im Zionismus, der seit 1896 mit Theodor Herzls Schrift „Der Judenstaat" in Deutschland Fuß fasste, sah er eine Bestätigung der antisemitischen Propaganda von der Andersartigkeit der Juden. Isaac Hirschland wollte Deutscher sein und dabei Jude bleiben.

„Als erstes Erlebnis dieser Art ist mir der Abend unvergeßlich. Mein Erinnerungsbild ist auch deshalb scharf, weil ich in der Diskussion erstmals dem bis dahin nur dem Namen nach bekannten Zionismus begegnete und der sonst überaus beherrschte Isaac Hirschland leidenschaftlich auf den zionistischen Beitrag reagierte. Für die damalige Stellungnahme der deutschen Juden ist der Verlauf so kennzeichnend, daß ich ihn hier kurz rekapituliere. Sogleich zu Beginn der Diskussion nahm ein junger auswärtiger Referendar das Wort. Er begann: ‚Der Centralverein deutscher Staatsbürger jüdischen Glaubens hat einen langen Namen'. Kaum war dieser Satz gesprochen, als Hirschland leidenschaftlich dazwischenrief: ‚Das ist nicht wahr!' Der anscheinend durch diesen Zwischenruf gestörte Redner begann von neuem und wiederholte seine These; und wiederum donnerte Hirschland: ‚Das ist nicht wahr!' Als der Vorgang sich unverändert zum drittenmal wiederholte, griff Abel mit der Feststellung ein, daß These und Antithese der Versammlung nun hinreichend bekannt sein dürften, er müsse den Redner nun bitten fortzufahren und die Versammlung auffordern, von Zwischenrufen abzusehen."[55]

Erst mit Verzögerung war der 1893 in Berlin gegründete Centralverein (CV) in Essen etabliert worden. Er verstand sich als Abwehrorganisation der bürgerlich assimilierten Juden gegen antisemitische Angriffe und Diskriminierungen und legte besonderen Nachdruck auf das Deutschtum der Juden. Seine Mitglieder, in erster Linie Angehörige des liberalen jüdischen Bürgertums, wollten in vollem Umfang gleichberechtigte Deutsche sein, die sich allein in ihrem Glauben von der christlichen Umgebung unterschieden. Mit der lang anhaltenden wirtschaftlichen Depression, die dem „Gründerkrach" 1873 folgte, war Ende der 1870er Jahre der moderne Antisemitismus aufgekommen, der sich nicht mehr gegen die jüdische Religion richtete, sondern Juden als Zerstörer guter alter Traditionen sah, als Protagonisten eines enthemmten Kapitalismus und als Ferment der Zersetzung von Werten und Ordnungen. Für Antisemiten waren Juden verantwortlich für alle negativen Erscheinungen der Moderne. Zwar war nach Anfangserfolgen und als die Wirtschaftskonjunktur wieder Fahrt aufnahm, die antisemitische Welle zurückgegangen; in rechtskonservativen antiliberalen Kreisen war antisemitisches Denken aber eine gefährliche Unterströmung geworden. Mit Denkschriften, Publikationen und Vorträgen betrieb der Centralverein seine Aufklärungs- und Abwehrarbeit und gewährte Rechtshilfe in Diskriminierungs- und Beleidigungsfällen. Familie Hirschland engagierte sich nach Gründung der Essener Ortsgruppe an führender Stelle im Verein. Isaacs Tochter Agathe gehörte später dem Vorstand des Centralvereins an und fuhr hin und wieder nach Berlin;[56] ihr Bruder Georg war in den außergewöhnlich beanspruchenden Jahren nach 1933 Vorsitzender der Essener Ortsgruppe des CV.

Die positive Entwicklung des Bankhauses im Kaiserreich zeigte sich in den rasant steigenden Bilanzsummen wie in immer größer und repräsentativer werdenden Geschäftsräumen. Von der Webergasse zog das Unternehmen in das Haus Kettwiger Straße 7 Ecke Lindenallee. Die Tresoranalage galt in Essen als Sehenswürdigkeit.

Als auch dieses Kontor zu klein wurde, baute Isaac Hirschland 1911 im damals entstehenden Bankenviertel an der Lindenallee 7–9 ein großbürgerliches Palais für die Bank, dessen Obergeschosse mit 1100 Quadratmeter reichlich Wohnfläche für die Familie boten. Isaac und Henriette hielten an der Tradition fest, in der „Firma" zu wohnen. Die riesigen Wohnetagen boten reichlich Platz auch für die nächste Generation. Nach Isaacs Tod zogen die Söhne Kurt und Georg mit ihren Familien für einige Jahre in die Lindenallee. Der in den USA lebende Sohn Franz kam mit Frau Gula und Kindern häufig zu einem längeren Besuch und auch Isaacs Enkel Kurt und Erich Grünebaum, die in der übernächsten Generation Mitinhaber der Bank wurden, wohnten hier einige Jahre. Sie alle dokumentierten damit ihren Willen, trotz üblicher familiärer Zwistigkeiten an den Zielen und Werthaltungen des Familienunternehmens loyal festzuhalten. Im Dachgeschoss des Bankpalais hatte das zahlreiche Personal seine Stuben: Köchin, Kinder- und Dienstmädchen, Dienstboten und der Kutscher, der bald durch einen Chauffeur ersetzt wurde.

Verstecken wollten die Hirschlands ihren Reichtum nicht, die Leute sollten sehen, dass es der Bank und ihren persönlich haftenden Inhabern gut ging. Kunden sahen gleich die Werthaltigkeit des Unternehmens und durften sich ähnlichen geschäftlichen Erfolg versprechen. Beim Betreten des Gebäudes hatte die kleine und exklusive Kundschaft den Eindruck, sie würden dem Bankhaus einen fast privaten Besuch abstatten. Das Bankenviertel an der

Lindenallee war eine erstklassige Adresse. Der Bahnhof war nah, die Wege zum Theater, zum Saalbau, zur Synagoge und zu den guten Geschäften kurz. Die besten Schulen, das Burggymnasium und die 1912 gegründete Viktoriaschule, das erste Mädchengymnasien weit und breit, lagen in Laufweite der Kinder. Geschäftspartner und Freunde aus der Essener High Society hatten ihre Villen in der Nachbarschaft. Der Privatbankier Albert von Waldthausen wohnte in der Lindenallee 49; er führte die Elite der Essener Multimillionäre nach Bertha Krupp[57] an. In der Akazienallee lebten die Industriellen Fritz und Friedrich Funke, die Goldschmidts in der Bismarckstraße. Im 1913 erschienenen „Jahrbuch des Vermögens und Einkommens der Millionäre in der Rheinprovinz" rangierten die Hirschlands mit ihrem persönlichen Einzelvermögen unterhalb der zuvor Genannten. Vor dem Krieg besaßen Henriette, Kurt und Franz jeweils ein Vermögen von ein bis zwei Millionen Mark.[58]

Die *Essener Volkszeitung* schrieb im Dezember 1910 aus Anlass des Richtfestes:

> „Das Gebäude enthält vier Geschosse und ein zum Teil ausgebautes Dachgeschoß. Ein von zwei Säulen flankiertes Mittelportal führt direkt zu den Räumen der Bank, welche in der Hauptsache im Erdgeschoß Platz gefunden haben. Dies enthält den geräumigen Publikumraum mit den Kassen, einen Sitzungssaal, zwei Räume mit Sprechzimmern für die Inhaber der Bank, sowie ausreichend große Räume für Buchhalterei und Korrespondenz. Eine besondere Treppe zum Untergeschoß vermittelt den Verkehr zu den hierselbst gelegenen geräumigen Bankgewölben. Diese sind in drei Teile zerlegt, wovon der eine als Safetresor mit Silberkammer für die Benutzung durch das Publikum bestimmt ist und die anderen beiden als Kassen- und Effektentresor den Zwecken der Bank dienen. Sodann ist ein geräumiger Vorraum mit besonderen Abteilen vorhanden, der dem Publikum ein bequemes und auch ungestörtes Arbeiten ermöglicht. Im übrigen ist das Untergeschoß zu Garderoben für die Beamten sowie auch noch zu Bureauzwecken ausgenutzt. Die oberen Geschosse dienen einstweilen Wohnzwecken, können aber, wenn das Bedürfnis dereinst erheischt, als Geschäftsräume benutzt werden. Dieselben sind durch ein zweites Portal sowie auch durch Fahrstuhlverbindung bequem zu erreichen."[59]

Isaac Hirschland war 67 Jahre alt, als er mit Henriette 1911 in das Bankpalais einzog, zusammen mit seinem Sohn Kurt und dessen Frau Harrie, die mit dem im November 1911 geborenen Sohn August schwanger war. Später kam Georg Hirschland mit seiner Frau Elsbeth dazu. Die Freude Isaacs über das repräsentative Haus war vermutlich schon von seiner schweren Krankheit überschattet. „Wenn das Haus fertig ist, kommt der Tod." Dieses arabische Sprichwort zitiert Thomas Mann in den Buddenbrooks und man kann an den energischen Johann Buddenbrook denken, wenn man auf Isaac schaut. Am 3. April 1912 verstarb der „Bänker" in einer Berliner Klinik.

Unter großer Anteilnahme der jüdischen Gemeinde und der Stadtgesellschaft beerdigte man Isaac auf dem Essener Segeroth-Friedhof. Sein Schwiegersohn Ernst Grünebaum schrieb über ihn: „Als er starb, war der Verlust für die Familie unermesslich. Gedankenreich, intelligent, mit feinem Humor ausgestattet, war er ein liebender Ehemann und Vater, unschätzbar als Ratgeber in guten und schlechten Tagen."[60] Isaac durfte noch mit der Hoffnung in den Tod gehen, dass die jüdische Minderheit in der Mitte der deutschen Gesellschaft ankommen und dass letzte Ressentiments und Zurückstellungen über kurz oder lang verschwinden würden. Das Zeitalter der Sicherheit, schrieb Stefan Zweig, ging am Vorabend des Ersten Weltkriegs zu Ende: „Jeder wußte, wieviel er besaß oder wieviel ihm zukam, was erlaubt und was verboten war. Alles hatte seine Norm, sein bestimmtes Maß und

Abb. 16: Fassade des Bankhauses Simon Hirschland, Essen, Ecke Lindenallee / An der Reichsbank 4. Die denkmalgeschützte Fassade ist erhalten und bildet die Rückfront des früheren Kaufhauses Galeria Kaufhof. Mitten im neu entwickelten Bankenviertel gelegen, strahlte das Gebäude Erfolg aus und die Familie hatte hier einen perfekten Standort.

Gewicht. Wer ein Vermögen besaß, konnte genau errechnen, wieviel an Zinsen es alljährlich zubrachte, der Beamte, der Offizier wiederum fand im Kalender verläßlich das Jahr, in dem er avancieren werde und in dem er in Pension gehen würde."[61] Isaacs Kinder mussten erfahren, dass diese Welt des Fortschritts, der Aufklärung und der Sicherheit zu Ende ging.

Abb. 17: Agathe Hirschland heiratete 1896 den Amtsrichter Ernst Grünebaum.

4

„DIE FAMILIE HÄLT IMMER ZUSAMMEN“

Bisweilen weisen ganz alltägliche Dinge auf tiefere Zusammenhänge hin. Ein Beispiel ist das Notizbuch des Abiturienten Georg Hirschland, das er im Jahr 1903 anlegte. Vieles, was dem 18-jährigen Hirschland kurz vor dem Abitur wichtig war, ist hier eingetragen: sein Stundenplan, der Entwurf für den Lebenslauf, der als Zulassungsvoraussetzung für die Abiturprüfung eingereicht werden musste, und vieles mehr. Auf den ersten Seiten legte er eine chronologische Liste an, wem er im Jahr 1903 zu einem Festtag gratulieren wollte. 24 Namen finden sich hier. Am 8. Juli war an den Hochzeitstag seiner Schwester Agathe mit Ernst Grünebaum zu denken, der 16. Juni war der Hochzeitstag von Onkel Moses, am 13. März feierte Mama ihren Geburtstag und am 24. August wollte er Onkel Albert in Berlin nicht vergessen.

Solche Listen werden heute noch in vielen Familien geführt, aber welcher Abiturient käme heute auf die Idee, eine umfangreiche eigene Liste in seinem Smartphone anzulegen, um mit einem ausführlichen Brief oder einem persönlichen Besuch zu gratulieren? Den allermeisten Juden, wie eben auch Georg Hirschland, war die Familie ein zentraler Bezugspunkt, der ausgesprochen wichtig genommen wurde. Entsprechend aufwendig waren alle Vorbereitungen zu den großen Festtagen des Lebens. Eindeutiger Höhepunkt des jüdischen Lebens war die Hochzeit (siehe Selbstzeugnisse ab S. 207). Auf feinstem Papier ließen Isaac und Henriette für Verwandte, Freunde und Geschäftspartner drucken, dass ihre Tochter Agathe den Amtsrichter Ernst Grünebaum am 8. Juli 1896 heiraten werde. In seinen Memoiren, die Ernst Grünebaum für seine Kinder schrieb, erzählte der alte Oberlandesgerichtsrat, dass er die deutlich jüngere Agathe bereits als Kind auf Norderney bei Freunden gesehen hatte. Es sei nicht heftige Leidenschaft gewesen, sondern tiefe Zuneigung, die ein solides Fundament ihrer glücklichen Ehe wurde. Sein detaillierter Bericht über die Hochzeit und die anschließende Reise nach Dänemark und Norwegen gibt Einblicke in die bildungsbürgerliche Gestaltung ihrer Hochzeitsreise und das beginnende Familienleben des jungen Paares.

Die Hochzeit ließen sich Henriette und Isaac einiges kosten. Ein sorgfältig zusammengestelltes Musikprogramm setzte voraus, ein Orchester zu engagieren, das Wagners Brautchor, Mendelssohns Hochzeitsmarsch und etliche weitere Stücke zur Aufführung brachte. Auch die den zahlreichen Gästen vorgelegte Speisekarte war nicht nur gastronomisch ambitioniert. Die Brautleute kreierten hier eine Speisenfolge, die einiges über die Stationen ihrer Hochzeitsreise verriet, die unmittelbar nach der Feier angetreten wurde: Norwegisches Ragout in Schalen, Kaiser Wilhelm-Suppe (die Brautleute beabsichtigten den neu eröffneten Kaiser-Wilhelm-Kanal zu besuchen), dänische Lachsforelle, Schwedischer Punsch.

Staunen erregt schon der Stapel mit etwa 110 Briefen von der Hochzeitsreise, die am 9. Juli begann und bis Ende August 1896 dauerte. So zahlreich wie heute die WhatsApp-Botschaften waren auf dieser Reise lange Briefe, die minutiös alle empfangenen Eindrücke dokumentierten. Die Hochzeitsreise war für die beiden jungen Bildungsbürger weniger Erholung, vielmehr Aufgabe und Arbeit; eine große Tour d'Horizon, um neben den spektakulären Naturerlebnissen auch Kunst, Geschichte und technischen Fortschritt in Nordeuropa kennenzulernen. In Kiel besichtigten die frisch Vermählten eine Werft, machten eine Bootstour auf dem Kaiser-Wilhelm-Kanal, reisten weiter nach Kopenhagen und besichtigten dort die Museen. Ihre nächste Station war die Kathedrale in Trondheim, danach fuhren sie entlang der Schärenküste, um schließlich die norwegischen Fjorde zu entdecken.[62] Es ging bis zum Nordkap, von dort über die Lofoten zurück in Richtung Heimat. Beide hatten sich intensiv vorbereitet. Schließlich war „richtiges" Reisen eine Kunst, und beide lernten schon während ihrer Verlobungszeit fleißig Norwegisch. Selbstverständlich hatten sie alle erreichbaren Sehenswürdigkeiten bereits vorab in intensiver Lektüre erkundet. Ausdrücklich wollten sie kein vorgegebenes Programm absolvieren, sondern selbstständig und abseits der Touristenrouten reisen. Bisweilen musste Erich die dreizehn Jahre jüngere Agathe etwas drängen, seinen Bildungsambitionen zu entsprechen, aber sie folgte willig seinem Bemühen, ihre Persönlichkeit zu formen, auch wenn Ernst Grünebaum selbstkritisch bemerkte: „[M]ein Schatz hätte die Zeit lieber anders mit mir verbracht." Schmunzeln kann man heute über diese Episode:

> „Ich erinnere mich an unsere Hochzeitsreise. Wir befuhren den schmalen Geiranger Fjord, der verschiedene geologische Formationen auf seinen steil aufragenden Felswänden deutlich zeigt. Hier erklärte ich ihr [Agathe] die Kant-Laplace-Theorie [über die Entstehung des Planetensystems ohne göttliche Einwirkung]. Auf diese Weise versuchten wir, ihre Erziehung auf den Stand zu bringen ..."[63]

Wir mögen uns an dieser Stelle den Gesichtsausdruck der jungen Braut vorstellen, die an der Reling stehend fragend auf den Angetrauten blickt, der den Zauber des Augenblicks durch einen Fachvortrag steigern möchte. Man spürt deutlich das patriarchalische Gefälle zwischen den beiden, wenn Ernst sich verpflichtet fühlt, die junge Gattin in Geschichte und Naturkunde zu unterweisen.

Das Reisen „en famille" war bei den Hirschlands immer ein großes Thema. In den 1920er Jahren organisierte und finanzierte Henriette die jährliche große Sommerreise für Kinder und Enkelkinder. „Mit den Bediensteten waren wir oft über zwanzig Personen und konnten bisweilen ein Hotel komplett buchen." Ernst Grünebaum berichtete auch, dass Bekannte den Kopf schüttelten und fragten, ob man sich dabei überhaupt erholen könne.[64] Aber jeder durfte tun und lassen, was ihm beliebte. Agathe und er machten längere Ausflüge, andere saßen einfach in der Sonne und gingen im Ort spazieren, während die Kinder Tennis spielten. Nur abends, wenn die Kinder im Bett lagen, traf man sich bei Henriette, erzählte, lachte, spielte Karten und tat sich gütlich an den Getränken und Süßigkeiten, die Großmutter großzügig spendierte. Die erste dieser Reisen führte nach Berchtesgaden. Man wollte dem aus den USA angereisten Sohn Franz und seiner amerikanischen Familie ein besonders schönes Stück Deutschland zeigen. In den nächsten Jahren ging es in das Hotel Waldhaus in Sils Maria

Abb. 18: Das Hotel „Union" am Geiranger Fjord war 1896 eine Station der Hochzeitsreise. Agathe bemerkte hier in einem Brief: „Meine Lieben, ich glaube solch eine Hochzeitsreise macht uns so leicht keiner nach."

in der Schweiz, es folgten Konstanz und Villingen im Schwarzwald, 1924 und 1926 war das Berner Oberland das Ziel, dann Hundseck im Schwarzwald, 1928 die Dolomiten und 1930 das Schweizer Wallis.

Als Ernst und Agathe von Henriette 1927 kurzfristig eingeladen wurden, sie zusammen mit der aus Amerika angereisten Familie sowie Georg und Elsbeth Hirschland durch Süditalien zu begleiten, gab es kein Halten. Zwei Nächte und einen ganzen Tag saßen beide im Zug nach Neapel. Von dort wurden im Maybach alle Sehnsuchtsziele angesteuert, die man von Bild und Buch her kannte, um jetzt einen ganz persönlichen Eindruck zu gewinnen. Die römischen und griechischen Skulpturen im Nationalmuseum von Neapel, die Fresken Marées in der Zoologischen Station und natürlich Pompeji wurden besucht; Neapel schien den Hirschlands eher hässlich, aber die Selbstvergessenheit, mit der sich Italiener im Verkehr bewegten, beeindruckte die Reisenden. Rom und Florenz waren die nächsten Stationen und Ernst Grünebaum war begeistert vom großen Kunstverstand von Georg und Elsbeth, die sie hier führten und ihnen neue Bildungserlebnisse ermöglichten. Orvieto, Siena und die zum Grandhotel umgebaute Villa d'Este am Comer See waren weitere Stationen auf der Rückreise.

Für den Sommer 1928 buchten die Hirschlands das Grand Hotel Karersee in Südtirol, das zu den bedeutendsten Alpenhotels der Zeit gehörte. Auf

1630 Meter Höhe gelegen, bot sich hier ein einzigartiger Blick auf die Rosengartengruppe, die sich im Karersee spiegelt. In damals noch weitgehend unberührter Natur durften die Hirschlands hier jeden erdenklichen Luxus erleben. 1896 hatte das Hotel spektakulär eröffnet. Im Beisein zahlreicher Prominenter aus Adel und Hochfinanz hatten die Feierlichkeiten ihren Höhepunkt, als bei Einbruch der Dunkelheit Hunderte von Fenstern des Hotels mit elektrischem Strom erleuchtet wurden – eine Sensation zur damaligen Zeit. Kaiserin Sissi kurierte hier ihren angeschlagenen Gesundheitszustand und feierte den Geburtstag von Kaiser Franz Josef I. mit einem grandiosen Fest. Sissis Leibarzt plante, das Hotel zur Sommerresidenz der Kaiserin umzubauen. Später waren hier Karl May, Agatha Christie und Winston Churchill zu Gast. Die „Amerikaner" Franz und Gula mit den Kindern Richard und Herbert hatten für diesen Urlaub ihre Filmausrüstung dabei. Der erhaltene Filmstreifen zeigt die Jüngeren bei gemeinsamen Bergtouren im Rosengartenmassiv, während Kurt und Franz den 9-Loch-Golfplatz und die Tennisplätze in der flachen Umgebung bevorzugten.[65] Franz Hirschland erkennt man, wie er eingehakt mit seiner Mutter Henriette zusammen mit Tochter Agathe und Ernst Grünebaum auf dem Elisabeth-Weg unterwegs ist, der durch die Weiden von Welschnofen führt. Die Umgebung des Grand Hotels bot große Terrassen, einen Park mit Bänken, Rasenflächen, Wegen und einen Spielplatz – und auch kulinarisch eine ganze Menge: Auf der Speisekarte standen „Filet alla Wolkenstein", frische Gardasee-Forelle, „Sowaroff-Spieße" und die berühmten „Gateaux Andreas Hofer". An den Wänden konnten die Gäste ein Fresko bewundern, das die Legende von König Laurin darstellt (an gleicher Stelle ist heute ein Hallenbad), der Habsburger Salon mit historischen Kronleuchtern diente als Ballsaal und in der „American Bar", die kurz vor Eintreffen der Hirschlands eingerichtet wurde, trank die Familie

Abb. 19: Der Chauffeur der Hirschlands, Johann Schmitz, im weißen Staubmantel mit Hotelangestellten vor dem Nebeneingang des Grand Hotels Karersee. Pünktlich zur Anreise der Herrschaften hatte Schmitz den offenen Maybach zum Urlaubsort gefahren.

Abb. 20: Mit Deckspielen vertrieb man sich die Zeit bei Atlantiküberquerungen. Links: Lutz Grünebaum.

abends ihren Absacker. Ausführlich zeigt der Urlaubsfilm die Abreise der Familie. In Georgs Maybach, den Chauffeur Schmitz aus Essen an den Karersee gefahren hatte, steigt ein Teil der Familie ein, um sie zum Bahnhof Bozen zu fahren. Großmutter Henriette trägt wie immer auf Reisen ihre schwarze Fliegerkappe. Aus dem Off kommentiert Herbert Hirschland: „The hotel really suffered when we all left."

Im Kreis der Freunde und Bekannten war anschließend viel zu berichten. Beiläufig und selbstverständlich war damit auch der Nachweis erbracht, dass man sich nicht nur über Literatur, Malerei, Oper und gute Weine unterhalten konnte, sondern Weltläufigkeit besaß.

Schon Isaac und Henriette hatten den Ozean überquert, und für die folgende Generation der Hirschlands waren die USA vertrautes Terrain. Sie besuchten die Familie von Franz Hirschland und Agathes Sohn Lutz Grünebaum in New York und schlossen Reisen zu den sehenswertesten Orten der amerikanischen Ostküste an. 1927 reisten Ernst und Agathe das zweite Mal in die USA und mussten nun ein Visum vorzeigen. Ernst hielt fest, dass jetzt die Staaten sich voneinander abgrenzten anstatt näher zusammen zu rücken; auch für andere Länder würden jetzt Visa verlangt.

Geschätzt waren auch die Überfahrten auf den großen Ocean-Linern, die neben der Erhabenheit des Ozeans interessante neue Bekanntschaften, hohen Komfort und eine erstklassige Küche boten.[66] Die Transatlantiküberquerungen waren geschäftlich keine vertane Zeit, da sich in Gesellschaftsräumen der Ersten Klasse hervorragende Gelegenheiten ergaben, interessante Gesprächspartner zu finden. Hier konnte man neue Geschäftsverbindungen knüpfen und geschäftlich relevante Informationen und Einschätzungen tauschen.

Zusammen mit seinem Schwager Georg Hirschland unternahm Ernst Grünebaum neben all den großen Familien- und Bildungsreisen kürzere Ausflüge und Wanderungen ins Sauerland oder an den Rhein. Im Sommer waren die Hirschlands und Grünebaums regelmäßig in Pensionen oder Hotels auf Helgoland oder in den Kaiserbädern an der Ostsee zu Gast, begleitet von einem Kindermädchen, als die Kinder noch klein waren. Agathe und Ernst verbrachten, wohl auch aus Kostengründen, die „Sommerfrische" gerne an der Müritz. Für acht Personen reichte hier ein Urlaubsbudget von 700 Mark.[67]

Die Weltwirtschaftskrise stürzte die Hirschland-Bank in größte Not und die Zeit der von Henriette organisierten Familienreisen endete. Agathe und Ernst Grünebaum brachten es in dieser Situation nicht übers Herz, die Familie längere Zeit alleinzulassen. Sie sagten die geplante Tour zur Erinnerung an die Hochzeitsreise nach Norwegen ab und besuchten dafür die Bayreuther Festspiele. Im Dezember 1932 überquerten sie noch einmal den Ozean, um mit ihrem Sohn Lutz und seiner Familie Weihnachten zu feiern. Sie erlebten New York und den Central Park im Schnee und besuchten Konzerte, Filme und Museen. Lutz Grünebaum, der die Situation in Deutschland richtig einschätzte, warnte die Eltern, überhaupt nach Deutschland zurückzukehren. Am Tag ihrer Abreise, schon auf dem Ocean-Liner, hörten sie vom Regierungsantritt Hitlers.[68]

Der schriftliche Nachlass der Hirschlands im Leo Baeck Institute New York besteht zu einem erheblichen Teil aus persönlichen Briefen der Familie im Umfang einiger tausend Seiten. Auf Reisen, während ihrer Auslandspraktika, in Zeiten, die eine berufsbedingte Trennung etwa durch die Arbeit in der Hamburger Filiale bedingten – immer wurden Briefe getauscht, die über die kleinen und größeren Aktivitäten des Alltags informierten, und man darf vermuten, dass nur ein kleiner Teil von ihnen überhaupt erhalten ist. Es waren alltägliche Begebenheiten, über die man sich regelmäßig austauschte. An dieser Stelle sei ein Brief Erich Grünebaums an die Mutter Agathe und an seinen Vater Ernst wiedergegeben, der einen guten Einblick gibt, was den 27-jährigen künftigen Juniorpartner der Bank im Juli 1929 umtreibt:

„Essen-Ruhr, den 8. Juli 1929.

Meine Lieben!

Ihr habt Euch wahrhaftig kein schönes Wetter für Eure Reise ausgesucht. Könnt Ihr denn überhaupt baden, oder seid Ihr stets in Großmutters Wohnzimmer? Wie ich aus den [Ansichts-]Karten ersehe, gefällt es Euch ja sonst gut, aber bei dieser Kälte & dem Regen ist's doch sicherlich nicht sehr schön dort. Oder ist es dort besser? Was habt Ihr Euch [...] schon in Holland angesehen? Diese Woche werdet Ihr ja auch mal Besuch von Onkel Georgs [Familie] bekommen, die gestern nach Amsterdam gefahren [sind].

Von hier gibt es wenig zu berichten. In Großmutters Haus ist alles in bester Ordnung, ebenso in der Graf Reckestraße. Im Geschäft ist durch den Halbjahresabschluss ganz viel zu tuen, auch will Herr Schumacher [Prokurist, N. F.] nächste Woche in Urlaub. Obwohl doch viele Leute verreist sind, darunter so ziemlich die ganze Familie war ich noch nicht viel abends zu Hause, ich glaube einen Abend. Die Gesellschaft bei Onkel Georg war recht nett, auch letzten Freitag war ich dort. Den vorhergehenden Freitag & heute vor acht Tagen war ich auf dem Haumannsplatz [bei der Familie seines Onkels Kurt Hirschland, N. F.], einen Abend bei Brunkens & die beiden Wochenenden in D'dorf. Ich konnte dieses Wochenende sowieso nicht kommen, denn am Samstag war die Börsenfahrt auf dem Rhein, die Herr Harff [Mitinhaber der Simon-Hirschland-Bank, N. F.], Herr Juerss & ich mitmachten. Es war eine ziemliche Sauferei & einige Sektleichen an Bord. Aber es war ganz amüsant & lustig die Leutchen zu beobachten, obwohl ja Juerss & ich nicht viele Menschen kannten. Wir beide sind dann auch ganz nüchtern geblieben, d.h. wir haben nicht viel mehr getrunken als wir vertragen konnten. Als die Rheinfahrt aber zu Ende war, ging die Sauferei an sich weiter. Herr Juerss traf in Bonn einen Freund aus Köln, der ihn per Auto abholte & ist dann zurück nach Königswinter & hat da noch gefeiert, Herr Harff mit anderen Herrn ist im KP in D'dorf gelandet & ich bin noch um ½ 11 Uhr auf's Mahlkastenfest [eines Künstlervereins in Düsseldorf, N. F.] gegangen, das zwar durch das Wetter ziemlich beeinträchtigt war, wo ich mich aber doch bis um ½ 7 Uhr des Morgens sehr gut amüsiert habe. Das erste Frühstück habe ich da noch gehabt, das zweite um ½ 1 Uhr zu Hause. Mittags war ich bei Eichwalds eingeladen gewesen, und war abends ein Stündchen bei Weyls, habe zwischendurch noch mal geschlafen & bin auch früh zurückgefahren um Versäumtes nachzuholen. Den Sonntag vorher war ich ja auch in D'dorf gewesen, war abends im Schauspielhaus in „Elenore Duse", Sonntags vormittags in der Sezession & im Kunstverein, und den Rest des Tages lesenderweise bei uns im Garten bezw. auf dem Balkon. Heute Abend bin ich mit Abraham aus London zusammen, & morgen werde ich Richard Litterscheid mal wieder über mich ergehen lassen müssen. Wenn er diesmal aber wieder so frasenhaft & quatschig ist, werde ich für den Rest des Jahres eine Beerdigung haben.

Ob ich nächsten Sonntag kommen werde, ist doch noch sehr zweifelhaft. Ich könnte es ja nur machen, falls hier nicht so viel zu tuen wäre, so dass man kurz nach 1 Uhr schon von Oberhausen fahren könnte, & ich mit dem Auto nach dort gebracht werden könnte. Dort würde ich wohl in Haag von Euch abgeholt werden können? Aber es ist noch reichlich unsicher & bei dem schlechten Wetter auch nicht so reizvoll. Interessieren würde mich mal erst, was die Amerikaner [die Familie von Franz Hirschland, N. F.] weiter für Pläne haben. Falls ich doch noch kommen sollte, könnte ich Euch erst im letzten Moment Nachricht geben, aber rechnet mal zunächst nicht damit. Wann kommt Ihr überhaupt wieder?

Sonst gibt es nichts weiter zu erzählen. Herzliche Grüsse an die ganze Familie gross & klein von

E[rnst] G[rünebaum]"[69]

Da die Hirschlands schon seit 1811 in Essen ansässig waren, erlebten auch die Enkel und Urenkel ihre Vorfahren und Verwandten am Ort und wohnten in ihrer unmittelbaren Nähe. Besuche untereinander waren nicht allein auf die hohen jüdischen Feiertage beschränkt. Henriette, die Matriarchin der Familie, lud an jedem Schabbat die ganze Familie zu sich ein. Mitte der 1920er Jahre übernahm Georg Hirschland in seiner neuen Villa Franzenshöhe die Gastgeberrolle und schickte seinen Fahrer Johann Schmitz, um Henriette und Agathe und Ernst Grünebaum mit dem Maybach abzuholen. Mit einem ganzen Arm voll Blumen aus dem Gewächshaus wurden sie verabschiedet. Ernst Grünebaum, der das Familienleben in einer Vielzahl von Gedichten begleitet hatte, fand für den Schabbatbeginn am Freitagabend diese Verse:

„Freitagabend

Mit schneeigen Linnen den Tisch gedeckt
die Sabbatflamme gut eingesteckt
die Mutter und segnet das Licht.

Vor seinem hellen Leuchten zerbricht
der Schleier, der düster an Wochentagen
ums Aug' sich gelegt von Sorgen und Plagen.

Frohsinn und Freude ziehen dafür ein;
der Vater dankt für Brot und Wein
dem gütigen Schöpfer von unserm Geschick ...

Nun bringt die Magd die Festesspeise
und Jung und Alt im ganzen Kreise
Erholen sich an dem köstlichen Schmause.

Darauf singen sie frohe Sabbatlieder.
Sein Schlußgebet spricht der Vater wieder.
Bei ernstem und frohen Tun entschwunden
sind gar zu rasch dann die Abendstunden.
Gestärkt und erfreut gehen alle zur Ruh
und schlafen friedlich dem Sabbat zu.“[70]

Wenn sich die Hirschlands am Freitagabend zu einer feierlichen Mahlzeit versammelten, dann begann der Tag der Familie, der nicht durch das Geschäft, Sorgen und Hektik gestört werden sollte. Sie hielten sich an die besonderen Fleisch- und Fischspeisen der Schabbat-Tradition, auch wenn die koscheren Vorschriften nicht mehr streng beachtet wurden. Vielleicht gelang es ihnen nicht immer, dass dieser Tag zu einer Insel der Stille inmitten einer hektischen Welt wurde, aber sie wussten über die Generationen hinweg, dass der Schabbat für ihr Jüdischsein der entscheidende Anker war. Der jüdische Schriftsteller Ascher Hirsch Ginsberg (Achad Ha'am) hatte im 19. Jahrhundert geschrieben: „Nicht die Juden haben den Schabbat gehalten, sondern der Schabbat hat die Juden gehalten.“ Dieser wichtigste Feiertag des Judentums war für die Hirschlands der unveräußerliche Kern ihrer Identität und das Bindemittel des familiären Zusammenhalts. Wie religiös der Einzelne auch war, ob er sich entschied koscher zu essen, die Kinder beschneiden zu lassen oder regelmäßig die Synagoge zu besuchen – die Entscheidung, den Schabbat zu feiern, machte den Unterschied. Dagegen ist das über vier Generationen reichende kontinuierliche Engagement der Hirschlands im Vorstand der Essener Religionsgemeinde nicht zwangsläufig ein sicheres Indiz einer tiefen religiösen Bindung, über die wir in ihren Briefen kaum Hinweise finden. Das Engagement für die Gemeinde sagt hier wenig, weil vielfach Bildungs- und Wohlfahrtsfragen im Vordergrund standen. Auch die Abwehr antisemitischer Angriffe bildete eine wesentliche Aufgabe des Gemeindevorstands.

5

„BILDUNG KANN MAN UNS NICHT NEHMEN“

Die Gründe für den außerordentlich erfolgreichen Aufstieg der Hirschlands an die Spitze der Essener Stadtgesellschaft sind vielfältig. Neben den Chancen, die sich aus der wirtschaftlichen Entwicklung der Industriemetropole für Privatbankiers ergaben, spielte eine Hauptrolle der starke Aufstiegs- und Assimilationswille, dessen Wurzel die spezifisch jüdische Bildungsmotivation war. Das Judentum ist eine Religion des Lernens und das jüdische Volk war das einzige in der Geschichte, in dem Bildung nicht Privileg einer Oberschicht, sondern Norm für alle war. Planvolle Erziehung und Ausbildung waren in jeder Generation der Hirschlands von besonderer Wichtigkeit und die Eltern nutzten jede Gelegenheit, den Kindern ein entsprechendes Arbeitsethos und einen Wertekanon zu vermitteln, zu dem Anstrengungsbereitschaft, Selbstständigkeit, Verantwortungsbewusstsein und Selbstvertrauen gehörten. Lutz, der älteste Sohn von Agathe Hirschland und Ernst Grünebaum, schrieb in der Einleitung zu den „Erinnerungen“ seines Vaters:

> „Wir lasen gemeinsam, zuerst die üblichen Kinderbücher, später Naturkunde, die großen Klassiker, aber auch zeitgenössische Autoren wie Ibsen und Gerhart Hauptmann. Wir machten und hörten sehr viel Musik. Vater brachte mich dazu, eine Pflanzen- und eine Briefmarkensammlung anzulegen und half mir bei beidem [...]. Vater war ein strenger Erzieher, während Mutter eher verständnisvoll und nachsichtig war. Anfangs versuchte Vater uns mit der gleichen altmodischen Disziplin zu erziehen, mit der er aufgewachsen war; Mutter, die selbst eine sanfte, aber konsequente und selbstbewusste Mutter [Henriette Hirschland, N. F.] hatte, vertrat eine modernere Haltung. Als ältestes der ersten drei Kinder, die innerhalb von drei Jahren geboren wurden, trug ich die Hauptlast seiner disziplinarischen Vorstellungen. Außerdem war ich nicht der Musterschüler, den er sich wünschte. All dies führte zu Spannungen zwischen uns. Während meiner Jugend- und Studienzeit befand ich mich in einem ständigen Kampf mit meinem Vater. Wie er erzählt, gab es zwischen uns einen dauerhaften Konflikt über meine radikalen Ansichten und seinen konservativen Vorstellungen. Es ist interessant, dass er nur dieses Problem erwähnt und die anderen Probleme zumindest dieses Kindes überhaupt nicht. Als ich fünfundzwanzig Jahre alt war, ‚floh‘ ich nach Amerika. Von da an bis 1938 waren die Gelegenheiten, bei denen wir uns sahen, sehr an-

genehm. Aber nach 1938 gab es keine Besuche mehr; der Weltkrieg machte sie unmöglich."[71]

Abb. 21: Fotoalbum mit Kinderfotos von Heinz.

Elsbeth Hirschland legte für ihre Kinder ein Fotoalbum an, das auf einer Seite drei Fotos des vielleicht dreijährigen Sohnes Heinz beim Spielen im Sandkasten zeigt. Das Besondere daran sind die kommentierenden Bemerkungen der Mutter: „Eröffnungsrede des Herrn Vorsitzenden", „Beschwichtigungsversuch eines Aktionärs (Vertreter der holländischen Gruppe)", „Etwas ermüdet durch die lange Debatte".

Die sich in diesen humorvollen Randbemerkungen der Mutter ausdrückende Haltung zeigt nicht allein, dass schon von Kindesbeinen an die Berufswahl der Söhne für die Eltern eine Selbstverständlichkeit war. Zugleich scheint hervor, dass diese Eltern alles dafür taten, um die spezifischen Anforderungen an einen Privatbankier beizeiten zu entwickeln. Simone Lässig, eine Historikerin, die sich mit der Dresdner Bankiersfamilie Arnhold befasste, bemerkt dazu: „Die Arnholds zählten sich zwar stolz zur Elite der Gesellschaft, alles betont Elitäre oder Pseudoelitäre aber sollte strikt vermieden werden. Der wirtschaftliche Erfolg und die eigene Leistungsfähigkeit begründeten das Selbstbewußtsein und das Elitenverständnis dieser Familie."

Damit verbunden war, so Lässig, die „eigene Abneigung gegen kulturlose Parvenüs und gegen jede Art von artifizieller Exklusivität".[72] Eine Bemerkung, die sich in vielen Briefen der Hirschlands bestätigt. Der Kanon bürgerlicher Bildung wuchs den Kindern häufig scheinbar nebenher und oft spielerisch zu. Kleine Verpflichtungen, wie das Schreiben von Gratulationsbriefen für die Verwandtschaft, wurden mit größter Sorgfalt und unter intensiver Anteilnahme der Eltern gepflegt. Die Schwester von Heinz, Dorothee Hirschland, schrieb ihrem Onkel Erich Grünebaum zur Verlobung diese Zeilen.

Bemerkenswert ist, dass Elsbeth Hirschland die Rechtschreibfehler stehen lässt und auch stilistische

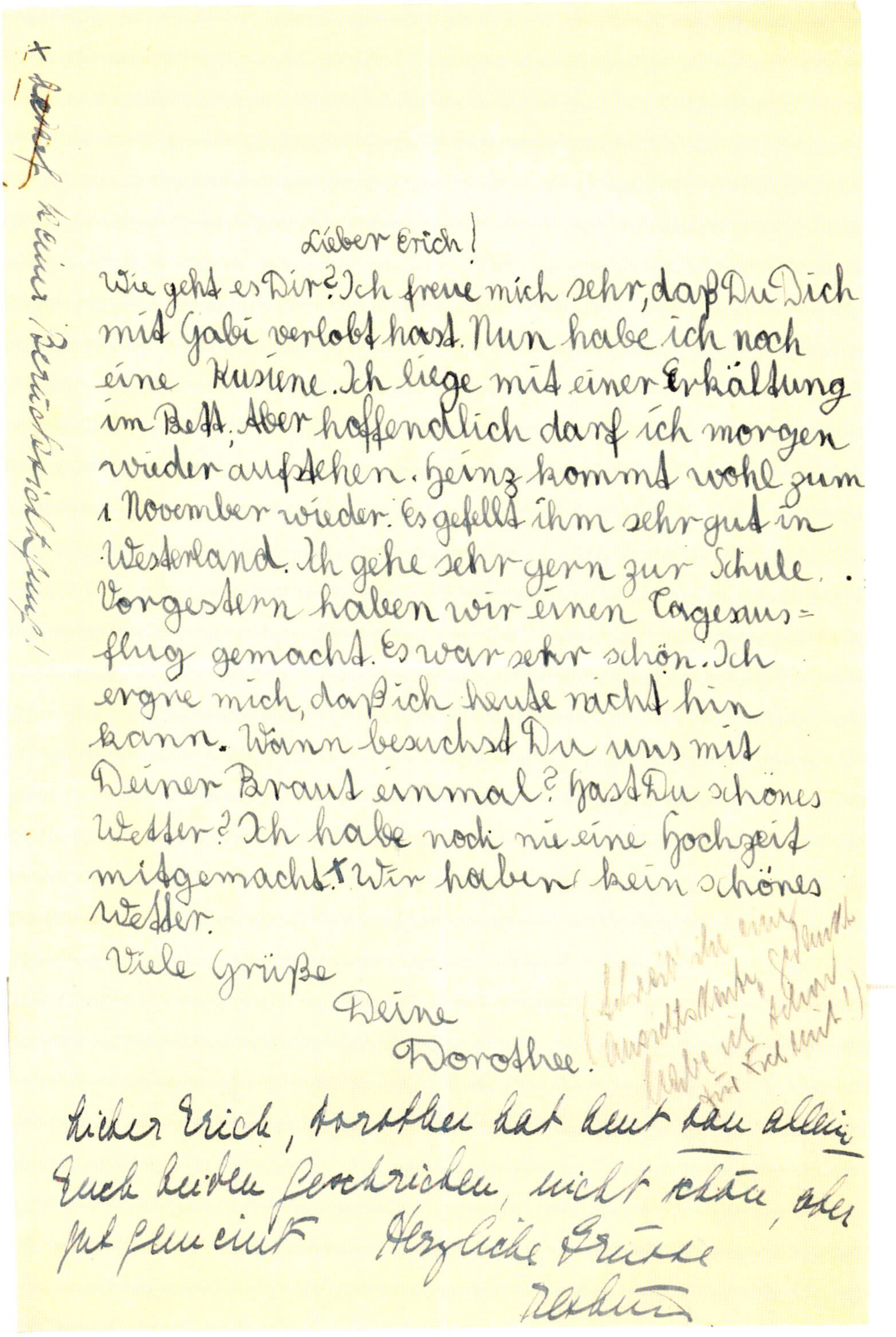

Lieber Erich!

Wie geht es Dir? Ich freue mich sehr, daß Du Dich mit Gabi verlobt hast. Nun habe ich noch eine Kusine. Ich liege mit einer Erkältung im Bett. Aber hoffendlich darf ich morgen wieder aufstehen. Heinz kommt wohl zum 1 November wieder. Es gefellt ihm sehr gut in Westerland. Ich gehe sehr gern zur Schule. Vorgestern haben wir einen Tagesaus=flug gemacht. Es war sehr schön. Ich ergre mich, daß ich heute nicht hin kann. Wann besuchst Du uns mit Deiner Braut einmal? Hast Du schönes Wetter? Ich habe noch nie eine Hochzeit mitgemacht.+ Wir haben kein schönes Wetter.

Viele Grüße

Deine

Dorothee.

Lieber Erich, Dorothee hat heut von allein Euch beiden geschrieben, nicht schön, aber gut gemeint. Herzliche Grüße

[illegible]

Abb. 22: Gratulationsbrief der neunjährigen Dorothee Hirschland an ihren Onkel Erich Grünebaum zu seiner Verlobung mit Gabriele Neumann. Unten kommentiert die Mutter: „Lieber Erich, Dorothee hat heut' <u>von allein</u> Euch beiden geschrieben, nicht schön, aber gut gemeint. Herzliche Grüße [Unterschrift unleserlich]".

Verbesserungen vermeidet, um ihre Tochter nicht zu kränken, die „von allein“ auf die Idee kam, diesen Brief zu schreiben, was der Mutter offenbar viel wichtiger war.

Spielerische Kindheitserfahrungen prägten diese Kinder für ihr weiteres Leben und formten ihren Geschmacks- und Kulturhorizont. Bei der Anlage des Parks für das Anwesen von Elsbeth und Georg Hirschland wurde dem Architekten die Aufgabe gestellt, einen eigenen Kindergarten zu gestalten, der ein ästhetisch gestaltetes Muster für kleine Beete vorgab, aber Raum für eigene kreative Ausgestaltungen bot.

Nicht eine absichtsvolle und durchschaubare Pädagogik, sondern die spielerische und scheinbar völlig selbstverständliche Bereitstellung von Bildungsangeboten und Ermutigungen bestimmte dieses „moderne“ Bildungsmodell. Im Freundes- und Familienkreis wurden selbstgefertigte Gedichte rezitiert und kleine Musikstücke vorgetragen, die Eltern organisierten Ausflüge in Museen und zu Kulturveranstaltungen, die nicht einfach konsumiert, sondern anschließend in Briefbeschreibungen mitgeteilt wurden, die umfangreiche Bibliothek stand den Kindern offen, die großen Sommerreisen wurden in der Familie gemeinsam in ihren kulturellen Höhepunkten vor- und nachbereitet und nicht zuletzt wuchsen Hirschland-Kinder in einem eigenen Hausmuseum auf mit einer überreichen Fülle von Spitzengemälden, die von ihrer Mutter Elsbeth, Kusine des bedeutenden Kunsthistorikers Erwin Panofsky, mit größter Fachkunde erläutert werden konnten.

Die jüdische Volksschule besuchten Hirschlands in der Regel nicht. Für Dorothee und Heinz Hirschland reichte ein Sprung über die Parkmauer, um auf das Schulgelände der Evangelischen Volksschule Unter-Bredeney zu gelangen. Die Schule hatte zwei Klassenräume für jeweils vier Jahrgangsstufen, wobei die Unterstufe von Lehrer Düdder unterrichtet wurde, der nach 1933 zu Fahnenappellen in SA-Uniform erschien und seiner Klasse untersagte, mit dem Klassenkameraden Hirschland zu spielen.[73]

Das Königliche Gymnasium Essen in der Innenstadt, das 1933 in Burggymnasium umbenannt wurde, war seit dem ersten jüdischen Abiturienten Moses die Traditionsschule der männlichen Hirschlands. Hier trafen sich die Söhne der Essener Honoratioren und erhielten eine gediegene humanisti-

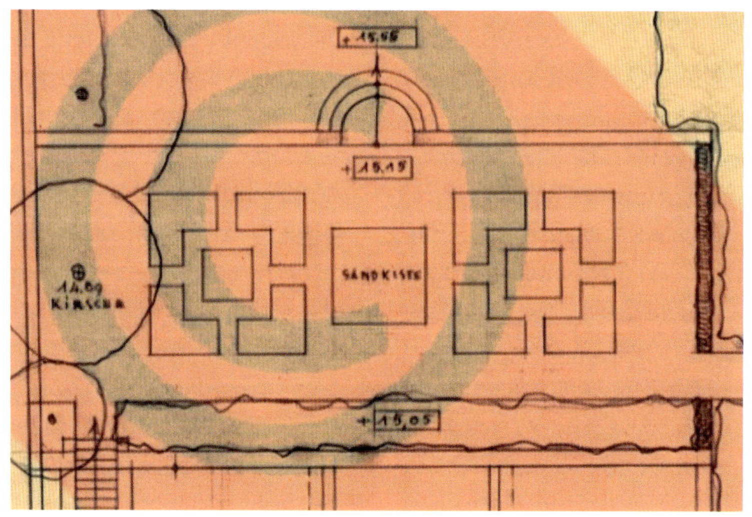

Abb. 23: Plan des Architekten Wiepking für den Garten der Kinder.

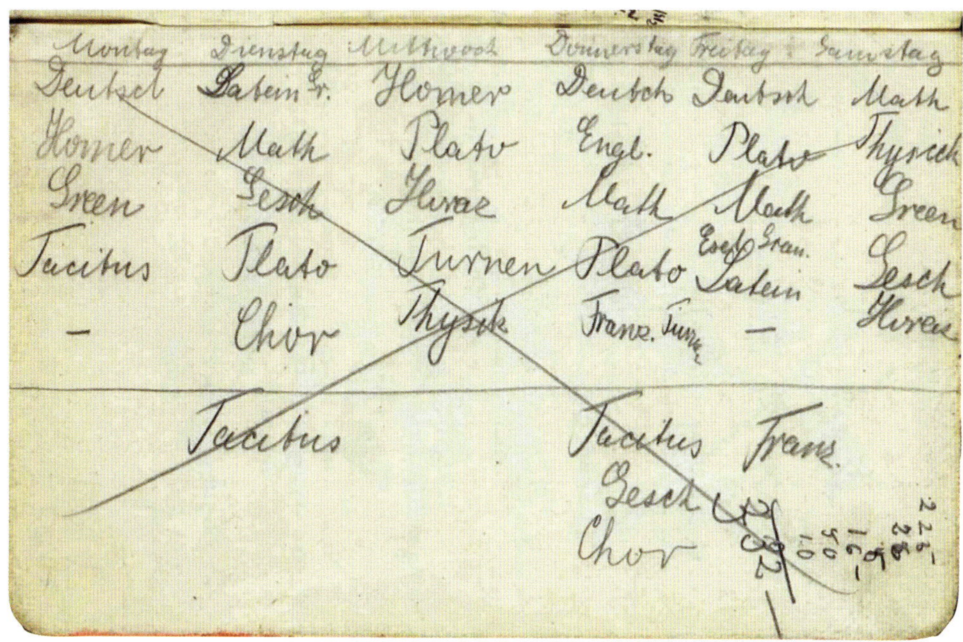

Abb. 24: Georg Hirschland hatte den Stundenplan der Oberprima in sein Notizbuch eingetragen. Die Alten Sprachen dominieren mit sieben Stunden Latein und sechs Stunden Griechisch. Auch am Schabbat mussten fünf Unterrichtstunden absolviert werden.

sche Ausbildung mit wissenschaftlichem Anspruch. Von der Sexta bis zur Oberprima (5. bis 13. Klasse) wurde Latein und ab Quarta Griechisch gelehrt, Französisch und Englisch spielten eine weniger wichtige Rolle; angehende Theologen konnten auch Hebräisch lernen. Die starke Stellung der alten Sprachen reduzierte notwendigerweise die Stundenzahl für Naturwissenschaften und Mathematik. Deshalb wurde in diesen Disziplinen besonderer Wert auf die Verwendungstauglichkeit der vermittelten Stoffe gelegt. Georg Hirschland beklagte sich sicher nicht über den mangelnden Berufsbezug der mathematischen Aufgaben im Abitur. Er hatte folgende Aufgabe in der mathematischen Abiturprüfung 1903 zu lösen:

> „Jemand erbte 30 Jahre alt 15 000 M und legte dieses Kapital zu 4 % auf Zinseszinsen an. Als er 60 Jahre alt geworden war, beschloß er sofort und am Ende eines folgenden Jahres 2800 M vom Kapitale abzuheben. Er starb, nachdem er 15 mal die Summe abgehoben hatte, also nach zurückgelegtem 74ten Lebensjahre. Wie groß war das hinterlassene Vermögen?“[74]

Das Gymnasium war zugleich der Ort, wo oft lebenslange Beziehungen der zukünftigen Stadtelite geknüpft wurden. Unausgesprochen vermittelte die Schule neben dem inhaltlichen Stoff wichtige Qualifikationen und Fähigkeiten für den weiteren Lebensweg: die Selbstsicherheit und den Anspruch, zu einer Elite zu gehören, mit der Chance, Spitzenpositionen zu erreichen; den Ehrgeiz, das in der Familie Erreichte nicht nur zu halten, sondern zu steigern; die richtige Art sich zu kleiden, zu sprechen und sich für die angesagten Dinge zu interessieren. In Essen war die Wahl dieses Jungengymnasiums für die Stadtelite keine echte Frage; die Entscheidung für diese Schule stand in den meisten Fällen fest.

Stärker als andere großbürgerliche Familien waren die Hirschlands nicht allein auf die berufliche Qualifizierung der Söhne bedacht. Für ihre Töchter in der boomenden Industriestadt Essen wollten sie

Abb. 25: Das Königliche Gymnasium in Essen, später Burgymnasium.

Abb. 26: Die Viktoriaschule Essen, eines der ersten preußischen Mädchengymnasien.

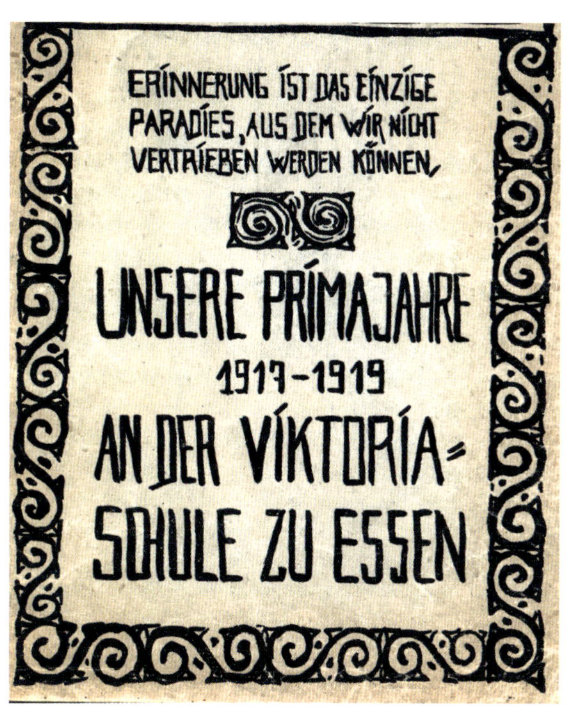

Abb. 27: Titelseite der Abiturzeitung 1919. Käthe Grünebaum gehörte zu den ganz wenigen Abiturientinnen dieser Jahre.

ein Gymnasium auf gleichem Niveau etablieren. Als 1908 ein Schulgesetz die Errichtung regulärer Mädchengymnasien[75] ermöglichte, ergriffen die Stadtväter die Chance und beschlossen, mit der Viktoriaschule das erste Mädchengymnasium des Ruhrgebiets zu errichten. Die Hirschlands gehörten zum Kuratorium dieser vielbestaunten Modellschule und als erste Tochter der Familie bestand Käthe Grünebaum, eine Tochter von Agathe Hirschland, 1919 das Abitur. Käthes Eltern lebten in Hamm und Käthe wohnte bei ihrer recht streng erziehenden Großmutter Henriette für vier Jahre in Pension. Onkel Georg half ihr in Latein und Mathematik. Einige Jahre später besuchten auch Kurts Töchter Marianne und Ruth dieses Mädchengymnasium. Den neuen und fortschrittlichen Geist dieser Schule feierten Käthe und ihre Klassenkameradinnen in der Festschrift zum Abitur. Darin findet sich ein Gedicht über ihre freie Themenarbeit, die in der Prima abgeliefert werden musste:

> „Frei will die Frau sein wie der Mann,
> Sie kann
> Des Zwanges Joch nicht länger mehr ertragen
> Und ‚wagen'
> Ist die Parol' bei uns wie allerorten.
> Die Pforten
> Der höchsten Ideale stehen uns nun offen.
> Es hoffen
> Siebzehn starke Geister auf ihr hohes Genie,
> Das nie
> Noch je sie hat schmählich betrogen. [...][76]

Dass diese selbstbewussten jungen Frauen die tradierten Rollenmuster aufgeben wollten, stand fest. Die letzte Seite der Abiturzeitung zeigt in einer Karikatur schon die angehende „Frau Dr. phil Käthe Grünebaum".

Abb. 28: Die letzte Seite der Abiturzeitung 1919 zeigt Karikaturen der Schülerinnen mit ihren Berufswünschen; hier Käthe Grünebaum.

Abb. 29: Pyjamaparty der Oberprima der Viktoriaschule 1919. Das Foto entstand auf einer Klassenfahrt. Mit rotem Pfeil ist Käthe Grünebaum, die Tochter von Agathe Hirschland, bezeichnet.

6

DIE GOLDENEN ZWANZIGER UND DER BEINAHE-BANKROTT

„Goldene" 1920er Jahre haben tatsächlich nur die wenigsten Deutschen erlebt. Zu diesen wenigen gehörten die Inhaber der Simon-Hirschland-Bank, deren Bilanzsumme von 113 Millionen RM im Jahr 1924 auf 634 Millionen RM im Jahr 1928 anstieg; eine Steigerung in nur vier Jahren um mehr als das Fünffache. Der Gewinn strömte in die Familienkasse. Die Ursachen für dieses rasante Wachstum erklären sich aus einem Bündel von Faktoren. Die wirtschaftlichen Rahmenbedingungen nach dem Ersten Weltkrieg boten außerordentliche Chancen; die Geschäftsführer Kurt und Georg waren bestens vorbereitet, jung und hoch motiviert; die Bank hatte in der Vergangenheit solide gearbeitet und Vertrauenskapital gesammelt und die internationalen Beziehungen der Bank konnten jetzt strategisch optimal genutzt werden.

Der Vater des Erfolgs war Kurt Martin Hirschland. Am 14. Mai 1882 geboren, besuchte er das Königliche Gymnasium. Im väterlichen Geschäft absolvierte Kurt eine Banklehre und machte Auslandspraktika in London, wahrscheinlich bei Kleinwort & Sons, und in New York[77]. Einzelheiten über die Ausbildungsstationen Kurt Hirschlands sind leider nicht überliefert, aber die Erwartungen der Familie an die nächste Generation waren klar definiert. Die zukünftigen Geschäftsführer sollten in den Schaltzentralen der international wichtigsten Bankplätze das Investmentgeschäft von der Pike auf lernen, die im humanistischen Gymnasium nachrangigen neuen Fremdsprachen perfekt beherrschen und freundschaftliche Kontakte zu den späteren Managern der wichtigsten Investmentbanken aufbauen. Wichtiger als Verträge waren im Bankgeschäft das Renommee des Hauses und weit gespannte, auf gegenseitiges Vertrauen beruhende persönliche Verbindungen. Bewusst und unbewusst richteten Kurt und Georg ihr Engagement darauf, Kontakte und Verbindungen neu zu schaffen und bestehende intensiv zu pflegen. Dieses Bestreben, das neue Geschäfte möglich machte, prägte das Profil des Privatbankiers und kennzeichnet den Unterschied zu den Managern der großen Geschäftsbanken. Im Alltag bedeutete dies, dass Geschäftliches und Privates oft ineinander übergingen. Genau diesem Habitus entsprach Kurt Hirschland. Er wurde ein Meister in der Pflege seines aufwendigen und Zeit beanspruchenden Netzwerks. Das notwendige Kapital, um die meist nicht entlohnten Lehrjahre, die kostspieligen ausländischen Praktika und die damit verbundenen Spesen zu finanzieren, um gesellschaftlich angemessen als „Bankherr“ auftreten zu können, wurde von der Familie klaglos zur Verfügung gestellt. Wenn es um die Vermittlung von Bildungschancen und Netzwerkarbeit ging, spielte Geld für die Familie keine Rolle. Denn exzellente Verbindungen waren das beste Investment für die Bank, die sich so ein ausgezeichnetes Informationssystem schaffen konnte. Professionelle Wertpapieranalysen gab es noch nicht und die aufwendige Telegrafenverbindung war das schnellste Kommunikationsmittel. Deshalb waren persönliche Verbindungen für die Bank entscheidend, um ihre Kunden möglichst zuverlässig mit Marktinformationen versorgen zu können.[78]

Ob Kurt überhaupt eine Berufs*wahl* hatte, ist fraglich. Vermutlich konnten weder seine Eltern noch er sich vorstellen, *nicht* in das Bankgeschäft einzutreten. Einzelheiten über die Ausbildungsstationen Kurt Hirschlands sind nicht überliefert. Sicher ist, dass er in England und in den USA längere Praktika absolvierte und sich auch in Paris umsah. Wie wichtig ihm diese Auslandserfahrungen und fundierte Sprachkenntnisse waren, zeigt sich in Briefen seiner Neffen, die ihn später bei Reisen begleiten durften und von seinen Kontakten profitierten. In einem Interview hat Kurts Neffe Erich O. Grünebaum seinen Ausbildungsweg geschildert, den man sich bei seinem Vorbild Kurt Hirschland ähnlich vorstellen darf. Wie sein Onkel begann er als Lehrling bei Simon Hirschland in Essen, dem folgte eine Stelle als Devisenhändler bei H. Aufhäuser in München, wo er auch Abendkurse an der Universität belegte. Danach arbeitete er ein Jahr in der Hamburger Hirschland-Niederlassung, anschließend ging er nach Amsterdam, es folgte ein Jahr in England, wo er Abendkurse an der London School of Economics besuchte. Zwei Jahre in New York schlossen sich an. In einem Interview erläuterte er 1972:

> „Ich habe eine Anstellung bei Goldman Sachs in der ersten Woche nach meiner Ankunft bekommen. Ich habe drei Monate in einer Abteilung gearbeitet. In den Vereinigten Staaten war es gewöhnliche Praxis nicht versetzt zu werden, aber eines Tages wurde der Hilfskassierer krank. Ich ging zu ihm und fragte, ob ich helfen könne. Er war sich nicht sicher, aber als er sah, dass ich ganz gute Kenntnisse im allgemeinen Bankgeschäft hatte, ließ er mich ihm helfen. Dann ging er zum Personalchef und erzählte ihm, dass da ein junger Mann sei, der fähig scheine, einzuspringen, wo immer ein Problem sei. Deshalb fragte mich der Personalchef, ob ich gewillt sei, für die Firma als Springer zu arbeiten. Das war genau das, was ich brauchte. Ich wurde von einen Tag zum anderen versetzt.
>
> *Frage: Wohin haben sie Sie versetzt?*
>
> Wo immer sie mich brauchten. Logischerweise erhielt ich so eine vollständige Kenntnis des amerikanischen Investmentbanking-Geschäfts innerhalb eines Jahres, wofür andere normalerweise ein ganzes Leben brauchen.“[79]

Die Heirat mit Henriette Simons 1911 war für Kurt eine blendende Partie, die in seiner Umgebung den Eindruck erweckte, dass sie von ökonomischen Erwägungen nicht unbeeinflusst war.[80] Um die Namensgleichheit zur Patriarchin der Familie zu vermeiden, wurde sie Harrie genannt. Die beiden beteiligten Familien wollten ihr „soziales Kapital“ nicht nur konservieren, sondern durch Zusammenlegung vergrößern und den gemeinsamen Status aufwerten. Abseits solcher Überlegungen hielten beide letztlich über erhebliche Krisen und Durststrecken zeit ihres Lebens zusammen und Harrie musste lernen, mit den Dämonen umzugehen, die Kurt lange Zeit beherrschten. In den guten Jahren bis 1930 hielt Harrie ohne laute Klage aus, dass Kurt auf seiner Erfolgsspur in immerwährenden

Unternehmens- und Verbandsinteressen vollständig aufging. Nützlich dürfte es für Harrie gewesen sein, dass sie schon von Hause aus wusste, dass man an die Anwesenheit des Gatten keine zu hohen Erwartungen stellen durfte. Sie kümmerte sich um die anspruchsvolle Erziehung der vier Kinder und gab dem prachtvollen Villenhaushalt Glanz und Schimmer. Geld stand im Überfluss zur Verfügung und es fehlte auch nicht an Hauspersonal. Ihr Vater Carl Simons stammte aus einer angesehenen Düsseldorfer Unternehmerfamilie, die im Steinkohlebergbau (ihm gehörte u. a. die Zeche Bonifacius in Essen-Kray) und durch die Privatbank Simons & Co. zu einem beträchtlichen Vermögen gekommen war. Harries Mutter Luise geb. Bles wuchs in England auf und kam aus einer ursprünglich holländischen Familie, die nach England übersiedelte, als ihr Großvater in Manchester zum Konsul der Niederlande ernannt wurde. Harries Familie spielte in der Düsseldorfer Synagogengemeinde eine wichtige Rolle. Ihre Oma war Vorsitzende des Jüdischen Frauenvereins und errichtete mit ihrem Mann eine Stiftung, deren Zinseinnahmen bedürftigen Düsseldorfern zugutekamen.

1905 kehrte Kurt Martin von seinen Auslandsposten in die Simon-Hirschland-Bank zurück und weitete die Geschäfte mit großer Energie aus. Zunächst war er als Prokurist tätig, ab 1908 als Teilhaber und Juniorchef, der zudem paritätisch am Gewinn der Bank beteiligt war. Nach dem Tod des Vaters wurde sein Bruder Georg Simon zu gleichen Anteilen Mitinhaber der Bank; seine Mutter Henriette Hirschland war stille Teilhaberin. „Frau Kommerzienrat Hirschland vertrat zwar die Familie

Abb. 30: Die drei erfolgreichen Söhne von Isaac und Henriette Hirschland, v. l.: Kurt Hirschland (1882–1957), Dr. Ing. Franz Hirschland (1880–1973, seit 1922 amerikanischer Staatsbürger), Dr. jur. Georg Hirschland (1885–1942).

nicht nach Außen, nahm aber doch lebhaften Anteil an der Geschäftsführung."[81] Mit einem bescheidenen Anteil kam 1921 der evangelische Bankier Adolf Heckmann hinzu, der seine Laufbahn bei der Essener Creditanstalt begonnen hatte und mit den Hirschlands eng befreundet war. „Heckmann lehnte es ab, die Bank nach der Verdrängung der Familie Hirschland alleine weiterzuführen, und schied ebenfalls 1938 aus."[82]

Ein erstaunliches Dokument des uneingeschränkten Vertrauens und des Zusammenhalts in der Familie ist ein notarieller Vertrag vom 20. Januar 1913, in dem sich die Brüder Kurt und Georg nach dem Tod Isaacs 1912 gegenseitig eine Generalvollmacht ausstellten. Erhalten ist die Vollmacht von Kurt Hirschland für Georg:

> „Er soll befugt sein, jede Rechtshandlung, welche ich selbst vornehmen könnte, und bei welcher eine Stellvertretung gesetzlich zulässig ist, an meiner Statt und mit derselben Wirkung zu besorgen, als ob ich sie selbst vorgenommen hätte. Insbesondere soll mein Generalbevollmächtigter berechtigt sein, mich den Gerichten und allen anderen Behörden gegenüber zu vertreten, alle für mich erforderlichen Erklärungen abzugeben und entgegen zu nehmen, Eintragungen und Löschungen im Handelsregister, bei dem Grundbuch oder anderen Behörden zu beantragen und zu bewilligen."[83]

Was Kurt Hirschland nicht ahnen konnte, war, dass Georg Hirschland in allen Bank- und Vermögensfragen aufgrund dieser Vollmacht handlungsfähig blieb, als er nach 1932 in der Schweiz wegen seiner psychischen Erkrankung lange Jahre behandelt wurde.

1911 wurde Kurts erster Sohn August Simon geboren, der die Banklaufbahn einschlug und 1934 schon mit 23 Jahren in Madrid an Kinderlähmung verstarb. Über ihn ist leider kaum etwas bekannt. 1912 kam Marianne Henriette zur Welt. Sie besuchte die Viktoriaschule schon von der zweiten Klasse an.[84] In ihrem Lebenslauf – er musste für die Zulassung zur Reifeprüfung 1931 geschrieben werden – berichtete sie über prägende Erfahrungen:

> „In Untertertia fing ich an, Bücher zu verschlingen, und allmählich wurde der Deutsch-Unterricht und die Beschäftigung mit Literatur und Theater das Schönste für mich. Ich wurde um diese Zeit krank, mußte längere Zeit die Schule versäumen, hatte aber nebenbei viel Zeit zum Lesen. Durch Anregung zu Hause, durch Vorträge und durch Reisen, auf denen ich die Museen vieler Städte in Deutschland und im Ausland kennen lernte, begann ich mich sehr für die bildende Kunst, besonders für die Malerei zu interessieren. [...] Denn bis zum vorigen Jahre, als wir nach München fuhren, hörten wir in der Schule kaum etwas von Kunst. Ich bin aber viel mit meinen Eltern gereist, sodaß ich in Holland, England und Italien unbeschreiblich viel herrliche Kunst sah, mit der ich mich dann Monate vor- und nachher zu Hause beschäftigen konnte. In den letzten Osterferien war ich in Florenz und von dort aus in ganz alten kleinen italienischen Städten. Es war eine Zeit mit unerhörten Kunsterlebnissen [...]. Ich hatte schon einmal vorher erfahren, wie anders man Menschen und Leben außerhalb von Deutschland auffassen und erfassen muß, als ich mit meinen Eltern für 2 Monate in Amerika war. Vater hatte mich auf einer Geschäftsreise mit nach New York genommen. Diese, in vielen Einzelheiten fremde Welt hat unbeschreiblichen, großartigen Eindruck auf mich gemacht. Auf der Reise bekam ich natürlich viel Übung im Englischen und konnte mich mehr als bisher mit englischer Literatur befassen. Aber auch schon vorher hatte ich neben der Schule viel Englisch getrieben, da meine Großmutter Engländerin ist [...]. Ich beabsichtige nach Ostern Medizin zu studieren. Ich bitte um meine Zulassung zu der Reifeprüfung und um den Vermerk meiner israelitischen Konfession auf dem Zeugnis."[85]

Auch wenn Mariannes Deutscher Aufsatz im Abitur zum Thema „Worin liegt der Wert echter Kunst gegenüber jeder Art technischer Reproduktion?“ als gerade noch „genügend“ befunden wurde, weil die Arbeit ein „deutliches Ungeschick im Ausdruck“ zeigte, bestand sie die Reifeprüfung. Ihr Ziel, Medizin zu studieren, konnte sie trotz der nationalsozialistischen Machteroberung noch erreichen. In Freiburg wurde sie immatrikuliert, kurz bevor das „Gesetz gegen die Überfüllung der Hochschulen“ sie wegen ihrer „nichtarischen Abstammung“ ausgeschlossen hätte. 1937 übersiedelte sie in die USA und heiratete Martin Aufhäuser, einen Sohn der befreundeten Münchener Bankiersfamilie. Marianne starb 2007. Sie hinterließ zwei Kinder, Martin und Mary. Mariannes Bruder Paul Michael wurde 1914 geboren. Auch er emigrierte 1937 und arbeitete in New York als Investment-Banker (Kinder: Edward, Nancy, Roger). Seine 1920 geborene Schwester Ruth Else, genannt „Putti“, ging schon 1936 in die USA. Sie studierte Kunstgeschichte und arbeite als Kuratorin am Johnson Museum der Cornell-Universität. Sie heiratete den Juristen Rudolf Schlesinger, der 1938 in die USA kam und zuvor als Syndikus bei einer jüdischen Bank emigrierende Juden in Fragen der Devisenübertragung und Eigentumsauflösung beraten hatte. Seine sehr erfolgreiche juristische Hochschullaufbahn brachte ihn an die Cornell-Universität. In „Wiedergutmachungsfragen“ stand er den Hirschlands nach 1945 beratend zur Seite. 1996 sind Ruth und Rudolf Schlesinger gemeinsam in den Tod gegangen.

Dem deutlich sinkenden Wert der Reichsmark nach Kriegsende begegnete Kurt Hirschland mit strategischer Weitsicht. Im Juli 1920 gründete er zusammen mit den potenten Partnerbanken A. Levy, Sal. Oppenheimer sowie der Allgemeinen Deutschen Credit Anstalt die Amsterdamsche Crediet Maatschappij (ACM), ein Institut nach niederländischem Recht, das als Stützpunkt diente, um das lukrative internationale Geschäft fortzusetzen. Mendelssohn & Co. waren die ersten gewesen, die in Amsterdam im November 1919 eine Tochtergesellschaft errichtet hatten, und alle größeren Privat- und Aktienbanken folgten dem Beispiel. Der Erste Weltkrieg hatte den freien Kapital-, Personen- und Warenverkehr unterbrochen und dieser kam nach der Kriegsniederlage und den damit verbundenen Restriktionen gegenüber Deutschland nur mühsam wieder in Gang. Die Niederlande und speziell der international bestens angebundene Finanzplatz Amsterdam, die im Krieg neutral geblieben waren, machten lukrative Auslandsgeschäfte wieder möglich. Denn die eisen- und stahlerzeugende Industrie des Ruhrgebiets suchte international erfahrene und handlungsfähige Banken, um die inflationsbedingten Wettbewerbsvorteile auf dem Auslandsmarkt zu nutzen. Daneben ließ sich von Amsterdam aus manch gutes Geschäft mit dem aus Deutschland vor der Inflation flüchtenden Kapital machen, das stabile Anlagen in Fremdwährungen suchte. Auch wenn die Bedeutung der Niederlassung in Amsterdam nach dem Währungsschnitt 1923 nicht mehr so groß war, wurde die ACM nach 1933 enorm wichtig, um einen Teil des Vermögens, des eigenen wie das der Bankkunden, vor dem Zugriff der Nationalsozialisten zu retten. Von Amsterdam aus konnten die Hirschlands ihre weitere Flucht organisieren und relativ frei mit den NS-Behörden verhandeln.

Das Deutsche Reich und Essen im Besonderen erlebte nach 1914 eine krisenreiche Zeit, bis nach einer Dekade, 1924, endlich wieder stabile Verhältnisse einkehrten. Die Hirschland-Brüder, beide jung und bestens ausgebildet, tatkräftig und energiegeladen, steuerten die Bank mit sicherer Hand durch diese schwierigen Zeiten. Kurt Martin galt als der brillantere Banker und die expansive Kraft, Jurist Georg Simon als der bedachte und vorsichtigere Manager im Hintergrund.

Als Kurts Tochter Marianne 1931 ihr Gesuch um Zulassung zur Reifeprüfung vorlegte, erinnerte sie sich in dem geforderten Lebenslauf an den Kapp-Putsch des Jahres 1920, als es in Essen zu bürgerkriegsähnlichen Auseinandersetzungen zwischen der Roten Ruhrarmee und Einheiten der Sicherheitspolizei kam. Örtliche Geschäftsleute, darunter Vater Kurt, unterstützten bewaffnet die Bürgerwehr. Zentraler Schauplatz dieser Kämpfe mit zahlreichen Toten war der Steeler Wasserturm, in dessen Nähe die Hirschlands 1920 wohnten: „Zu Hause war immer große Aufregung, da mein Vater von den Roten verhaftet werden sollte, weil er mit den Polizisten Wache gestanden hatte und immer im rechten Augenblick verschwinden mußte. Gerade in diesen Tagen, als die Kanonen vor unserm Haus standen, wurde meine kleine Schwester geboren."[86]

In bürgerlichen Kreisen herrschte große Erleichterung, als der Aufstand niedergeschlagen wurde, und diese Erlebnisse prägten die nationalkonservative Orientierung Kurt Hirschlands. Ziemlich erregt schrieb Erich Grünebaum in einem Brief vom 31. Oktober 1932 über „Onkel Kurts [...] angeborene Wut gegen alles was Sozialdemokratie oder so heisst". Der Anlass war eine Bemerkung Erich Grünebaums gegenüber „Onkel Kurt", dass er sich vorstellen könne, bei den Reichstagswahlen 1932 die SPD zu wählen, weil er von Papen mit seiner Nähe zur NSDAP unmöglich unterstützen würde. Kurt Hirschland, ein Anhänger von Papens, entsetzte sich über diese Bemerkung und machte aus der Geschichte einen kleinen Familienskandal. Bemerkenswert war hier auch die Mitteilung von Erich Grünebaum: „ich habe eben noch nicht die politische Meinung meines Berufs"[87].

„Auch die Franzosenbesatzungszeit gehört mit zu diesen aufregenden Epochen", schrieb die angehende Abiturientin Marianne. „Die Franzosen wollten unser Haus in Pferdeställe, Garagen und Offizierswohnungen umbauen. 2-mal wollten sie Vater als Geisel ins Zuchthaus nach Werden bringen. Durch tausenderlei Schikane suchten sie uns in allem zu stören."[88] Das Risiko, von den Franzosen ins Werdener „Zuchthaus" gesperrt zu werden, war für Kurt Hirschland tatsächlich groß. Zwischen Ende Februar und Mitte August wurden über eintausend Gefangene von den Franzosen in der Strafanstalt untergebracht, darunter zahlreiche leitende Beamte, Bürgermeister, Unternehmer und leitende Angestellte von Verbänden. Der bekannteste Inhaftierte war Gustav Krupp, dem in Werden der Prozess gemacht wurde. Widerstand gegen Anordnungen der Franzosen oder Spionage waren häufige Haftgründe. Eine Mitschülerin von Marianne Hirschland berichtete in ihrem Abiturgesuch über den Vater, der Pächter und Direktor des Hotels Ruhrstein in Bredeney war. Er protestierte heftig, als sein Hotel zu einem französischen Offizierskasino umfunktioniert werden sollte, und ging dafür sofort in Haft. Nach Abzug der Besatzung erkannte er sein Hotel kaum wieder. Eine weitere Nutzung war wegen erheblicher Vandalismusschäden nicht möglich. Er musste dieses Haus aufgeben und am Haumannplatz mit einem Restaurant neu anfangen. Einem solchen Schicksal entgingen die Hirschlands wahrscheinlich, weil sie direkte Kontakte zur Besatzungsbehörde hatten. Die wichtigsten wirtschaftlichen Angelegenheiten besprachen die Franzosen mit dem Wirtschaftsrat der Handelskammer Essen. Einer der beiden Hirschland-Brüder war Mitglied des zum Wirtschaftsrat gehörenden Ausschusses für Geld- und Kreditwesen und konnte so die Familie schützen.[89]

Die Besetzung des Ruhrgebiets behinderte erheblich die Geschäftstätigkeit der Bank. Um Devisenkurse zu erfahren, musste ein Angestellter oft eine Reise zur nächsten Stadt machen, oder man nutzte geheime Telefonleitungen. Schwerwiegender war die Krise, die sich durch die Politik des „passiven Widerstands" ergab, den die Reichsregierung 1923 ausgerufen hatte. Nahezu die gesamte Kohleförderung war im Revier eingestellt worden. Als das Rheinisch-Westfälische Kohlen-Syndikat[90] seinen Sitz von Essen nach Hamburg verlegte, schloss sich Simon Hirschland an und gründete in der Nachbarschaft eine Niederlassung. Vorausgegangen war ein Gespräch zwischen dem Generaldirektor des Koh-

Abb. 31: Französische Besatzungssoldaten kontrollieren die Werdener Ruhrbrücke 1923.

len-Syndikats und den Hirschland-Brüdern Kurt und Georg:

> „Die beiden Bankiers sicherten Albert Janus zu, so jedenfalls die Schilderung von Helmut [dem Sohn von Albert Janus, N. F.], für einen Zeitraum von mindestens drei Monaten die Lohn- und Gehaltszahlungen der Ruhrgebietszechen für ihre Mitarbeiter sicherzustellen. Diese mutige Entscheidung machte die Bank in der Folgezeit zur Hausbank der gesamten Bergbauindustrie des Ruhrgebiets."[91]

Die Beziehungen zwischen der Familie Janus und den Hirschlands waren über Jahrzehnte ausgesprochen eng und freundschaftlich. Albert Janus und Georg Hirschland waren zusammen mit dem Rechtsanwalt Salomon Heinemann und Oberbürgermeister Hans Luther die Initiatoren des Museums Folkwang. Alberts Sohn Helmut Janus begann seine Tätigkeit als Justiziar 1938 unmittelbar nach der „Arisierung" im Bankhaus Burkhardt & Co. In seiner Person sah der neue Mitinhaber Gotthard von Falkenhausen die Gewähr, dass er als Mittler zwischen den Hirschlands und den neuen Eigentümern im beiderseitigen Interesse die unzähligen Fragen der Überleitung regele. Nach 1945 war Helmut Janus dann bis weit in die 1970er Jahre der Hausanwalt der Hirschlands, um die „Wiedergutmachungsverfahren" für die gesamte Familie zu führen.

Abb. 32: Die Hamburger Filiale des Bankhauses Simon Hirschland, Alstertor 23.

Wie richtig die Entscheidung gewesen war, am Alsterufer eine Filiale aufzumachen, zeigte sich in der stürmischen Zeit der Hochinflation. Denn von Hamburg aus waren ertragreiche Devisentransaktionen weiterhin möglich. Auch nach dem Rückzug der Franzosen blieb die Filiale bestehen, die im Devisenhandel und mit neuen Kunden wie Karstadt, Hertie, Shell und Hamburger Reedereien gute Umsätze machte. Anfangs wurde Hamburg von Georg Hirschland geleitet, später waren hier die Neffen Erich und Kurt Grünebaum leitend tätig.

Vordergründig sah das wirtschaftliche Umfeld für die deutschen Privatbanken nach dem Weltkrieg gar nicht gut aus. Zwischen 1913 und 1925 gingen 180 Privatbanken in Großbanken auf und die Fusionswelle betraf auch die Großbanken selbst, deren Einfluss im Ruhrgebiet wuchs. Gegen diesen Trend konnte die Simon-Hirschland-Bank wegen ihrer exzellenten Auslandsbeziehungen nicht nur bestehen, sondern in einem außergewöhnlich lukrativen Markt rasant wachsen. Der Investitionsbedarf der deutschen Schwerindustrie war nach dem Krieg außerordentlich hoch. Die Ruhrindustrie als „Waffenschmiede des Reiches" musste die Produktion auf die Bedürfnisse der Friedenswirtschaft umstellen. Zudem waren während des Krieges viele Industrieanlagen auf Rekordproduktion und Verschleiß gefahren worden. Modernisierungen und Produktionsumstellungen waren zwingend notwendig. Es fehlte an allem und nicht zuletzt an ausländischen Rohstoffen, die nur mit Devisen und Auslandskrediten bezahlt werden konnten. Der Kapitalmangel auf den heimischen Märkten wurde unterstützt durch die restriktive Kreditpolitik der Reichsbank, die damit auf Kritik reagierte, sie habe mit einer zu lockeren Politik der Kreditvergabe eine Ursache für die Zerrüttung der Währung gesetzt.[92] In dieser Situation sahen sich die deutschen Großbanken nicht in der Lage, ausländische Kredite in der notwendigen Größenordnung für die zwingend notwendigen Investitionen zu vermitteln. Es zahlte sich jetzt aus, dass Simon Hirschland während des Weltkrieges zuverlässig die Auslandsschulden über Geschäftsfreunde in der Schweiz bedient hatte, während die deutschen Großbanken in Erwartung eines glänzenden deutschen Sieges auf die Erfüllung ihrer Verpflichtungen gegenüber englischen und amerikanischen Banken verzichteten. 1985 erzählte Erich Grünebaum davon dem Interviewer der Alten Synagoge in Essen: „Das haben Kleinworts nie vergessen, [...] schon 1923 war Hirschland da sehr willkommen als Kunde [...] und wir haben sehr große Geschäfte mit Kleinwort Sons gemacht."[93]

Schon vor dem Krieg war eine der wichtigsten Verbindungen die zu Kleinwort, Sons & Company in London. Die ausländischen Kreditgeber hatten mehr Vertrauen in die Solidität und Vertrauenswürdigkeit ihnen persönlich bekannter Bankiers als zu anonymen Aktienbanken. Die gemeinsame deutsch-jüdische Herkunft, ein verbindendes Berufsethos mit der großen Bedeutung von Zuverlässigkeit und Vertrauen und die gemeinsame Hoffnung auf lukrative Geschäfte hatten über den Krieg hinaus gehalten. Der „gute Ruf" der Simon-Hirschland-Bank war der wichtigste Erfolgsgarant. Dies bedeutete auf der anderen Seite, dass die Hirschlands hier auch besonders verletzbar waren, wenn Zweifel daran aufkamen.

Die dringend benötigten Kredite konnten die Hirschlands mit hohen Provisionsgewinnen vermitteln. In einem unveröffentlichten Manuskript zu einer Festschrift schreibt der langjährige Prokurist Heinrich Schumacher:

> „Herr Kurt Hirschland besuchte seine alten Freunde in England und den Vereinigten Staaten und ließ sich Kreditlinien geben, die großzügiger Weise gewährt wurden. Diese Kredite wurden an die Industrie vermittelt, die auf diese Weise ihren Aufbau finanzieren konnte. So wurde die Zeit von 1925–29 eine Hochkonjunktur für S[imon] H[irschland]."[94]

Die überschaubare, patriarchalisch geführte Bank der Vorkriegszeit mit 36 Angestellten beim Ausbruch des Weltkriegs entwickelte sich zu einer der größten Privatbanken Deutschlands mit einem modernen Management, die 1930 in der Essener Zentrale 163 Angestellte beschäftigte, 48 waren in Hamburg tätig.[95] Ende 1924 half Kurt Hirschland, die höchst drängenden Finanzierungsprobleme der Friedrich Krupp AG durch eine amerikanische Auslandsanleihe in Höhe von 10 Millionen Dollar zumindest vorläufig zu lösen. Durch Kriegsniederlage, Friedensvertrag und Ruhrkampf waren bei Krupp Verluste von 250 Millionen RM aufgelaufen. Die deutschen Großbanken, darunter die Dresdner Bank als Hausbank, sahen sich nicht in der Lage, in dieser Liquiditätskrise entsprechende Kredite zu liefern. Auf der anderen Seite lockte das hohe Zinsniveau in Deutschland amerikanische Investoren, die vor allem kurzfristige Kredite anboten, die für langfristige Zwecke verwandt wurden. Georg Solmssen, ein international versierter Bankfachmann, Inhaber der Disconto-Gesellschaft und später Vorstandssprecher der Deutschen Bank, warnte schon 1925 scharfsichtig, dass jederzeit „Rückforderungen zu unbequemen Terminen" erfolgen könnten.[96]

Kurt Hirschland nutzte seine guten Kontakte zu Goldman Sachs & Co. Die Investmentbank organisierte ein Konsortium, an dem sich u. a. die englische Partnerbank der Hirschlands, Kleinwort Sons & Co. in London, beteiligte. Noch 1924 konnte die Bank Auslandskredite an Mannesmann und die Gutehoffnungshütte vermitteln; zahlreiche prominente Kunden in der westdeutschen Schwerindustrie kamen hinzu. Die weiterhin bestehende Finanzkrise bei Krupp führte 1925 zu einem Hilfeersuchen an die Reichsregierung. Reichskanzler Luther, zuvor bis 1922 Oberbürgermeister in Essen, sicherte Unterstützung zu. Er machte diese aber abhängig von einem Bankkredit für Krupp über 15 Millionen RM. Wieder gelang es der Dresdner Bank nicht, diesen Kredit zu organisieren, während Kurt Hirschland in London kurzfristig die Summe auftreiben konnte.

Der Erfolg dieses Geschäfts drückte sich dann auch darin aus, dass Kurt Hirschland 1926 in den Aufsichtsrat der Krupp AG berufen wurde und Simon Hirschland zur zweiten Hausbank des Stahlunternehmens wurde. Den Hirschland-Brüdern wurden zahlreiche Aufsichtsratssitze in Unternehmen der Ruhrindustrie und des Bergbaus übertragen, die ihnen intime Einblicke in die Ertragskraft und Strategie dieser Firmen gaben. „Die eigentlich als Kontroll- und Beratungsorgane eingerichteten Aufsichtsräte [entwickelten sich] zur Basis komplexer wirtschaftlich-personeller Netzwerke und zu zentralen Foren des Informationsaustausches."[97] Selbst wenn keine direkten geschäftlichen Beziehungen bestanden, wurden Privatbankiers wegen ihrer Unabhängigkeit und ihres Renommees gerne in Kontrollgremien berufen. Sie waren, wie es der Wirtschafspublizist Felix Pinner 1924 beschrieb,

„[…] Mittler großen Stils, die zwischen den Konzernen stehen, Brücken schlagen oder Brücken bilden, Transaktionen anregen oder durchführen, die Verbindungen knüpfen oder aufrecht halten“[98].

Die Reichsbank ernannte Kurt Martin Hirschland 1925 zum stellvertretenden Mitglied ihres Zentralausschusses, ein Organ, das die privaten Anteilseigner der Reichsbank vertrat und häufig für Gutachten in Anspruch genommen wurde. Seine fachliche Qualifikation machte ihn auch zu einem gefragten Dozenten, der in Essen „Akademische Kurse“ für Handelswissenschaften abhielt. Diese Aktivitäten trugen alle dazu bei, das Netzwerk auszubauen und das Renommee von Simon Hirschland weiter zu steigern.

Der Aufstieg der Simon-Hirschland-Bank in die erste Reihe der deutschen Privatbanken bewog die bisherigen Platzhirsche Max Warburg und Louis Hagen, den Essener Aufsteiger nicht als Konkurrenten zu verdrängen, sondern ihn wegen seiner hervorragenden internationalen Kontakte und den höchst ertragreichen Beziehungen zur Ruhrindustrie als neuen Partner zu gewinnen. Die Banken A. Levy, Sal. Oppenheim (beide Köln), M. M. Warburg (Hamburg) und Simon Hirschland gründeten die Interessengemeinschaft „Convenio“ (lat. zusammenkommen, übereinkommen), um sich im lukrativen Auslandsgeschäft gegenseitig zu unterstützen. Die Kooperation dieser traditionellen jüdischen Bankhäuser half, eine Nischenfunktion zu besetzen, um sich gegenüber den schnell expandierenden Großbanken zu behaupten.

> „Für Simon Hirschland war diese Kooperation mit den führenden deutschen Privatbanken ein Prestigegewinn, der sich auch auf anderen Feldern auswirkte, beispielweise durch die Teilnahme an Bankkonsortien zur Finanzierung industrieller Großkredite oder der Aufnahme 1926 in das exklusive Preußen- sowie Reichsanleihekonsortium zur Unterbringung von Staats- und Reichsanleihen.“[99]

Das Bankhaus gehörte auch dem Bankenkonsortium zur Finanzierung des Außenhandels mit der Sowjetunion an. Sichtbares Zeichen der außerordentlich gewinnträchtigen Geschäftsentwicklung und des gesellschaftlichen Aufstiegs war die von Kurt Hirschland erworbene prächtige Villa am Haumannplatz. Heute sieht man diesem verkehrsreichen Platz vor dem Polizeipräsidium und den Justizgebäuden kaum noch an, dass hier vor hundert Jahren ein harmonisches und geschlossenes Prachtviertel mit exklusiven Großvillen entstanden war, das gerne auf Ansichtskarten abgebildet wurde. Kurt kaufte 1920 gleich zwei hochkarätige Immobilien am Haumannplatz, die Villa Krawehl und das nebenstehende Wohnhaus Nr. 4, die Villa Herzberg.[100] Arthur Krawehl, Kaufmann und Inhaber der Firma Wilh. & Conr. Waldthausen, verlor nach dem Weltkrieg seine Besitzungen in Afrika und verstarb im Jahr 1921 überraschend. Krawehl hatte sich von dem Architekten und Maler Professor Adelbert Niemeyer ein schlossartiges dreiflügeliges Gebäude errichten lassen, das nach seiner Fertigstellung die renommierte Architektur- und Gestaltungszeitschrift *Deutsche Kunst und Dekoration* anregte, auf über vierzig Seiten das Objekt in allen Details der interessierten Leserschaft vorzustellen. Der Artikel wird eingeleitet durch die Ansprache Niemeyers bei der Einweihung des Hauses, in der der Architekt sein Werk vorstellt: „Die Schlichtheit, die doch zu dominieren weiß, die hofbildende Stellung der drei Hausteile, das vorspringende Portal, die Symmetrie der Massen, der Fenster und Kamine, die Meidung alles Unruhigen, Überflüssigen, Gesuchten und Auffallenden verleihen dem Hause zurückhaltenden Adel.“

Im Erdgeschoss bot das Haus neben einem sehr großzügigen Küchentrakt ein Speisezimmer, ein Musikzimmer mit zwei Flügeln, eine Eingangshalle, eine Damen- und Herrengarderobe, ein Damen- und ein Herrenzimmer, eine große Bibliothek und dazu ein Blumenzimmer. Kleinere Gelasse sind hier nicht erwähnt. Im Innern war das Gebäude als Gesamtkunstwerk komplett durch den Architekten

Abb. 33: 1920 kaufte Kurt Hirschland die Villa Krawehl am Haumannplatz 2 in Essen.

gestaltet; Niemeyer hatte alle Dekorationen und Möbel entworfen und sie in den Deutschen Werkstätten München bauen lassen.

1936 haben Kurt und Harrie die Villa verlassen, um in Amsterdam bzw. in der Schweiz vor der sich zunehmend radikalisierenden antisemitischen Politik Zuflucht zu suchen. Als Georg Hirschland im Spätsommer 1938 den Entschluss gefasst hatte, in die USA zu emigrieren, wurde der Besitz der beiden Villen am Haumannplatz aufgegeben, als eine Voraussetzung, um die Ausreise aller Hirschlands möglich zu machen. Die Gau- und Kreisleitung der NSDAP Essens hatte starkes Interesse an der Übernahme erklärt, und Georg, als Bevollmächtigter seines Bruders Kurt, sah keine Möglichkeit, sich dieser Erpressung zu widersetzen. Über seinen Rechtsanwalt Fritz Fenthol bot er die kostenfreie Übergabe der Villen an. Gegenüber Fenthol erklärte Gauleiter Terboven, dass die Partei kein Geschenk von einem Juden annehme – sollte die Stadt Essen sich aber dazwischenschalten, sei er einverstanden. Zusätzlich mussten die Hirschlands erklären, etwa fällig werdende Grunderwerbs- und Schenkungssteuern aus ihrer Kasse zu begleichen. Auf diese Weise wurden beide Villen dann kostenfrei an die Stadt Essen übertragen, die sie unmittelbar darauf der NSDAP überschrieb. Die Nutzung durch die Kreisleitung der NSDAP war nicht von langer Dauer. Die Kreisleitungen waren eine Untergliederung der Gauleitung, die im Krieg die Beseitigung von Schäden des Luftkrieges organisieren sollten. Mit dem Luftkrieg bekamen es die Hausherren selbst zu tun, als die

Abb. 34: Zwei Flügel fanden Platz im Musikzimmer der Villa.

Abb. 35: Die Bibliothek des Hauses Krawehl.

Villa von Fliegerbomben getroffen wurde. Nach dem Krieg wurde die Ruine endgültig abgerissen.

Wie das Etikett der „Goldenen Zwanziger" für den fulminanten Aufstieg der Hirschland-Bank unter der Regie von Kurt Hirschland passt, so stimmt auch das zweite gern zitierte Signum „Tanz auf dem Vulkan" für die Bank wie für ihren Geschäftsführer im Besonderen. 1931/32 stand die Bank vor dem Untergang und Kurt Hirschland erlitt einen Zusammenbruch, der dazu führte, dass er die Geschäftsführung aufgab und sich mit Unterbrechungen für über fünfzehn Jahre in Schweizer Kliniken aufhielt. Seine ärztliche Diagnose war auch für die allgemeinen Zeitläufe symptomatisch: manisch-depressive Störung.

Die Weltwirtschaftskrise traf Essen mit voller Wucht. Der Umsatz von Krupp halbierte sich und der Konzern entließ die Hälfte der Arbeiter. Beinahe jeder zweite Bergmann verlor seinen Arbeitsplatz. Von den 650 000 Einwohnern Essens waren 200 000 auf öffentliche Unterstützung angewiesen, die kaum das Existenzminimum sicherte. Die Industrie- und Handelskammer klagte, „dass man kaum mehr von einem wirtschaftlichen Leben" in Essen sprechen könne.[101]

Unausweichlich erfasste die allgemeine Wirtschaftskrise die Banken. Am 11. Juli 1931 erklärte die zweitgrößte deutsche Privatbank, die Darmstädter und Nationalbank, kurz Danat-Bank, ihre Zahlungsunfähigkeit. Um einen Run auf die Bankschalter und weitere Zusammenbrüche zu verhindern, blieben am 14. und 15. Juli sämtliche Geldinstitute in Deutschland geschlossen. In Essen gerieten besonders Banken mit mittelständischem Kundenkreis in Schieflage. Im November 1932 stellte die genossenschaftliche Essener Bank ihre Zahlungen ein, ebenso die Altendorfer Kreditbank und die Werdener Bank. Das bedeutendste Institut, das in Schwierigkeiten geriet, war Simon Hirschland. Der Prokurist des Hauses, Heinrich Schumacher, relativiert in dem Entwurf zur Jubiläumsschrift die existentielle Gefahr dieser Krise:

> „Rechtzeitig erkannten die Inhaber, besonders Dr. Georg Hirschland, nach Rückkehr von seiner Amerikareise, daß die Bäume nicht in den Himmel wachsen, und die übermäßige Kreditaufnahme Deutschlands bei gleichzeitiger Fortsetzung der Reparationszahlungen zu keinem guten Ende führen könne. Darum begann S[imon] H[irschland] schon lange ehe die Kreditkrise in Deutschland einsetzte, seine Engagements, die vorher recht stark angewachsen waren, allmählich zu verkleinern […]. Denn man konnte ja damals noch nicht wissen, daß sämtliche von S. H. vermittelten Kredite, die zu jener Zeit festgefroren waren, im Laufe der Zeit wieder gesund werden würden. Angesichts der vielen Zusammenbrüche in den Jahren 1931/32 war es nicht zu vermeiden, daß vorübergehend auch S. H. ‚ins Gerede' kam. Das Essener Lokalblatt / Die Tribüne versuchte zeitweise aus dieser Sache eine Sensation zu machen. Aber die Kundschaft verlor nicht das Vertrauen […].“[102]

Tatsächlich waren die Verhältnisse deutlich dramatischer. 1928 standen 128 Millionen RM als kurzfristige Außenhandelskredite in den Büchern der Bank, ein Anteil von ca. 22 Prozent der Bilanzsumme. Häufig waren diese Kredite in langfristige Investitionen der Unternehmen geflossen und die Kreditnehmer sahen sich in der Krise nicht in der Lage, die Kredite im Kündigungsfall zurückzuzahlen. Nur das in Basel vereinbarte „Stillhalteabkommen“, das die Zahlungsverpflichtung gegenüber den ausländischen Geberbanken zeitweise aussetzte, rettete die Situation vorübergehend.

Besonders gefährlich war das Engagement der Hirschland-Bank bei den Zechen Ewald und König Ludwig, die seit Juli 1931 eine Betriebsgemeinschaft bildeten. Kurt Hirschland, Aufsichtsratsmitglied beider Zechen, hatte die Geschäftsführung der Zeche Ewald seit 1926 zu gewagten Finanztransaktionen und zum Bau einer großen Stickstoffanlage gedrängt. An kurzfristigen Krediten hatte Ewald 43 Millionen RM und König Ludwig 40 Millionen RM zu bedienen. Größter Gläubiger war Simon Hirschland mit 30 Millionen vor der Deutschen Bank mit 20 Millionen RM. 1931 hatte sich der Bau der über 80 Millionen RM teuren Stickstoffanlage als Fehlinvestition herausgestellt und Ewald und Ludwig wurden zu einem spektakulären Sanierungsfall. Georg Solmssen vom Vorstand der Deutschen Bank übertrug Karl Kimmich, einem hervorragenden Kenner der Ruhrindustrie und in der Kölner Filiale der Deutschen Bank tätig, die Aufgabe, die beiden überschuldeten Zechen zu retten. In einem Schreiben an Kimmich urteilte Solmssen:

> „Nur für Sie bestimmt möchte ich hinzufügen, daß ich den Eindruck habe, daß das Unglück von Ewald durch die Firma Hirschland verursacht worden ist, die ohne die Fähigkeit zu besitzen, ein Unternehmen industriell zu führen, sich des maßgeblichen Einflusses bei Ewald bemächtigt hatte und diesen Einfluß benutzt hat, um Ewald in sehr schädliche finanzielle Transaktionen zu verwickeln.“[103]

Abschließend teilte Solmssen noch seinen Eindruck mit, „daß das Schicksal von Ewald für die Firma Hirschland von sehr großer Bedeutung ist“.[104] Patrick Bormann und Joachim Scholtyseck urteilen: „Ganz offenkundig stand dem Bankhaus zu diesem Zeitpunkt das Wasser bis zum Halse.“[105]

Gerettet wurde Simon Hirschland durch eine umfangreiche Staatshilfe. An den Verhandlungen über die Zukunft der Zechen Ewald und König Ludwig hatte Kurt Martin Hirschland nicht mehr teilgenommen; sie wurden allein von seinem Bruder Georg geführt. Sehr ähnlich zum Ewald-Debakel entwickelte sich die Situation bei Karstadt. Hier hatte Kurt Hirschland eine hochriskante Expansionspolitik der Kaufhauskette mit kurzfristigen Krediten unterstützt, die durch die Umsatzrückgänge in der Wirtschaftskrise in die Überschuldung führten. Der bei Karstadt entstandene Verlust konnte von der Bank selbst abgeschrieben werden.

In diesen unternehmerischen Fehleinschätzungen, die Simon Hirschland nach 90-jähriger Firmengeschichte beinahe ruinierten, sehen Patrick Bormann und Joachim Scholtyseck die Ursache für den Rückzug Kurt Martin Hirschlands aus der Geschäftsführung, „auch wenn die Familienüberlieferung gesundheitliche Gründe anführt“[106]. Der hier vermittelte Eindruck, dass „gesundheitliche Gründe“ nur vorgeschoben waren, ist falsch, wenn man die weitere Lebensgeschichte Kurt Hirschlands kennt.

7

KURTS ABSTURZ IN EINE „KRANKHAFTE MESCHUGGAS“

Der „Nervenzusammenbruch“ Kurt Hirschlands war zur Bestürzung der Familie keine kurzzeitige Episode und bedurfte intensiver psychiatrischer Therapie, die über Jahre, möglicherweise bis zu seinem Lebensende andauerte.

Für die ganze Familie war die Erkrankung mit all ihren Folgen eine Katastrophe. Zahlreiche Briefe aus den folgenden Jahren belegen dies. Allerdings war, damals weit stärker als heute, eine psychiatrische Krankheit stark tabuisiert und kein Brief beschreibt detaillierter die Auswirkungen und Verhaltensweisen, die Kurt an den Tag legte. Es blieb immer bei knappen Formulierungen wie „Georg muss seit Monaten die Mitarbeit seines Bruders vermissen“ (9. März 1932); Erich Grünebaum sprach knapp von der „krankhaften Meschuggas“ seines Onkels. Der Prokurist Schumacher formulierte für die Geschäftspartner dezenter: „Freilich zehrten diese Vorgänge an den Nerven der Inhaber und Angestellten; Herr Kurt Martin Hirschland, der Hauptträger der Expansionsperiode, hielt sich aus Gesundheitsrücksichten mehr und mehr zurück und schied im Juli 1934 ganz aus der Geschäftsführung aus.“[107]

Das Verhältnis der Brüder Kurt und Georg war durch den Beinahe-Zusammenbruch der Bank äußerst gespannt und es ist fraglich, ob dieser Riss jemals geheilt wurde. Georg stand in den 1920er Jahren im Schatten der außerordentlichen Erfolge seines Bruders und kümmerte sich als gelernter Jurist um die korrekte und effiziente Abwicklung der Geschäfte. Kurt war ungewöhnlich begabt, er erfasste blitzschnell die Gelegenheiten mit all ihren Problemen und konnte sich glänzend in Gesellschaft bewegen. Er war der ideale Typus, um Netzwerke zu knüpfen und zu pflegen. In der Welt der Grandhotels, der Salons der Ocean-Liner und in den Foyers der Theater und Kunsthallen war Kurt zuhause und absolut lebendig. Mit hervorragenden Sprachkenntnissen konnte er glänzen und baute diese immer weiter aus. Noch in den Klinikzeiten der 1940er Jahre nahm er Italienisch-Stunden. Seine Neffen verehrten ihren Onkel, der sie in das geschäftliche und gesellschaftliche Leben der Hochfinanz einführte. Der 27-jährige Erich O. Grünebaum schrieb an den Vater: „Es war sehr nett mit ihm hier, ich habe dadurch doch sehr viele Leute kennen gelernt, wenn dies auch wohl mehr geschäftliche Bekanntschaften sind, als solche, von denen ich etwas während meines jetzigen Pariser Aufenthaltes haben werde. Auch bin ich doch mit ihm immer in sehr gute Restaurants gegangen und sehr viel ins Theater."[108]

Vielleicht machte sich Georg den Vorwurf, dass er seinem Bruder nicht rechtzeitig Grenzen gesetzt hatte und zu lange daran glaubte, dass Kurts gewagte Spekulationen vielleicht zu Verlusten führen könnten, ohne die Solvenz der Bank grundsätzlich in Frage zu stellen. Mit ungeheurer Energie setzte Georg Hirschland alles daran, das wichtigste Kapital der Bank, das Vertrauen der Kunden, neu aufzubauen. In den unzähligen Briefen, die die Hirschlands einander in den Jahren zwischen 1931 und dem Tod Georgs 1942 schrieben, hat sich nicht ein einziger gefunden, der zwischen Kurt und Georg ausgetauscht wurde. Auch Besuche sind nicht dokumentiert.

Abb. 36: Ludwig Binswanger (1881–1966) Bronzebüste von K. Kühn im Universitätsarchiv Tübingen.

Im September 1931 hatte bei Kurt Hirschland eine schwere Depression eingesetzt, die sich in einem Maße verschlimmerte, dass Frau Hirschland ihren Mann auf ärztlichen Rat hin zu Ludwig Binswanger brachte, einem der führenden Schweizer Psychiater. Möglicherweise gab auch der befreundete Hamburger Bankier Max Warburg die Empfehlung, denn Binswanger und seine Frau hätten seinen Bruder Aby „wieder ins Leben" zurückgeführt.[109] Seit dem 23. Januar 1932 wurde Kurt Hirschland in der Privatklinik Bellevue behandelt. Nach einem Skandal in dieser Klinik, von dem noch zu berichten sein wird, kümmerte sich Oscar Forel in der 1934 neu gegründeten Privatklinik Les Rives des Prangins um den Patienten.

Nahe der deutschen Grenze in Kreuzlingen, auf der Schweizer Seite des Bodensees, hatten die Binswangers in mehreren Generationen ein luxuriöses Sanatorium für ein sehr exklusives Publikum errichtet. Am See gelegen und mit Blick auf die Alpenkette war um ein Haupthaus herum eine Villenkolonie in einem weiträumigen Park entstanden, um hier ein verwöhntes Publikum zu beherbergen, das mit den neuesten Therapieverfahren behandelt wurde. Die Mutter des englischen Prinzen Philipp, Gustav Gründgens und Ernst Ludwig Kirchner gehörten zu den Patienten.

Henry van der Velde hielt sich 1912 wegen eines neurasthenischen Leidens und allgemeiner Überspannung in Binswangers Klinik auf. In seinen Lebenserinnerungen berichtete er seine positiven Erfahrungen:

> „Das anstrengende Leben, das ich seit Jahren führte, machte einen Erholungsaufenthalt notwendig. Als ich 1912 in dem von Dr. Ludwig Binswanger geleiteten Sanatorium Bellevue in Kreuzlingen eintraf, sagte der Arzt: ‚Sie sind bald fünfzig Jahre alt, es ist Zeit, hohe Zeit für einen Menschen, der sich wie Sie verausgabt hat, auszuspannen.' Das Sanatorium hatte unter Binswangers Leitung – er war der Bruder des berühmten Psychiaters der Jenaer Universität, in dessen Klinik ich vor meiner Abreise nach

Abb. 37: Krankenzimmer in der Villa Roberta der Binswanger-Klinik in Kreuzlingen.

Kreuzlingen einige Tage verbracht hatte – Weltruf erlangt. Die Patienten kamen aus der deutschen Industrie- und Finanzwelt, aus der internationalen Diplomatie und aus der Aristokratie von ganz Europa; Neurastheniker verschiedenen Grades, teils in geschlossenen Häusern, teils in der offenen Villa Bellevue, wo sich Überarbeitete, Lebemänner, hysterische Damen und Alkoholiker der ausgezeichneten Kur unterzogen. Ich fühlte mich in diesem Milieu zunächst fehl am Ort. Dank der besonderen Sorge Binswangers, der mich aller gesellschaftlichen Verpflichtungen enthob, paßte ich mich aber rasch an. Die Schmerzen im Nacken verschwanden bald. Vor wieviel Jahren hatte ich die nämlichen Schmerzen, diesen unheimlichen Griff eines Ungeheuers verspürt."[110]

Auch Kurts Befinden besserte sich vorübergehend, allerdings wuchsen mit dem Nachlassen der Depression und der massiven Schlafstörung seine Gereiztheit und die Unzufriedenheit mit der ganzen Situation.[111] Eine weitere Behandlung in der Klinik schien ihm völlig unnötig. Im Mai wurde er entlassen und vereinbart, dass er zur Abgewöhnung der Schlafmittel noch einmal in die Klinik zurückkehrt. Am 4. Juli 1932 verließ er dann die Klinik und verbrachte einen mehrwöchigen Urlaub im Grandhotel „Waldhaus" in Vulpera. Danach kehrte Kurt Hirschland nach Essen zurück und wollte seine Tätigkeit in der Bank wieder aufnehmen. Mit altem Tatendrang bahnte er neue riskante Engagements an, zum Entsetzen seines Bruders Georg, der alles daransetzte, die Bank in ein ruhiges Fahrwasser zu bringen. Auf Widerspruch reagierte Kurt mit unangenehmen

Auftritten gegenüber der Familie und Mitarbeitern. Harrie Hirschland drängte ihn, die Behandlung bei Binswanger fortzusetzen, aber Kurt zeigte keinerlei Einsicht in seine Krankheit und widersetzte sich. Am Jahresende eskalierte die Situation. Der Anlass dazu wurde von Kurt Hirschland nach dem Bericht seines Pflegers Paul Strupler so dargestellt:

> „An Weihnachten oder Neujahr [19]32/33 habe er von einem Freund einen alten Stich geschenkt bekommen, seine Frau habe dann an dem Bild den Rand abgeschnitten, so dass das Bild wertlos geworden sei, er habe darauf, was wahr sei, eine Wut bekommen und das Bild zerrissen, sein Hausarzt, der auch eingeladen war, habe ihm Vorhaltungen gemacht, worauf er ihm ein Glas Champagner auf den Kopf schüttete, und ihn aus dem Hause wies. Nachts sei er dann von seinen eigenen Dienern auf Veranlassung seiner Frau und des Hausarztes festgehalten worden, im Bett, wie er sagte, habe eine Injektion bekommen, und sei dann weggefahren worden [...] als er zu sich gekommen sei, hätte man ihn nach der Schweiz verschleppt gehabt.“[112]

Das Tübinger Universitätsarchiv bewahrt die Akten der Kreuzlinger Klinik von Ludwig Binswanger auf. Mit Ausnahme der eigentlichen Krankenakte konnte der Autor hier den erstaunlich umfangreichen Bestand zu Kurt Hirschland einsehen, der dokumentiert, von welchen Dämonen er gejagt wurde. Herzzerreißend sind zahlreiche „Kassiber“ Kurts, die er auf erbeutete Papierfetzen schrieb, um sie nach draußen zu schmuggeln. Sie machen bis heute fasslich, wie schrecklich ihn die Krankheit ergriffen hatte, die ihm das Leben zur Hölle machte. Die meisten dieser Briefchen wurden vom Klinikpersonal abgefangen. In einigen Fällen gelang es Kurt, Besuchern der Klinik seine Botschaften in deren Taschen zu schmuggeln oder er ließ sie bei begleiteten Spaziergängen auf die Straße fallen. In einem Fall gelangte ein Briefchen wieder an die Klinikleitung, nachdem ein Schulkind dieses auf der Straße fand und dem Lehrer übergab. In diesen „Kassibern“ schreibt Kurt meist mit Bleistift, dass er Opfer einer Entführung sei. Vier Personen seien in der Nacht vom 8. zum 9. Januar 1933 um 5.45 Uhr in sein Essener Schlafzimmer eingedrungen, sie hätten ihn mit Morphium betäubt, in ein Auto gezerrt und nach Kreuzlingen entführt. Hier sei er ein Gefangener der Ärzte, die alle seine Kontaktversuche blockierten. Er sei bei völliger geistiger Gesundheit, allerdings würden ihm sedierende Medikamente verabreicht. Eine Therapie im eigentlichen Sinne gebe es nicht. Allein Schlaflosigkeit und Zahnprobleme machten ihm zu schaffen. Adressiert sind diese Briefe an einflussreiche Personen aus dem früheren Umfeld Kurts. Angeschrieben sind zum Beispiel der Essener Oberbürgermeister, Gustav Krupp von Bohlen, der Rektor der Universität Freiburg und der Direktor der Schweizer Bankgesellschaft. Selbst an Adolf Hitler ist ein Brief im Frühjahr 1933 adressiert. Deutlich wird in diesen Mitteilungen, dass Kurt sich völlig hilflos fühlt, von aller Welt und auch der Familie verlassen, die unwissend sei. An den Bruder Franz schrieb er: „Bitte dringend um deine gütige Intervention, da ich hier verkomme und elend zugrunde gehe und ohne Liebe rücksichtslos behandelt werde. Innigst Grüße Kurt – Bellevue – Januar 1933.“[113]

Wie verzweifelt die Familie über diesen Zustand Kurts war, zeigen viele Briefe. Kurts Mutter Henriette fand seine Wesensveränderung so unerträglich, dass sie sich lange weigerte, Kurt in Kreuzlingen zu besuchen, während Harrie zumindest räumlich in seiner Nähe blieb und vergeblich intervenierte, um bei Binswanger zu erreichen, dass ein Diener „von zu Hause“ Kurt versorge. Dringlich bat sie Binswanger entsprechende Medikamente zu verordnen, um dem Patienten das „Ausrücken“ unmöglich zu machen. Diese schlimmste Phase der Erkrankung Kurts hielt bis zum Frühjahrsende 1933 an. Manche Briefe Kurts waren in dieser Zeit völlig unzusammenhängend und irrsinnig, voller Flüche und Anklagen. Inmitten wirrer Erinnerungen zitiert Kurt

Abb. 38: Von links: Der Pfleger Paul Strupler, Schwester Emma und Kurt Hirschland nach dem Schlittschuhlaufen in Lenzerheide, wo sie gemeinsam Urlaub von der Binswanger-Klinik machten.

das Fragment eines Spottverses, den er vermutlich im Lateinunterricht des Burggymnasiums als Merkspruch von Mitschülern hatte hören müssen:

„Eram, eras, erat – Ich ging mal in die Stadt.
Ille, illa, illud – Da traf ich einen Jud.
Hic, haec, hoc – Ich nahm mir einen Stock
Sum, fui esse – Und schlug ihm in die Fresse."

Kurts behandelnder Arzt in Essen, Dr. E. Levy, schrieb den Kollegen in Kreuzlingen, dass sein Patient sehr beeinflussbar sei. Diese Beobachtung bestätigte sich, als Kurt seit Mai 1933 durch den Pfleger Strupler betreut wurde, dem er bald völlig vertraute und dessen Einflüsterungen er erlag..

Bestätigt wird der Bericht Struplers durch die Beschwerde Kurt Hirschlands gegen seine Unterbringung, die er an das Sanitätsdepartment des Kantons Thurgau richtete. Aufgrund eines Gutachtens durch den Direktor der Irrenheilanstalt Münsterlingen (später Psychiatrische Klinik Münsterlingen) wurde die Beschwerde abgelehnt. Dem als besonders schwierig geltenden Patienten – er zeigte sich völlig uneinsichtig, er ließ sich zu Tätlichkeiten hinreißen und wurde in einem geschlossenen Haus untergebracht – wurde ihm der „Wärter" Paul Strupler zugewiesen, dem es gelang, ein enges Vertrauensverhältnis zu Kurt aufzubauen und der ihn darin bestärkte, dass er durch eine böse Intrige seiner Familie aus der Bank herausgedrängt werden solle. Georg Hirschland war in dieser Erzählung der Anstifter des Komplotts, aber auch Kurts Frau Harrie und die beiden Kinder Marianne und August waren nach Struplers Ansicht mitschuldig an der Erkrankung Kurts.

Als Binswanger Ende 1933 deutliche Fortschritte bei Kurt erkannte (sie wurden von Paul Strupler durch seine außerordentlich positive Wirkung auf Kurt Hirschland erklärt), genehmigte er einen Kuraufenthalt im Grand Hotel Kurhaus Lenzerheide zusammen mit einem Mitpatienten und dem Pfleger Strupler, der von den beiden vermögenden Patienten als begleitender Schriftsteller vorgestellt wurde. Im Hotel, so erklärte Strupler in einem Schreiben an die *Essener Nationalzeitung*, „stellte mir dann Hirschland verschiedene Schecks aus, aus Dankbarkeit einerseits, und andererseits um ihm zu helfen, falls ihn die Familie wieder irgendwo einsperren sollte“[114]. Es seien zwei Schecks über 70 000 RM und ein Scheck über 1500 britische Pfund ausgestellt worden. Später habe Kurt die Schecks annulliert, weil ein Pfleger diese nicht annehmen dürfe. Ersatzweise seien dann zwei Schecks über 2200 Pfund auf den Namen der Ehefrau Struplers ausgestellt worden. Diesen Aussagen Paul Struplers ist im Kern durchaus zu trauen, wenn man den weiteren Fortgang der Geschichte liest. Georg Hirschland bemühte sich erfolgreich, die Schecks bei Kleinwort & Sons zu sperren, und Kurts Sohn August reiste mit dem Bankmitarbeiter Eichholz zu Paul Strupler, um die vollständige Rückgabe der Schecks zu fordern. Strupler gab drei Schecks zurück, behielt aber die Kleinwort-Schecks, die auf den Namen seiner Frau ausgestellt waren. Er drohte August Hirschland damit, dass er die deutsche Presse einschalten würde, was 1936 bzw. 1937 auch geschah. Strupler wandte sich direkt an Julius Streicher, den Herausgeber des Hetzblattes *Der Stürmer*, dem er versicherte: „für mich ist die Judenfrage mit vier Worten gelöst (gänzliche Vernichtung aller Juden)“. Er bat Streicher um den Abdruck seines Leserbriefs „Ein Krankenpfleger aus der Schweiz“, der im März 1937 erschien, um sich als jüdisches Betrugsopfer darzustellen:

> „Einmal bekam ich einen Patienten unter die Hände mit dem niemand mehr etwas anfangen konnte. Er hatte schwere Depressionen und war schon sehr lange krank. Es war der Jude Hirschland aus Essen. Ich habe ihn gut gepflegt, so dass er nach 9 Monaten entlassen werden konnte. Aus Dankbarkeit, wie er sagte, stellte er mir Schecks aus im Betrage von 70 000 RM. Er war mehrfacher Millionär. Auch hat er mir Schecks für eine Deutsche und eine Englische Bank ausgestellt. Eine von beiden Banken, sagte er, werde sie ausbezahlen. Etwa 4 Wochen nach meiner Heimreise kommt sein Sohn auf Besuch und verlangt Herausgabe der Schecks, in anderem Falle er meinem Prinzipal Mitteilung machen werde. Ich gab die Schecks zurück, worauf der Sohn mir 3000 Mark versprach als Entschädigung. Die Englischen Schecks waren im Besitze meiner Frau, denn sie lauteten auf ihren Namen. Selbstverständlich wurden die 3000 Mark nicht bezahlt, worauf wir die Englischen Schecks präsentierten. Sie wurden beschlagnahmt, ein Prozess wegen Unterschlagung und Erpressung gegen uns angestrengt, der aber von dem hiesigen Obergericht abgelehnt wurde. Die Schecks wurden uns dann auf dem Zivilwege gestohlen. Danach wurde mir mein Beruf für die ganze Schweiz gesperrt, so dass ich seit 2 Jahren bereits ohne Arbeit bin und [keinen] mehr bekommen kann. Das ist echt jüdische Dankbarkeit. – P. Sch.“

Nachdem dieser Leserbrief erschienen war, fragte der Schriftleiter der *Essener Nationalzeitung*, Hellmuth Hembeck, bei Strupler an, ob er einen vertiefenden Bericht über diesen Vorgang schreiben könne. Bislang ist nicht geklärt, ob die *Nationalzeitung*

Der Stürmer

Deutsches Wochenblatt zum Kampfe um die Wahrheit

HERAUSGEBER: JULIUS STREICHER

Nummer 11 | Nürnberg, im März 1937 | 15. Jahr 1937

Abb. 39: Ausgabe des antisemitischen Hetzblattes *Der Stürmer* vom März 1937.

über diese Geschichte berichtete. Gauleiter Terboven, der die Liquidierung der Hirschland-Bank anstrebte, begrüßte sicherlich das Erscheinen eines solchen Berichts, um die Geschäftspraxis und Solidität Georg Hirschlands öffentlichkeitswirksam zu untergraben. Selbst völlig haltlose Anschuldigungen in die Zeitung zu bringen, schien ein geeignetes Mittel zu sein, das wichtigste Kapital eines Bankiers, den „guten Ruf“, anzugreifen. Die öffentliche Zurschaustellung der Erkrankung Kurts, über die selbst in der Familie nur in Andeutungen gesprochen wurde, in Kombination mit den obskuren Zahlungen an den Pfleger Strupler, waren für die Hirschlands extrem verletzend und trafen ihre Integrität ins Mark. Solche Geschichten waren für sie schlimmer als antisemitische Propaganda.

Die Behandlung in Dr. Binswangers Kurklinik Bellevue wurde wegen der Strupler-Affäre am 19. März 1934 durch die Familie beendet. Paul Strupler wurde von Binswanger entlassen, allerdings mit dem erstaunlichen Zögern, dass man abwarten wolle, bis er eine neue Stelle gefunden habe. Noch erstaunlicher ist allerdings, dass Strupler überhaupt in der Klinik eingestellt wurde. In der Klinikakte findet sich ein Auszug aus der „kantonalen Vorstrafen-Kontrolle“ vom 6. Dezember 1934, die für den 1899 geborenen Krankenpfleger Paul Strupler fünf Vorstrafen verzeichnet, die zwischen 1917 und 1926 wegen Diebstahl, Betrug, Hehlerei, Unterschlagung und Dienstverweigerung ausgesprochen wurden. In dem Verfahren, das sich auf Kurt Hirschland bezog, erhielt Strupler neben seiner Strafe noch ein lebenslanges Berufsverbot als Krankenpfleger.

Zusammen mit Harrie reiste Kurt Hirschland zurück nach Essen, immer noch vom Gedanken bestimmt, dass sein Bruder ihn aus der Firma drängen wolle. Gleich nach der Rückkehr hatte er zusammen mit seinem neuen Essener Arzt Rubin einen Termin bei dem Notar Leveloh, dem er die Vollmacht erteilte, ihn juristisch zu beraten:

> „Sinn dieses Auftrages soll sein, mir für den Fall, dass eine ärztliche Beobachtung oder eine

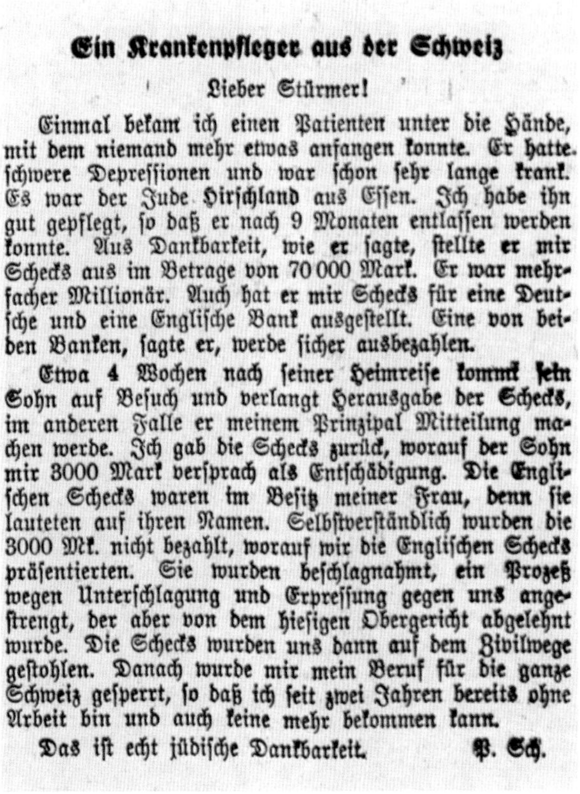

Ein Krankenpfleger aus der Schweiz

Lieber Stürmer!

Einmal bekam ich einen Patienten unter die Hände, mit dem niemand mehr etwas anfangen konnte. Er hatte schwere Depressionen und war schon sehr lange krank. Es war der Jude Hirschland aus Essen. Ich habe ihn gut gepflegt, so daß er nach 9 Monaten entlassen werden konnte. Aus Dankbarkeit, wie er sagte, stellte er mir Schecks aus im Betrage von 70 000 Mark. Er war mehrfacher Millionär. Auch hat er mir Schecks für eine Deutsche und eine Englische Bank ausgestellt. Eine von beiden Banken, sagte er, werde sicher ausbezahlen.

Etwa 4 Wochen nach seiner Heimreise kommt sein Sohn auf Besuch und verlangt Herausgabe der Schecks, im anderen Falle er meinem Prinzipal Mitteilung machen werde. Ich gab die Schecks zurück, worauf der Sohn mir 3000 Mark versprach als Entschädigung. Die Englischen Schecks waren im Besitz meiner Frau, denn sie lauteten auf ihren Namen. Selbstverständlich wurden die 3000 Mk. nicht bezahlt, worauf wir die Englischen Schecks präsentierten. Sie wurden beschlagnahmt, ein Prozeß wegen Unterschlagung und Erpressung gegen uns angestrengt, der aber von dem hiesigen Obergericht abgelehnt wurde. Die Schecks wurden uns dann auf dem Zivilwege gestohlen. Danach wurde mir mein Beruf für die ganze Schweiz gesperrt, so daß ich seit zwei Jahren bereits ohne Arbeit bin und auch keine mehr bekommen kann.

Das ist echt jüdische Dankbarkeit. P. Sch.

Abb. 40: Leserbrief von Kurt Hirschlands Krankenpfleger Strupler, in: *Der Stürmer*, März 1937.

> Beurteilung meines Nervenzustandes von mir oder von dritter Seite veranlaßt werden sollte, mir in jeder Hinsicht beizustehen und meine Interessen zu vertreten. Das gilt besonders für eine etwa notwendig werdende Beschlußfassung über meinen Aufenthaltsort, über die Art der mir zuteil werdenden Behandlung etc.“[115]

Eine Intervention dieses Notars blieb allerdings aus, als die Familie, der die weitere Behandlung Kurts unvermeidbar schien, ihn in die neu erbaute Privatklinik Les Rives de Prangins am Genfer See brachte. Wie Binswanger diagnostizierte der nicht minder bekannte Psychiater Oscar Forel (1891–1982) bei Kurt eine schwere Manie. Das medizinische Fachlexikon Pschyrembel erklärt die „Manie“ als eine schwere und auch schwer zu verstehende psychi-

Abb. 41: Hauptgebäude der Klinik Les Rives de Prangins am Genfer See.

sche Krankheit, die sich als affektive Störung „mit gehobener oder gereizter Stimmung und Antriebssteigerung [äußert ...] Weitere Symptome sind überhöhte Selbsteinschätzung, leichtsinniges Verhalten und der Verlust sozialer Normen."[116] Von 1934 bis 1949 war die Klinik des Dr. Forel am Genfer See ein häufiger Aufenthaltsort von Kurt Hirschland. Seine Frau Harrie begleitete ihn bis zum Sommer 1939, als sie den Entschluss fasste, zu ihren Kindern und der übrigen Familie überzusiedeln, die sich in New York niedergelassen hatten.

Der Schweizer Psychiater Oscar Forel, Sohn des berühmten Auguste Forel[117], gründete 1930 die Klinik Les Rives des Prangins, deren innovativer Charakter in der mondänen Welt bekannt wurde. Staatsmänner, Mitglieder europäischer Königsfamilien, Schriftsteller und Geschäftsleute, die die monatlichen Kosten von mindestens eintausend Dollar aufbringen konnten, ließen sich in dieser Luxusklinik mit Hotelcharakter therapieren. Im Roman „Zärtlich ist die Nacht" beschreibt Francis Scott Fitzgerald die elegante Atmosphäre dieser Einrichtung:

> „Seit achtzehn Monaten lebte er nun in dieser Klinik, sicherlich eine der besteingerichteten in Europa. Wie Dohmlers Klinik war sie von der modernen Art – nicht mehr ein einzelnes dunkles, unheimliches Gebäude, sondern ein kleines verstreutes und dennoch heimlich integriertes Dorf. Dick und Nicole hatten auf dem Gebiet des Geschmacks viel dazu beigesteuert, so daß die Anlage jetzt Schönheit besaß und von jedem

Abb. 42: Die Tischlerwerkstatt in Prangins.

durch Zürich durchreisenden Psychologen besucht wurde. Es fehlte nur noch ein Haus für die Caddys, um es zu einem Golf-Club zu machen. Die ‚Heckenrose' und die ‚Birke', die Häuser für jene, die in ewige Umnachtung gesunken waren, waren durch Buschwerk gegen das Hauptgebäude abgeschirmt, wie getarnte Bunker. Dahinter lag die Gemüsegärtnerei, die zum Teil von Patienten geführt wurde. Es gab drei Werkstätten für Arbeitstherapie, alle unter einem Dach, und hier begann Doktor Diver seine morgendliche Inspektion. In der von Sonne durchfluteten Tischlerei roch es nach süßem Sägemehl, nach einem versunkenen Zeitalter des Holzes; hier war immer ein halbes Dutzend Männer am Hämmern, Hobeln, Sägen – schweigende Männer, die mit ernsten Augen von ihrer Arbeit hochblickten, wenn er vorbeiging. [...] Nebenan die Buchbinderei, wo die geschicktesten Patienten arbeiteten, die aber nicht immer auch die mit den größten Heilungschancen waren."[118]

Michaela Karl, die den Aufenthalt von Francis Fitzgerald und seiner Frau Zelda ab 1931 in Prangins recherchierte, schreibt, dass in der friedlichen und eleganten Atmosphäre die Behandlungsmethoden „nicht weniger grausam [waren] als in anderen Nervenklinken. Die Psychiatrie ist in diesen Zeiten noch eine junge Wissenschaft."[119] Patienten wurden mit dem Barbiturat Luminal oder Chloralhydrat, dem ersten synthetisch hergestellten Schlafmittel,

Photo: Jacques Lüscher, Les Rives de Prangins, Genève, s.d.

Abb. 43: Ein Salon im Hauptgebäude der Klinik.

das süchtig macht und schwere Nebenwirkungen hat, ruhiggestellt. Heute werden Maniker mit Lithium behandelt, das seit etwa 1967 als wirksames Medikament eingesetzt wird. In den 1930er und 1940er Jahren wurde häufig Brom und Opium verschrieben, Letzteres zur Ruhigstellung.

Liest man heute die Krankheitsbeschreibung des Lehrbuchs, drängt sich die Vermutung auf, dass Kurt Hirschland in den frühen 1920er Jahren in einer manischen Phase seiner Erkrankung stand. Seine exzessiven Aktivitäten deuten darauf hin. Bezeichnend ist, dass diese bipolare Störung heute bisweilen als „Manager-Krankheit" bezeichnet wird. Erst mit der Ewald-Krise offenbarte sich die depressive Seite seiner bipolaren Störung. Die Diagnose war für einen Bankier mit zahlreichen Aufsichtsratsposten eine Katastrophe. Möglich ist, dass seine riskanten Ratschläge in verschiedenen Unternehmen und in der eigenen Bank durch die erhöhte Risikobereitschaft eines Manikers zu erklären sind. Da gesteigerte Leistungsfähigkeit und Kreativität, hohe Konzentrationsfähigkeit und ein enormes Arbeitspensum die geschäftliche Umgebung positiv beeindruckten, blieben diese Eigenschaften – als typische Symptome einer Manie – wahrscheinlich längere Zeit verborgen. Noch 1939 scheint sich Erich Grünebaum über das Krankheitsbild zu täuschen. Er schreibt an Georg Hirschland:

„Über Onkel Kurt, die letzten Tage seines holl[ändischen] Aufenthaltes u[nd] seinen derzeitigen Zustand bist Du ja von beiden, Tante Harrie u[nd] Dr. Forel genauestens informiert. Das was man nur immer wiederholen kann u[nd] was einem die Hoffnung wiedergeben kann, ist doch, dass Onkel Kurt auch noch in den letzten Tagen oft so verblüffend gute Ideen hatte, dass Kurti [Grünebaum] und ich immer wieder staunten."[120]

Kurt war vermutlich wieder in einer manischen Phase. Wie in den meisten ähnlich gelagerten Fällen tauchte er anschließend in die Depression ab, die von ihm um so heftiger erlebt wurde, weil sich der Patient nicht mit dem Normalniveau, sondern mit dem gesteigerten Lebensgefühl der manischen Phase verglich. Ein knappes halbes Jahr später berichtete seine Frau Harrie aus Prangins:

„Da es seit Pfingstmontag Kurt erfreulich besser geht – obgleich noch ein weiter Weg vorwärts übrigbleibt – & ich täglich mehrmals mit ihm zusammen sein kann, wäre es mir schwer, jetzt hier weg zu fahren & ich müsste das zu gegebener Zeit mit Forel überlegen. Immerhin müsste es für ganz kurz im Notfall eingerichtet werden. Wir treffen uns jetzt morgens im Atelier, wo Kurt sich eine Aktenmappe macht, damit Abraham die Seine wiederbekommt. Ich stricke & viele andere machen Lederarbeiten. Dann wird jetzt im Park Tee getrunken, Bridgepartien mit Kurt werden arrangiert & mehrmals waren wir dieser Tage bei herrlichem Sommerwetter im Motorboot auf dem See."[121]

Ständig musste die Familie die Frage diskutieren, welche Informationen über Transaktionen, die Kurt ungeduldig einforderte, ihm gegeben oder vorenthalten werden mussten, um ihn zu schonen. Insbesondere die dramatischen Fragen der Jahre 1938/39, wie Vermögenswerte gerettet, Angehörigen und Freunden bei der Flucht aus Deutschland geholfen werden und wo sich die Familie neu etablieren sollte, hingen von seiner aktuellen Geschäftsfähigkeit und psychischen Belastbarkeit ab, zu der Dr. Forel und seine Frau Harrie Auskunft gaben. Georg Hirschland besaß seit Januar 1913 eine notariell bestätigte Vollmacht, alle Angelegenheiten für Kurt Hirschland zu besorgen, doch konnte er sich ohne eine jüngere gerichtliche Bestätigung nicht sicher sein, ob diese alte Generalvollmacht noch rechtsgültig war. Eine eingeschränkte Abhilfe schuf in dieser Situation das Schreiben von Harrie Hirschland und ihren Kindern, die ihm zusicherten, keinerlei Ansprüche gegen Georg zu erheben, falls die alte Vollmacht in Frage gestellt würde. Im Januar 1940 muss Harrie die Familie bitten, „Kurt so wenig wie möglich zum Korrespondieren zu veranlassen, da dies ihn immer aufregt"[122].

Wie lange Kurts Aufenthalt in Forels Klinik in Prangins dauerte, ist unsicher, sein Zustand war instabil und für die Familie zu keiner Zeit vorhersehbar. Mindestens bis 1947 kehrte er immer wieder für unbestimmte Zeit in die Klinik zurück. In Essen hatte sich Kurt am 7. Januar 1933 abgemeldet, seine Ehefrau Henriette im Herbst 1936. Sie bezog in Amsterdam ein repräsentatives Haus in der Heerengracht, das der AMC gehörte. Kurt lebte teils hier, teils in Prangins. Zu Weihnachten 1935, 1936 und 1937 besuchten Kurt und Harrie ihre Kinder Paul Michael, Ruth Else und Marianne (sie war seit Sommer 1937 in den USA) in den Vereinigten Staaten jeweils für einige Wochen, ohne den Beschluss zu fassen, endgültig dort zu bleiben. Im Sommer 1939 besuchte Harrie ihren Ehemann zum letzten Mal in Prangins. Noch fanden in London Verhandlungen statt, um einen drohenden Krieg zu verhindern, aber die Besorgnis, noch rechtzeitig zu den Kindern in die USA zu kommen, bestimmten auch die Gespräche mit Dr. Forel. Er konnte Harrie keine Versprechungen machen, wie sich der Gesundheitszustand Kurts entwickeln würde.

Schon vier Tage nach dem Bericht über die Bootsfahrten auf dem Genfer See hatte sich Kurts Zustand wieder verschlimmert und Dr. Forel erlaubte Harrie nicht, ihren Mann zu sehen. Kurt sah sich wieder völlig zu Unrecht eingesperrt und wollte mit Harrie einfach abreisen. Liebevoll bat Harrie ihren

Neffen, sich um Kurts Abonnement für die *Frankfurter Zeitung* zu kümmern, ihm Berichte der ACM zu schicken und die Zigarren „Lunch Havanna" von Hess in ausreichender Stückzahl in London zu organisieren. Allen Bitten von Harrie und Kurt kam Erich O. Grünebaum so bald wie möglich nach und unterhielt mit Onkel und Tante eine ausgiebige Korrespondenz, die in dieser äußerst turbulenten Zeit in kurzen Abständen und in langen Briefen geführt wurde. Nur gelegentlich deutete Neffe Erich an, dass er eigentlich völlig überlastet sei. Eine Briefpause entschuldigte er mit der Eröffnung, „dass ich leider in Emigrationsfragen eine riesige Korrespondenz habe, die eigentlich eher grösser als kleiner wird, & die ich eben grösstenteils selbst führen muss, da ich nur in seltenen Fällen eine Sekretärin zur Verfügung habe. Ausserdem ist mit diesem Problem eine nicht geringe Lauferei verbunden."[123]

Die von Kurt glühend erwarteten Berichte über Transferangelegenheiten und die Geschäftslage der ACM beantwortete Erich mit entschärften und sehr dosierten Informationen, um Kurt nicht aufzuregen, der allerdings spürte, dass ihm vieles vorenthalten wurde. Eigene Initiativen waren ihm durch eine von Dr. Forel verordnete Postkontrolle nicht möglich. Für Harrie wurde in diesem letzten Friedenssommer die Frage immer dringlicher, wie sie sich entscheiden sollte. Ihre Kinder Marianne, Paul Michael und Ruth drängten, dass sie bis spätestens Ende Juli in die USA komme. Die Kriegsgefahr wuchs von Woche zu Woche und auch Ernst O. Grünebaum riet zur baldigen Entscheidung, auch wenn er glaubte, dass es bis zur Ernte friedlich bleiben würde. Der Entschluss, Kurt allein in der Schweiz zurückzulassen, wurde anscheinend von Dr. Forel getroffen, der Harrie überzeugte, dass er es zwar wichtig fände, wenn sie in Prangins bliebe, doch er befand: „Ihre Langmut wäre gross genug gewesen und brauchte nicht gar zu sehr übertrieben zu werden."[124] Harrie erhielt vom französischen Konsul ein Transitvisum, um über Frankreich und Belgien nach Amsterdam zu reisen und Erich O. Grünebaum bestellte Hin- und Rückfahrtickets für den Teil in den USA. Ganz gegen die Familientradition schrieb ihm Harrie: „[I]ch muss gar nicht unbedingt 1. Klasse fahren – besonders nicht, wenn es mit Devisen bezahlt werden muss."[125] In der Haushaltskasse machte sich bemerkbar, dass die Familie zwar noch über ein erhebliches Vermögen in ausländischen Beteiligungen verfügte, die aber schon in der unmittelbaren Vorkriegszeit nicht sinnvoll veräußert werden konnten, und Barbestände in Devisen waren jetzt begrenzt. Am 21. Juli 1939 schrieb Harrie auf der Durchreise nach Amsterdam im Pariser Hotel Meurice einen Brief an ihren Neffen: „Lieber Erich. Schweren Herzens habe ich den Abschied v. Prangins geschafft. Kurt vorher zu sehen, war leider nicht möglich."[126] Wenige Tage später bestieg sie das Schiff, das sie zunächst nach Montreal brachte, wo sie von ihrem Neffen Kurt Grünebaum empfangen wurde.

Kurt Hirschland blieb bis 1950 in Genf, mit Aufenthalten in der Klinik. Ansonsten hatte er eine Wohnung im Genfer Hotel de Russie. In den Akten der „Wiedergutmachungsverfahren" erklärte sein Sohn Paul, Kurt habe zwischen 1940 und 1944 Jahren von Unterstützungszahlungen aus den USA gelebt und „erhebliche Kredite aufnehmen müssen, um in der Schweiz standesgemäss leben zu können"[127]. Wo Kurt Hirschland seinen Lebensmittelpunkt in den USA bis zu seinem Tod 1957 hatte, ließ sich nicht klären. In den „Wiedergutmachungsakten" findet sich in einer eidesstattlichen Erklärung seines Sohnes Paul die Formulierung, Kurt sei „nach dem Krieg" in die USA übergesiedelt. Die vage Formulierung verschleiert allerdings den sicheren Nachweis, dass Kurt erst am 18. Januar 1950 mit Pan American Airways nach New York flog.

Die *New York Times* meldete, dass Kurt M. Hirschland nach langer Krankheit im Lenox Hill Hospital am 2. Januar 1957 verstorben sei. Er wurde 75 Jahre alt und wohnte zuletzt im Mayflower Hotel. Neben seiner Ehefrau Harrie ist Kurt auf dem Friedhof Scarsdale begraben.

8

DIE VILLA FRANZENSHÖHE – EIN ERINNERUNGSORT AN GEORG SIMON HIRSCHLAND

Die Villa Franzenshöhe in Essen-Werden ist ein faszinierender Erinnerungsort; zentrale geschichtliche Entwicklungslinien und Brüche deutscher Geschichte spiegeln sich in diesem Haus. Zwischen 1872 und ihrem Abriss 1964 dokumentierte sie den Erfolg des Industriepioniers Hilger sowie den Aufstieg und die gesellschaftliche Anerkennung der jüdischen Bankiersfamilie Beer. Sie war Mittelpunkt der Familie Georg Hirschlands, die hier große Feste der jüdischen Gemeinde feierte und die Räume mit einer einzigartigen Kollektion wertvollster Gemälde schmückte. In ihren Räumen moderierte Georg Hirschland 1933 die Gründung der Reichsvereinigung der deutschen Juden. Die Villa war Schauplatz dramatischer Besprechungen, wie die Hirschland-Bank und die Gemäldesammlung vor dem Zugriff der Nazis gerettet werden könnten. Nach der Vertreibung der Hirschlands 1938 geriet das Anwesen in die Hände der Essener Parteileitung und wurde bei Kriegsende Quartier der amerikanischen, dann der britischen Militärverwaltung. In der Not der Nachkriegsjahre sorgte hier der Orden der Töchter vom Hl. Kreuz für rund 170 alte Leute, deren Altenheim im Bombenkrieg zerstört war. Zuletzt entstand im Park der Villa das moderne Priesterseminar des neuen Bistums Essen, ausgelegt für fünfzig bis sechzig angehende Priester. 1964 befand das Bistum, dass die Industriellenvilla baufällig sei und nicht zu den neuen Gebäuden passe. Sie wurde deshalb abgerissen.

Als 1872 die Villa Hügel fertiggestellt war, gab der Industrielle Ewald Hilger (1833–1887) dem Werdener Bauunternehmer Bernhard Frielingsdorf den Auftrag, ihm eine ähnliche, etwas bescheidenere Villa auf der rechten Ruhrseite oberhalb Werdens zu errichten. Für Ewald Hilger gab es gute Gründe, dem Beispiel Krupps zu folgen und in den grünen Vorort Unter-Bredeney zu ziehen. Um die Gesundheit seiner Familie besorgt, wollte Alfred Krupp den Rauchschwaden, Ausdünstungen und donnernden

Abb. 44: Kutschenhof der Villa Franzenshöhe in Essen-Werden, Ruhrtalstraße 4–6, Straßenseite.

Hammerschlägen seiner Fabrikanlage entkommen. Inmitten ihres 127 Hektar großen Parks sah er die neue Villa mit ihren 269 Zimmern als ein Mittel der Gesundung und Lebensverlängerung. Hier konnte er seine eigenen Architekturvorstellungen realisieren und den wirtschaftlichen Aufstieg seines Unternehmens eindrucksvoll repräsentieren.

Auch wenn die von Frielingsdorf geplante und ausgeführte Villa nicht an die Größe des Krupp'schen Vorbildes heranreichte, so ist die Ähnlichkeit unverkennbar. Ebenso wie beim Vorbild ermöglichte auch hier das knapp drei Hektar große Grundstück einen Park, in dem die Villa frei in die Landschaft gestellt werden konnte. Eine straßenorientierte Bauweise hätte den Eindruck wohl stark gemindert. Günstig war auch hier, dass der Werdener Bahnhof nur zweihundert Meter entfernt lag. Als „Protektor" der Bergisch-Märkischen Eisenbahn hatte Bauherr Ewald Hilger Einfluss auf die Baupläne der Ruhrtalbahn und am 1. Januar 1872 hielt der erste Zug am neuen repräsentativen Bahnhofsgebäude unmittelbar vor dem Bauplatz seiner Villa. Überschwänglich schrieb der Werdener Chronist Wilhelm Flügge: „Werden ist nun nicht mehr abgeschlossen von der Welt, wie bis dahin, sondern ein Glied des großen Eisenbahnnetzes, welches sich durch ganz Europa ausdehnt."[128] Die Oberzentren Düsseldorf, und drei Jahre später Essen, waren von da an schnell und komfortabel erreichbar und erfüllten den dringlichen Wunsch nach individueller Mobilität und Reisekomfort der Villenbesitzer Hilger und Krupp in beschleunigten Zeiten.

Vor dem Bau der Villa wurde 1874 schon mit dem Kutschenhof begonnen, einem Luxuspferdestall mit darüberliegenden Wohnungen für den Kutscher mit Familie und für den Pferdeknecht. Ausgelegt war der herrschaftliche Pferdestall für sechs Pferde. In der dreitorigen Wagenremise hatten drei bis neun Kutschwagen Platz, vermutlich war damit auch genügend Platz für die Kutschen der Gäste geschaffen. Für Stroh, Heu und Hafer gab es eine Kammer ebenso wie für das Pferdegeschirr. Der markante Uhrturm hatte wohl nur eine ästhetische Funktion. Der letzte heute noch lebende Bewohner des Kutschenhofs in Hirschland-Zeiten erinnert sich, dass hier ein Taubenschlag war.

Die 1875/76 erbaute neoklassizistische Villa war – verglichen mit der kalten Pracht der Villa Hügel, in der ursprünglich Stahl und Stein dominierten – ein stattliches und auch behagliches Wohnhaus. Vom Balkon wie von der Veranda hatten die Bewohner eine schöne Aussicht über einen angelegten Teich. Es gab einen „Garten-Pavillon", Gewächshäuser und eine Treibhausanlage. Von einem kleinen Wasserturm aus, auf dem oben eine Aussichtsplattform angelegt war, ging der Blick ins schöne Ruhrtal und in die nach Bredeney hin gelegenen Felder.

Neben der landschaftlichen Attraktivität begünstigten niedrige Steuersätze das Wohnen am rechten Ruhrufer. Bis 1915 gehörte die Villa Franzenshöhe zur selbständigen Gemeinde Bredeney. Dieser Umstand bescherte der kleinen und teils außergewöhnlich vermögenden Einwohnerschaft ausgesprochen niedrige Kommunalsteuern, die im Kaiserreich ein Mehrfaches der Staatssteuern betragen konnten. In seinem mit wilhelminischem Prunk gebauten Rathaus konnte der Bredeneyer Bürgermeister feststellen: „Die Finanzen der Gemeinde sind ganz außergewöhnlich günstig, da sowohl Herr Krupp von Bohlen und Halbach wie Frau Geheimrat Krupp hier ihren Wohnsitz haben und gemeindesteuerpflichtig sind."[129]

Die rasch wachsende Großstadt Essen mit einem hohen Anteil an Arbeitern hatte vergleichsweise hohe Sozialkosten und einen entsprechend hohen prozentualen Steuersatz. Für ausgesprochen reiche Bürger wie Ewald Hilger amortisierte sich die kostspielige Villa durch die eingesparten Steuern fast von selbst. Als die Großstadt Essen 1913 Ober-Bredeney eingemeinden und Unter-Bredeney an das damals noch selbstständige Werden geben wollte, kamen heftige Proteste auf. Nur durch langjährige Garantien für den Fortbestand der niedrigen Steuersätze und durch Abfindungszahlungen konnten die Eingemeindungen durchgesetzt werden.[130]

Der Bauherr der Villa, Ewald Hilger (1833–1887), war Bergbau-, Stahl- und Brauereiunternehmer. In Erinnerung blieb sein Name durch die Gründung der Bergwerksgesellschaft Ewald, die in Herten eine der wichtigsten Schachtanlagen des Ruhrgebiets betrieb. Ein Artikel in der Zeitschrift *Glückauf* von 1929 geht auf die „Franzenshöhe" ein, die Hilger zu Ehren seines Schwiegervaters Franz Schmidt so nannte: „Es wurde mit seinen Terrassen, seinen umrankten Geländern und seinen Blütenbüschen ein Sammelpunkt der Essener Gesellschaft und der bedeutenden Industriellen aus ganz Rheinland und Westfalen, die sich von der geistigen Lebhaftigkeit und gewinnenden Liebenswürdigkeit der Gastgeber angezogen fühlten, und eine lustige, kräftige Kinderschar wuchs dem edlen Paare dort heran. So ist es zu verstehen, daß nicht nur der Familie, sondern weiten Kreisen von Verehrern und Freunden, aber vor allem auch der rheinisch-westfälischen Bergwerks- und Hüttenindustrie eine nicht leicht zu verschmerzende Lücke gerissen wurde, als eine Krankheit Ewald Hilger am 12. Juni 1887, noch nicht 54 Jahre alt, in Badenweiler jäh dahin raffte."[131]

Nach dem Tod der Witwe Hilger wurde die Villa an den erfolgreichen jüdischen Bankier Moritz Beer (1826–1903) verkauft. Er hatte als Manufakturhändler begonnen, um sich dann ab 1869, nach der Eröffnung der Essener Börse 1865, allein dem Bankgeschäft und hier speziell dem lukrativen Handel mit Unternehmensanleihen zu widmen. Er wurde Vorsitzender der Essener Börse und saß im Aufsichtsrat zahlreicher Banken und Unternehmen. Beer wirkte in der Synagogengemeinde, war liberaldemokratischer Vertreter im Stadtrat und wurde wegen seines sozialen Engagements zum Kommerzienrat ernannt. Nach Krupp war er der zweitgrößte Steuerzahler in Essen und wählte mit diesem gelegentlich allein in der ersten Wählerklasse des preußischen Dreiklassensystems.

Verheiratet war Moritz Beer mit Marie Beer. Aus der Ehe gingen vier Kinder hervor. Ganz offenbar war Marie Beer eine außergewöhnliche Person, die nach dem Tod des Gatten keineswegs ein zurückgezogenes Leben führte. Dafür spricht, dass sie 1911 den Kutschenhof um eine Automobilgarage mit Tankstelle erweiterte, einen Chauffeur einstellte und sich gerne durch die Gegend fahren ließ. Für die Umgebung war sie damit eine Sensation. Auch in der Krupp'schen Garage stand erst seit dem Winter 1906/07 ein Automobil zum persönlichen Gebrauch der Familie, dessen Versicherungswert mit Zubehör 37 000 Mark betrug. Das entsprach etwa dem 37-fachen Jahreslohn eines Arbeiters. Ähnlich viel dürfte auch Marie Beer in ihr automobiles Glück investiert haben.[132]

Einladungen in die Franzenshöhe waren äußerst beliebt. Häufig waren die Hirschlands zu Gast, die mit den Beers eng befreundet waren. Ernst Grünebaum, der Mann von Agathe Hirschland, berichtet in seinen Erinnerungen:

> „Frau Beer, in der Familie bekannt als Tante Marie, war eine außergewöhnliche Frau, klug, warmherzig und mit der Weisheit des Alters gesegnet. Moritz Beer war ein kluger Mann und ein intelligenter Bankier, der allerdings starb, kurz nachdem ich in die Familie kam. Bei Tante Marie verbrachten wir viele schöne Stunden, und ich trank dort viele Gläser guten Wein. In Werden, auf der Franzenshöhe, lebte sie wie eine Fürstin. Tante Marie besuchte uns gerne, um unser Baby zu sehen und hatte ihre spezielle Freude, dem Baby einen dicken Kuss auf den Po zu geben.“[133]

Die Hirschlands kannten die Villa Franzenshöhe also bestens, als sie ihnen nach dem Tod von „Tante Marie“ von den Erben zum Kauf angeboten wurde. Die Zeit für Immobiliengeschäfte war 1923 denkbar ungünstig. Die Franzosen hatten das Ruhrgebiet besetzt und Werden war ein zentraler Stützpunkt der Besatzungsmacht, die für ihre Zwecke repräsentative Villen suchte und beschlagnahmte. Dazu kam, dass während der galoppierenden Inflation eine seriöse Bezahlung schwierig war. Die Lösung für Georg Hirschland lag darin, dass sein in New York lebender Bruder Franz Hirschland nomineller Erwerber der Villa wurde und diese in Dollar bezahlte. Später war die amerikanische Staatsbürgerschaft des Eigentümers ein wichtiges Hindernis für die NSDAP, die Villa offiziell zu übernehmen.

Mit Georg Metzendorf, dem Architekten der Margaretenhöhe, die als erste deutsche Gartenstadt gilt, war Georg Hirschland gut befreundet. Metzendorf hatte 1922 für die Hirschland-Stiftung das Kinderheim in der Peterstraße 2 entworfen und erhielt jetzt den Auftrag, die Franzenshöhe grundlegend umzugestalten. Die Villa wurde bautechnisch vollständig überholt und vom „überladenen“ und „dunklen“ historistischen Einrichtungsstil der Vorbesitzer befreit. Metzendorf, der nach dem Weltkrieg im Stil der Neuen Sachlichkeit arbeitete, suchte eine Verbindung von Luxus und Technik. Er plante die Raumaufteilung funktionaler und entwarf einen Anbau von elf mal elf Meter mit Eingangshalle und Portikus, getragen von vier toskanischen Säulen. Ein neues Zwischengeschoss und eine Zentralheizung mit Warmwasserversorgung wurden eingebaut. Bis ins Detail gestaltete Georgs Architekt die neue repräsentative Inneneinrichtung von den Möbeln bis zu den Tapetenmustern. Kosten spielten kaum eine Rolle. Für die Bibliothek wurde aus einem aufgegebenen italienischen Kloster altes Gestühl herbeigeholt. Hirschlands Prokurist Schumacher beziffert die Kosten auf ca. 250 000 RM; Rainer Metzendorf schätzt diese noch wesentlich höher.[134] Offenbar hatte sich dieser Aufwand gelohnt: Museumsdirektor Gosebruch schrieb nach einem ersten Besuch: „Vor einigen Tagen war ich mit meiner Frau auf der Franzenshöhe, die ganz herrlich

Abb. 45: Die Villa Franzenshöhe um 1905 im Besitz der Bankiersfamilie Beer. Das Initial der Familie ist vor der Terrasse als Pflanzbeet gesetzt.

Abb. 46: Das Portal der Villa Franzenshöhe nach dem Umbau durch Georg Metzendorf.

geworden ist. Bewunderungswürdig ist der Tact, mit dem Arch[i]tekt und Bauherr den Charakter des Hauses erhalten haben."[135]

Der bekannte Berliner Gartenarchitekt Heinrich Wiepking erneuerte die Parkanlage und legte darin einen wunderschönen Japanischen Garten an. Aus einer höher gelegenen Natursteinkulisse floss aus einem Wasserspeier über Kaskaden ein Bachlauf in ein Becken, in dem eine achteckige überdimensionierte „Bonsaischale" eingebettet war, groß genug, einen Magnolienbaum aufzunehmen. Echte Stücke der ostasiatischen Sammlung schmückten diesen Garten. Zwei Löwen bewachten die oberste Stufe des Wasserlaufs, der ohne Pumpentechnik aus dem höher gelegenen Teil des Parks gespeist wurde.

G. Metzendorf entwarf zum Garten passend ein Teehaus mit Pagodendach, dessen Spitze eine kupferne Wetterfahne bildete, die nach dem Muster des Hirschland-Signets als Hirsch ausgeformt war. Absolut spektakulär war der Einbau von wandhohen Fensterfronten in diesem Teehaus, die mittels Elektromotoren in den Keller absenkbar waren. Waren die Scheiben heruntergelassen, hatten die Besucher des Teehauses den Eindruck in einem von drei Seiten offenen Pavillon mit Eckpfeilern zu stehen.

Kurzzeitig wohnte Metzendorf sogar in diesem kleinen, aber sehr feinen Teehaus, das mit allen sanitären Notwendigkeiten und einer kleinen Küche ausgestattet war; eine Klingelanlage sowie Telefon fehlten auch hier nicht. Wiepking legte 1928 einen Badegarten mit einem elektrisch beheizten Badebecken an, das von einem kleinen Badehaus und einer aus Natursteinstelen gestalteten Pergola eingerahmt war. Römische und griechische Kleinstatuen wurden in die frontseitige Bruchsteinmauer unregelmäßig eingelassen. Die bis heute erhaltene doppelreihige Umfassung machte diesen Platz auch ideal für gesellschaftliche Veranstaltungen und sommerliche Partys. Eine wetterfeste Überdachung war hier schnell angebracht. Oberhalb des Badegartens gestaltete Wiepking einen Spielrasen, eine Sandkiste und einen „Kindergarten" mit Beeten für Heinz und Ellen Dorothea Hirschland.

Die Idylle wurde komplettiert durch ein strohgedecktes Kranichhaus. Hier waren zwei Kraniche im Winter untergebracht; im Sommer stolzierten sie am Teich oder dekorierten stilsicher den Japanischen Garten. Im Außenbereich des Parks war der von den beiden Gärtnern gepflegte große Gemüsegarten, unterhalb lag ein Tennisplatz. Die anliegende Ruhrtalstraße war eine linden- und ahornbestandene, gepflasterte Allee mit geringem Verkehrsaufkommen. Zwei- bis dreimal am Tag kam der rote „Krefelder" Bus vorbei, der zum Hauptbahnhof fuhr, der Eismann kam mit Stangeneis auf seinem Pferdewagen, der Milchmann brachte Milch und der Bäcker die Brötchen am Morgen ins Haus. Bei Schichtwechsel kamen in Scharen die Arbeiter vom Sägewerk Döllken zu Fuß vorbeigeströmt. Die drei

Abb. 47: Georg Hirschland im Teehaus der Franzenshöhe.

Abb. 48: Das Teehaus im Park wurde im Jahr 2022 als denkmalwürdig anerkannt.

Abb. 49: Der Gartenarchitekt Wiepking und Gärtner bei der Anlage des Japanischen Gartens, 1928.

Abb. 50: Der Japanische Garten 2022.

Abb. 51: Der Badegarten mit offenem Badehaus und beheizbarem Pool.

Abb. 52: Der Badegarten 2022 – der Pool liegt heute unter der Rasenfläche.

Straßen rechts der Ruhrtalstraße hießen vor der Eingemeindung nach Essen noch mit Bezug zu den deutschen Einigungskriegen Sedan-, Königgrätz- und Düppelstraße. Nachbar war in der Sedan-Straße Nr. 1 der jüdische Viehhändler Nachmann Isaac.[136]

Rund dreizehn Jahre konnten die Hirschlands diese Villa und den Park genießen. Wöchentlich traf sich die Großfamilie am Freitagabend zum Schabbat. Gemeindefeste, geschäftliche und gesellschaftliche Einladungen hatten hier bis zum Oktober 1938 ihren Ort.

9

AUSGRENZUNG IM EIGENEN LAND: ANTISEMITISCHE PROPAGANDA WIRD STAATLICHE VERFOLGUNG

Georgs Vater Isaac Hirschland hätte den latenten Antisemitismus seiner Zeit vermutlich als eine Art Kinderkrankheit des noch jungen Kaiserreichs bezeichnet. Schmerzlich fühlte er bei allen wirtschaftlichen Erfolgen die oft unsichtbaren Barrieren und Zurücksetzungen, wie etwa die ausbleibenden gesellschaftlichen Einladungen bei den Krupps. Doch war Isaac überzeugt, dass gute Aufklärungsarbeit, verbunden mit rechtlichen Schritten gegen die gesetzlich verankerte Gleichberechtigung von Juden, langfristig zum Erfolg führen würde. Deshalb engagierte er sich für die Gründung der Essener Ortsgruppe des Centralvereins. Sein Sohn Georg Hirschland setzte dieses Engagement fort.

Die Kriegserklärung im August 1914 versetzte die deutschen Juden in vaterländische Begeisterung. Als Wilhelm II. zu Kriegsbeginn erklärte, er kenne nur noch Deutsche, fühlten sich deutsche Juden besonders angesprochen und hofften, dass vorbildlicher Einsatz für das Vaterland und die erlebte Gemeinschaft im Schützengraben die antisemitische Hetze ein für alle Mal beseitigen würde und ihnen die volle Gleichberechtigung einbrächte. Beinahe 18 Prozent der deutschen Juden kämpften im kaiserlichen Heer, vier Fünftel davon an vorderster Front. Ihre Opferbereitschaft wurde konterkariert von der verleumderischen Anschuldigung, Juden seien „Drückeberger", die sich überproportional oft vom Militärdienst mit fadenscheinigen Gründen befreien ließen. 1916 reagierte der preußische Kriegsminister auf diese Agitation und verordnete eine „Judenzählung", um den Anteil von Juden im deutschen Heer zu ermitteln. Das Ergebnis der Erhebung wurde bis 1922 geheim gehalten. Schließlich wurde festgestellt, dass die Zahl der jüdischen Frontsoldaten fast ebenso hoch war wie die der christlichen. Wer bereits ein geschlossenes antisemitisches Weltbild hatte, interessierte sich für solche Feststellungen aber nicht mehr. Die Wirkung der „Judenzählung" war fatal. Der 1918 gegründete „Stahlhelm – Bund der Frontsoldaten" verweigerte die Aufnahme jüdischer Frontkämpfer und die antijüdischen Ressentiments wurden von der begleitenden Propaganda wider besseres Wissen verbreitet.

Als die Simon-Hirschland-Bank 1916 ihr 75-jähriges Jubiläum feierte, stifteten die Inhaber die beachtliche Summe von 75 000 RM für die Kriegsfürsorge der Stadt Essen. Aus den Mitteln dieser Stiftung sollte die mangelhafte öffentliche Versorgung von Familien gemildert werden, deren „Ernährer" als Soldaten eingezogen waren. Damit verbanden die Hirschlands auch die Hoffnung, dass sie hier ein Zeichen gegen die Rede von jüdischen Kriegsgewinnlern setzen könnten. Besonders verbittert waren Ernst und Agathe Grünebaum über diese Propaganda. In seinen Memoiren schrieb Ernst von der vielköpfigen Hydra des Antisemitismus, die 1916 in aller Hässlichkeit in Erscheinung trat. Er hatte vergeblich versucht, als Militärrichter eingesetzt zu werden, und Agathe und die Kinder halfen in einer Bahnhofskantine bei der Versorgung durchreisender Soldaten. Mit den Kindern hatte Ernst noch lange von den deutschen Kriegszielen und territorialen Eroberungen in Frankreich, Belgien und Russland gesprochen, während Agathe ein sofortiges Kriegsende herbeisehnte, selbst wenn Elsass-Lothringen verlorenginge. Recht heftig konnte sie darüber streiten. Im Rückblick über sich selbst staunend erzählte Ernst in seinen Memoiren, dass es ihnen eingefallen sei, ihre Silberne Hochzeit 1915 allein dadurch zu feiern, dass sie auf dem Marktplatz von Hamm gegen eine Spende goldfarbene Nägel in einen hölzernen Soldaten eingeschlagen haben, als Zeichen ihrer patriotischen Opferbereitschaft.[137] Ihr gesamtes verfügbares Kapital hatten die Grünebaums in Kriegsanleihen investiert, die nach dem Krieg vollständig wertlos waren. In ihren Haushalt nahmen Ernst und Agathe 1915 unter Protest der übrigen Familie einen „Kriegswaisen" auf, Hans Bogdan, ein echter Berliner Bengel, unverschämt und unhöflich, dessen Mutter verstorben war. Sein Vater kämpfte an der Front. Über zwei Jahre blieb er bei den Grünebaums, die sich um ihn wie um ihre eigenen Söhne kümmerten, ihn kleideten und die knappe Kost für die große Familie mit ihm teilten. Mehr Loyalität und Patriotismus war kaum möglich.[138] Auch die Inhaber der Bank verweigerten die Unterstützung nicht. Im Januar 1918 wurde Georg Hirschland mit dem Verdienstkreuz für Kriegshilfe wegen seines besonderen Engagements ausgezeichnet.[139]

Georg, der seinem deutlich älteren Schwager Ernst sehr nahestand, setzte etwas andere Akzente, indem er das Bürgersein mehr als das Deutschsein betonte. Er suchte zu beweisen, dass die „deutschen Staatsbürger jüdischen Glaubens" als Förderer von Kunst, Kultur und Wissenschaft ein wertvoller Teil der Gesellschaft waren. Andererseits hat er bei seinem Schwager sicher deutlichen Zuspruch gefunden, als er während der Ruhrbesetzung 1923 einen schwedischen Rechtsanwalt finanzierte, der eine Reihe von Angeklagten verteidigte, die in Essen-Werden im Saalbau Maas vor französischen Richtern standen. Anders als die Generation vor ihnen waren Kurt und Georg Hirschland nicht mehr im Essener Stadtrat tätig. Vermutlich spielte es eine Rolle, dass der Stadtrat nach der Revolution 1918 nicht mehr nach dem Dreiklassenwahlrecht gewählt wurde. Die Besitzbürger waren in der Weimarer Republik nicht mehr unter sich und standen in lauter Konfrontation mit linken Parteipolitikern. Dies war sicher nicht nach dem Geschmack von Kurt und Georg Hirschland. Außerdem hatten die Verpflichtungen der Hirschlandbrüder in Aufsichtsräten und Verbänden so zugenommen, dass für ein städtisches Mandat schlicht keine Zeit mehr zur Verfügung stand. Zeitweise wurde nach 1918 auch die Verbindung zum jüdischen Centralverein lockerer. Möglicherweise führten persönliche Animositäten zur Leitung des CV dazu, dass Georg und Kurt nur noch den Mindestbeitrag überwiesen und diesen oft erst nach dringlicher Mahnung abführten, was den Vereinsvorstand nachweislich irritierte.

Ihre Schwester Agathe zeigte nach 1918 dagegen besonderes Engagement für den Centralverein. Sie mobilisierte die Frauenarbeit des CV in Düsseldorf durch die Gründung einer Frauen-Ortsgruppe, der ersten im rheinisch-westfälischen Verband des CV. In einem Rückblick des Jahres 1931 schreibt sie über Erreichtes in der Frauenarbeit: „[V]on einer geschulten, im Schrifttum bewanderten Frau geleitet [...], versuchen wir unsere Kenntnisse des Alten Testaments, des Talmuds, der jüdischen Geschichte zu erweitern. Wir bemühen uns, daß jüdische Frauen in den Vorständen der interkonfessionellen Vereine [mitarbeiten].“[140]

Agathes Ortsgruppe ging auf Lehrer und Schuldirektoren zu, um jüdische Belange zu vertreten und sprach mit Tennis-, Ruder- und Schwimmvereinen, um den Ausschluss von Juden rückgängig zu machen. Innerhalb der Familie verteidigte Agathe die sozialistischen Neigungen ihres ältesten Sohnes Lutz, der sich in politischen Fragen mit seinem Vater überworfen hatte. Lutz gehörte dem Kreis von Leonard Nelson in Göttingen an. Nelson begründete ein Konzept eines ethischen, nicht marxistischen Sozialismus und gehörte zeitweise dem linken Flügel der SPD an. Als Agathe passives Mitglied der von Nelson gegründeten Jugend-Liga wurde, war ihr Ehemann Ernst fassungslos.

Der Aufstieg der NSDAP spielte in der Korrespondenz der Familie lange keine Rolle. Wie viele Angehörige des Besitzbürgertums werden die Hirschlands die NSDAP, so lange sie noch eine Splitterpartei war, wie eine lästige Fliege betrachtet haben, die eine Sache von Randgruppen bleiben würde. Allerdings zeigte der Mord am jüdischen Außenminister Walter Rathenau 1922 durch Rechtsextremisten die Gefährlichkeit dieser Bewegung. Auch der mit den Hirschlands befreundete Bankier Max Warburg stand auf der Todesliste der Täter. Mit Eskorte fuhr Max Warburg in einem gepanzerten Auto durch Hamburg. Persönliche Angriffe in der Presse erreichten die Hirschlands auch in Essen. Anlass war der Kampf der nationalen Rechten gegen den Dawesplan, der die Zahlung von Reparationsleistungen von der wirtschaftlichen Leistungsfähigkeit des Deutschen Reiches abhängig machte. Im Herbst 1932 konnte Georg Hirschland in einer NS-nahen Zeitung lesen, dass er die Essener Handelskammer veranlasst habe, ein Telegramm an die Regierung zu senden, mit dem Text:

> „Wir billigen nicht nur den Dawesplan, wir verlangen (!) den Dawesplan.“ Weiter hieß es: „Das war der Bankjude Georg Hirschland. Und warum stellte er dieses Verlangen? Jud Hirschland hatte eine Bankfiliale in Newyork. Durch Annahme des Dawesplanes und der damit verbundenen amerikanischen 400 Millionenanleihe hatten die Judenbanken Gelegenheit ihren fetten Reibach zu machen.“[141]

Ein Wegbereiter des Nationalsozialismus, der Publizist Theodor Fritsch, hatte in einem Artikel des Jahres 1925 die rhetorische Frage gestellt „Wer ist für die Kriegsniederlage verantwortlich?“ und selbst beantwortet: „Die Männer der goldenen Internationale“. Damit war nach seinen Worten das internationale jüdische Finanzjudentum gemeint.[142] Das zum Propagandaministerium gehörende Institut zum Studium der Judenfrage schrieb 1935:

> „Von den Schlüsselpositionen des Finanzkapitals aus verzweigte sich der jüdische Einfluß weiter über die ganze Industrie hinweg, vor allem auf dem Wege über die Aufsichtsratsposten in den großen Industrieunternehmungen. Wir sehen also, daß viele maßgebende Stellen in den Aufsichtsräten und in den Vorständen der deutschen Großbanken in jüdischer Hand waren. Die großen Privatbanken waren fast ausnahmslos in jüdischen Händen: Behrens, Warburg-Hamburg, Bleichröder, Mendelssohn, Goldschmidt-Rothschild-Berlin, Speyer-Ellissen, Dreyfuß, Stern u. v. a. in Frankfurt a. M., Hohenemser-Mannheim, Meyer-Hannover, Arnhold, Bondi u. Maron-Dresden, Hirschland-Essen [...]“[143]

Die Reaktionen auf die Machtübertragung an Hitler am 30. Januar 1933 waren unter den deutschen Juden höchst unterschiedlich. Der Münchener Historiker Michael Brenner schreibt dazu:

„Die etwa halbe Million jüdischer Deutscher, die 1933 weniger als ein Prozent der deutschen Bevölkerung ausmachte, bestand aus Atheisten und Orthodoxen, aus Assimilierten und Zionisten, aus Städtern und Landbevölkerung, aus seit Jahrhunderten Eingesessenen und vor kurzem Eingewanderten, aus Großindustriellen und Kleinbürgern, aus Konservativen und Sozialisten, aus politisch Wachsamen und Unpolitischen. *Eine* gemeinsame Gruppe mit *einer* Ideologie oder *einem* Glauben bildeten sie immer nur für die Anderen, vor allem für die Antisemiten."[144]

Dennoch, als Weimar zu Ende ging, sahen darin nur wenige eine tiefgreifende Zeitenwende, die die Sicherheit von Juden existentiell gefährdete. Der Hass der Nazis, der sich jetzt aller staatlichen Machtmittel bedienen konnte, wurde unterschätzt.

Auf einer Wandtafel des Jüdischen Museums in Berlin sind zeitgenössische Stimmen des Jahres 1933 versammelt. Die *Centralverein-Zeitung* schrieb: „Die tiefe innere Verbundenheit mit dem Deutschtum und dem Judentum müsste uns über alles Schwere hinweghelfen." Die unbestrittene Führungsfigur der deutschen Juden, der Berliner Rabbiner Leo Baeck, hatte im März 1933 die „ehrliche Hoffnung, dass wir in Ruhe auch unser Verhältnis zu den neuen Herren in Deutschland aufrichtig werden gestalten können". Für eine Minderheit sprach Albert Einstein: „Solange mir eine Möglichkeit offensteht, werde ich mich nur in einem Land aufhalten, in dem politische Freiheit, Toleranz und Gleichheit aller Bürger vor dem Gesetz herrschen." Der 33-jährige Kurt Rosenheim notierte: „Wir selbst aber fahren auf einem schwankenden Boote in die Zukunft – ungewiss, ob Warten nicht Versäumnis, ob Auswanderung nicht Übereilung ist."

Für den 31-jährigen Erich Otto Grünebaum, der 1933 die Hamburger Filiale der Simon-Hirschland-Bank leitete, war der 30. Januar zunächst kein besonderer Schock. Am 11. Februar 1933 schrieb er seinem Bruder Lutz einen längeren Brief nach New York. Zunächst plauderte Erich über den Hamburg-Besuch seiner Eltern, über die Grippe, an der sein Onkel Georg und Oma Henriette in Essen erkrankt waren. Anschließend ging es um die aktuellen Risiken der Anleihe der Pfalzstädte und erst danach kommt Erich zum zentralen politischen Ereignis:

„Jetzt wird es mich mal interessieren, was Ihr drüben über Hitler denkt. Wir hier in Deutschland sind teilweise direkt verzweifelt, denn wenn man die gestern im Sportpalast in Berlin gehaltene Rede gehört hat, und vor allen Dingen den Stimmungsbericht, der durch Radio auf sämtliche deutsche Sender dreiviertel Stunde vorher verbreitet wurde, dann kann, ich jedenfalls, nicht mehr die Wut bekommen, aber man schämt sich für das Niveau, auf das demnach scheinbar das Gros der Bevölkerung bei uns gesunken ist. Ich kann mir noch nicht denken, dass die Majorität des deutschen Volkes diesen Rückschritt mitmachen wird. Wirtschaftlich glaube ich nicht einmal, dass die Folgen der Hitler Regierung katastrophaler sein werden, als die irgendeiner anderen Regierung. Seit Brüning hat man doch schon, um den Nazis den Wind aus den Segeln zu nehmen, einen Teil ihrer Programmpunkte ausgeführt, leider. Man hätte sie das alles selbst machen lassen sollen, und diese Bewegung hätte sicherlich angehalten, auch ohne Hitler. Jetzt werden sie ja selbst zeigen müssen, was sie können.

Vor dem Antisemitismus der Nazis habe ich keine große Angst. Sie werden ein paar von denen, die es sicherlich nicht besser verdienen, hängen und die Aussichten für unseren Schwager Max[145] werden sicherlich noch geringer sein, als sie es bisher waren, wie ich überhaupt glaube, dass die höheren Staatsstellen bis auf weiteres versperrt sein werden. Vielleicht wird es auch einige Fensterscheiben setzen, aber sonst glaube ich nicht, dass irgendetwas geschehen wird. [...]

So paradox das auch klingen mag, und so unsympathisch es einem auch sein mag, so muss man jetzt doch fast hoffen, dass das Experiment Hitler nicht zu einer Katastrophe führt. Ich glaube ja, er kommt in die sicherlich langsame Besserung der Konjunktur hinein und das wird ihm die Sache erleichtern. Wenn die Sache einmal schief geht, und das ist ja immer mein großes Bedenken bei den Nazis gewesen, dann wird der Nachfolger von Hitler Thälmann heißen, und das wäre ja bestimmt nicht angenehm, denn dass die Linkspartei, wenn sie mal auf revolutionärem Wege wieder an die Regierung käme, das nächste Mal auch nur irgendwie schonend vorgehen würde, möchte ich doch noch stark bezweifeln.

Ich glaube übrigens, dass am 5. März ein ziemlich knappes Rennen sein wird. Die jetzigen Regierungsparteien werden ziemlich nah an die 50-Prozent-Grenze so oder so herankommen und wenn ihnen zur Koalition noch etwas fehlt, so wird ihnen nicht nur aus der Volkspartei, sondern sicherlich auch vom Zentrum die nötige Hilfe geleistet werden."[146]

Wer heute die zwölf Jahre nationalsozialistischer Herrschaft überblickt, mag irritiert auf manche Einschätzungen des jungen Bankchefs blicken, die mit flinken Fingern auf der Maschine an den Bruder geschrieben wurden. Erich sah die Kanzlerschaft Hitlers als weitere Station auf einem abschüssigen Weg, beginnend mit den Übergangsregierungen Brüning, von Papen und Schleicher, die ihn am politischen Verstand der Deutschen verzweifeln ließen. 1932 hatte er für sich sogar die Wahl der SPD in Erwägung gezogen, was seinen Onkel Kurt in Rage brachte. Die größte Gefahr scheint ihm Anfang Februar 1933 das Scheitern des „Experiments Hitler" zu sein, das in eine proletarische Revolution hineinführen könnte. Welche Wirkungen eine sich immer weiter radikalisierende antisemitische Politik der NSDAP haben könnte, vermochte sich Erich wie vermutlich die meisten Deutschen noch nicht vorzustellen.

Am 1. April 1933 hatten die Nationalsozialisten die deutsche Bevölkerung aufgefordert, jüdische Geschäfte zu boykottieren. In Essen zogen schon in der Nacht Kolonnen der SA durch die Straßen und klebten ihre Parolen an jüdische Geschäfte und Litfaßsäulen:

„Deutsche, wehrt euch! Kauft nicht bei Juden!"
„Wer beim Juden kauft, ist ein Volksverräter."
„Juden raus!"
„Die Juden sind unser Unglück"
„Deutsche, verteidigt euch gegen die jüdische Greuelpropaganda, kauft nur bei Deutschen!"

Die größte Wirkung hatten Marschkolonnen der SA, die mit solchen Schildern durch die Straßen zogen und „Juda verrecke!" skandierten. Nach außen wurde diese Aktion mit der Kritik des internationalen Judentums an der NS-Machteroberung begründet. Tatsächlich sollte die jüdische Bevölkerung eingeschüchtert werden. Auch wollte die NS-Führung testen, ob die deutsche Bevölkerung mitziehe, wenn es darum ging, den jüdischen Bevölkerungsteil auszugrenzen. Weil der Boykottaufruf wenig beachtet wurde und die meisten die öffentliche Demütigung ihrer Mitbürger unangenehm fanden, ging die Regierung dazu über, die Ausschaltung der Juden durch gesetzliche Regelungen und Verordnungen zu betreiben. Am 1. April 1933 schrieb Erich Grünebaum aus Hamburg über diese Aktion an seinen Bruder Lutz nach New York:

„Die antisemitische Welle, sicherlich mit hervorgerufen durch die Propaganda im Ausland, die gar nicht ungeschickter gemacht werden konnte als sie gemacht ist, treibt doch jetzt in Deutschland Früchte, wie sie selbst die größten Pessimisten niemals erwartet hatten. [...]

Hier in Deutschland ist heute der Boykott gegen die jüdischen Geschäfte in Kraft getreten. Die Banken und lebenswichtigen Betriebe sind zwar ausgenommen, aber wie ich soeben feststellte, stehen vor M. M. Warburg & Co.'s Haus auch Posten. Bei uns hier in Hamburg stehen sie nicht; bei dem „großen" Kundenverkehr, den wir hier haben, würden sie sich auch, glaube ich, langweilen.

Aber in Essen hatten wir bereits die Sprech-Chöre im Kassenraum, ohne dass wir sonst irgendwie belästigt worden sind.

Am heutigen Abend soll der Boykott vorübergehend eingestellt werden, und ich hoffe, dass die vernünftigen Elemente in der ganzen Welt dafür Sorge tragen werden, dass er nicht wieder am Mittwoch losgeht. Was die Firma S[imon] H[irschland] dazu tun konnte, hat sie getan, wie du wohl in der Zwischenzeit sowohl bei Onkel Franz als auch bei der Hanseatic[147] festgestellt haben wirst. Das gleiche Telegramm haben alle unsere Geschäftsfreunde in England, Frankreich, Holland und Amerika bekommen, denn ganz egal, wie man politisch zu der neuen Regierung steht, muss man doch sowohl im deutschen wie im jüdischen Interesse versuchen, diese Bewegung abzublasen. Man kann nur hoffen, dass die ruhigen Elemente in der Regierung und an den leitenden Stellen sich durchsetzen werden [...]. Einige ängstliche Gemüter haben es natürlich auch vorgezogen, die Geschäftsverbindung zu uns zu lösen oder zu lockern, aber ins Gewicht fallend sind vorläufig derartige Dinge noch nicht.

Bei uns im Personal hat, glaube ich, gestern der größte Teil die vorsorgliche Kündigung zum nächsten Termin befürchtet, und war angenehm enttäuscht, als davon vorläufig nicht die Rede ist. [...] Dass Maxens Stelle auf die Dauer nicht zu halten sein wird, brauche ich kaum zu sagen, jedenfalls sind oder werden die jüdischen Richter wohl in Bälde entfernt sein. Die Rechtsanwälte werden kontingentiert, die Ärzte wahrscheinlich boykottiert und an den öffentlichen Krankenanstalten und Universitäten sind sie teilweise bereits entfernt, und wie sich dann ein Regierungsrat auf die Dauer halten soll, weiß ich nicht, aber vorläufig ist er ja noch im Amt und da er ja wirklich ein besonders ruhiger und zurückhaltender Mann ist und die jüdischen Regierungsräte ja nicht so zahlreich sind, geht die Maßnahme vielleicht an ihm vorbei.

Die Theater und Zeitung sind größtenteils auch bereits von links stehenden jüdischen Elementen gesäubert; der ‚Börsen-Courier' z. B. ist ganz umgeschwenkt, um noch zum Schluss den Anschluss zu erreichen; das ‚Berliner Tageblatt' soll von einem Konsortium unter Führung von Herrn von Papen gekauft sein; die ‚Frankfurter Zeitung' ist zwar immer noch sehr mutig, aber doch auch bereits sehr gemildert. [...] Ich glaube, es besteht auch Postzensur.

Dass das Zeitalter des Liberalismus zunächst einmal bei uns vorbei ist, ich glaube, darüber dürfte wohl nirgend irgendwelcher Zweifel bestehen. Was aber das Endergebnis sein wird, ich glaube, darüber können sich die wenigsten bisher ein Bild machen. Soeben sagt mir Kurti, dass Max beurlaubt ist seit gestern Abend. Dass dieses Zeitalter und die Periode der letzten 14 Jahre im Grund genommen ebenso kläglich in sich zusammengebrochen ist, wie meines Erachtens die letzte kaiserliche Regierung im Jahre 1918, ich glaube, dass das auch eine große Enttäuschung war für solche, die, wenn sie auch nicht alle Maßnahmen in dieser Zeit deckten, sich doch im Grunde genommen mit ihr verbunden fühlen.

Abgesehen davon, dass uns alle diese Zeit natürlich kolossal erregt, geht es der Familie im Grund genommen, vorläufig gut.

Ich war vor ca. 14 Tagen in Essen und Düsseldorf, wo ich feststellte, dass Großmutter zwar noch ziemlich schwach ist, dass es ihr aber doch wesentlich besser geht. Ich habe dir ja auch darüber depeschiert. Sie ist noch nicht ganz fieberfrei, aber ich glaube, der Wille zum Leben, bis dass es Onkel Kurt wieder besser geht, und das Gefühl, dass eine derartig starke Erregung, wie ihr Tod, bei Onkel Kurt im Moment unübersehbare Folgen haben könnte, ich glaube, dieses Verantwortungsbewusstsein ist es gewesen, was sie auch diese Krise überwinden liess."[148]

Die Erfahrungen Erichs mit der Radikalität der nationalsozialistischen Judenpolitik im Februar und März führten zu einem deutlichen Umdenken in der jüngeren Generation, auch wenn die Geschäfte der Bank kaum tangiert wurden. Am 3. April schreibt er nach New York:

> „Die Beamten natürlich sind fast alle beurlaubt, die Rechtsanwälte meistens nicht mehr zugelassen, wenigstens gehören weder Abel & Herzfeld, noch Heinemann in Essen zu diesen, die zugelassen sind, in Münster Albert Herz, in Hamm Gerson etc., alle brotlos. Bei den Ärzten ungefähr das gleiche Bild, man nimmt ihnen die Kassen & und das ist für die meisten auch der Hungertod. In vielen Firmen sind natürlich die jüdischen Angestellten entlassen, wenn der Chef nicht so eingestellt war, dann haben es oft die nationalsozialistischen Betriebszellen verlangt, und denen können sich auch die Wenigsten widersetzen. Kurz & gut, obwohl hier alles in Ordnung ist, alles ruhig & die Greueltaten, die nach hiesigen Berichten in den ausländischen Zeitungen gestanden haben sollen, alle nicht wahr sind, denn mit wenigen kleinen Ausnahmen, ist es nirgends zu Tätlichkeiten gekommen, so hat die neue Regierung es doch verstanden aus 500.000 loyalen Staatsbürgern Menschen zu machen, die heute deklassiert sind & sich gebrandmarkt fühlen schlimmer als bei Euch die Neger. Dass sich ein großer Teil der Christen und der beste Teil der deutschen Nation genauso abgestoßen fühlt, muss man erwähnen, um gerecht zu sein. Von meinen Freunden und dem größten Teil meiner Bekannten, kann ich nur sagen, dass sie sich mustergültig benommen haben. Ob das nun so bleiben wird, oder ob diese Welle abebben wird oder vielleicht auch wieder stärker werden wird, weiß man nicht.
>
> Ich glaube kaum, dass ich diese Entwürdigung hier, die man über sich ergehen lassen muss, sehr lange werde aushalten können. Also ohne bisher mit jemanden darüber gesprochen zu haben, wälze ich in meinem Kopf den Gedanken, den ganzen Krempel hier aufzugeben & ins Ausland zu gehen."[149]

Während Erich früh entschlossen war, Deutschland zu verlassen, rieten ihm seine Eltern, nichts zu überstürzen. Sie standen den politischen Ereignissen deutlich entspannter gegenüber. Ernst Grünebaum war im Rang eines Obergerichtsrates schon vor 1933 pensioniert worden und behielt weiter seine Pension. Zurückgezogener lebend erfuhr der Vater nicht so unmittelbar die Wirkung von Berufsverboten und beruflichen Demütigungen. In seinem Brief vom 9. April 1933 an seine Eltern Agathe und Ernst begründet Erich ihnen ausführlich, warum er Deutschland verlassen will:

> „Es ist ja nicht nur die antisemitische Hetze, unter der ich persönlich ja fast kaum bisher zu leiden hatte, es ist nicht nur das Gefühl der Erniedrigung, dass einen dabei anfällt, es ist vor allem das absolute Gefühl, ja das bestimmte Bewusstsein, dass das eben das endgültige Ende der Epoche darstellt. Dass diese Nazibewegung vorübergehen wird, ich glaube nicht, dass es eine Reaktion nur ist, ich glaube nicht, dass es eine Rechtsbewegung ist, die bürgerlichen, die dafür gestimmt haben, werden ein Erwachen erleben, oder teilweise haben sie es schon, wie sie sich es nie gedacht haben, es ist wirklich das Ende des bürgerlichen-kapitalistischen-liberalen-demokratischen-freigeistigen Zeitalters.

> Was wird, weiß wohl niemand, ich glaube, die Endentwicklung der von Herrn Stalin, Herrn Mussolini, Herrn Hitler etc. geleiteten Bewegungen werden nicht sehr weit von einander entfernt sein. [...] In einem zentralistisch-bürokratisch-gleichgeschalteten Staat ist für die Initiative des Einzelkaufmanns wenig Platz, der Bankier hat schon gar nichts zu suchen da, der jüdische am wenigsten. Dass man ihm im Moment nichts getan hat, im Gegenteil ihn beschützt hat, darf doch um Gottes Willen einen nicht über die wahren Ursachen und Wurzeln dieser Bewegung täuschen. Ich sehe also schwarz für mich als Jude & als Bankmensch."[150]

Ein Argument für Erich, Deutschland bald zu verlassen, war seine Unabhängigkeit. „Einen Vorteil muss ich doch davon haben, dass ich bisher unabhängig geblieben bin & Junggeselle."[151] Dieser „Vorteil" fiel dann im Frühjahr 1933 fort, als er die 23-jährige Jurastudentin Gabriele (Gaby) Neumann aus Berlin kennenlernte. Nach ihrem Ersten Staatsexamen wurde sie wegen ihrer jüdischen Abstammung nicht in den juristischen Vorbereitungsdienst aufgenommen. Später war Erichs Frau als Sozialarbeiterin tätig. Gabriele stammte aus der Familie des Tuchfabrikanten und Tuchgroßhändlers Emil Neumann in Cottbus. Das Paar entschloss sich, nicht lange zu warten. In München verlobten sie sich und bereits am 21. Oktober wurde im kleinen Kreis Hochzeit gefeiert. Die Grundsatzentscheidung, Deutschland zu verlassen, war damit aber nicht aufgehoben. Als Gaby mit Ernst Michael schwanger war, reiste sie vor der Geburt nach England, um ihrem Sohn die britische Staatsbürgerschaft zu ermöglichen.

Auch wenn die finanzielle Stellung der Hirschlands nach 1933 zunächst nicht angegriffen wurde, waren die eigenen Erfahrungen mit der nationalsozialistischen Ausgrenzungspolitik mehr als bitter. Es war eine nicht abreißende Kette von antisemitischen Nadelstichen, die der Familie täglich neu bewusst machte, dass ihr altes Ansehen in der Stadtgesellschaft systematisch angegriffen wurde. Als der Chef des Bankhauses Hirschland den Antrag für die Erteilung eines internationalen Zulassungsscheines für seinen PKW stellte, erteilte ihm der Essener Polizeipräsident eine Ablehnung und beschloss sein Schreiben mit dem Satz: „Ich stelle Ihnen anheim, Ihren Antrag zu erneuern, wenn die Judenhetze gegen Deutschland im Auslande eingestellt ist."[152] Der Jurist Georg Hirschland wusste jetzt, dass behördliches Handeln ein Instrument antijüdischer Ausgrenzung geworden war und rechtsstaatliche Grundsätze nicht mehr galten. Auch sein Schwager, der ehemalige Obergerichtsrat Grünebaum, erzählte mit großer Bitternis, wie die Mehrzahl seiner früheren Kollegen und Freunde den Kontakt zu ihm abbrachen:

> „Einer der schlimmsten Schurken war der Senatspräsident Herweger; ich habe kein freundlicheres Wort für ihn. Zu seiner Familie standen wir jahrelang in einer freundschaftlichen Beziehung. Er war ein fähiger Jurist und ich habe ihm einmal zu einem profitablen Schiedsgerichtsverfahren verholfen. Obwohl er römisch-katholisch war, entdeckte er plötzlich, dass er im Herzen ein Nazi ist. Als neues NSDAP-Mitglied begann er auf schändlichste Weise den Gerichtspräsidenten Schollen zu drangsalieren – ein frommer, wohlerzogener und weitherziger Katholik, dem Herweger einiges zu verdanken hatte. Schollen war schließlich gezwungen zurückzutreten und blieb zu uns in gutem Kontakt. Herwegers Belohnung war der Posten des Gerichtspräsidenten in Breslau. An seine Tür heftete er ein Schild: Zutritt für Juden nicht erlaubt."[153]

Als Vorsitzender der Jüdischen Gemeinde Essen war Georg Hirschland seit der Machtübertragung an Hitler Adressat einer Flut ausgrenzender Maßnahmen durch die Stadtverwaltung Essen. Da die

Reichsregierung kein klares Konzept einer antijüdischen Politik hatte, gab sie den Verwaltungen Raum für eigene ausgrenzende Maßnahmen. Gerade für Karrieristen bot sich hier die Chance, ihre frisch erworbene antisemitische Einstellung durch „fortschrittliche" Aktionen unter Beweis zu stellen, um sich für Aufstiegspositionen zu qualifizieren. Bald nach dem wenig erfolgreichen Boykottaufruf zum 1. April 1933 setzte Essens Stadtverordnetenversammlung auf die Tagesordnung:

> „Sämtliche Organe der Stadtverwaltung sind anzuweisen, den städtischen Bedarf jeder Art bei ortsansässigen Geschäftsleuten zu decken. Warenhäuser, Konsumgenossenschaften und jüdische Unternehmungen sind von Lieferungen an die Stadt auszuschließen. [...] [D]ie städtischen Beamten, Angestellten und Arbeiter [sind] anzuhalten, ihren persönlichen Bedarf nur in ortsansässigen Geschäften des deutschen Mittelstandes zu decken."[154]

Von einer Dienstleiterbesprechung am 5. Februar 1934 zitiert das Protokoll einen Teilnehmer:

> „Ich empfinde es als Nationalsozialist als ein starkes Stück, wenn ein städtischer Beamter, dem doch eigentlich klar sein sollte, was heute gespielt wird, sich noch von einem Juden behandeln lässt. Wir als Deutsche wollen uns nicht von einem Angehörigen einer fremden Rasse betreuen oder beraten lassen, darum diese passive Resistenz gegenüber dem Juden. [...] Wenn aber einer ein Herz im Leibe hat, der lässt sich von einem deutschen Arzt behandeln. Sie müssen natürlich diplomatisch sein, und in Ihrer Besprechung müssen Sie es den Leuten klarmachen, ob sie sich nicht schämen, zu einem fremdländischen Arzt zu gehen. Sie sollen den jüdischen Arzt meiden."[155]

Stadtrat Lube, zuständig für die Badeanstalten der Stadt, kam auf die Idee, die jüdische Gemeinde in folgender Weise zu warnen:

> „Es liegt Veranlassung vor, darauf hinzuweisen, dass die jüdischen Besucher der städtischen Bäder und Badeanstalten sich eines äußerst ruhigen und gesitteten Benehmens zu befleißigen haben, um alle Vorkommnisse zu vermeiden, die Anlass zu Beschwerden unserer deutschen Volksgenossen geben können. Sollte dieser Hinweis nicht genügen, so sehe ich mich gezwungen, die städtischen Badeeinrichtungen nur noch zu bestimmten Tagen und Stunden für Juden zur Verfügung zu stellen."[156]

Dieses Schreiben macht die ganze Infamie des dahinter stehenden Denkens anschaulich. Man darf sicher sein, dass Lube keinerlei Belege für „unsittliches" Verhalten jüdischer Badegäste vorlagen. Mit Badeanstalten sind hier weniger Sportbäder gemeint, sondern Einrichtungen, die geschlossene Dusch- und Badewannenräume zur Körperreinigung bereitstellten. Lube spricht hier sehr bedacht Unterstellungen aus, um spätere Verbote vorzubereiten, die halfen, dem antisemitischen Zerrbild des „dreckigen Juden" Anschauung zu geben. So wie Berufsverbote und Boykottaktionen halfen, ein reales Judenproblem durch Verarmung zu konstruieren, so dachte wohl Lube, könne auch das Bäderamt hier seinen Beitrag leisten, der ihn als politisch denkenden Verwaltungsbeamten für höhere Aufgaben qualifiziere. Anscheinend passten dem Oberbürgermeister Reismann-Grone diese unkoordinierten Initiativen aber nicht ins Konzept, und er schrieb den Dienststellenleitern: „Wohin sollen wir kommen, wenn jede Gemeinde auf eigene Rechnung Judenpolitik betreibt? [...] Ich habe das Recht und die Pflicht, von der Zentralstelle Anweisungen zu erhalten."[157]

10

HELFEN, VERHANDELN, WIDERSTEHEN – GEORG HIRSCHLAND UND DIE ORGANISATION JÜDISCHER SELBSTHILFE

Das Jahr 1933 war für Georg Hirschland als Vorstand der Synagogengemeinde Essen eine Zeitenwende. Bei aller Ratlosigkeit über die weitere Zukunft drängte eine Aufgabe unter dem Druck der nationalsozialistischen Judenpolitik eindeutig in den Vordergrund. Der Ruf wurde immer lauter, die inneren Streitigkeiten zwischen den verschiedenen jüdischen Richtungen aufzugeben und eine geschlossene, starke Abwehrfront der deutschen Juden aufzubauen. Wie aber konnte eine leitende Instanz geschaffen werden, die von allen anerkannt wird: von den Anhängern des Centralvereins, von Zionisten und patriotischen Anhängern des Reichsbundes jüdischer Frontsoldaten, von den Großgemeinden Berlins und Frankfurts, von assimilierten Großbürgern und armen, aus Polen eingewanderten orthodoxen Juden und von christlich getauften Bürgern, die erst durch die Rassepolitik der Nationalsozialisten ihre jüdische Herkunft neu entdeckten?

Verschiedene Versuche, eine gemeinsame Zentrale auf Reichsebene zu schaffen, waren schon lange vor 1933 ergebnislos verhandelt worden. In dieser Not ergriff die Synagogengemeinde Essen die Initiative und Georg Hirschland, ein Feind langer Reden und unnützer Verhandlungen, wurde darin die treibende Kraft.[158] Seit 1928 war er Vorsitzender des Gemeindevorstands und arbeitete eng zusammen mit dem Rabbiner Hugo Hahn und dem stellvertretenden Vorsitzenden der Essener Gemeinde Dr. Ernst Herzfeld, Mitinhaber der Anwaltsfirma Abel, Herzfeld und Krombach. Sie hatten schließlich die zum Erfolg führende Idee, nicht wie bisher über einen deutschlandweiten Zusammenschuss der Gemeinden eine Zentrale aufzubauen, sondern ein Kabinett von anerkannten und vertrauenswürdigen Persönlichkeiten zusammenzustellen, die die verschiedenen jüdischen Richtungen repräsentierten und die den Willen hatten, diese zusammenzuführen. Der streiterfahrene, eloquente und international geachtete Berliner Rabbiner Leo Baeck[159], seit 1922 Vorsitzender des Allgemeinen Rabbinerverbands, schien 1933 prädestiniert, die Auseinandersetzung mit den Nationalsozialisten aufzunehmen. Diesen international bestens vernetzten Multifunktionär schlugen Georg Hirschland und Hugo Hahn zum Präsidenten der neuen reichsweiten Vertretung vor. Georg Hirschland lud nach verschiedenen Vorgesprächen 25 Persönlichkeiten aus den Gemeinden und Verbänden nach Essen ein, leitete diese Tagung, und Herzfeld und Hahn stellten den Essener Plan vor. Gleich zu Beginn erklärte Hirschland, dass die Organisatoren selbst kein Interesse an einem Vorstandsamt hätten, ihre Aufgabe sei erfüllt, wenn die Reichsvertretung ihre Arbeit aufnehme. Damit war von vornherein der Verdacht eigener Karriereinteressen ausgeräumt. Nach den Hauptreferaten über die neu zu gründende Reichsvertretung im Sitzungssaal der Synagoge lud Hirschland zum Mittagessen und Gruppengesprächen zu sich in seine Villa Franzenshöhe ein, um die entscheidenden Personalfragen zu klären, die am Ende des Tages zu einer Einigung führten. Damit konnte die „Reichsvertretung der deutschen Juden" ins Leben treten, die dann am 17. September 1933 in Berlin offiziell gegründet wurde. Mit dem Aufruf „An die deutschen Juden!" formulierte die „Reichsvertretung der deutschen Juden" ihre Aufgaben:

> „Es gilt, den Streit der Richtungen zu vergessen.
>
> Es gilt, die Vielen zu uns zu führen, die sich dem jüdischen Leben ferngehalten haben.
>
> Es gilt, die Judenheit in Deutschland so zu organisieren, dass sie den großen Aufgaben der Erhaltung und Neubegründung der wirtschaftlichen Existenz, der jüdischen Erziehung, der Kulturpflege und der körperlichen Ertüchtigung gewachsen ist.
>
> Es gilt, die auch bei uns in Zucht und Sitte, in Handel und Wandel zu beklagenden Erscheinungen des Zerfalls und der Zersetzung zu beseitigen.
>
> Es gilt, die anormale Berufsschichtung unter uns grundlegend mit aller Energie, aber in sorgsamer Auswahl, insbesondere durch Ausbildung von Landwirten und Handwerkern zu ändern.
>
> Es gilt, denen die ihn in Deutschland nicht finden, Lebensraum im Ausland zu verschaffen und ihnen die Verbindung mit deutscher Kultur zu wahren.
>
> Es gilt, Palästinas heiligen Boden durch deutsche Juden und für deutsche Juden zu erschließen.
>
> Es gilt, in Jugend- und Erwachsenen-Bildung die Werte der deutschen Kultur für uns zu erhalten, auf den sittlichen und religiösen Grundlagen des Judentums aufzubauen, die jüdische Geschichte zu erfassen, zu Gemeinschaftssinn und Verantwortlichkeit gegenüber dem Judentum und dem Staat zu erziehen.
>
> Es gilt, das Judentum lebendig in uns zu machen."[160]

Die Gründung der Reichsvertretung beendete jetzt das Nebeneinander aller möglichen Arbeitsbereiche in den verschiedenen Verbänden durch eine klare Aufgabenzuteilung: Der Centralverein übernahm die juristisch-wirtschaftliche Beratung, die Zionistische Vereinigung kümmerte sich um die Einwanderung nach Palästina; die anderen Einwanderungsländer betreute der Hilfsverein der Juden und der Reichsbund war mit Angelegenheiten der jüdischen Frontkämpfer betraut.

Wie die juristische Beratung und Hilfe durch den Centralverein nach 1933 konkret möglich waren, beschreibt der Essener Rechtsanwalt Ernst Herzfeld, ein enger Freund von Georg Hirschland, in seinen nach 1941 verfassten Erinnerungen:

> „Weiter waren die Rechte der von ‚arischen' Firmen entlassenen Angestellten durch Verhandlungen, notfalls vor den Arbeitsgerichten, zu wahren, die – nebenbei bemerkt – in der Regel die Syndici des C. V. als Prozessvertreter zuließen. Auch Passverweigerungen und andere Schwierigkeiten der Ausreise, sowie das Verlan-

Im Jahre 1938 kann der

Zentralausschuß für Hilfe und Aufbau bei der Reichsvertretung der Juden in Deutschland

auf eine Tätigkeit von 5 Jahren zurückblicken. In dieser Zeit hat er sich auf den 5 Hauptgebieten seines Wirkens:

Wanderung — Berufsausbildung und Umschichtung — Schulwesen — Wirtschaftshilfe — Wohlfahrtspflege

zu der zentralen Planstelle entwickelt, die als öffentliche Hand aus der wirtschaftlichen und sozialen Hilfsarbeit für die Juden in Deutschland nicht mehr wegzudenken ist. Der

Auflösungsprozeß der Judenheit in Deutschland

setzt sich fort. Etwa ein Drittel des früheren Bestandes der jüdischen Bevölkerung hat Deutschland bereits verlassen, viele stehen vor ihrer Auswanderung, viele weitere müssen folgen. Die Notwendigkeit, diesen Vorgang zielbewußt durch

zweckmäßige Berufsausbildung und durch geeignete Wanderungsplanung

in geordnete Bahnen zu lenken und durch **planmäßige Aufbauarbeit** den Weg in die Zukunft zu ebnen, besteht weiter. In gleichem Umfange verbleibt die Verpflichtung, der Not des Tages zu begegnen und für die Zurückbleibenden zu sorgen. So ist es nötig, daß die Juden in Deutschland ihr großes konstruktives Werk ferner erhalten und festigen.

Mit der gleichen Entschlossenheit und dem gleichen Selbstvertrauen, mit dem alle helfenden und aufbauenden Kräfte in den verflossenen Jahren das Werk geschaffen und getragen haben, muß die Lösung der verbliebenen Aufgaben in Angriff genommen werden. Die Arbeit hierfür soll im Jahre 1938 unter der

Parole „5 Jahre Hilfe und Aufbau"

fortgeführt werden. Diese Parole soll verpflichtend mahnen, die Energien wach zu halten, sich keiner unberechtigten Verzweiflungsstimmung hinzugeben und nicht über den persönlichen Sorgen die Sorge für das Schicksal der Gemeinschaft zu vergessen.

Abb. 53: Aufruf der Reichsvertretung der Juden in Deutschland, 1938.

gen nach Sicherstellung der im Falle künftiger Auswanderung fällig werdenden Reichsfluchtsteuer spielten eine nicht unwesentliche Rolle.

Selbstverständlich konnten nur begrenzte Erfolge erzielt werden. In einem Staat, dessen frühere Ordnung fortschreitend durch Rechtlosigkeit und Willkür verdrängt wurde, war es eine undankbare Aufgabe, die Angriffe Übermächtiger gegen eine machtlose Minderheit abzuwehren. Gemessen an der grotesken Ungleichheit der kollidierenden Kräfte war das Ergebnis erstaunlich positiv. Selbst objektiv gewürdigt war es beträchtlich. Drei Faktoren förderten die Bemühungen:

In den Verwaltungsbehörden bis hinauf zu den Ministerien, selbst in der Polizei (mit Ausnahme der Gestapo) und in der Justiz arbeiteten noch zahlreiche alte Beamte. Die in langen Jahren erworbene Auffassung der Berufspflicht wirkte bei ihnen noch nach; sie konnten sich nicht entschließen, alle Rechtswidrigkeiten zu decken. Soweit es ohne ernstes Eigenrisiko möglich war, bemühten sie sich, wenigstens nicht grob pflichtwidrig zu handeln.

Vordringlich und lebenswichtig war der Abbau der Arbeitslosigkeit. Jeder neue Zugang zu dem Millionenheer der Arbeitslosen war eine zusätzliche Belastung. Infolgedessen wirkte das Argument, dass der beeinträchtigende Eingriff zur Betriebsstilllegung nötige, in der Regel durchschlagend.

Der klägliche Devisenbestand der Reichsbank bereitete den Nazis Sorgen. Eine Betätigung, die Devisen einzubringen versprach, durfte deshalb keineswegs behindert werden. Das kam insbesondere den exportierenden Industrie- und Handelsfirmen, sowie den am internationalen Geldgeschäft beteiligten Banken zugute.

Die Wirkung dieser drei Faktoren war freilich zeitlich beschränkt und schwächte sich nach und nach ab. Die alten Beamten wurden versetzt oder in anderer Weise ausgeschaltet. Über dies ‚lernten sie um' und fanden sich mit ihren Gewissenskonflikten ab. Die Arbeitslosigkeit wurde allmählich in der Hauptsache durch Staatsaufträge bewältigt. Und die Devisennot wurde durch die von dem ‚genialen Bankrotteur' [Hjalmar] Schacht erdachten und immer weiter ausgebauten Verrechnungsmethoden gemildert. Die unausbleibliche Folge war, dass alle Abwehr-Erfolge den Ausschaltungsprozess lediglich retardierten und uns früher oder später wieder entrissen wurden."[161]

Wie angesagt trat Georg Hirschland nach der erfolgreichen Gründung der Reichsvertretung in die zweite Reihe zurück und beteiligte sich innerhalb des Beirats allein an anstehenden Grundsatzfragen. Vom NS-Regime wurde die Reichsvertretung als jüdische Interessenvertretung anerkannt, weil eine einheitliche Organisation die bürokratische Kontrolle des jüdischen Bevölkerungsteils erleichterte. Nach dem Novemberpogrom 1938 endete die Selbstständigkeit der Reichsvereinigung und ab Juli 1939 unterstand sie den Weisungen des Reichssicherheitshauptamtes.

Schon vor dem Aufstieg der NS-Bewegung hatte der Rabbiner Hugo Hahn die Idee, in Essen ein beispielgebendes „Haus der jüdischen Jugend" zu errichten, das nach 1933 zu einem wichtigen Rückzugsort nicht allein für die Jugend, sondern für die gesamten Gemeinde wurde, die hier Halt fand, als Juden aus allen möglichen öffentlichen Einrichtungen verdrängt wurden.

Hugo Hahn (1893–1967) war eng mit Georg Hirschland befreundet; bisweilen sprach man von ihm spöttisch als Hirschlands „Hauskaplan". 1923 stellte ihn die Gemeinde zur Unterstützung des neunzehn Jahre älteren Rabbiners Dr. Samuel ein, um die neuen Aufgaben bewältigen zu können, die durch das zahlenmäßige Wachstum der Essener Gemeinde entstanden. 1925 gab es 4209 Juden in Essen. Samuel und Hahn repräsentierten zwei verschiedene Rabbinergenerationen, die sich in ihrer Unterschiedlichkeit recht gut ergänzten. Salomon Samuel sprach eher die Intellektuellen und die ältere Generation an. Wie der alte Isaac Hirschland stand er für ein entschieden liberales, dem Fortschrittsoptimismus verpflichtetes Judentum des 19. Jahrhunderts und lehnte die zionistische Bewegung aus einer klaren deutsch-patriotischen Position vehement ab.

Hugo Hahn war in seinen Studienjahren durch den Weltkrieg, den Zusammenbruch des Kaiserreichs und das Chaos der Nachkriegszeit geprägt und hatte auch den neu aufkommenden Antisemitismus nach dem Ersten Weltkrieg stärker wahrgenommen. Er sah die Notwendigkeit, auf diese Umbrüche zu reagieren, und setzte sich weit stärker mit den sozialen und politischen Problemen seiner Zeit auseinander als sein älterer Amtskollege, der sich gern in seine Bücherwelten zurückzog. Hugo Hahn zeigte sich gegenüber dem Zionismus offener und war auch zu den eingewanderten Ostjuden aufgeschlossener, deren kulturelle Eigenständigkeit er akzeptierte, während sein älterer Kollege sie schon wegen ihrer jiddischen Sprache und der ostjüdischen Kleidung als Vertreter eines überkommenen, rückwärtsgewandten Judentums ansah. Diese Unterschiede führten zu einer Aufgabenteilung in der Gemeinde und Hahn kümmerte sich mit besonderem Interesse um die Jugendarbeit. 1928 wurde er Vorsitzender des Verbandes der jüdischen Jugendvereine Deutschlands und Essen war Sitz der Verbandsleitung.[162] Hahn hatte große Sympathien für die Jugendbewegung, die mit ihren Heimabenden

Abb. 54: Skizze für das Jugendheim in Essen. Erich Mendelsohn (1887–1953) war ein Pionier der Stromlinien-Moderne. Sein berühmtester Bau ist der Einsteinturm in Potsdam: ein Observatorium, das errichtet wurde, um die Relativitätstheorie experimentell zu beweisen. Typisch für seinen Stil waren gekurvte Fassaden und lange Fensterbänder. Es wurde zu einem lebendigen Zeugnis für das fortschrittliche Denken der 1920er Jahre in der Gemeinde; ein Stil, der die Essener Nationalsozialisten massiv provozierte.

und Fahrten nach dem Weltkrieg viele jüdische Jugendliche ansprach. Die Chance, engagierte Jugendliche in die Gemeinde einzubinden, wollte Hahn nicht vertun. Daraus entstand die Idee, in Essen ein außergewöhnliches Jugendzentrum zu errichten. Mit Georg Hirschland und seinem Stellvertreter im Gemeindevorsitz, Ernst Herzfeld, fand der Rabbiner zwei Mitstreiter für dieses Projekt, das im Gemeindevorstand anfangs umstritten war. Für das sehr ambitionierte Projekt konnte Georg Hirschland Erich Mendelsohn gewinnen, der mit Mies van der Rohe und Walter Gropius die führende Vereinigung progressiver Architekten gegründet hatte und für den revolutionären Einsteinturm in Potsdam weithin bekannt war. Vorbesprechungen führten Hirschland und Mendelsohn bei gemeinsamen Urlauben in St. Moritz. „Dr. Hirschland – Anfang Februar Essen, soll alsdann perfekt werden“, schrieb Erich Mendelsohn am 18. Dezember 1929 seiner Frau Luise,[163] und Hugo Hahn erinnerte sich: „Es darf gesagt werden, dass die Zusammenarbeit zwischen dem Architekten, Herrn und Frau Hirschland und mir selbst zu den schönsten Erinnerungen meiner Essener Zeit gehört.“[164]

Es war für die Initiatoren nicht einfach, den Vorstand der jüdischen Gemeinde für dieses Bauvorhaben zu gewinnen. Die Höhe der Investition in wirtschaftlich angespannter Zeit, in der gleichzeitig ein neuer Friedhof mit Leichenhalle zu finanzieren war, rief Widerstand hervor. Es gab auch Stimmen, denen die Unterstützung jugendbewegter Ideen nicht gefiel. Schon seit längerer Zeit hatte der Reichsbund jüdischer Frontsoldaten Geld für ein Denkmal gesammelt, das vor der Synagoge an die im Krieg gefallenen Glaubensbrüder erinnern sollte. So sollte auch den Essenern gezeigt werden, wie groß der Anteil der Juden war, die im Krieg für Deutschland gefallen waren. Allerdings konnten die eingereichten Gestaltungsvorschläge nicht überzeugen und besonders Rabbiner Hahn zeigte wenig Sympathie für die ihm nicht mehr zeitgemäß erscheinenden Formen dieser Heldenverehrung und brachte äußerst geschickt den Gedanken auf, dass ein Jugendheim die würdigste Ehrung für die im Krieg gefallenen Soldaten sei. In der entscheidenden Sitzung des Synagogenvorstands am 5. November 1929 argumentierte er, dass die Verfechter des Jugendheims in gleicher Weise wie die Denkmal-

Abb. 55: Nach zehnmonatiger Bauzeit konnte das Jugendheim 1932 eingeweiht werden.

Befürworter für die Ehrung der Gefallenen eintreten wollten. Das Jugendheim solle in der Mitte der Stadt errichtet werden, es stände auch christlichen Besuchern offen und es würde darin deutlich zum Ausdruck gebracht, „dass dieses Haus für die jüdische Jugend gestiftet sei im Andenken an die 72 im Weltkriege gefallenen jüdischen Soldaten unserer Gemeinde“[165]. Am Ende der Sitzung ergriff Georg Hirschland das Wort und wies darauf hin, „dass wir Juden nie Freunde von Denkmälern aus Stein und Erde gewesen sind, sondern dass wir es als unsere Pflicht erachteten, in Zeiten der Not die Bitternis unseres Erlebens durch Opfer an Geldmitteln zu beheben“. Er sei der Überzeugung, dass der Gedanke, das Haus für die Jugend zu bauen in Erinnerung an die Kriegsopfer, am ehesten geeignet sei, die nicht unbeträchtlichen Geldmittel freizumachen, die zur Errichtung eines Heimes notwendig waren. Er selbst erklärt sich bereit, das Seinige zur Aufbringung der Kosten zu tun.[166] Zuvor hatte Georg Hirschland, dem das Jugendheim eine Herzensangelegenheit war, schon erklärt: „Wenn wir uns nicht einigen können, dann finanziere ich das Ganze und der Bau soll Georg Hirschland Stiftung heissen.“ Als der Vorsitzende Hirschland danach zur Abstimmung aufrief, wurde der Antrag für ein Jugendheim einstimmig angenommen.

Der Gemeindevorstand bat Mendelsohn, den Eingangsbereich als „Ehrenhalle“ zu planen, und ein Motto an prominenter Stelle wurde vorgesehen: „Die jüdische Jugend in Essen – unseren im Weltkrieg gefallenen Brüdern.“ Damit konnte der

Abb. 56: Ein Kochkurs zur beruflichen Vorbereitung der Auswanderung im Jugendheim.

Reichsbund für die weitere Unterstützung des Jugendheims gewonnen werden. Die Bauarbeiten begannen im Januar 1932 und nach einer erstaunlich kurzen Bauzeit konnte das Jugendheim bereits am 19. November 1932 eingeweiht werden. Überlebende der NS-Zeit

> „erinnerten sich ‚an eine grandiose Sache', an ein ‚architektonisches Meisterwerk', in dem eine Fülle von Aktivitäten stattfand, an einen großen Zuschauerraum mit einer modernen Bühne und an ‚verborgene Vorrichtungen zum Turnen', mit denen ‚sich der Raum in kurzer Zeit in eine Turnhalle umwandeln' ließ. ‚Kegelbahn, Bücherei, dutzende Gruppen- und Leseräume, Café' und ‚eine Menge begeisterter Nutzer'".[167]

Die Freude währte nur kurz. 1933 besetzte die Hitlerjugend das Haus und es begann ein juristisches Tauziehen um die Rechtmäßigkeit der Beschlagnahme. „Der Gemeindevorstand leitete zwar umgehend rechtliche Schritte ein, doch der eingeschaltete Anwalt legte aus Opportunismus sein Mandat bald nieder, die Polizei weigerte sich einzugreifen, andere NS-Behörden verschleppten den Vorgang, Akten gingen wiederholt ‚verloren', und keines der angesprochenen Ministerien erklärte sich zuständig."[168]

Wider Erwarten gelang es nach fünfzehn Monaten, die Hitlerjugend zum Auszug zu bewegen. Sämtliches Mobiliar war geraubt und das Gebäude verwüstet worden.

Inmitten einer zurückweisenden Umwelt, die den Juden alle Entfaltungsmöglichkeiten versperrte, wurde das Haus für die Jugend zu einem Ort des Rückzugs und zu einem Kultur- und Bildungszentrum für die gesamte Gemeinde. Jüdische Jugendliche fanden kaum noch eine Lehrstelle und Erwachsene mussten sich beruflich neu orientieren, um Fertig- und Fähigkeiten zu erlernen, die in potentiellen Einwanderungsländern tatsächlich gefragt waren. Dazu bot das Jugendheim Lehrgänge und Sprachkurse an, die auf die Auswanderung vorbereiteten. Ein buntes Kulturprogramm lockte 1937 rund 10 000 Besucher an. „Es wurde auch ein Brennpunkt für jüdische Erwachsenen-Bildung [...]. [D]ie Liste der Dozenten, die im Jugendheim Kurse und Vorträge hielten, liest sich wie ein Verzeichnis der großen Namen jener Jahre."[169] Georg Hirschland dachte ähnlich wie sein Mitstreiter Max Warburg, der zur Einweihung des Gemeindehauses in Hamburg äußerte: „Wir sind verantwortlich für die Geister und Gemüter der Menschen, die nicht zertreten werden dürfen in den Nöten und Sorgen des Alltags, die nicht zermalmt werden dürfen von dem Kleinkrieg des Lebens, die nicht verloren gehen dürfen in trüber Luft und in unruhigem Treiben."[170]

Bis zum 9. November 1938 arbeitete diese „rettende Arche", wie Hugo Hahn sie nannte. In der Nacht des Novemberpogroms wurde das Jugendheim niedergebrannt und Monate später vollständig abgerissen.

11

KAMPF UM DIE BANK

Aus der Sicht der Nationalsozialisten entsprachen die Hirschlands dem antisemitischen Feindbild des „raffgierigen und internationalistischen Finanzjuden“: Sie lebten in einer höchst repräsentativen Villa und fuhren mit einem Maybach durch Essen; sie verbrachten ihren Urlaub in exklusiven Orten wie St. Moritz; sie verdienten mit sogenannter Börsenjobberei und angeblichen Schwindelgeschäften sehr viel Geld; sie schwärmten für die verachtete moderne Kunst; sie waren liberale und humanistisch gesinnte Weltbürger. Aber die Hoffnung der Nazis, dass „diesem Treiben“ nach dem Machtantritt Hitlers ein schnelles Ende gesetzt werde, erfüllte sich zunächst nicht.

Georg war es bis 1933 gelungen, die Bank nach dem Ewald- und Karstadt-Desaster, das sie an den Rand des Ruins geführt hatte, wieder in ein ruhigeres Fahrwasser zu bringen, auch wenn der tadellose Ruf, das imaginäre Kapital der Bank, Blessuren erlitten hatte. Als der künftige Juniorchef und Neffe Erich Grünebaum nach der Boykottaktion am 1. April 1933 die Meinung vertrat, dass der jüdische Privatbankier in Deutschland keine Zukunft mehr habe, widersprach Georg heftig. Die Simon-Hirschland-Bank habe in den einhundert Jahren ihres Bestehens so viele schwere Krisen erlebt, sie würde auch Hitler überstehen.[171] Mit Leidenschaft hing er an seinem Beruf und der Bank. Einen Neuanfang im Ausland konnte er sich nicht vorstellen. Georg wollte um die Bank kämpfen. Er dachte ähnlich wie sein Freund und Kollege Max Warburg, der bekannte: „Ich war entschlossen, meine Firma wie eine Festung zu verteidigen“[172], und manches sprach nach der ersten Schockwelle im Frühjahr 1933 dafür, dass die jüdischen Bankiers von diskriminierenden Maßnahmen verschont blieben. Auf jeden Fall war die Zukunft nicht kalkulierbar.

Der Umsatzeinbruch nach 1931 konnte durch die Bank nie wieder ausgeglichen werden. Wie andere Privatbanken musste Georg Hirschland nach der Bankenkrise damit fertig werden, dass die Regierung Brüning mit scharfen Restriktionen die wichtigsten Geschäftsfelder seiner Firma einschränkte. Die Vermittlung neuer Auslandsanleihen und inländische Emissionsgeschäfte, also die Ausgabe von Aktien und Anleihen von Gemeinden und der Industrie, gingen fast vollständig zurück und konnten erst mit dem nach 1933 einsetzenden Wirtschaftsaufschwung langsam wieder aufgenommen werden. Zurück ging auch die Bedeutung der Außenhandelsfinanzierung durch die Autarkiepolitik des Regimes. Zwischen 1931 und 1937 sanken die Umsatzzahlen Jahr für Jahr, allerdings war die wirtschaftliche Existenz der Bank nicht in Frage gestellt. Die patriarchalische Grundeinstellung der Inhaber, auch in schlechten Zeiten die Angestellten zu halten, wurde durchgehalten. 1930 waren in Essen 163 und in Hamburg 48 Angestellte beschäftigt; Ende 1937 waren es 121 in Essen und 39 in Hamburg.[173] Die Zahlen belegen, dass die Hirschlands zu dem kleinen Segment privilegierter jüdischer Privatbanken gehörten, die sich dem schon 1933 einsetzenden Trend der „Arisierung“ der Wirtschaft widersetzen konnten.

> „Die ‚Arisierung‘ markierte einen der größten, innerhalb weniger Jahre vollzogenen Besitzwechsel der deutschen Geschichte, wobei allein Immobilienwerte von mindestens 4 Mrd. RM betroffen waren, Firmen oftmals weit unter Wert veräußert werden mußten und auch tausendfache Geschäftsliquidationen die Chance boten, durch die Übernahme von Warenlagern, Inventaren und Marktanteilen massive ökonomische Profite zu erzielen.“[174]

Die Zahl der Kunden blieb nach 1933 stabil und stieg sogar leicht. Manche kündigten ihr Konto, vermutlich weil sie mit einer jüdischen Bankadresse auf dem Geschäftspapier nicht auffallen wollten oder von außen genötigt waren, die Verbindung zu lösen. An ihre Stelle traten neue jüdische Kunden, die sich eine besonders kompetente Beratung bei „arisierungsbedingten“ Geschäftsaufgaben, Vermögenstransfers ins Ausland oder in Devisenfragen versprachen. Ungewöhnlich war das Verhalten des industriellen Großkunden Fritz Thyssen. Schon 1932 hatte Thyssen seine Geschäftsbeziehung zu den Hirschlands merklich reduziert. Demonstrativ kehrte er aber 1935 zurück und schloss umfangreiche Kreditgeschäfte ab, als andere Unternehmer sich abwandten.[175]

Insgesamt blieb die „arische“ Kundschaft ihrer jüdischen Bank mindestens in den ersten Jahren der NS-Herrschaft treu. Zahlreiche sehr persönlich geschriebene Glückwunschbriefe von Kunden an Erich Grünebaum, der 1936 als neuer Teilhaber der Bank aufgenommen wurde, zeigten die anhaltende Loyalität zu den jüdischen Inhabern und gaben Anlass zu vorsichtigem Optimismus. Der Geschäftsbericht der Hirschlandbank für das Jahr 1936 nennt dreizehn Aufsichtsratsmandate, die Georg Hirschland ausübte. Ein Vergleich mit einer Liste, die sich auf die späten 1920er Jahre bezieht, zeigt keine wesentlichen Änderungen.[176] Georg Hirschland konnte daraus den Schluss ziehen, dass die Grundsolidarität zwischen Juden und Nichtjuden unter den Eliten im Wirtschaftsleben nicht zerbrochen war. Er konnte sich damit beruhigen, dass der Antisemitismus eine Sache von Parteiaktivisten sei, auf deren Untergang man hoffen durfte. Über die vergleichbare Selbsttäuschung des Dresdner Bankiers Arnhold schreibt die Historikerin Simone Lässig:

> „Die lange und zuweilen von Verfemungen, Verfolgungen und auch Pogromen gekennzeichnete Geschichte der Juden in der Diaspora vor Augen, übersah oder – was wahrscheinlicher ist – verdrängte er die Tatsache, daß es sich nicht mehr um gelegentlich gefährliche antijüdische Stimmungen, sondern um den Antisemitismus als tragende Säule eines totalitären Regimes handelte, dem die Juden mit den bisherigen Methoden der Selbstwehr nichts entgegensetzen *konnten*.“[177]

Die Geschäftslage der jüdischen Banken nannte der Geschäftsbericht uneinheitlich.

> „Zwar sind auch im Jahre 1936 offiziell keine Eingriffe in die Wirtschaft zu Ungunsten der Juden erfolgt, aber es war doch ein gelegentlicher Einfluss festzustellen, der eine Trennung von Ariern und Juden, auch in geschäftlichen Angelegenheiten, bezweckte. Die jüdischen Banken waren im Allgemeinen durch diese Tendenz weniger beeinflusst. Da, wo Liquidationen stattfanden, lagen in erster Linie persönliche Gründe und weniger wirtschaftliche Notwendigkeiten vor.“

Als Fazit für Simon Hirschland schreibt der Bericht:

> „Unter Berücksichtigung aller Schwierigkeiten waren die Umsätze zufriedenstellend, die beim Essener Haus mit RM 4,10 Milliarden 4,6 Prozent hinter denen von 1935 (RM 4,35 Milliarden) zurückblieben. [...] Auch 1936 blieb das industrielle Kreditgeschäft der Rückhalt, und zwar waren es wieder die Stillhaltekredite, die sich ertragsmässig weiterhin befriedigend entwickelten.“[178]

Es war ein sehr kleiner Kreis von jüdischen Bankiers, die nach 1933 vergleichsweise lange in ihren privilegierten Spitzenpositionen verblieben, weil sie dem Regime einstweilen unverzichtbar erschienen, wenn sie über außenwirtschaftliche Beziehungen verfügten, deren Störung den wirtschaftlichen Wiederaufbau Deutschlands gefährdet hätte. Die Hirschlands, die seit langen Jahren persönlich haftende Garanten für ausländische Industriekredite waren, hätte man nicht mit Gewalt und Einschüchterungen aus ihrer Bank vertreiben können, ohne die bestehenden Kreditverpflichtungen zu gefährden. Die fünf großen Privatbanken, zu denen Simon Hirschland gehörte, deckten zwischen 1933 und 1935 ein Siebtel aller Importkredite für die deutsche Wirtschaft ab.[179] Das Reichswirtschaftsministerium und die Reichsbank warnten die antisemitischen Scharfmacher nachdrücklich davor, den wirtschaftlichen Aufschwung, der Ende 1933 einsetzte, durch unbedachte Aktionen zu stören. Eine unterschiedliche Behandlung von jüdischen und nichtjüdischen Firmen erklärte das Wirtschaftsministerium für undurchführbar und schädlich und verwies auf eine Absprache mit Propagandaminister Goebbels, „daß keine Veranlassung besteht, gegen eine [jüdische] Firma vorzugehen, solange ihre Inhaber nicht gegen gesetzliche Vorschriften oder gegen die Grundsätze der kaufmännischen Ehre verstossen“.[180] Deshalb blieben die jüdischen Privatbankiers im Unterschied zu jüdischen Geschäftsinhabern von Boykottaktionen und diskriminierenden Maßnahmen weitgehend ausgenommen. Verhaltene Hoffnung, dass es zu einer Normalisierung im Hitlerreich kommen könne, machten auch die persönlichen Kontakte zu Hjalmar Schacht, den Kurt Hirschland aus dem Zentralausschuss der Reichsbank kannte. Der parteilose Schacht – ab März 1933 als Reichsbankpräsident und ab Juli 1934 auch als Wirtschaftsminister – versuchte die vor allem für die Devisenbeschaffung und für die Aufrechterhaltung der Auslandskontakte wichtigen Privatbanken zu „schützen“ und galt bei den Bankiers als „Mann vom Fach“, dessen Expertise von Hitler respektiert wurde. In persönlichen Gesprächen ermutigte er jüdische Bankiers durchzuhalten. Beruhigend wirkte auch, dass die Bank bis Ende 1937 im Reichsanleihekonsortium vertreten blieb, das die Anleihen der Reichsregierung vermittelte. Für Industrieunternehmen konnte dies als Rechtfertigung dienen, warum sie weiter mit einer jüdischen Bank zusammenarbeiteten. Auch der Zugang zur Börse war bis 1938 möglich.

Dennoch – das über Generationen gewachsene Selbstbewusstsein der Hirschlands als Deutsche und als Juden wurde immer brüchiger. Ihr in der Vergangenheit hoch geschätztes kommunalpolitisches Engagement, die Verdienste um die Förderung von Bildung und Schule, das großzügige Mäzenatentum, die zahlreichen Stiftungen, die außergewöhnliche Förderung des Museums Folkwang, alles, was in der Vergangenheit mit überschwänglichen Lobreden bedacht wurde, galt jetzt nichts mehr und wurde mit Füßen getreten.

Mit dem Tod von Henriette Hirschland 1935 ging ein entscheidender Vorbehalt dahin, Essen zu verlassen. Der 84-jährigen Matriarchin mochten die Kinder die Ausreise nicht zumuten. In seinen Erinnerungen hinterließ ihr Schwiegersohn Ernst Grünebaum einen liebevollen Nachruf:

> „Ende Mai erkrankte unsere liebe Mutter. Ihre geschwächte Konstitution konnte den Angriffen der Krankheit nicht standhalten, sie starb am 30. Mai im Alter von 84 Jahren. Sie wurde von

der ganzen Familie betrauert, von denen, die nur entfernt mit ihr verwandt waren, wie von denen, die ihr am nächsten standen und auch von allen, die in irgendeiner Weise das Glück hatten, mit dieser klugen, freundlichen Frau in Kontakt zu kommen. Lediglich die Frankfurter Zeitung nahm in ihrem redaktionellen Teil Kenntnis vom Ableben ‚der Seniorchefin des bekannten Bankhauses Simon Hirschland'. Zu dieser Zeit akzeptierten die Zeitungen keine Nachrufe auf Juden. Die Beerdigung verlief sehr bescheiden, wie es sich diese bescheidene Frau gewünscht hätte. Wie hatten sich die Dinge seit dem Tod ihres Mannes verändert! Ihr Nachlass wurde unter den Kindern mit der gleichen Friedfertigkeit und Rücksichtnahme aufgeteilt, die die Familie Grünebaum an den Tag gelegt hatte. Der Tod unserer Mutter hinterließ eine Lücke in den Reihen der Familie, die nicht geschlossen werden konnte, aber nach einem langen und erfüllten Leben blieben ihr wenigstens die Übel erspart, die es in Deutschland noch gab – die antijüdischen Gesetze, der 9. November und vor allem das Ende der Bank, mit der sie bis zu ihrem Lebensende eng verbunden war."[181]

Henriettes Tod trug sicherlich dazu bei, dass die Teilhaber die Frage diskutierten, wie die Handlungsfähigkeit der Bank gesichert werden könne. Zum Essener Filialleiter der Deutschen Bank, Gotthard von Falkenhausen, den sich die Hirschlands als „arischen" Teilhaber vorstellen konnten, bestanden freundschaftliche Beziehungen. Es begannen Sondierungsgespräche. Georg Hirschland hatte mit dieser Großbank erfolgreich die Zechengesellschaft Ewald und König Ludwig saniert und seine Gesprächspartner kannten die starke Position Simon Hirschlands in der Ruhrindustrie und im internationalen Geschäft. Der spätere Chef der Deutschen Bank, Hermann Josef Abs, berichtete, ihm sei 1935 angeboten worden, das Bankhaus zu übernehmen.[182] Eine Einigung konnte in den Gesprächen 1935 allerdings nicht erzielt werden.

Zeitweilig überlegten die Inhaber des Bankhauses, ob es möglich sei, die Bank vom Ausland aus über ihre Beteiligung an der Amsterdamsche Crediet Maatschappij (ACM) weiterzuführen. Diese 1920 eröffnete Tochterbank in Amsterdam war nach niederländischem Recht gegründet und deshalb formal ein niederländisches Institut. Wie zahlreiche andere deutsche Banken hatten die Hirschlands nach dem Weltkrieg einen dauerhaften Stützpunkt im neutralen Ausland gesucht, um auf dem internationalen Parkett agieren zu können, als die heimischen Standorte unter zahlreichen Beschränkungen der Nachkriegszeit litten. Nach 1933 wurden die Niederlande ein nahes und relativ vertrautes Ziel für viele deutsche Juden. In vielerlei Hinsicht war der Finanzplatz Amsterdam günstig, um von hier den immer komplizierter werdenden Transfer jüdischen Vermögens ins sichere Ausland zu organisieren. Jüdische Angestellte aus Essen, wie der Prokurist Reinisch, gingen nach Amsterdam. Sie waren dort als „Devisenberater" tätig, erläuterten die steuerlichen Abschöpfungsstrategien der deutschen Finanzbehörden und suchten nach bestmöglichen Wegen des Vermögenstransfers für ihre Kunden.

Dazu schrieb Erich Grünebaum an den Bankier Walter Cahn in Buenos Aires:

„Wir sind ja, leider durch die Zeit bedingt, oft genötigt, unsere Freunde und Kunden bei ihrer Auswanderung zu beraten. Bei dem niedrigen Kurs der Sperrmark[183] sind natürlich andere Transfermöglichkeiten sehr gesucht, von denen es ja, jedenfalls wenn man sich auf die seriösen beschränkt, nur sehr wenige gibt. Ich mache darauf aufmerksam, wir betreiben das nicht geschäftsmäßig, sondern lediglich dann, wenn die Anfragen seitens der Kunden an uns gelangen. Eine der wenigen Möglichkeiten, die es nach den derzeitigen Bestimmungen noch gibt, ist der Häuserkauf oder Häusertausch und bei der erheblichen Kolonie von Deutschen, die es

> in Südamerika gibt, begegnen einem häufig Rückwanderer, die bereit sind, ihren Immobilienbesitz [...] zu tauschen oder zu verkaufen. Dass dabei bei dem derzeitigen Sperrmarktkurs ganz nette Überpreise erzielt werden, ist Ihnen sicher bekannt."[184]

Allerdings funktionierte der Häusertausch, für den Erich Grünebaum auch in New York Partner suchte, nur selten, da die Wertermittlung der Objekte für beide Seiten zu wenig transparent war und hohe Nebenkosten das Geschäft belasteten.

Für die Hirschlands erwies sich in dieser Situation die Beteiligung an der ACM-Bank als ein Segen. 1934 konnten sie einen Teil ihres Vermögens sichern, indem sie ihren Anteil an der ACM deutlich erhöhten. Mit der Radikalisierung der Vertreibungspolitik und dem aggressiven Expansionskurs des Regimes erkannten sie aber immer deutlicher, dass es in unmittelbarer Nachbarschaft zur deutschen Grenze zunehmend gefährlicher wurde. Amsterdam war 1936 zeitweise der neue Wohnsitz von Harrie und Kurt Hirschland. Auch fanden hier die monatelangen Verhandlungen mit NS-Behörden um die Ausreisebedingungen der Hirschlands statt.

1935, im Jahr der „Nürnberger Gesetze", spürten die Hirschlands den wachsenden Druck des Regimes, die Wirtschaft zu „entjuden". Reichswirtschaftsminister Schacht, der sich bis dahin für den Erhalt der großen jüdischen Privatbanken eingesetzt hatte, verlor an Einfluss, als er Bedenken gegen die Autarkie- und Aufrüstungspläne Hitlers und Görings äußerte. Damit wurden Aktionen des Essener Gauleiters Terboven gegen die Simon-Hirschland-Bank möglich. Ein Vorzeichen der kommenden Angriffe war die Hetze des antisemitischen Blattes *Der Stürmer*. Im August 1935 erschien eine 16-seitige Sondernummer über „Albert Hirschland – Der Rasseschänder von Magdeburg", die in zwei Millionen Exemplaren reichsweit verteilt wurde. Albert Hirschland, Direktor einer Handelsschule, war wegen einer Vielzahl von „Sittlichkeitsverbrechen" angeklagt, begangen an „arischen" Schülerinnen der von ihm geleiteten Schule. In einer groß angelegten Kampagne wurde der Artikel öffentlich plakatiert. Absichtsvoll erschien die Geschichte einen Monat vor den „Nürnberger Gesetzen", die u. a. „Rassenschande" als Delikt ins Strafgesetzbuch einführten. Mit Albert Hirschland waren die Essener Hirschlands nur sehr weitläufig verwandt und es ist fraglich, ob der „Stürmer" bewusst die Inhaber des Bankhauses treffen wollte. Als Begleitumstand war dies sicherlich willkommen. Jedenfalls wurde der „gute Namen" der Familie in den Dreck gezogen. 1937, als der Leserbrief des Pflegers Strupler im *Stürmer* erschien, sah Georg Hirschland die Gefahr, dass sich daraus eine ähnliche Diffamierungskampagne gegen ihn entwickeln könnte. Die *Essener Nationalzeitung*, deren Herausgeber mit Gauleiter Terboven bestens verbunden war, zeigte reges Interesse, die Strupler-Geschichte groß aufzumachen. Die Wirkung solcher Angriffe und anhaltende Behinderungen der Geschäftstätigkeit des Bankhauses ließen zahlreiche Geschäftsverbindungen abreißen.

> „Neugeschäfte kamen nun überhaupt nicht mehr zustande, und die ‚arischen' Verbindungen befanden sich in einem Zustand der Abwicklung; Unternehmen lösten ihre Verbindungen zu jüdischen Banken oder hielten sie nur noch nominell aufrecht. Hatten sich zu Beginn des ‚Dritten Reiches' noch viele Geschäftspartner den nationalsozialistischen Einflüssen widersetzt und ihre Bankverbindungen beibehalten, so gaben früher oder später alle Firmen diese Kontakte auf. ‚Die Propaganda, die an schlechte Instinkte appellierte, verbunden mit Terror, war von unheimlichem Erfolg.'"[185]

Die Gestapo erstellte 1937 einen mehrseitigen Bericht über das Bankhaus Simon Hirschland, der mit der Formulierung begann, das Bankhaus sei der „Mittelpunkt der jüdischen Finanzherrschaft im Ruhrgebiet", über den „die Industriellen alle größeren Finanztransaktionen" leiteten. Behauptet wurde, eine plötzliche Überprüfung der Bank durch die Deutschen Treuhand habe „geschickte Manipulation" aufgedeckt, durch die Hirschland unrechtmäßig Rückvergütungen des Rheinisch-Westfälischen Kohlen-Syndikats erhalten habe. Mit solchen dunklen Finanzoperationen sei Simon Hirschland nach dem Ewald-Debakel vor dem Bankrott gerettet worden. Abstrus und abenteuerlich klingen im Bericht die Ermittlungsergebnisse über Dr. Luther. Er sei früher Privatsekretär Georg Hirschlands gewesen, letzterer habe seine Ernennung erst zum Oberbürgermeister Essens veranlasst und „war später auch die Triebfeder zu seiner Bestellung zum Reichskanzler", danach „erschien Dr. Georg Hirschland mit Dr. Luther in Berlin und verlangte von dem damaligen Reichskanzler Müller die Ernennung Dr. Luthers zum Reichsbankpräsidenten".

Es scheint so, als sei der Berichterstatter der Gestapo vollkommen in den Rausch selbst fabrizierter Verschwörungstheorien geraten, wenn er weiter schreibt, Dr. Luther sei „nach heftigem Sträuben" Botschafter in Amerika geworden, „wo ein Bruder des Hirschland, James H., Präsident der General-Electric-Comp. ist, welche die deutschen Firmen AEG und Bergmann kontrolliert". Zum Kreis der von Hirschland kontrollierten Großindustriellen zählte der Bericht auch Gustav Krupp von Bohlen und Halbach, „der bei Hirschlands ein- und ausgeht, und der seinen Sohn Claus als Volontär in das Bankhaus Hirschland eintreten ließ".[186] Letzteres traf sogar zu. „Daraufhin hat der ‚Stürmer' einen derartigen Wirbel darum gemacht, dass es Krupp dann doch richtiger fand, seinen Sohn zu Delbrück-Schickler zu geben."[187] Ob dieser „firmengeschichtliche Überblick" mit seiner bunten Mischung von zutreffenden Details, Halbwahrheiten und völlig unglaubwürdigen Spekulationen jemals an die lokalen Entscheidungsträger der NSDAP, den Gauleiter Terboven und den Gauwirtschaftsberater Hofmann weitergegeben wurde, ist offen. Er belegt allerdings, dass es 1937 den erkennbaren Willen gab, die Tätigkeit des Bankhauses zu beenden.

Die Familie Hirschland wollte in dieser Situation den unabwendbar scheinenden Gang der Dinge selbst steuern, um die Bank in irgendeiner Form als unabhängiges Institut zu erhalten. Dabei hoffte sie, nach dem Untergang der Nationalsozialisten die Bank wieder übernehmen zu können. Der Kontakt zu Gotthard von Falkenhausen, dem Direktor der Deutschen Bank in Essen, wurde wieder aufgenommen. Neben der Deutschen Bank traten weitere Bewerber auf, die an den exzellenten Geschäftsverbindungen des Bankhauses zu den Großunternehmen des Ruhrgebiets interessiert waren. Nach der Deutschen Bank war die Essener Nationalbank der aussichtsreichste Kandidat, die eine enge Bindung zur NSDAP unterhielt und als Hausbank des Essener Gauleiters Josef Terboven galt, einem „verhinderten Bankangestellten" und „Alten Kämpfer", wie Joachim Scholtyseck schreibt. Terboven hatte ein reges Interesse, neue Geschäftsfelder für die Nationalbank zu erschließen und Kontrolle über den Bankenplatz Essen zu gewinnen. Dagegen stellten sich die Reichsbank und der Reichskommissar für das Kreditwesen,[188] die ein Vordringen der Essener Gauleitung in das Banksystem ablehnten und das Fortbestehen einer Privatbank in „arischer Hand" befürworteten. Sie wiesen das Übernahmeersuchen der Nationalbank mit dem Argument ab, dass diese „damit ihren ‚Mittelstandscharakter' verlieren würde".[189] Auch sei die Kapitalbasis der Nationalbank zu gering, um die wesentlich größere Hirschlandbank zu übernehmen.

Bei der Suche nach einer Nachfolgebank bestand ein besonderes Hindernis darin, dass die Simon-Hirschland-Bank für sogenannte Stillhaltekredite von 30 Millionen RM garantierte, für die die Teilhaber persönlich hafteten.[190] Bei einer Auswanderung wäre diese Haftung nicht erloschen und hätte einen geschäftlichen Neuanfang unmöglich gemacht. Deshalb war es für die Familie Hirschland entscheidend, mit den ausländischen Gläubigerbanken eine Vereinbarung zu erwirken, die sie aus den Verpflichtungen entlassen würde, und die im Gegenzug von der Deutschen Bank und zum kleineren Teil vom neu zu gründenden Bankhaus Burkhardt & Co. übernommen werden würden.

Georg Hirschland und Gotthard von Falkenhausen reisten nach London und erreichten diese Vereinbarung, der sich die anderen Banken in den USA und der Schweiz anschlossen. Von Falkenhausen entwickelte einen Überleitungsplan, der das neue Bankhaus Burkhardt & Co. als Kommanditgesellschaft vorsah, die von ihm selbst und Partner Otto Burkhardt geleitet werden sollte. Dominierender Gesellschafter mit einer Einlage von 2,5 Millionen RM sollte die Deutsche Bank werden. Als Zugeständnis an die Gauleitung räumte man der Nationalbank eine Beteiligung von einer Millionen RM ein. Diesen Überleitungsplan wollte Gauleiter Terboven unbedingt verhindern und forderte die völlige Liquidation der Simon-Hirschland-Bank. Da dies zur sofortigen Kündigung der Auslandskredite in Höhe von 30 Millionen RM in Devisen geführt hätte, entschied sich die Bankenaufsicht „aus volkswirtschaftlichem Interesse" für die Überleitung auf Burkhardt & Co., die am 5. Oktober 1938 vollzogen wurde.[191] Nach fast einhundert Jahren endete an diesem Tag die Geschichte des Bankhauses Simon Hirschland. Dass die Bank nicht liquidiert, sondern *arisiert* wurde und unter neuem Namen fortbestand, ermöglichte es, dass die Hirschlands 1949 ein Drittel des Kapitals der Burkhardt-Bank übernehmen konnten. Das mündliche Versprechen der neuen Inhaber, die Familie bei Änderung der Verhältnisse in das Bankhaus zurückkehren zu lassen, wurde eingehalten.[192]

Die Essener Gauleitung, die sich mit ihrer Liquidierungsforderung nicht hatte durchsetzen können, hatte in allen „Arisierungsfällen" ein Mitwirkungsrecht und bemühte sich intensiv, den Kaufpreis und die Vertragsbedingungen zu Ungunsten der Hirschlands zu verschlechtern. Der Kaufvertrag enthielt zahlreiche Unterbewertungen und brachte der Familie erhebliche Verluste. Für den Grundbesitz des Bankhauses etwa galten die niedrigen Einheitswerte, die Hamburger Filiale wurde aufgelöst, die „nichtarischen" Angestellten wurden nicht übernommen und mussten privat durch die Hirschlands abgefunden werden.[193] Besonders fiel ins Gewicht, dass der ideelle Wert der Firma, ihr guter Name, die Tradition, ihre internationalen Verbindungen und die hervorragenden Beziehungen zur rheinisch-westfälischen Industrie überhaupt nicht in Rechnung gestellt wurden. Immerhin konnten die Hirschlands ihre ausländischen Beteiligungen in den Niederlanden, Belgien, Großbritannien und in den USA weitgehend retten. Das innerdeutsche Vermögen aus dem Verkauf der Bank blieb bis 1942 auf einem Auswanderersperrkonto des Bankhauses Burkhardt & Co. und wurde 1942 nach ihrer Ausbürgerung vom Reich eingezogen.

Auf die Anzeige der Übergabe des Bankgeschäftes an Burkhardt & Co. reagierte die Firma Zander & Co. mit einem Schreiben an Georg Hirschland und dankte für das langjährige Vertrauen, „das Sie und bereits Ihr Herr Vater unserer Firma erwiesen haben". Berührt von dieser Solidaritätsbekundung antwortete Georg, er sei mit der gefundenen Lösung unter den gegebenen Umständen zufrieden und er habe Vertrauen zu den neuen Inhabern. „Wie schwer es uns gefallen ist, die uns anvertraute Aufgabe verlassen zu sollen, wissen Sie. Umsomehr erfüllt es uns mit einer gewissen Befriedigung, daß wir sie [die Bank, N. F.] in tüchtige und willkommene Hände haben überführen können."[194]

Über „Arisierungen" schreiben Joachim Scholtyseck und Patrick Bormann, dass sie „das gesamte Verhaltensspektrum von blanker Raffgier über opportunistische Aneignungsbereitschaft bis zur kaufmännischen Seriosität und menschlichem Anstand" zeigen.[195] Mit der Deutschen Bank und insbesondere mit Gotthard von Falkenhausen trafen die Hirschlands auf Verhandlungspartner, die eine faire Lösung wollten. Noch im Krieg bewies von Falkenhausen Charakter und Gewissen. Er beteiligte sich an den Planungen für ein neues Deutschland nach Hitler in der Widerstandsgruppe des Kreisauer Kreises und wurde nach dem 20. Juli 1944 verhaftet. Aus Mangel an Beweisen wurde er im Januar 1945 freigelassen.

Simon Hirschland Essen, den 4. Oktober 1938

Hierdurch beehre ich mich Ihnen mitzuteilen, dass ich die laufenden Geschäfte meines Essener Hauses auf die zu diesem Zweck gegründete Kommanditgesellschaft in Firma Burkhard und Co. übertragen habe. Persönlich haftende Gesellschafter dieses Bankhauses sind die Herren Otto Burkhardt und Dr. jur. Gotthard Freiherr von Falkenhausen. Als Kommandantisten sind maßgebende Bank- und Industriefirmen beteiligt.

Die Personen und die Stellung der persönlich haftenden Gesellschafter wie die kapitalmäßige Grundlage bieten die Gewähr für sachkundige Führung der Geschäfte auf der von mir gepflegten Grundlage gegenseitigen Vertrauens.

Meine bewährten Mitarbeiter werden zum größten Teil in ihrer bisherigen Stellung bei dem Bankhaus Burkhardt & Co. verbleiben. Sie werden auch in Zukunft bemüht sein, mit größter Sorgfalt und Genauigkeit alle Aufträge der Geschäftsfreunde zu erledigen.

Ich darf daher mit Ihrem Einverständnis rechnen, daß Ihr Konto und Depot auf das Bankhaus Burkhardt & Co. übergehen.

Simon Hirschland

Abb. 57: Transkription des Abschiedsschreibens an die Kundschaft der Simon-Hirschland-Bank.

12

„ES IST ZEIT, UNS SELBST ZU RETTEN" – DIE AUSSERGEWÖHNLICHE FLUCHT DER HIRSCHLANDS

„Das Ende kam im März 1938. Dann sagten uns die Leute in Berlin, dass es besser für uns wäre, uns selbst zu retten. Bis zum Einmarsch in Österreich hatten die Senior Partner immer geglaubt, dass die Firma, die in den 100 Jahren ihrer Existenz so viele Krisen überlebt hatte, auch Hitler überleben würde. Das war das Gegenteil von dem, was mein Bruder und ich von Anfang an geglaubt hatten. Wir glaubten, dass wir raus müssten, wir wollten etwas im Ausland anfangen. Als Hitler in Österreich einmarschierte und die Welt sich nicht rührte, kamen auch die Senior Partner zu dem Schluss, dass falls Hitler 500.000 Juden in Deutschland ermorden wollte, niemand einen Finger rühren würde, um ihnen zu helfen, so dass es besser wäre, sich davon zu machen. Dann begannen wir mit den Verhandlungen. Es dauerte 6 Monate eine Lösung zu finden, die machbar war."[196]

So antwortete Erich Grünebaum in einem Interview des Jahres 1972 auf die Frage, wann der Entschluss zur Ausreise gefasst wurde.

Der „Anschluss" konfrontierte die 191 000 Juden Österreichs, von denen 90 Prozent in Wien lebten, ruckartig mit einer Lawine antijüdischer Maßnahmen und einem bis dahin in Ausmaß und Brutalität nicht gekannten Terror. Sofort setzte eine Massenflucht ein. Diese Entwicklungen und die weitgehend ergebnislose Flüchtlingskonferenz in Évian gaben den letzten Anstoß für das Umdenken Georgs, der lange außerstande war, seine Bindungen nach Deutschland zu lösen. Vermutlich war es der bestens informierte Berliner Rechtsanwalt Dr. Fritz Fenthol, der die Hirschlands warnte. Sie begannen ihre Flucht mit höchster Dringlichkeit zu organisieren.

In jüdischen Bankiersfamilien hatte der Berliner Wirtschaftsanwalt Dr. Fritz Fenthol den Ruf, sich in allen rechtlichen Fragen der Auswanderung und des Vermögenstransfers bestens auszukennen und dank hervorragender Beziehungen in der Lage zu sein, dafür zu sorgen, dass seine Klienten mit einem größeren Teil ihres Vermögens Deutschland verlassen können. Wahrscheinlich erhielt Georg Hirschland von den befreundeten Warburgs den Rat, sich ebenfalls an Fenthol zu wenden, der als genialer Vermittler alle Hindernisse gegen ein allerdings beträchtliches Honorar überwinden könne. Die Hirschlands und Grünebaums nahmen diese Empfehlung an und bestimmten Dr. Fritz Fenthol zu ihrem Verhandlungsführer. Vor dem Essener Notar Hillebrand bevollmächtigten sie Fenthol und ihren langjährigen Prokuristen Heinrich Schumacher, sie ohne jede Ausnahme in allen Rechtsgeschäften und Rechtshandlungen vor Gerichten, Behörden und Privatpersonen zu vertreten. Diese sehr weitgehenden Vollmachten waren nötig, damit bei der Überleitung der Bank keine Verzögerungen oder Schwierigkeiten entstanden, wenn sich sämtliche Inhaber im Ausland befanden. Wie bei den Warburgs wurde mit Fenthol eine Honorarvereinbarung getroffen, dass pauschal für alle Tätigkeiten, die die Bank, ihre Inhaber und deren Familien betreffen, 50 000 Dollar an Frau Emmy Fenthol in der Schweiz überwiesen werden; ein Honorar, das heute etwa eine Million Dollar ausmachen würde.[197]

Als junger Wirtschaftsanwalt in Berlin hatte Fenthol, selbst katholisch, Emmy Oppenheimer geheiratet; eine Heirat, von der manche Oppenheimer dachten, dass Fritz Fenthol dadurch Zugang zur jüdischen Bankierselite finden wollte. Als die deutschen Behörden von Fenthol verlangten, sich von seiner jüdischen Frau scheiden zu lassen, lehnte er ab und brachte seine Frau und seine beiden Kinder Dirk und Lily 1939 in die Schweiz. Gegenüber FBI-Vernehmern in Kuba äußerte Emmy, dass Fritz „viel Geld und viele wichtige Positionen verloren hat, weil er mit ihr verheiratet war, und dass sie ihm oft die Scheidung angeboten hat, aber er hat sie abgelehnt".[198] Auf der anderen Seite war Fenthol ein opportunistischer Insider und Profiteur des Regimes. Als privater Rechtsbeistand war er für ein wahres Sammelsurium von Industrieunternehmen und Banken tätig, darunter die IG Farben, das Kalisyndikat, die Reichsbank, die Deutsche Bank und viele andere. In seiner Berliner Kanzlei traf man ihn selten an. Ständig war er auf Reisen, sprach fließend Französisch, Italienisch und Englisch, war überall gefragt und höchst umtriebig – ein Mann von Welt, bestens informiert, immer mit äußerst wichtigen Verhandlungen betraut und an vielen „Arisierungen" beteiligt. Er verfügte zudem über erstklassige Verbindungen zu Regierungskreisen. So wurde ihm nachgesagt, er sei mit Hermann Göring befreundet. Über Fenthol, der die Ausreisebedingungen für die Direktoren und die jüdischen Mitarbeiter von Warburg & Co. ausgehandelt hatte, schreibt Ron Chernow: „Je nachdem, welchen Angehörigen des Hauses Warburg man fragt, wird Fenthol als mutiger Vermittler, der bedrohte Juden rettete, oder als Menschenhändler von niedriger Gesinnung hingestellt, der seinen Vorteil aus dem Elend anderer zog."[199]

Seine hochkomplexe Persönlichkeit ließ es zu, dass er sowohl Nationalsozialisten wie jüdischen Klienten ein geschätzter Berater war. Seine Kompetenz in allen Fragen jüdischen Vermögenstransfers und im Aushandeln von Ausreisebedingungen stand außer Frage. Von den Hirschlands wurde die dunkle Seite von Fritz Fenthol in keinem Schreiben bestätigt. Stets wird der Kontakt zu ihm als loyal und freundschaftlich beschrieben. In einem Interview mit dem Ehepaar Grünebaum, das 1985 in der Alten Synagoge Essen geführt wurde, erinnert sich Gabriele Grünebaum: „[Fenthol war] ein unglaublich feiner Mensch, der ungezählt [vielen] jüdischen Familien, auch meinem Bruder, meinen Eltern, geholfen hat."[200]

Nachdem seine Dienste für die Hirschlands einen vorläufigen Abschluss fanden, engagierte sich Fenthol in Südamerika. Im Juni 1941 behauptete der britische Geheimdienst, einen von den Nazis inszenierten Staatsstreich in Bolivien vereitelt zu haben, indem er einen Brief mit Putschplanungen eines deutschen Kuriers namens Fritz Fenthol abfing. Brief und Putschversuch stellten sich später als Fälschung heraus, doch Fenthol wurde wegen dieser Verdächtigung von April 1942 bis Mai 1945 in einem brasilianischen Konzentrationslager interniert. Es konnte nie bewiesen werden, dass Fenthol in geheimdienstliche Aktivitäten verwickelt war, auch wurde sein Name von der „Bad Nazi Fellows“ Liste gestrichen, aber vom Verdacht, dass er ein deutscher Agent war, konnte sich Fenthol letztlich nicht befreien. Nach 1945 ist Fenthol als Zeuge in den „Wiedergutmachungsverfahren“ der Hirschlands aufgetreten. Sein weiteres Leben hinterließ keine nennenswerten Spuren.

Mit Fritz Fenthol hatten die Hirschlands vereinbart, sich zusammenschließen, um in einer Paketlösung die Bedingungen ihrer erzwungenen Auswanderung mit den Nazi-Behörden auszuhandeln. Auch die deutschen Finanzbehörden, das Wirtschaftsministerium und die Gauleitung scheuten eine aufwendige, zeitintensive Einzelfallbearbeitung. Die Familie von Gustav Harff, der zu den Mitinhabern des Bankhauses gehörte, trat diesem Zusammenschluss bei. Auf dem Konto „Hirschland und Freunde“ bei der Burkhardt-Bank verschmolzen die Familien Dr. Georg Hirschland, Kurt Hirschland, Gustav Harff, Erich Otto Grünebaum, Kurt Hermann Grünebaum und die Eheleute Geheimrat Ernst Grünebaum und Agathe Hirschland ihre Vermögen. Dies betraf die Erlöse aus der „Arisierung“ der Simon-Hirschland-Bank, alle privaten Vermögenswerte der Familien einschließlich der Immobilien und Kunstwerke mit Ausnahme des Hausrates. Je nach individuellem Anteil sollte das ins Ausland transferierte Vermögen zu einem noch nicht bestimmten Zeitpunkt wieder aufgeteilt werden. Die Seniorinhaber Kurt und Georg Hirschland besaßen jeweils 40 Prozent, die Brüder Grünebaum Kurt und Erich jeweils 5 Prozent und Gustav Harff 10 Prozent an den verbliebenen Vermögenswerten ihrer früheren Bank.

Abb. 58: Als Kurt und Harrie Hirschland 1936 Essen verließen, schlossen sie ihr Anwesen ab. Vielleicht hatten sie die Hoffnung, dass sie noch einmal zurückkehren können. Sie nahmen den Schlüssel mit nach Amsterdam, schließlich in die USA und verwahrten ihn gut. Heute ist er im Besitz des Enkels Edward Hirschland, für den dieser Schlüssel ein wichtiges Erinnerungsstück an seine Vorfahren ist. Das Initial in der Schlüsselreide bezieht sich auf den Erstbesitzer der Villa Krawehl.

Am 4. Oktober waren die wichtigsten Vorbereitungen der Flucht abgeschlossen. Die Bank wurde zu diesem Datum an Burkhard & Co. übertragen. Am gleichen Tag wurden Rechtsanwalt Fenthol und der Prokurist Schumacher als Generalbevollmächtigte eingesetzt. Hanni Silbermann führte im alten Bankhaus mit wenigen Mitarbeitern die noch laufenden Geschäfte weiter, Georg betrat ein letztes Mal die Synagoge und die Hirschlands und Grünebaums verabschiedeten sich von Freunden. Nach 127 Jahren endete die Geschichte der Hirschlands in Essen. Über die Gefühle beim Abschied und die Sorge, was die Zukunft in den USA bringen würde, schweigen ihre Briefe. Die Eile des Aufbruchs und die tausend Dinge, die zu bedenken waren, überlagerten alles. Wenigstens war jetzt der quälende Zustand, „auf dem Sprung" zu leben, zu Ende. Der Schmerz über den Verlust der Heimat machte sicher erst bemerkbar, als sie wieder zur Ruhe kamen und ihnen bewusst wurde, dass die Anstrengungen ihres bisherigen Lebens durch eine durch nichts zu rechtfertigende Vertreibung zu erheblichen Teilen verloren waren.

Wie dringlich ihre Flucht war, zeigte der 5. Oktober 1938, als die Verordnung über Reisepässe von Juden in Kraft trat, mit der alle Reisepässe vorläufig für ungültig erklärt wurden. Erst mit dem Einstempeln eines roten „J" wurden diese wieder gültig. Juden waren damit bei einem Grenzübertritt sofort als solche identifizierbar und konnten je nach geltenden Einreisebestimmungen abgewiesen werden. Am gleichen Tag ließ Georg sich mit Frau Elsbeth und den beiden Kindern Heinz und Dorothee von seinem Chauffeur Schmitz mit kleinem Gepäck nach Amsterdam fahren, um hier am Sitz der Amsterdamsche Crediet Maatschappij abzusteigen. Die gewagte Ausreise glückte, denn die Grenzbeamten waren über die neue Passregelung noch nicht benachrichtigt, und die Hirschlands konnten in Amsterdam die weitere Ausreise in die USA vorbereiten. Hier trafen sie Bruder Kurt mit seiner Frau Harrie, die schon 1936 ihr Haus am Haumannplatz verlassen hatten.

In den USA schrieb Lutz Grünebaum am 10. Oktober 1938:

> „Kurt [Grünebaum] wird ja schon überrascht gewesen sein, wie ihn am Sonntag auf einmal die Nachricht erreichte, dass die ganze Familie – was ja etwas übertrieben ist – auf einmal heraus ist."

Handschriftlich ergänzte Lutz Grünebaum auf diesem Schreiben: „Erst nachdem ich diktiert hatte, höre ich von O[nkel] Franz, dass Erich noch nicht heraus ist."[202] Erich Grünebaum, der Frau und Kinder erst in Hamburg abholen musste, kam zu spät. An der Grenze wurden der Familie die Pässe abgenommen. Zurück in Hamburg erreichte Erich Grünebaum durch Intervention und Schmiergeldzahlung bei einem Staatsrat der Hansestadt, dass ihm die jetzt mit „J" gestempelten Pässe ausgehändigt wurden. Dazu erhielt er ein Schreiben der Geheimen Staatspolizei, dass seine Ausreise im deutschen Interesse liege.[203] An der Grenze war die Ausreise durch deutsche Grenzbeamte nun möglich, allerdings verweigerten jetzt die Niederländer die Einreise. Endlich gelang es den Grünebaums von Hamburg aus, zusammen mit Rechtsanwalt Dr. Fenthol nach England zu fliegen. Bei dem Zwischenstopp in Amsterdam konnten sie sich in einem Transitraum des Flughafens mit Georg und Elsbeth treffen und das weitere Vorgehen besprechen. Als Erich Grünebaum dann in London einen festen Wohnsitz nachweisen konnte, waren für ihn auch längere Besuche in Amsterdam kein Problem mehr.

Georg und Elsbeth Hirschland mit ihren beiden Kindern Heinz und Dorothee verließen Europa endgültig in Richtung New York, als sie im englischen Southampton an Bord der „Ile de France" gingen. Die Schiffspapiere nennen als Abreisedatum den 9. November 1938. Mit Schrecken werden sie an Bord des Luxusliners von den Ereignissen des Novemberpogroms erfahren haben. Dieser Tag machte jedem Juden in Deutschland klar, dass es nicht mehr allein um Ausgrenzung, wirtschaftliche Ausschaltung und Demütigung ging. Die existenzielle Vernichtung aller Juden kündigte sich an und die allermeisten versuchten alles, um Deutschland so schnell wie möglich zu verlassen. Zu diesen Hiobsmeldungen aus Deutschland stand der Luxus der kreuzfahrtähnlichen Reise nach Übersee in einem erschütternden Kontrast. Das Schiff war komplett im Stil des Art déco eingerichtet und bot jeglichen Komfort.

In die USA flüchteten insgesamt ca. 140 000 deutsche Juden, davon blieben 70 000 in New York, einer Stadt mit damals rund zwei Millionen jüdischen Einwohnern. Erst 1937 hatten die Zahlen deutlich zugenommen. Davor zogen Juden die europäischen Nachbarländer vor. Es war schwierig, an Dollar zu kommen, und die USA erschwerten mit peniblen Bestimmungen die Einwanderung, obwohl die großen amerikanisch-jüdischen Organisationen immer wieder zugunsten einer Liberalisierung der Einwanderungspolitik intervenierten. Präsident Franklin D. Roosevelt wusste, dass mit diesem Thema keine Wahlen zu gewinnen waren, zumal die Wirtschaftskrise in den USA noch anhielt und der belastete Arbeitsmarkt nicht aufnahmefähig schien. Chaim Weizmann, der Präsident der Zionistischen Weltorganisation formulierte treffend: „Den Juden gegenüber habe sich die Welt in zwei Gruppen geteilt – in solche Staaten, die ihre Juden loswerden wollen, und in solche, die sie nicht aufzunehmen bereit seien.“[204] Die Zahl der Visa für die USA war begrenzt, für Deutschland standen 1938 nur 27 370 Quotenvisa zur Verfügung – bei 300 000 Anträgen. Um überhaupt ein Visum erhalten zu können, wurde die Bürgschaft (Affidavit) eines amerikanischen Bürgers benötigt, der mit Eid zusicherte, für den Unterhalt der betreffenden Personen aufzukommen.

Für die Hirschlands war das Affidavit kein Problem, sie hatten genug eigenes vorzeigbares und transferierbares Vermögen; dennoch besaßen sie lediglich ein Besuchervisum und es dauerte viele Monate, bis dieser unsichere Status beendet werden konnte. Das Schreiben Georg Hirschlands an seine Geschäftspartner vom 31. März 1939 berichtet davon:

> „Liebe Partner: Die Frage meiner Einwanderung ist, wie Ihr Euch denken könnt, Gegenstand dauernder Prüfungen gewesen. Diese Prüfungen haben bisher ein positives Ergebnis nach keiner Richtung gezeigt. Dagegen sehen wir auf Grund gewisser gesetzlicher Bestimmungen der Vereinigten Staaten gewisse Möglichkeiten, dass ich, ohne einzuwandern, eine Aufenthalts- und Arbeitserlaubnis hier bekomme. [...] Es muss den Behörden hier bewiesen werden, dass ich für eine gewisse Arbeit zur Förderung des amerikanisch-deutschen Geschäfts auf Grund meiner Erfahrungen, Kenntnisse und Beziehungen ungewöhnlich geeignet bin.“[205]

13

DER DEAL UM DIE AUSREISE

Für Georg Hirschland war es eine Qual, in New York abseits zu stehen, als im Oktober in Amsterdam die entscheidenden Verhandlungen mit den Nazis begannen. Fern des Schauplatzes musste er mit einiger Nervosität zusehen, wie über seine wirtschaftliche Zukunft entschieden wurde. Seine per Schiff oder Telegramm aus New York eintreffenden Anweisungen zeigten den Grünebaum-Brüdern, dass man in New York keine realistische Vorstellung davon hatte, was in Amsterdam durchsetzbar war. Es ging hier um die Rettung möglichst großer Vermögensteile aus dem Verkauf der Bank, um die Auslandsvermögen der Hirschlands, um den Transfer des Hausrats wie der Kunstwerke und um Pässe und Ausreiseregelungen für die Inhaberfamilien. Die Anerkennung einer legalen Ausreise war dabei die Voraussetzung für die Mitnahme dieser Vermögenswerte.

Geführt wurden die Verhandlungen mit dem Vertreter des Reichswirtschaftsministeriums, Regierungsrat Werner Marwede, und dem Gauwirtschaftsberater Paul Hoffmann. Paul Hoffmann, ein zutiefst überzeugter Aktivist der NSDAP, war der verlängerte Arm des Essener Gauleiters Terboven. Beide sahen im Übergang der Simon-Hirschland-Bank in das neue Bankhaus Burkhardt & Co. eine Niederlage der Gauleitung, die sie nicht veranlasste, den Hirschlands entgegenzukommen. Gleichwohl behauptete Hoffmann nach Kriegsende, die Amsterdamer Verhandlungen seien „im Geiste absoluten gegenseitigen Vertrauens“[206] abgelaufen, ein Statement, das die Hirschland-Gruppe definitiv nicht geteilt hat. Was von der moralischen Qualität eines Paul Hoffmann zu halten war, zeigt sich in einer Bemerkung Erich Grünebaums: „Dann verlangte der Gauwirtschaftsberater plötzlich eines unserer Häuser plus eines Barbetrages für sich, und dergleichen mehr.“[207] Die Interessen der Hirschland-Inhaber wurden vertreten durch die Brüder Erich und Kurt Grünebaum und Gustav Harff sowie durch die Generalbevollmächtigten Dr. Fritz Fenthol und Heinrich Schumacher; zeitweise griff auch der Seniorchef Kurt Hirschland in diese Verhandlungen ein, die am 1. April 1939 mit einem Ergebnisprotokoll abgeschlossen wurden.

Erklärungsbedürftig ist heute, warum die nationalsozialistische Seite überhaupt bereit war, mit „abgewanderten“ jüdischen Privatbankiers auf niederländischem Boden Verhandlungen über Vermögenstransfers zu führen. Die einfache Antwort ist, dass es nicht anders ging, und dies galt für beide Seiten. Die Essener Gauleitung der NSDAP hatte ein starkes Interesse, die Immobilien der Hirschlands für Parteizwecke in Besitz zu nehmen und Gauleiter Terboven setzte alles daran, sich durch die geschlossene Überführung der herausragenden Bildersammlung Georg Hirschlands in das Essener Museum Folkwang ein Denkmal zu setzen; eine Gemäldesammlung, an der auch Göring und verschiedene Gauleiter Interesse hatten, zumal der 50. Geburtstag des „Führers“ bevorstand, für den man in der Villa Franzenshöhe passende Geschenke für die neue Reichskanzlei zu finden hoffte. Um Auseinandersetzungen innerhalb konkurrierender Interessenten an der „Beute“ zu vermeiden, waren zielführende Regelungen mit den Hirschlands sinnvoll. Zwangsläufig musste auch mit den Bankiers über ihre ausländischen Vermögensanlagen gesprochen werden, auf die das Deutsche Reich keinen Zugriff hatte. Wenigstens einen Teil des Auslandsguthabens, das betraf die Anteile an der Amsterdamer ACM Bank, an der belgischen Coba und der New Yorker Hanseatic Bank, wollten die Nazis für die devisenknappe Staatskasse erbeuten und sie waren deshalb bereit, im Kontext einer Gesamtvereinbarung im Gegenzug großzügige Regelungen für die Mitnahme des Hausrats und des sonstigen Kunstbesitzes zu vereinbaren.

Nicht zur Diskussion stand das gesamte Inlandsvermögen der Hirschland-Gruppe, also der Erlös aus der „Arisierung“ der Bank und andere inländische Finanzanlagen. Hier griffen alle Abschöpfungsstrategien, die das Regime bis 1939 entwickelt und in immer kürzeren Abständen verschärft hatte. Je später man auswanderte, desto höher wurden die Verluste. Die vier wichtigsten Instrumente der Ausplünderung waren Abschläge beim Devisentransfer, Abgaben an die Deutsche Golddiskontbank, kurz Dego, die Judenvermögensabgabe[208] und die Reichsfluchtsteuer[209]. Den Gesamtschaden der Familie konnte Georg Hirschland später nur schätzen, er lag im erheblichen zweistelligen Millionenbereich. Für transferiertes Geld, Umzugsgut und Kunstgegenstände waren seit Juni 1938 Abschläge in Höhe von 90 Prozent des Wertes an die Dego zu entrichten, die 1939 auf 96 Prozent stiegen. Wenn man im Frühjahr 1939 100 Reichsmark in eine ausländische Währung wechselte, strich das Deutsche Reich 96 Reichsmark davon ein und zahlte nur 4 Reichsmark in der fremden Währung aus.

Es ist schwer, sich heute ein genaues Bild zu machen, um welche Werte es bei den Hirschlands insgesamt ging. In einem Schreiben an die Geheime Staatspolizeistelle Düsseldorf vom 29. April 1941 teilte Fritz Fenthol mit: „Das Vermögen des Herrn Dr. Georg Hirschland betrug 4–5 Mill. RM, das Vermögen des Herrn Kurt Hirschland etwa genau soviel und das Vermögen des Herrn Harff etwa 2 Mill. RM. [...] Das Vermögen des Herrn Oberlandesgerichtsrats a. D. Ernst Grünebaum dagegen betrug rund RM 800 000.“[210]

Georg Hirschland schätzte in New York den Wert seines Hausrats auf 80 000 bis 90 000 RM, die Kunstwerke ohne die wertvollsten Bilder, die zurückgelassen werden mussten, auf 600 000 bis 700 000 RM.

Die Verhandlungen begannen noch im Sommer 1938 in Essen und wurden nach der Ausreise der Hirschlands am 5. Oktober 1938 in Amsterdam fortgesetzt. Im Kern ging es um die Frage, ob und in welchem Umfang der Besitz an ausländischen Wertpapieren gegen Abgabe von Reichsmark zugunsten der Deutschen Golddiskontbank für die Hirschland-Gruppe freigegeben werden würde.[211]

Durch eine Entscheidung des Reichswirtschaftsministeriums am 30. September 1938 wurde der Gruppe Hirschland der Transfer ihrer Aktien der AMC, der Coba und der New York Hanseatic Bank gestattet, wenn sie 400 000 holländische Gulden und 8 Millionen RM an die Deutsche Golddiskontbank abliefere. Motiviert war diese Entscheidung dadurch, dass die drei Aktienpakete an keiner Börse notiert und nur schwer verkäuflich waren; dafür musste die Hirschland-Gruppe große Teile des Restvermögens ersatzlos an die Dego abliefern. Am 4. Oktober 1938 erging ein Genehmigungsbescheid durch den Oberfinanzpräsidenten Düsseldorfs, dass die Aktien von der Ablieferungspflicht freigestellt und ausgeführt werden durften. Als nach dem Novemberpogrom die Judenvermögensabgabe als „Sühneleistung“ für die Ermordung Ernst vom Raths eingeführt wurde, konfrontierte man die Hirschland-Gruppe mit einer neuen Forderung von etwa 3 Millionen RM und zog die erteilte Genehmigung zurück. In Amsterdam und New York kochten die Hirschlands vor Wut. Die materiellen Schäden durch den Pogrom fasst Erich Grünebaum zusammen:

> „Zwischenzeitlich war bekannt geworden, dass erstens das Haus von Herrn Harff ziemlich verbrannt war, und dass von seinen Möbeln, selbst soweit sie teilweise noch vorhanden waren, nicht mehr viel zu gebrauchen war; zweitens eine Reihe von jüdischen Institutionen wie das Kinderheim und das Jugendheim, beide mehr oder weniger Hirschlandsche Stiftungen, wie auch die Synagoge verbrannt oder zerstört waren; drittens, dass eine Abgabe von allen jüdischen Vermögen in Höhe von mindestens 20 Prozent bis zum Gesamtbetrag von 1 Milliarde geleistet werden müsste, die auch unsere früher gemachten Abmachungen mit den deutschen Behörden umstoßen würde, unabhängig davon, dass die Ereignisse des 9./10. November sämtliche Inhaber zu neuen erheblichen Unterstützungsleistungen für Familienangehörige, die nicht in der Lage waren auszuwandern, verpflichteten. Das zerstörte Privateigentum musste zu Lasten der Besitzer wiederhergestellt werden, während die Versicherungsansprüche – soweit sie überhaupt gezahlt wurden – an das Finanzamt à conto der oben erwähnten 20-prozentigen Abgabe gingen. Wie sich erst im Laufe der folgenden Wochen herausstellte, war eine weitere Folge dieser Ereignisse, dass verschiedene Familienangehörige von sämtlichen Inhabern, die in Deutschland bleiben sollten, und die man in Mark ausgestattet hatte oder ausstatten wollte, oder die selbst noch etwas Vermögen besaßen, nunmehr entgegen dem ursprünglichen Plan zur Auswanderung gezwungen waren. Da sie meistens vollkommen mittellos an der Grenze ankamen, haben sich die in Devisen zu leistenden Unterstützungszahlungen sämtlicher Inhaber ins Ungeheure gesteigert.“[212]

An weiteren Verhandlungen mit den Nazi-Vertretern führte trotz dieser neuen Zumutungen und Verluste kein Weg vorbei. Die Hirschlands mussten sich in Amsterdam mit ihren Erpressern an einen Tisch setzen, um ihren in Deutschland verbliebenen Hausrat mit allen Kunstgegenständen zu retten. Eine illegale Ausreise hätte zu einer Ausbürgerung und dem Verlust aller in Deutschland verbliebenen Werte geführt. Auch die Sicherheit der dort befindlichen Familienangehörigen und der Repräsentanten im „Büro Hirschland“ mit Heinrich Schumacher und Frl. Silbermann wäre dramatisch in Gefahr geraten. Ein halbes Jahr zogen sich die Verhandlungen in Amsterdam hin, die immer wieder für längere Zeit unterbrochen wurden, weil Fritz Fenthol auf Weltreise ging und sich in New York ausführlich mit Georg Hirschland absprach; Erich Grünebaum reiste immer nur tageweise von London aus an, wenn Paul Hoffmann und Werner Marwede dort anwesend waren.

Zeit- und nervenraubend war für die Hirschlands die Frage, ob sie es nach den Verlusten durch den Novemberpogrom verhindern konnten, die vereinbarte Forderung von 40 000 Pfund vollständig erfüllen zu müssen. Das Geld lag auf einem Konto der englischen Bank Glyn, Mills & Co. Wegen der unsicheren Rechtslage und der sich zuspitzenden Kriegsgefahr wollte die Bank dieses Geld weder nach Essen noch an die Hirschland-Gruppe überweisen und hielt den Auszahlungsauftrag in der Schwebe. Zu Kriegsbeginn konnten die Hirschlands einen Teilbetrag von etwa 15 000 Pfund retten, der von den Engländern nicht als feindliches deutsches Eigentum betrachtet wurde. Allerdings verloren sie auf der anderen Seite noch offene Ansprüche auf freigegebene Dego-Zahlungen in Devisen.

Nach der Rückkehr von Fritz Fenthol fanden am 1. und 2. April 1939 die Schlussverhandlungen im Haus des Deutschen Generalkonsulates in Amsterdam statt. Anwesend waren Hoffmann und Marwede als Vertreter des Deutschen Reichs und die Bankiers Kurt Grünebaum und Gustav Harff sowie die Bevollmächtigten Fenthol und Schumacher.[213] Im Ergebnis waren Erstere zu einigen Konzessionen bereit: Das Umzugsgut der Familien mit Ausnahme der Bilder Georg Hirschlands wurde freigegeben, 21 gültige Auslandspässe für die Familie wurden zugesichert und die Hirschland-Gruppe durfte die Beteiligungen an der ACM, Coba und der New York Hanseatic Bank behalten. Das inländische Reichsmarkvermögen der Hirschlands konnte zum Erwerb der Krupp-Beteiligung an der ACM genutzt werden. Aus dem gesperrten Inlandsvermögen wurden Entschädigungen für ihre Angestellten in Essen und Hamburg entnommen. Der Preis für diese Konzessionen, die hier nur in ihren wichtigsten Positionen genannt sind, war die Zahlung von 40 000 Pfund, der entschädigungslose Verlust aller Immobilien in Essen und die Übergabe von 21 Spitzengemälden aus dem Besitz Georg Hirschlands, darunter drei Bilder von van Gogh und zwei von Cézanne. In der Niederschrift vom 1. April 1939 ist die zu diesem Datum bereits erfolgte Zahlung von 6,5 Millionen RM an die Dego nicht ausgewiesen, ebenso die Zahlung von 200 000 holl. Gulden.[214] Die Abwicklung des Deals sollte Zug um Zug erfolgen, denn den Hirschlands war klar, dass sie, wenn sie die Forderungen zu früh erfüllten, bei gleichzeitiger Konfiszierung ihrer deutschen Vermögenswerte sofort ausgebürgert würden. Letztlich wurde die Abmachung von beiden Seiten nicht vollständig vollzogen, weil die außenpolitische Lage und der Kriegsbeginn einwirkten. Schon der Anhang der Niederschrift vom 1. April 1939 erwähnt, dass die Liste der Bilder nicht die Originalliste war. Tatsächlich wurden Georg Hirschland 27 Gemälde geraubt.

In New York war der Seniorchef mit dem Verhandlungsergebnis, insbesondere in der Bilderfrage, wenig zufrieden und äußerte in einem Brief an Erich Grünebaum, dass er sich das Entgegenkommen der Hirschland-Seite in Amsterdam gegenüber der Nazi-Seite dadurch erkläre, dass sie Rücksicht auf ihre persönliche Sicherheit habe nehmen müssen, was zu Opfern bei den „Hauptkapitalträgern der Firma" geführt habe.[215] Verstimmt schrieb Erich seinem Onkel:

> „Wenn wir von der Bilderfrage mal zunächst absehen, waren wir alle hier übereinstimmend der Ansicht, dass es auch vom kaufmännischen Standpunkt aus eine Lösung war, wie wir sie unter den obwaltenden Umständen nicht besser erwarten konnten. Im Gegenteil, wir hatten nicht zu hoffen gewagt, dass ein derartiges Ergebnis zu erzielen gewesen sei. Dass in den Verhandlungen in Deinem Interesse wegen der Bilder das Möglichste versucht worden ist, dass aber in diesem Punkt keinerlei Konzessionen zu erlangen waren, wirst Du Dir selbst denken können. Es ist schon nicht so ganz einfach gewesen, Deine anderen Kunstsachen und Mappen herauszubekommen."[216]

Als in New York Franz Hirschland ebenfalls bestätigte, dass man einen so günstigen Abschluss nicht hätte erwarten dürfen, war Georg versöhnt und schrieb an die Partner in Amsterdam, er wisse, wie schwer es sei, in politisch turbulenten Zeiten ohne die Seniorinhaber die notwendigen Entscheidungen zu treffen. Er selbst sehe sich nicht in der Lage, auf Dauer für seinen Bruder Kurt die letzte Verantwortung zu tragen. Deshalb wünschte sich Georg, dass die Vermögensaufteilung so schnell wie möglich durchgeführt werde: „Wir müssen doch mal wieder zur Ruhe kommen." Zum Schicksal der ACM-Bank, an der die Hirschlands eine Majoritätsbeteiligung hatten, schrieb Georg, dass er einen Verkauf befürworte. Aufgrund des absehbaren Krieges schien ihm allenfalls ein stark reduziertes Engagement vertretbar.[217]

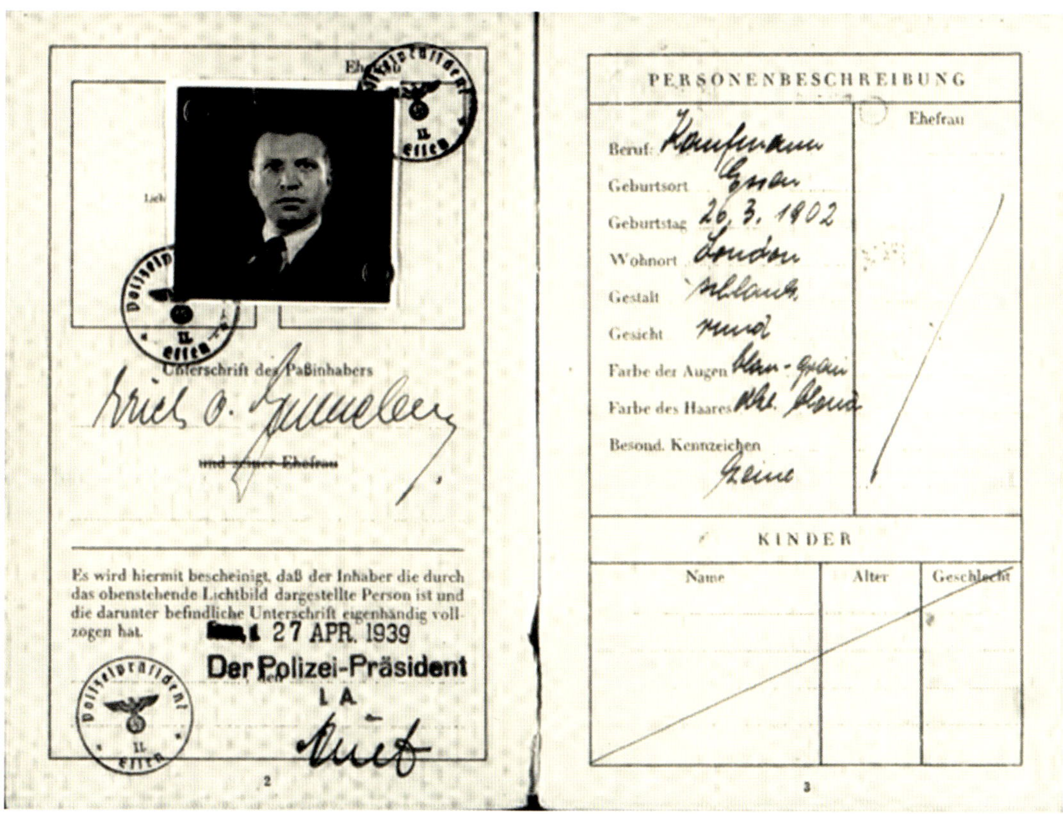

Unterschrift des Paßinhabers

Erich O. Grünebaum

~~und seiner Ehefrau~~

Es wird hiermit bescheinigt, daß der Inhaber die durch das obenstehende Lichtbild dargestellte Person ist und die darunter befindliche Unterschrift eigenhändig vollzogen hat.

27 APR. 1939

Der Polizei-Präsident

I A

2

PERSONENBESCHREIBUNG

		Ehefrau
Beruf:	Kaufmann	
Geburtsort	Essen	
Geburtstag	26. 3. 1902	
Wohnort	London	
Gestalt	schlank	
Gesicht	rund	
Farbe der Augen	blau-grau	
Farbe des Haares	dkl. blond	
Besond. Kennzeichen	keine	

KINDER

Name	Alter	Geschlecht

3

Abb. 59: In Amsterdam erhielt Erich Grünebaum diesen Pass ohne „Judenstempel" und den Namenszusatz „Israel".

Dieser Einschätzung schlossen sich die Partner an und veräußerten die Anteile an der ACM und der Coba, um die Aktienmehrheit an der New York Hanseatic Bank zu erwerben, die das neue wirtschaftliche Standbein der Hirschlands werden sollte. Wie verabredet stellte am 27. April 1939 der Essener Polizeipräsident für die Hirschland-Gruppe 21 Pässe aus, die nicht mit einem „J" gestempelt waren. Kurt berichtete seinem Onkel Georg aus Amsterdam:

> „Zwei weitere Tage später erschien dann Herr Oberinspektor Mann (nebst Frau) mit den notwendigen 21 Pässen. Diese waren zunächst nicht ganz richtig; Herr Mann sauste deshalb wieder zurück und kam mit neuen 21 Pässen wieder nach hier. Die Euch betreffenden Pässe werde ich der Sicherheit halber Lotte, die ja nächste Woche fährt, mitgeben. – Ihr müsst sie noch mit Eurem Namenszug versehen."[218]

Die Hirschlands erhielten in Amsterdam neue Pässe, die entgegen der Verordnung vom 5. Oktober 1938 nicht mit dem roten „Judenstempel" versehen waren, auch fehlte bei Erich O. Grünebaum der seit Januar 1939 verpflichtende Zusatzvorname „Israel".[219] Den souveränen Umgang mit geltenden Bestimmungen und Gesetzen zeigt auch die auf den 25. Oktober 1938 datierte Erklärung des Essener Polizeipräsidenten, in der Georg Hirschland und seiner Familie bescheinigt wurde, dass sie „jederzeit in das deutsche Reichsgebiet zurückkehren dürfen". In einem Begleitschreiben sicherte sich der Polizeipräsident mit dem Hinweis ab, dass es sich um eine „sehr wichtige Abmachung des Reiches handelt" und er „mit Rücksicht auf die hier vorliegenden außergewöhnlichen Umstände" amtiere.[220]

In der ersten Maiwoche 1939 kamen die Männer der Firma Berthold Jacobi aus Berlin, um das Um-

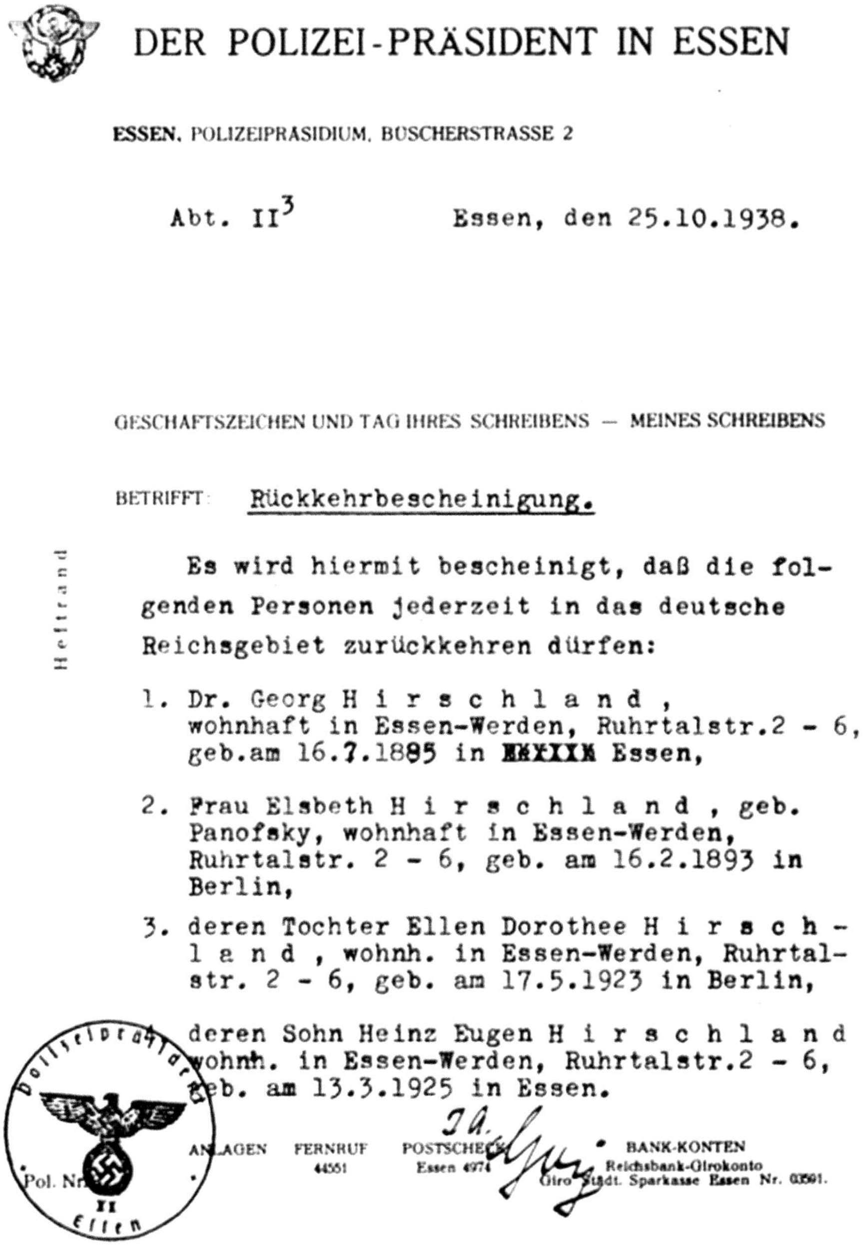

DER POLIZEI-PRÄSIDENT IN ESSEN

ESSEN, POLIZEIPRÄSIDIUM, BÜSCHERSTRASSE 2

Abt. II[3] Essen, den 25.10.1938.

GESCHÄFTSZEICHEN UND TAG IHRES SCHREIBENS — MEINES SCHREIBENS

BETRIFFT: Rückkehrbescheinigung.

Helftrand

Es wird hiermit bescheinigt, daß die folgenden Personen jederzeit in das deutsche Reichsgebiet zurückkehren dürfen:

1. Dr. Georg H i r s c h l a n d , wohnhaft in Essen-Werden, Ruhrtalstr.2 - 6, geb.am 16.7.1885 in XXXXXX Essen,

2. Frau Elsbeth H i r s c h l a n d , geb. Panofsky, wohnhaft in Essen-Werden, Ruhrtalstr. 2 - 6, geb. am 16.2.1893 in Berlin,

3. deren Tochter Ellen Dorothee H i r s c h - l a n d , wohnh. in Essen-Werden, Ruhrtalstr. 2 - 6, geb. am 17.5.1923 in Berlin,

4. deren Sohn Heinz Eugen H i r s c h l a n d wohnh. in Essen-Werden, Ruhrtalstr.2 - 6, geb. am 13.3.1925 in Essen.

I.A.

Polizeipräsident Pol. Nr. II Essen

ANLAGEN FERNRUF 44551 POSTSCHECK Essen 4974 BANK-KONTEN Reichsbank-Girokonto Giro Städt. Sparkasse Essen Nr. 03591.

Abb. 60: Außergewöhnlich ist diese „Rückkehrbescheinigung" für die Familie Georg Hirschland. Dem Institut für Zeitgeschichte München ist kein vergleichbares Schriftstück bekannt. Ob das Ausstellungsdatum richtig ist, scheint fraglich, da die Verhandlungen zu den Ausreisebedingungen in Amsterdam erst im Oktober 1938 begannen.

Abb. 61: Liftvans oder kurz „Lifts" wurden im NS-Jargon auch „Judenkisten" genannt. Die genormten Transportkisten hatten einen Rauminhalt von etwa achtzehn Kubikmetern und konnten ein Gewicht von drei Tonnen aufnehmen, auch große Möbelstücke ließen sich darin transportieren. Georgs Familie ließ acht Lifts in die USA bringen, Agathe und Ernst Grünebaum brachten ihren Hausrat in drei Lifts unter, die nach London gingen.

zugsgut in der Villa Franzenshöhe in Essen-Werden sachgerecht einzupacken. Schon im Oktober 1938 waren Inventarlisten von Zollbeamten angefertigt worden, die alle Besitztümer erfassten und auch den Wert jedes einzelnen Gegenstandes vermerkten. Insbesondere die zahlreichen Mappen mit wertvoller alter Grafik und zahlreichen Sammlungsstücken aller Epochen bereiteten den Kunstlaien Kopfzerbrechen und zogen falsche Beschreibungen und Bewertungen nach sich. Diese Listen waren für die Abgabe an die Dego und für die Transportversicherung unabdingbar. Die in London versicherten Werte betrugen 70 000 Gulden für Hausrat, 30 000 Gulden für antike Möbel und 470 000 für Kunstgegenstände, davon zur Hälfte Bilder.[221] Am Ende waren alle Gegenstände in acht Liftvans verpackt, um über Hamburg oder Bremen nach New York transportiert zu werden.

Am 14. Juni 1939 schrieb Georg seinem Neffen in London: „Lieber Erich: Es wird Dich interessieren zu hören, dass inzwischen meine acht Lifts hier angekommen sind. Geöffnet haben wir bisher nur vier und ich habe zu meinem großen Bedauern feststellen müssen, dass anscheinend von meinen Kunstsachen, Silber, Wein etc. einiges fehlt."[222]

Wie fast immer ging Erich Grünebaum geduldig der Sache nach, auch als Georg monierte, dass zwei Schreibmaschinen, 400 bis 500 Flaschen Wein und sämtliche Rauchwaren im Werte von ca. 600 RM nicht in New York auffindbar waren. Brieflich erinnerte Georg seine Partner an das Einpacken der fünf chinesischen Plastiken im Steingarten: zwei Löwen, zwei kleinere Frösche oder Masken und ein Körper ohne Kopf. Letztere fanden sich in den Lifts, Wein und Rauchwaren blieben aber verschwunden. Noch in einem „Wiedergutmachungsverfahren“ des Jahres 1966 spielten diese Verluste eine Rolle und man vermutete, dass die SA-Bewachung der Werdener Ortsgruppe, die ab Oktober 1938 die Villa Franzenshöhe „bewachte“, sich hier bedient hatte. Andere jüdische Flüchtlinge werden für Klagen dieser Art wohl wenig Verständnis gehabt haben. Seit Anfang 1939 mussten sie sämtliche Gold- und Silbergegenstände abliefern. Jede Familie durfte vier Suppenlöffel, vier Kaffeelöffel und vier Bestecke behalten, wertvolle Bilder oder Kunstgegenstände wurden als deutsches Kulturgut gekennzeichnet und beschlagnahmt.

Nach September 1939 durften außer zwei Handkoffern keine Sachwerte mitgenommen werden. In der Regel wurden jüdische Flüchtlinge des Jahres 1939 finanziell völlig ausgeplündert. In den beiden Häfen Hamburg und Bremen gab es 1939 eine für alle sichtbare Überfüllung durch die sogenannten Judenkisten, die nie auf ein Schiff verladen wurden, weil mit Kriegsbeginn die Verschiffung eingestellt wurde. Das Umzugsgut wurde gesichtet, in Listen verzeichnet und durch Gerichtsvollzieher öffentlich versteigert. Besonders wertvolle Lifts wurden über den Kunst- und Antiquitätenhandel auktioniert. Kunsthändler, Privatleute und Museen gingen hier auf Schnäppchenjagd und konnten sich ausrechnen, welches Schicksal die Vorbesitzer erlitten. In New York ahnte Georg Hirschland nicht, wie knapp er diesem finalen Raubzug der NS-Verwaltung entgangen war.

14

DER VAN GOGH HING IM MUSIKZIMMER – WIE DAS FOLKWANG MUSEUM EINE GEMÄLDESAMMLUNG VON WELTRANG VERLOR

Auf ihrer Website zur Familie Hirschland erzählt Victoria Hess-Hirschland, dass sie als Kind mit ihrer Mutter das Metropolitan Museum of Art in New York besuchte.

> „Ich war fasziniert, als sie mich, als wir die große Treppe zu den Gemäldegalerien im zweiten Stock hinaufgingen, darauf hinwies, dass die Namen meiner Großeltern in die Wände dieses Treppenhauses eingemeißelt waren. Ich habe nie erfahren, was sie dem Museum geschenkt haben, um eine solche Anerkennung zu verdienen, aber es muss eine große Summe gewesen sein, um in Stein gemeißelt zu werden."[223]

Die Datenbank des Metropolitan Museums nennt heute 102 Positionen, die von den verschiedenen Mitgliedern der Familie gestiftet wurden. Allein sechs Van-Gogh-Gemälde waren ursprünglich in ihrem Besitz, die im Laufe der Zeit gestiftet oder verkauft wurden. Nicht selten musste der Besitz aufgegeben werden, weil die Versicherung eines solchen Gemäldes einige zehntausend Dollar pro Jahr kostete und den Besitzer überforderte. Neben dem Metropolitan Museum profitierten das Museum of Modern Art (MoMA) und eine ganze Reihe weiterer amerikanischer Museen von generösen Schenkungen. Hätte die Geschichte nach 1933 einen anderen Verlauf genommen, dann könnte das Essener Museum Folkwang tatsächlich das schönste Museum der Welt sein.[224] Ihm sind zahlreiche absolute Spitzengemälde entgangen, die die Hirschlands dem Museum schon zugesagt hatten. Ihre Verdienste als

Sammler und Mäzene sind in der Stadt Essen dennoch bis heute präsent.

Essen war eine kulturelle Wüste. 1907 reiste der französische Schriftsteller Jules Huret durch Deutschland und beschrieb die Stadt als eine chaotische Industrieansiedlung mit rasant wachsender Bevölkerung: „Essen ist eine Stadt aus Backsteinhäusern, die von Rauch und Staub geschwärzt sind. Der Himmel ist stets schmutziggrau und drohend. Viel Regen. Steckt man die Nase zum Fenster hinaus, immer verfolgt einen der Kohlengeruch."[225] Essen war die Kruppstadt, in der bald 40 000 Beschäftigte in der größten Gussstahlfabrik der Welt arbeiteten, und die größte Bergbaustadt Europas.

Nur langsam vermochte die Stadt mit dem Eintritt ins 20. Jahrhundert auch kulturell aufzuholen. Dazu berufen waren die höchst erfolgreichen Unternehmer und Bankiers der Stadt, die bei einer erstaunlich geringen Steuerlast eine hohe Millionärsdichte aufwies. Der Essener Baudezernent Paul Brandi stellte zu seinem Missfallen fest, dass Krupp das neue Theater und Orchester nur mit 25 000 Mark im Jahr unterstützte, dabei hatte das Orchester die Verpflichtung, in den Krupp'schen Wohnsiedlungen unentgeltlich aufzuspielen. Andere Unternehmer waren nicht so knauserig. Die Witwe des Großindustriellen Grillo mit einem Jahreseinkommen von über 800 000 Mark hatte 1892 das Essener Theater gestiftet. Die Hirschlands standen als Mäzene in Essen in der ersten Reihe, die beispielgebend ihr rasch erarbeitetes Vermögen mit Sinn und Verstand für soziale und kulturelle Zwecke einsetzten. Das Spektrum ihrer Engagements war ausgesprochen weit. In der eigenen Bank zahlten sie überdurchschnittliche Gehälter und errichteten eine Ferienstiftung für ihre Angestellten. Wenn Angestellte in Not waren, wurde selbstverständlich und großzügig geholfen. Als die Tochter des Chauffeurs von Kurt an Tuberkulose erkrankte, finanzierten die Hirschlands eine halbjährige Behandlung in einem Schweizer Sanatorium. Die Mutter durfte mitreisen. Die patriarchalisch motivierten Zuwendungen gegenüber allen Angestellten waren sicher die wirksamste Möglichkeit, der Firma einen festen Stamm bestens qualifizierter Mitarbeiter zu garantieren, die oft über Jahrzehnte höchst loyal zu ihren Arbeitgebern standen. Auch dann, wenn es an die Substanz des privaten Vermögens ging, hielten die Hirschlands an dieser Loyalität zu den Angestellten fest. Im Krisenjahr 1923, während der Weltwirtschaftskrise und besonders in der Hilfe für ihre jüdischen Angestellten haben sie Außergewöhnliches geleistet.

Die Selbstverpflichtung zur massiven finanziellen Unterstützung der jüdischen Gemeinde in Essen wurde von einer zur anderen Generation der Hirschlands weitergegeben. Hier lag der Schwerpunkt ihres sozialen Engagements, hier nahmen sie eine exponierte Rolle ein, hier spielten sie die erste Geige. Die größten Projekte, die von den Hirschlands maßgeblich finanziert wurden, waren der Bau der Synagoge am Steeler Tor, das Kinderheim an der Peterstraße und das deutschlandweit beachtete Jugendheim an der Ruhrallee. Georgs Frau Elsbeth übernahm den Vorsitz im Vorstand für das jüdische Kinderheim in der Peterstraße und setzte damit die Tradition ihres Vaters Eugen Panofsky fort. Er war Inhaber der Berliner Bank Jacquier & Securius, dem das Schicksal besonders jener Kinder am Herzen lag, die damals von der Gesellschaft als „schwachsinnig" abgestempelt wurden. Als Schatzmeister stand er einem „Erziehungs- und Fürsorgeverein" vor, der allein in Berlin vier Kinderheime errichtete, in finanziellen Notlagen half und für die Kinder Ausbildungsstellen suchte. Er selbst übernahm die Vormundschaft für eine Problemfamilie. Offensichtlich ging es ihm nicht um das Renommee, das eine Stiftung einbringen konnte. Die rein jüdischen Stiftungen und Organisationen wie etwa der Centralverein richteten immer wieder – und verstärkt nach 1933 – dringende Spendenersuche an Georg Hirschland, die in der Regel mit größeren Summen bedacht wurden. Daneben gab es eine Vielzahl kultureller Einrichtungen, in denen die ethnisch-religiöse

Abb. 62: Blick auf Essen um 1880.

Zugehörigkeit derjenigen, die unterstützt wurden, ohne Bedeutung war. Dazu gehörten städtische Schulen und Vereine wie der Historische Verein.

Was veranlasste die Hirschlands als erfolgreiche Bankiers dazu, als Mäzene und Stifter zu wirken? Vordergründig ließe sich sagen, dass es in den Kreisen gerade der jüdischen Privatbankiers und Unternehmer eine übliche Praxis war, einen erheblichen Teil des Vermögens für Wohltätigkeit, Kunst und Wissenschaft zu stiften. James Simon galt im Kaiserreich als der bedeutendste Kunstmäzen, sein Name ist bis heute mit der Schenkung der Nofretete an das Ägyptische Museum in Berlin verbunden. Die Warburgs, Rothschilds und Mosses wirkten über Generationen als vorbildgebende Mäzene im Großbürgertum.

Die Hirschlands stehen hinter diesen großen Namen zurück. Ihr Mäzenatentum war auf die sehr überschaubare und „kulturlose" Stadt Essen beschränkt, und ihr Wirken erscheint weniger spektakulär. Sie verfügten nicht über „altes Geld" und wussten um die ärmlichen Anfänge Salomons als unterbezahlter Lehrer im Gemeindedienst, der als Metzger und Trödler dazuverdienen musste. Was die Familie zutiefst prägte, war die Erfahrung, dass es ihnen durch Bildung gelungen war, in die geachtete Essener Stadtelite aufzusteigen. Nicht Geld und Besitz, sondern kulturelles Kapital ermöglichte diesen Aufstieg. Ihre Kinder verinnerlichten die hohe Wertschätzung von Bildung und bürgerlicher Kultur, wenn ihnen das Beispiel von Onkel Moses, dem ersten akademischen Arzt Essens, oder von Simon und Levi, den beiden Bankiers, vor Augen gehalten wurde. Fleiß und Leistungsbereitschaft, aber eben auch Verantwortung für das Gemeinwohl und tiefes Interesse für die Kultur bestimmten die Erziehungsziele. Das uralte jüdische Prinzip, nach dem Wissen und Bildung das Überleben der Gemeinschaft sichern, bewies sich wieder in dieser Erfolgsgeschichte und erklärt, warum die Hirschlands besonderes Engagement für die Entwicklung des Essener Schulwesens zeigten. Schließlich war es für jeden „Newcomer", egal ob Jude oder Nichtjude, geboten, wenn er zur städtischen Honoratiorengesellschaft gehören wollte, seinen wirtschaftlichen Erfolg mit öffentlichem Ansehen zu verbinden. Durch Stiftungen, Spenden und die damit verbundene Präsenz in der Lokalzeitung gelang es, wirklich zur Gesellschaft dazuzugehören. Wenn sich eine Privatbank dieses Mäzenatentum leisten konnte, dann verdiente sie aus Sicht ihrer Kunden ihr Vertrauen.

Wenn man über jüdische Kunstsammler sprach, zitierte man gerne das Bonmot des Kunsthistorikers Max Friedländer: Kunstsammeln sei so ziemlich die einzig anständige und vom guten Geschmack erlaubte Art, Reichtum zu präsentieren. Für die Hirschlands galt dieser Satz nur bedingt. Sie teilten die Einstellung ihres Kollegen Georg Arnhold, dass der jüdische Bankier dem Eindruck entgegenarbeiten müsse, „als wäre er ein Mensch, der für nichts weiter als für den schnöden Mammon Interesse hat, und wenn es sich gar um ein jüdisches Bankhaus handelt, ist man ja in weiten Kreisen von vornherein solchen Anfeindungen ausgesetzt".[226] Als die Hirschlands 1922 mit einer Spende von über einer Million Reichsmark den Ankauf der Sammlung Osthaus für das neue Museum Folkwang unterstützten, spielte es sicher eine Rolle, dass in der Bank eine Zeit exorbitanter Gewinne begann. Der Ruch des Unseriösen und Zweifelhaften, der rasch erzielten Gewinnen in der Öffentlichkeit anhaftete, ließ sich vertreiben durch die außergewöhnlichen Zuwendungen für das künftige Essener Museum. Ohne Zweifel förderte dieses Engagement die Bindung der Bank an die Stadt und förderte Bekanntheit und Reputation. Andererseits war bei Georg und Elsbeth Hirschland die Begeisterung für das Museumsprojekt weit stärker als jede strategische Berechnung des Imagegewinns. Ihr Lebensstil und ihre Kunstbegeisterung standen über einem bloßen Kosten-Nutzen-Kalkül. Sie hatten es nicht nötig, sich gegen den Anwurf zu verteidigen, sie seien kulturlose Kapitalisten, ohne echte Bildung und Geschmack, die als Sammler und Stifter nach gesellschaftlicher Anerkennung strebten. Bezeichnend ist, dass ähnliche Unterstellungen gegenüber den Krupps oder Thyssens nicht aufkamen, für die das Sammeln von Kunst nie im Mittelpunkt ihrer Interessen stand. Elsbeth und Georg Hirschland waren leidenschaftliche Kunstsammler mit beeindruckender Expertise, die selbst in extrem schwierigen Zeiten intensive Briefwechsel mit Kunstexperten über geplante oder vollzogene Bildankäufe führten. Elsbeth Hirschland hatte aus ihrer Familie echte Kunstkennerschaft mitgebracht. Ihr Cousin Erwin Panofsky gilt als einer der bedeutendsten Kunsthistoriker des 20. Jahrhunderts.

Schon mit 25 Jahren kaufte Georg sein erstes Van-Gogh-Gemälde, „Der Mäher", im Berliner Kunstsalon von Paul Cassirer. Diesem gehörte die wohl wichtigste Galerie für zeitgenössische Kunst, und er verhalf van Gogh zum internationalen Durchbruch. Bald stand der Name Hirschland auch in den Kundenkarteien von Flechtheim, Gurlitt, Thannhauser und Herwarth Walden. Durch diese Galeristen waren die Hirschlands eingebunden in ein informelles Netzwerk, das den Ankauf von Kunst durch exzellente Marktkenntnis begünstigte. Werke der modernen Kunst, die vor dem Ersten Weltkrieg noch eine Außenseiterrolle spielten, erfuhren wenige Jahre später eine enorme Wertsteigerung. Dabei hing Georgs Herz eigentlich eher an Gemälden der deutschen Romantik.

Fast nie gewähren die vielen erhaltenen Briefe Georgs einen Blick in sein Inneres. Näher kommt man ihm, wenn man darauf schaut, mit welchen Gemälden er sich umgab. In seinem Herrenzimmer auf der Franzenshöhe hingen zwei Gemälde von Caspar David Friedrich sowie zwei seiner Wolkenstudien. Im Frühstückszimmer schaute Georg auf die „Gebirgslandschaft mit Regenbogen"[227], vor der ein einsamer Wanderer sich einer übermächtigen Natur ausgesetzt sieht. Der beruflich immer rationale, in Zahlen denkende, „aufgeklärte" Georg Hirschland fand in diesen Bildern einen Gegenentwurf zu der „entzauberten Welt“, von der Max Weber sprach.[228] Die melancholische Stimmung und der unbestimmte religiöse Gehalt dieser Bilder, die von den tiefsten Sehnsüchten des Menschen erzählen, rührten ihn an. Als Georg begann, diese Bilder zu kaufen, war der wichtigste Maler der deutschen Romantik fast noch vergessen und erschien vielen als altmodisch. Zutiefst muss es Georg geschmerzt haben, als Caspar David Friedrich unter Nationalsozialisten falsche Freunde fand, die ihn als nationalen Maler vereinnahmten und in ihm einen Vertreter einer nordischen Blut-und-Boden-Romantik sahen.

Bilder von Barlach, Nolde, Kokoschka, Chagall, Dix oder Kollwitz mochten die Hirschlands nicht. Ihr Freund Salomon Heinemann, der die Expressionisten sammelte, konnte sie dafür nicht gewinnen. Beim unangepassten Liebermann, der Elsbeths Vater Eugen Panofsky und auch Georg malte, lag wohl die Grenze ihrer Aufgeschlossenheit gegenüber avantgardistischer Kunst. Jedenfalls hatte Georg eine glückliche Hand im Aufbau seiner Sammlung und konnte de facto in einer eigenen Gemäldegalerie leben.

„Freude am Dasein“ könne ein Museum vermitteln und „das Verstehen der Kulturwelt“ erleichtern, erklärte der Magdeburger Museumsdirektor Volbehr bei einem Vortrag in Essen.[229] Unter seinen Zuhörern stimmte Paul Borchardt, Lehrer am Burggymnasium, aus ganzem Herzen zu. Essen war zu Beginn des 20. Jahrhunderts immer noch eine trostlose Industriesiedlung und das äußerst bescheidene Kunstmuseum, das er 1904 neben seiner Schule in einigen Räumen der ehemaligen Post gründete, war ein allenfalls improvisierter Anfang. Der junge Kunsthistoriker Ernst Gosebruch unterstützte ihn ab 1906 als Assistent bei der Museumsarbeit. Als Professor Borchardt gefragt wurde, ob er künftig als hauptamtlicher Museumdirekter oder als Leiter des ersten städtischen Mädchengymnasiums tätig werden möchte, entschied sich Borchardt für die jungen Mädchen und machte den Weg für seinen Assistenten zum Museumsdirektor frei. Dies erwies sich als ausgesprochen günstige Fügung. Gosebruch entwickelte das provinzielle Museum im Grillo-Haus bald zu einem der fortschrittlichsten Häuser in Deutschland. Seine enge Verbindung zu den Hirschlands entstand spätestens, als er seine erste Ausstellung, die „Kunst-Ausstellung aus Essener Privatbesitz“ für das Jahr 1911 plante, zu der die Familie zwei Gemälde von Ferdinand Hodler beisteuerte. Überhaupt war die Ausstellungsidee ideal, um die großbürgerlichen Sammler und Kunstfreunde an sich zu binden. Schon vor dem Weltkrieg war es illusorisch, auf größere Investitionen der Stadt Essen zu hoffen, um die eng begrenzten Möglichkeiten des Kunstmuseums auf eine neue Stufe zu heben. Hier kamen allein die vermögenden Unternehmer und Bankiers für einen Neubau des Museums in Betracht. Gosebruchs Begeisterung für die französischen Impressionisten und die deutsche expressionistische Malerei fand nicht bei allen Essener Kunstfreunden Zustimmung. Geschickt konnte er Brücken bauen und argumentierte, dass die Gemeinde nicht das Geld habe, Alte Meister zu erwerben. Wenn man nicht „eine Sammlung langweiliger Schinken und Bilder dritten und vierten Grades“ kaufen wolle, sei es Aufgabe, eine moderne Galerie in erstklassiger Qualität aufzubauen.

1912 kaufte Ernst Gosebruch den ersten van Gogh für das junge Essener Museum. Im Frühjahr 1921 starb Gosebruchs Freund Karl Ernst Osthaus und für Essen bot sich eine einzigartige Gelegenheit. In Hagen hatte Osthaus das weithin bestaunte Folkwang Museum aufgebaut, das moderne Kunst im Dialog mit antiken und außereuropäischen Kunstwerken zeigte. „Folkwang“ war in der altnordischen „Edda“ die „Volkshalle“ zur Begegnung mit Freya, der Göttin der Schönheit und Liebe. Unter diesen Namen stellte Osthaus seine Idee von der Begegnung der Menschen im industriellen Ruhrgebiet mit der Kunst aller Völker, Kulturen und Zeiten, um den Geschmack zu formen und Neugier und Interesse zu wecken.

Ursprünglich wollte Osthaus das Museum seiner Heimatstadt als Geschenk vermachen. Die kriegsbedingte Geldentwertung ließ ihn dann aber ein Testament aufsetzen, das seine Erben finanziell durch einen Verkauf absichern sollte. Damit verbunden war die Auflage, die Folkwang-Idee und das Museum als Einheit zu erhalten. Als die Stadt Hagen zögerte, sprang der Testamentsvollstrecker Ernst Gosebruch an. Wie es den Essenern gelang, das Museum gegen heftigen Widerstand der Stadt Hagen und gegen den Mitbewerber Düsseldorf durchzusetzen, berichtete der damalige Oberbürgermeister Hans Luther:

> „Zwei Essener wurden bald auf die Angelegenheit aufmerksam, der Bankier Dr. Georg Hirschland und der Essener Rechtsanwalt Justizrat Dr. Heinemann, der ständige Notar des Kohlensyndikats; ich wurde der Dritte im Bunde. Wir berieten alsbald einen Plan, um das Folkwangmuseum nach Essen zu bekommen. Dabei handelte es sich von vornherein um folgende Aufgaben: Zunächst und vor allem mußte natürlich der Kaufpreis beschafft werden. Die Stadt Essen wurde nicht als Käuferin ins Auge gefaßt, nur private Stifter kamen in Frage. Dagegen sollte die Stadt Essen das Museumsgebäude erstellen, wobei die soeben erwähnten zwei Goldschmidt-Häuser den Grundstock abgeben würden.“[230]

Mit der Familie Osthaus einigte man sich abschließend auf einen Kaufpreis von 15 Millionen Mark und die Übernahme aller Steuern und Abgaben. Der genannte Preis war nur ein Bruchteil des tatsächlichen Wertes. Es war eine Auflage des Testaments, der Familie nur einen gewissen finanziellen Rückhalt zukommen zu lassen. 99 Gemälde, 148 Aquarelle und Zeichnungen, 56 Bildwerke und ungezählte Kunstwerke alter und außereuropäischer Kunst gingen in den Besitz des Essener Stiftervereins. Der in der Ruhrindustrie bestens vernetzte Georg Hirschland kümmerte sich um die Geldgeber und ging mit gutem Beispiel voran. Das Bankhaus Simon Hirschland stellte eine Million Mark zur Verfügung, Franz Hirschland gab 250 000 Mark; auch die Levi-Hirschland-Bank beteiligte sich. Sechs Millionen Mark, den größten Posten, steuerte das Rheinisch-Westfälische Kohlen-Syndikat bei. Die großen Ruhrbarone Krupp, Thyssen und Stinnes hielten sich bei diesem Projekt zurück. Nach unten hatten die Initiatoren ein Spendenlimit von 50 000 Mark gesetzt, so dass nur vierzig Stifter[231] eingeladen wurden, um den Vertrag mit der Stadt Essen über den Erwerb des Folkwang Museum zu unterzeichnen. Gemeinsame Eigentümer und Träger des Museums wurden je zur Hälfte die Stadt Essen, die das vormalige Kunstmuseum und das Gebäude[232] einbrachte, zur anderen Hälfte der Museumsverein als Stifter der Sammlung. Ein sechzehnköpfiges Kuratorium, dem acht Mitglieder des Museumsvereins angehörten, bestimmte die Geschicke des Museums. Die Wegbereiter des neuen Museums, Georg Hirschland, der zum Schatzmeister des Museumsvereins gewählt worden war, Albert Janus vom RWKS und Salomon Heinemann, der die komplizierten Verträge hieb- und stichfest ausgearbeitet hatte, wurden vom Museumsverein in das Kuratorium gewählt, das zur Eröffnung des Museums am 29. Oktober 1922 zur ersten Sitzung zusammentrat.

„Der Kunst sammelnde Bankdirektor“ sei das ideale „Opfer“ für die nach Stiftergeld suchenden Museumsdirektoren, zitiert Ulrike Laufer einen Kunsthistoriker, und „diesen verkörperte Georg Hirschland durch und durch“.[233] Als Schatzmeister konnte er sein ausgedehntes berufliches Netzwerk dem Museumsverein für den Aufbau des Museums zur Verfügung stellen und war in Aufsichtsräten mit zahlreichen Stiftern des Vereins verbunden; besonders die freundschaftliche Nähe zu Albert Janus, dem Generaldirektor des Kohlen-Syndikats, beförderte die finanzstarke Förderung durch die Absatzorganisation der Ruhrgebietszechen. Neben Georg waren seine Mutter Henriette und die Brüder Kurt und Franz engagierte Förderer des Museums.

Henriette vermachte 1926 dem Museum ein ägyptisches Grabdenkmal, das ein Ehepaar darstellt, im Wert von 25 000 Mark. Franz, in den USA geschäftlich außerordentlich erfolgreich, blieb seiner Heimatstadt bis 1933 eng verbunden und richtete in seinem Testament ein Vermächtnis ein, dass seine Gemäldesammlung nach seinem Tod dem Museum Folkwang zufalle. Kurt, der als Sammler seinen Brüdern in nichts nachstand, hatte vermutlich ähnliche Pläne. Georg war mit seiner Privatsammlung ein großzügiger Leihgeber für Ausstellungen, und Gosebruch bekam 1930 als Dauerleihgabe für das Museum zwei wertvolle Ölgemälde aus dem Kellertresor des Bankhauses: einen van Gogh und einen Cézanne.[234]

Einen Skandal mussten Gosebruch und Georg Hirschland überstehen, als beide sich entschlossen, eine Sammlungslücke zu schließen. Der Ankauf des „Sänger Faure" von Manet, ein wichtiges impressionistisches Frühwerk, war mit städtischen Mitteln nicht zu finanzieren, die „Verschwendung öffentlicher Mittel" für „undeutsche Kunst" war als absehbare Propaganda zu erwarten. Als das Gemälde 1927 für 200 000 Mark auf den Markt kam, organisierte Georg zunächst 50 000 Mark als Spende einiger Kunstfreunde und die Stadt Essen half ihm mit einem Zwischenkredit über 150 000 Mark aus, der später durch eine große Werbeaktion des Museumsvereins zurückgezahlt werden sollte. Die nationale Presse erfuhr davon und tobte vor Empörung. Darauf erklärte der Essener Oberbürgermeister, dass der „Manet" die Stadt keinen Pfennig koste, und der Museumsverein schwieg zum Erwerb. Tatsächlich konnte der Kredit auf Grund der Wirtschaftskrise nicht zurückgezahlt werden. Weil alle Beteiligten dichthielten, konnte die Geschichte auch nach 1933 nicht aufgeklärt werden. Auf Empfehlung von Franz Hirschland kam 1930 der Gründungsdirektor des gerade eröffneten Museum of Modern Art New York, Alfred H. Barr, zu Gosebruch nach Essen, weil er für die erste Ausstellung in seinem Haus zahlreiche Essener Glanzstücke ausleihen wollte. Das Kuratorium lehnte zunächst ab, aber Georg Hirschland konnte den Widerstand überwinden und das Museum Folkwang wurde der wichtigste Leihgeber für die Premierenausstellung des MoMA.

> „In ihrem Engagement ließ sich die Familie Hirschland bis 1933 nicht beirren, während andere jüdische Mäzene sich in den späteren Jahren der Weimarer Republik angesichts der zunehmenden völkischen und rassistischen Angriffe aus der Öffentlichkeit zurückzogen und auch Sponsoren- und Stiftertätigkeiten einstellten. Für Georg Simon Hirschland war dies unvorstellbar."[235]

Im Zuge der „Gleichschaltungspolitik" nach der Machtübertragung an die Nationalsozialisten ging es dem seit April eingesetzten Oberbürgermeister Reismann-Grone darum, im verhassten Museum Folkwang eine strikte NS-Kunstpolitik durchzusetzen. Im Frühjahr 1933 versprach Reismann-Grone, seit 1928 im „Kampfbund für deutsche Kultur", er wolle das Museum „ausräuchern", es sei ein „Schandfleck Essens".[236] Im Einzelnen hetzte er: Ernst Gosebruch sei untragbar, der Museumsverein maße sich an, ein Verfügungsrecht über ein städtisches Museum zu haben, „Kulturbolschewisten" und Juden seien in seinen Reihen. Im üblichen nationalsozialistischem Jargon wolle er hier mit „eisernem Besen" auskehren. Im Laufe des Jahres 1933 gelang es ihm, Ernst Gosebruch abzusetzen, seinen Wunschkandidaten für die Museumsleitung Claus Graf von Baudissin zu installieren, das Kuratorium des Museums durch städtische Vertreter zu majorisieren und das Museum durch das Abhängen „entarteter Kunst" mit der Folge zahlreicher weißer Wände zu „erneuern".

Georg Hirschland hatte nicht vor, die lebenslang erworbene Mitgliedschaft im Museumsverein einfach hinzuwerfen und war nur bereit, wie er im März 1933 Gosebruch informierte, seine Ämter „im Augenblick" ruhen zu lassen. Gosebruch bat ihn dann, nicht mehr offiziell in Erscheinung zu treten. Im Januar 1934 legte Georg sein Mandat im Verwaltungsrat und sein Amt als Schatzmeister nieder. Baudissin sah darin allenfalls einen Etappensieg im Feldzug gegen die jüdischen Mitglieder. Das Reichsbürgergesetz von 1935 schien ihm der geeignete rechtliche Hebel zu sein, die „nichtarischen" Mitglieder aus dem Museumsverein zu entfernen; neben den Hirschlands betraf dies auch den Inhaber des Textilgeschäfts Gustav Blum sowie Max Stern. Als der Vereinsvorsitzende Seippel ihn darauf aufmerksam machte, dass ein Ausschluss dazu führen könne, dass die gestifteten Geldbeträge rückerstattet werden müssten, antwortete Baudissin: „Warum auch so zaghaft. [...]. Außerdem wären die Auszuschließenden auf den Weg der Klage zu verweisen. Sie werden wenig Glück damit haben. Man wird ihnen das Maul stopfen. Erlauben Sie mir noch zu empfehlen, die Streichung der jüdischen Firmen und Personen möglichst zu beschleunigen."[237]

In New York erhielt Franz Hirschland am 29. November 1935 dann die knappe Mitteilung, er sei von der Mitgliederliste gestrichen worden. Daraufhin änderte er sein Testament. Seinem Bruder Georg schickte er das Schreiben, das er ursprünglich an Baudissin adressiert hatte:

> „Auf Grund meines bisherigen Testaments hatte ich meine recht bedeutende Kunstsammlung, in der sich u. a. Gemälde von Lucas Cranach, El Greco, Goy, Slevogt, Corinth, Nolde, Heckel, Beckmann, Chardin, Cézanne, van Gogh, Daumier, Renoir etc. und Statuen von Lehmbruck und Kolbe befinden, dem Folkwang Museum hinterlassen. Ich bedaure, dass meiner Vaterstadt diese Bilder verloren gehen werden."[238]

Später stiftete Franz Hirschland einen großen Teil seiner Sammlung dem Metropolitan Museum in New York. Für einen Baudissin erschien ihm noch das Briefporto zu wertvoll. Am selben Tag erhielt Georg ein gleichlautendes Kündigungsschreiben. Der Jurist Georg Hirschland wollte jedoch nicht kommentarlos kapitulieren. Er antwortete Baudissin, dass nicht er, sondern das Bankhaus Simon Hirschland Mitglied des Museumsvereins sei. Eine Streichung von der Mitgliederliste, die sich auf das Reichsbürgergesetz berufe, sei schon deshalb nicht möglich, weil Reichsbürger nur natürliche Personen sein können. Auch gehörten zum Inhaberkreis der Bank Personen, die die Reichsbürgerschaft besitzen; gemeint waren Adolf Heckmann und Robert Kraus. Sein Schreiben endete mit der Versicherung:

> „Meine Verpflichtung [dem Verein gegenüber, N. F.] beruht auf meiner heißen Liebe zum deutschen Vaterlande [...]. In dieser Stadt [...] lasse ich mich von niemanden übertreffen. Diese Liebe gibt mir auch die Verpflichtung, an der weiteren Entwicklung eines Unternehmens, wie es das Folkwang Museum ist, das ich in fünfundzwanzigjähriger Arbeit mit aufgebaut habe, durch meinen Rat mitzuwirken."[239]

Vom Museumsverein verlangte er anschließend eine Aufstellung aller Gemälde und Kunstwerke, die die Hirschlands dem Museum geschenkt oder dauerhaft überlassen hatten. Georgs Schreiben brachte den Vereinsvorstand zwar kurzzeitig in Bedrängnis, doch verhindern konnte er seinen Ausschluss nicht. Der Vereinsvorsitzende Hermann Seippel unterdrückte interne Proteste gegen dieses Vorgehen und schaffte es, einen Eklat zu vermeiden. Entsetzt mussten die Hirschlands im Sommer 1937 zusehen, als in zwei Plünderungszügen die „Verfallskunst" im Folkwang Museum „ausgemerzt" wurde. Insgesamt wurden 1400 Werke von einer Kommission beschlagnahmt, der auch Direktor Baudissin angehörte, um die Münchener Ausstellung „Entartete Kunst" vorzubereiten. Am Ende waren alle Wände des Obergeschosses weiß. „Die deutsche Blumenvase", eine Fotoausstellung von Mitarbeitern des RWE, und eine Sammlung mit pommerschen Fischerteppichen ersetzten nun die Werke von Franz Marc, Emil Nolde, Marc Chagall und anderen.[240] Die Lücke, die durch die Plünderung

Abb. 63: Van Goghs „Weiße Rosen“ erwarb Georg Hirschland im November 1935 von Margarete Oppenheim für etwa 130 000 Mark. Heute ist das Gemälde im Metropolitan Museum of Art in New York zu sehen.

Abb. 64: Van Goghs „Der Schnitter"; das Gemälde wurde 2017 bei Christie's an einen Unbekannten versteigert.

Abb. 65: Cézannes „Haus mit rotem Dach“.

entstanden war, bewegte nun den Essener Gauleiter Terboven dazu, seine Hand nach der Privatsammlung Georg Hirschlands auszustrecken, deren Qualität und Umfang er gut einschätzen konnte. Georg Hirschland hatte 1934 der Bitte Baudissins entsprochen, die Gemäldesammlung auf der Franzenshöhe besichtigen zu dürfen.[241] Man darf annehmen, dass Georg den Besuch dieses Verräters an der Folkwang-Idee später sehr bereut hat.

Am 5. August 1938 schlossen Georg und Elsbeth zum letzten Mal die Türen der Villa Franzenshöhe und stiegen mit ihren Kindern in den wartenden Maybach, den Chauffeur Schmitz nach Amsterdam fuhr. Sie konnten nur das Allernötigste mitnehmen. Alle Gemälde und der gesamte Hausstand blieben danach bis zum Mai 1939 in der Villa, die von der Essener NSDAP kontrolliert und bewacht wurde. In Amsterdam begannen dann die sechsmonatigen Verhandlungen mit den NS-Behörden um den Besitz der Hirschland-Gruppe, an denen Georg selbst nicht mehr teilnahm. Anfangs hatten die Hirschlands gehofft, dass es ihnen gelingen könnte, die meisten ihrer Kunstwerke in die USA zu überführen. Ihr Anwalt Fritz Fenthol übergab dem Gauwirtschaftsberater Hofmann am 26. Oktober 1938 einen Ausfuhrantrag mit einer Liste aller Kunstgegenstände, die sie mitnehmen wollten. Es war Hans Apffelstaedt, so die Historikerin Ulrike Laufer, der Leiter der Kulturabteilung der Rheinischen Provinzialverwaltung, der Gauleiter Terboven auf die Idee brachte, „die Bilder für Essen ‚zu sichern'"[242]. Apffelstaedt schrieb im Dezember 1938 der Gauleitung:

> „Wie ich in Erfahrung gebracht habe, enthält die Sammlung u. a. 3 einzigartige Bilder von Caspar David Friedrich, dazu eine Reihe anderer bedeutender Bilder deutscher Romantik, weiter eine Anzahl bedeutend wertvoller großer Rembrandt-Handzeichnungen und nicht zuletzt ganz bedeutender Franzosen des 19. Jh., unter ihnen auch ‚Der weiße Rosenstrauß' von van Gogh, der auf der Liste der national wertvollen Kunstwerke steht! Wie ich in Erfahrung gebracht habe, hatte Hirschland vor, zu versuchen, diesen van Gogh frei zu bekommen gegen Hinterlassung der Caspar David Friedrich Bilder, die im Ausland bei weitem nicht so hoch bewertet werden. Ich betone noch einmal mit aller Deutlichkeit, dass Essen alle, aber auch alle nur möglichen Versuche machen muss, diese Sammlung geschlossen in ihren Besitz zu bringen, da es sich um eine nie wiederkehrende Gelegenheit handelt."[243]

Apffelstaedt schaltete den Düsseldorfer Kunsthändler Bammann ein, um die Bilder zu taxieren, deren Wert letztlich mit 500 000 RM beziffert wurde. Gauleiter Terboven setzte nun alles daran, die Gemäldesammlung den Hirschlands abzupressen, um das ausgeplünderte Museum, das seinem Dienstsitz im „Glückaufhaus" gegenüberlag, neu auszustatten. Zur Abwehr anderer Interessenten an den Gemälden, allen voran Hermann Göring, der seinen Wohnsitz „Carinhall" mit Beutekunst schmücken wollte, setzten die Essener Nazis darauf, dass ein Zwangsverkauf das wenigste Aufsehen errege. Die Gauleitung lud interessierte Herren der Ruhrindustrie zur Besichtigung der Gemälde in die Hirschland-Villa ein und gründete eine Kommission, die die Spenden für den Ankauf organisieren sollte. Je zur Hälfte wollte die Stadt Essen und der Kreis der Spender aus der Industrie die 500 000 RM zusammenbringen. Terboven beauftragte pikanterweise Georgs Freund Albert Janus mit der Organisation der Sammlung, dem vermutlich klar war, dass es im Jahr 1939 unrealistisch war, daran zu glauben, dass den Hirschlands die Bilder in die USA nachgeschickt würden. Besser bleiben sie in Essen, mag er gedacht haben, als dass sie in die Hände Görings fallen. Die „Herren der Industrie" brachten nicht ganz die geforderten 250 000 RM zusammen, obwohl sich, anders als beim Ankauf der Osthaus-Sammlung, auch Krupp mit 50 000 RM engagierte, ein Betrag, der in gleicher Höhe auch vom RWE und vom Kohlen-Syndikat aufgebracht wurde. In

Abb. 66: Caspar David Friedrichs „Gebirgslandschaft mit Regenbogen"; Elsbeth Hirschland hat 1950 das Gemälde dem Museum Folkwang als Vermächtnis ihres Mannes Georg überlassen.

ihrem Abkommen vom 1. April 1939 stimmten die Verhandlungsführer der Hirschland-Gruppe in Amsterdam dem Verkauf zu. Als „Kaufpreis" für die zuerst mit 500 000 Mark bewertete Sammlung wurden 350 000 Mark vereinbart, ein Bruchteil des realen Wertes. Allein für van Goghs „Weiße Rosen" hatte Georg 135 000 RM bezahlt. Am Ende blieben den Hirschlands nach Abzug aller Zwangsabgaben nur 7000 Dollar, die ausgeführt werden durften. Wie tief Georg Hirschland verletzt war, zeigt ein Schreiben an die Neffen Grünebaum:

> „Wenn man die Bilder für das Museum, das ich begründet habe, für unentbehrlich hält, so soll man sie mir, der ich sie gesammelt habe, bitte in der Währung abkaufen, dass ich mir etwas Neues sammeln kann. Der Standpunkt, wie er dort zum Ausdruck zu kommen scheint, ist eine solche Unverschämtheit und ich glaube auch, dass, solange ich in Deutschland gewesen wäre, ich dem unumwunden Ausdruck verliehen hätte, dass mit mir gar nicht darüber zu reden ist. Ist man nicht in der Lage, mir die Bilder abzukaufen, sodass ich mir etwas Neues kaufen kann, oder will man das nicht, so dürfen sie eben im Folkwang Museum nicht hängen. Das Folkwang Museum sollte nach Ansicht der Gründer eine Stätte der Kunst und nicht des Raubes sein. Was sich die Gründer dabei gedacht haben, das weiss ich ganz genau, denn ich gehöre zu ihnen. Ohne meine Initiative und meinen Beitrag an baren Mitteln wäre das Museum nie zustande gekommen."[244]

683

L i s t e
der Bilder und Kunstgegenstände im Hausex des
Dr. Georg Hirschland, Werden.

A. Bilder, die absolut wichtig für das Museum Folkwang sind:

Cezanne, Alleemit Haus	(Musikzimmer)		60 000.- RM
Van Gogh, Weisse Rosen	"		75 000.- "
C.D.Friedrich, Wald mit Dragoner	(Herrenzimmer)		35 000.- "
C.D.Friedrich, Baum mit Raben	"		25 000.- "
C.D.Friedrich, 2 Wolkenstudien	"	zus.	6 000.- "
Dahl, Waldlandschaft	"		2 000.- "
Carus, Osterspaziergang	"		5 000.- "
Daumier, Wäscherin	"		
Daumier, Feueranzünder	"	zus.	12 000.- "
Guardi, Venedig	"		30 000.- "
Van Gogh, Schnitter	(Esszimmer)		20 000.- "
Van Gogh, Kornblumen	"		12 000.- "
Marees, Gruppe mit Pferd	"		
Marees, Damenbildnis	"	zus.	20 000.- "
Menzel, Clara Schumann a.Klavier	(Damenzimmer)		20 000.- "
Menzel, Treppenflur	"		3 000.- "
Carus, Schilflandschaft	"		3 000.- "
Greco, Hl.Franziskus	(Bibliothek)		20 000.- "
C.D.Friedrich, Regenbogen	(Frühst.Zimmer)		30 000.- "
Schwind, Aschenbrödel	"		15 000.- "
J.A.Koch, Federzeichnung	(Tochterzimmer)		
Rottmann, kl.Landschaft	(Frühst.Zimmer)		
Beckmann, kl.Landschaft	"		
Beckmann, Wolkenlandschaft	(Musikzimmer)	zus.	3 000.- "
Dahl ??, Kl.Wolkenlandschaft	"		4
Rottmann, Aquarell, Landschaft	(Damenzimmer)		
			396 000

B. Bilder und Kunstgegenstände, deren Erwerb wünschenswert ist:

Manet, Gartenbild m.Giesskanne	(Musikzimmer)	20 000.- "
Cezanne, Gebirgslandschaft	(Bibliothek)	25 000.- "
Diverse Graphikblätter gemäss Auswahl		
Kleine farbige Zeichnung eines Mädchens v.Moritz von Schwind im Herrenzimmer		5 000.- "
		446 000

Gemäss der jünsten Besichtigung soll nach Übereinkunft aller die Gruppe B unbedingt mithereingenommen werden, da sich die beiden Bilder in vorzüglichem Masse zu Austauschzwecken gegen bedeutende Bilder des 19.Jh. eignen, die sonst nicht zu erwerben sind.

Abb. 67: Liste der Hirschland-Bilder aus der Villa Franzenshöhe.

Die Parteigenossen Apffelstaedt, Oberbürgermeister Dillgardt und Gauleiter Terboven gratulierten sich gegenseitig zum Erwerb der Gemälde und glaubten, dass nun das Folkwang Museum „mit einem Schlag in die Reihe der ganz großen deutschen bzw. internationalen Sammlungen einrückt".[245] Am 12. April wurden die Bilder in das Depot des Folkwang Museums gebracht. In den verschiedenen Listen variiert die Zahl der erbeuteten Gemälde, mal ist von 26, dann wieder von 27 Bildern die Rede. Terboven sah sich als Schutzherr dieser Sammlung und beschwor Museumsdirektor Köhn, der Nachfolger Baudissins, dass unter keinen Umständen ein Bild ohne seine Zustimmung an irgendeine Stelle herausgegeben werden dürfe. Mit der Entsendung Terbovens als Reichskommissar nach Norwegen war die Verteidigung der Sammlung natürlich geschwächt. Dem Bestreben Martin Bormanns, die „Weißen Rosen" und einen Cézanne für Hitlers Reichskanzlei nach Berlin zu holen, konnte sich Essen zunächst nicht widersetzen. Doch Protest und zähe Verhandlungen hatten Erfolg: Anfang 1942 wurden die Bilder wieder freigegeben. Zusammen mit den anderen Gemälden der Hirschland-Sammlung brachte man sie in die Kriegsdepots nach Warstein und in das Kloster Marienstatt im Westerwald, wo sie vor dem Bombenkrieg geschützt waren. Am 11. März 1943 zerstörte ein Fliegerangriff das Gebäude des Folkwang Museums an der Bismarckstraße. Hier bezog nach Kriegsende Museumsleiter Heinz Köhn ein provisorisches Büro in der Ruine, um den Wiederaufbau des Museums anzugehen. Obwohl eigentlich alle Verantwortlichen in der Stadtgemeinde inmitten der Trümmerlandschaft andere Sorgen hatten und auch die Herren des Museumsvereins pessimistisch in die Zukunft blickten, war ein gemeinsamer Wille vorhanden, die aus den Bergungsorten zurückkehrenden Bilder wieder auszustellen.

Schon im Sommer 1946 eröffnete eine erste Ausstellung im Schloss Hugenpoet an der Ruhr. Sehnlichst erwartete der Museumschef die Hirschland-Gemälde, die vorübergehend in die Obhut des amerikanischen „Central Collecting Points" geraten waren. Im November 1948 trafen sie in Essen ein und Heinz Köhn zeigte die „Bildersammlung Hirschland" auf Schloss Hugenpoet, um die Bedeutung der Bilder für Essen zu unterstreichen. Eine Rückkehr der Bilder nach Essen war für die Hirschlands in New York natürlich eine Provokation ohnegleichen. Georg hatte in seinem Testament verfügt, dass der erpresste „Verkauf" von seinen Erben rückgängig gemacht werden müsse. „Mit allen Mitteln", so Ulrike Laufer, kämpfte Köhn „gegen die Restitution der Hirschland-Gemälde". Seinem Kölner Museumskollegen, der 1939 das Gemälde „Der Heilige Franziskus" von El Greco aus dem Besitz Hirschlands erworben hatte, schrieb Köhn:

> „Eine Zwangslage für Hirschlands, die Bilder käuflich abzugeben, bestand nur insofern, als sie sich durch die antijüdische Gesetzgebung genötigt sahen, Deutschland zu verlassen und die Bilder, die zum Teil auf der Sperrliste standen, nicht in das Ausland mitnehmen konnten. Ein direkter Zwang auf Seiten des Museums oder von Seiten der Gauleitung ist nicht ausgeübt worden. Trotzdem wird man von einem ganz freiwilligen Verkauf kaum sprechen können."[246]

Diese spitzfindige Argumentation mag für den deutschen Umgang mit der NS-Zeit symptomatisch gewesen sein; in Verhandlungen mit der Familie Hirschland klang das bitter, ebenso wie Bemerkungen gegenüber Elsbeth Hirschland, dass in Essen 1939 alles versucht worden sei, um ihre Bilder vor einem Verkauf durch den internationalen Kunsthandel zu retten. In die verfahrenen Verhandlungen mit den Hirschlands schaltete sich schließlich Bürgermeister Gustav Heinemann ein und forderte die sofortige Rückgabe der Gemälde. Trotzdem erreichte das Museum einen Vergleich. Heinemann sah in dem Vorschlag der Hirschlands, dem Museum sechs Gemälde – darunter die „Landschaft mit Regenbogen" von Caspar David Friedrich und der

„Osterspaziergang" von Carl Gustav Carus – als Ausgleich für die 1939 gezahlten 7000 Dollar zu überlassen, ein großzügiges Angebot. Neunzehn Gemälde der Hirschlands wurden im Juli 1950 in die USA gebracht. Ulrike Laufer kommentiert den Abschluss so:

> „Die großzügige Geste Elsbeth Hirschlands, eigentlich als Stiftung in Erinnerung an die Verdienste ihres Mannes um die Stadt Essen und um das Museum Folkwang zu betrachten, ging schnell im Tagesgeschäft des Museum Folkwang und in der weiteren Arbeit des Museumsvereins unter, zumal der Museumsdirektor mit dem Ergebnis noch immer nicht zufrieden war und die Lösung allenfalls ‚annehmbar' fand."[247]

Seine Ansicht, dass es keinen Anlass gebe, sich den Hirschlands gegenüber schuldig zu fühlen, teilte auch die *Neue Ruhrzeitung*, die am 2. Juli 1950 schrieb:

> „19 bedeutende Kunstwerke, die für die Stadt Essen unersetzlich sind, werden also in kurzer Zeit das Folkwangmuseum verlassen. Sie wurden mit Liebe und Sorgfalt behütet und konnten nur mit Mühe vor dem Griff der früheren ‚Reichskanzlei des Führers' bewahrt werden. Die Erben verdanken also nicht zuletzt der Leitung des Folkwangmuseums, wenn sie nach den Wirrnissen der vergangenen Zeit, den größten Teil ihrer Bilder zurückerhalten können."[248]

Solche Aussagen erklären sich allein aus einem gestörten Rechtsempfinden, wenn die Profiteure der Enteignung auch noch den Dank der Geschädigten verlangen. Es half hier wenig, dass Theo Goldschmidt, ein guter Freund der Hirschlands, nach New York geschickt wurde. Das Kuratorium des Museumsvereins wollte Franz und Georgs Witwe Elsbeth vorschlagen, sich wieder als Mitglieder des Vereins zu betrachten. Dies lehnte Franz ab und antwortete Theo Goldschmidt in einem Brief:

> „Lieber Theo!
> In der Bibliothek des Dartmouth College befindet sich eine Reihe von Fresken, die nach dem Ersten Weltkrieg von dem mexikanischen Maler Orosco gemalt wurden. Eines der Bilder, das stärkste und jüngste, zeigt inmitten von Ruinen und brennenden Städten Jesus mit einer Axt in der Hand, der sein eigenes Kreuz abschlägt und einen Gesichtsausdruck hat, als wollte er sagen – und dieses Elend habt ihr, die Menschheit, in meine Welt gebracht.
>
> So fühle ich gegenüber Deutschland: Und dieses Elend haben die Deutschen in ihrer Blindheit über mein Deutschland gebracht, das ich liebte und immer noch liebe. Ein Gefühl tiefer Traurigkeit befällt mich, wenn ich an das einst schöne Land denke, in dem in meiner Jugend hohe und hochherzige Ideale herrschten, wo wir in der Schule lernten – ‚Edel sei der Mensch hilfreich und gut' oder ‚In meinem Lande kann jeder nach seiner Facon selig werden' oder ‚Unserem Todfeind sei verziehen'. Wenn ich auch nur im Geringsten dazu beitragen könnte, dieses Deutschland wieder aufleben zu lassen, können Sie sicher sein, dass ich Ihnen helfen würde.
>
> Ich habe das Gefühl, dass mein erneuter Beitritt zum Folkwang Museum nicht helfen wird, dennoch danke ich Ihnen für Ihren Brief vom fünfzehnten Oktober. Ich weiß es zu schätzen.
>
> Mit freundlichen Grüßen,
> Ihr Franz Hirschland"[249]

Die jüngere Generation der Hirschlands, insbesondere die Brüder Kurt und Erich Grünebaum, die in den Nachkriegsjahren häufig nach Deutschland reisten, trugen weniger Verbitterung in sich und erneuerten die Mitgliedschaft im Museumsverein. Der 2017 verstorbene Peter K. Grünebaum, Sohn von Kurt, nahm die Ehrenmitgliedschaft des Vereins an.

15

„ALLES TUN, WAS MÖGLICH IST" – DIE FLUCHTHILFE DER HIRSCHLANDS

Seit ihrer Flucht aus Deutschland waren Erich und Gaby Grünebaum einer ungeheuren Arbeitsbelastung ausgesetzt. Die Familie hatte im Oktober 1938 in London eine kleine möblierte Wohnung gefunden, die Erich meist nur zu Wochenendbesuchen sah, da er ständig nach Amsterdam reiste, um die aufreibenden und komplizierten Verhandlungen mit den Vertretern der NS-Behörden zu führen. Tante Harrie kam mit immer neuen Aufgaben, um den Transport ihres Umzugsgutes nach New York zu organisieren, und für Onkel Kurt mussten unbedingt Zigarren beschafft und in die Schweiz geschickt werden, während Onkel Georg in New York ungeduldig auf Briefe wartete, um den Stand der Verhandlungen in Amsterdam zu erfahren. Gaby Grünebaum hatte sich um die beiden kleinen Kinder Michael und Irene zu kümmern und half den Schwiegereltern Agathe und Ernst, sich in London einzurichten. In den Vordergrund aber rückte für die Eheleute Grünebaum die Aufgabe, Fluchthilfe zu leisten. Bei ihnen liefen alle Fäden zusammen. Erich Grünebaum schrieb an Georg in New York:

> „[S]onst beschäftige ich mich hauptsächlich damit, Leuten, die noch in Deutschland sind, heraus zu helfen. Es sind nicht nur Weinbergs & die diversen Schwiegereltern, sondern auch Gaby hat noch einige Familie drin, & jeden Tag bekommt man Briefe von Freunden und ehemaligen Angestellten von uns, dies oder jenes für sie zu tun, diese oder jene Auskunft zu besorgen etc. Ich kenne mich auf dem Colonial Office, dem Woburn House, dem Intern. Aid Comittee etc. schon ganz gut aus & viele Auskünfte kann ich schon so geben."[250]

Der Verantwortung und Pflicht folgend entwickelte sich Erich Grünebaum zu einem Fachmann in Sachen Einwanderungsbestimmungen, dessen Terminkalender sich der Leser vorstellen mag, wenn man seine damaligen Aufgaben, aus einem Brief am 6. Januar 1939 liest:

> „Lieber Onkel Georg,
> zunächst, was Dich am meisten interessiert, wie weit die Angelegenheit mit der Familie steht: dass Tante Hermine in Luxemburg ist und dort

wartet, bis ihr hiesiges Permit [Einreiseerlaubnis, N. F.] da ist, hast du wohl schon gehört. [...] Die Weinberg Kinder sind seit voriger Woche hier. Ich habe sie in Southampton in Empfang genommen. Für ihre Eltern habe ich heute die Bestätigung bekommen, dass der Antrag auch genehmigt ist. [...] Für Frau Eichwald ist die Genehmigung in Holland da, und für die Eltern von Fritz Hachenburg soll sie in Belgien da sein, wenn auch die schriftliche Bestätigung noch fehlt. Ich kann dann die Anträge für diese, die ja auch noch laufen, zurückziehen. [...] Herr Hochschild hat leider nur einen unserer Leute genommen, da er mir gegenüber sich dahin äusserte, dass er nur 10 insgesamt engagieren wollte. Er hat dann Ismar Werner genommen, da er ihm für die Bergwerke in Bolivien in 5000 m Höhe am geeignetsten erschien [...]. Soeben haben wir übrigens eine Depesche von Leubsdorf bekommen, dass er erwartet, morgen hier zu sein. So kommt einer nach dem anderen heraus, aber es sind leider noch genügend Freunde und Verwandte drin, deren Probleme man nach und nach auch in Angriff nehmen muss. Zurzeit versuchen wir z. B. die Weinbergs aus Werther herauszubekommen, besonders mal zunächst die Kinder. Walter Simons mit Frau ist kurz vor Weihnachten hier gelandet.“[251]

Wohl kaum eine Einreise nach Großbritannien gelang ohne Probleme: Bei Tante Hermine waren zwei Akten angelegt worden, da ihr zweiter Vorname „Henriette“ zu der Annahme führte, es handle sich um verschiedene Personen, an anderer Stelle gingen Akten verloren; dann war ein Gesundheitszeugnis zeitlich überzogen, Bestimmungen wurden sehr engherzig ausgelegt, oder die deutschen Behörden spielten nicht mit – kurz: Was schiefgehen konnte, ging auch schief und konnte meist nur über den langwierigen Postweg korrigiert werden. Immer wieder sicherte Erich Grünebaum mit Langmut zu, er werde sich kümmern. Das private und geschäftliche Netzwerk, das er sich aufgebaut hatte, wurde jetzt in erster Linie zur Rettung des erweiterten Familienkreises, der Bankangestellten in Essen und Hamburg mit deren jeweiligen Bekannten und Freunden genutzt, zu denen die Grünebaums oft nur indirekten Kontakt hatten. Zahlreiche dringliche Hilfeersuche gingen auch von Menschen bei ihnen ein, deren Namen gänzlich unbekannt waren. In der Regel mussten diese auf die jüdischen Hilfswerke verwiesen werden.

Nach dem offiziellen Ende des Bankhauses in der Essener Lindenallee am 4. Oktober 1938 ging für einige Bankangestellte die Arbeit in den Privaträumen der Inhaber weiter. Schon in den Vorjahren hatte sich ihre Tätigkeit zunehmend auf die Betreuung der jüdischen Kundschaft gerichtet. Sie warnten vor übereilten Verkäufen jüdischer Unternehmen und kontrollierten eine geordnete finanzielle Abwicklung der „Arisierungen“. Zunehmend entwickelten sich die Mitarbeiter zu Spezialisten in allen Fragen des Geld- und Vermögenstransfers ins Ausland, um Verluste zu minimieren. Die Probleme rund um Vorzeige- und Passagegelder, Affidavits, Kontakte und Arbeitsstellen im Ausland waren schon lange der Hauptinhalt in Beratungsgesprächen und die Inhaber wollten, dass auch nach Schließung ihrer Bank dieser überlebenswichtige Stützpunkt erhalten bleibt. Der Wille des NS-Regimes, Juden aus ihrem Herrschaftsbereich mit allem Nachdruck zu vertreiben, stand in Widerspruch zu den bürokratischen Hürden, die sich den Ausreisewilligen entgegenstellten. Den Behörden gelang es nicht, am Ort die Verfahren zu konzentrieren, und immer mehr Regularien, besonders bei den Devisenbestimmungen, erforderten kompetente Beratung, die auch von den jüdischen Selbsthilfeeinrichtungen kaum mehr geleistet werden konnte. Auch die staatlichen Auswanderungsstellen waren durch den Ansturm ab 1938 heillos überfordert.

In Essen dachte jeder jüdische Angestellte ständig über seine eigene Auswanderung nach, während der Betrieb weiter auf Hochtouren lief. Wie stark die nervliche Beanspruchung war, zeigt das in diesem Kapitel dokumentierte Beispiel der Chefsekretärin und Handlungsbevollmächtigten Hanni Silbermann, die tapfer bis zum letzten Moment auf ihrem Posten ausharrte. Schnell hätte sich auch aus ihrer nicht genehmigten Beratungstätigkeit ein Strafverfahren entwickeln können, das alle eigenen Auswanderungschancen unmöglich gemacht hätte. Geleitet wurde das inoffizielle Essener „Büro Hirschland" vom „arischen" Generalbevollmächtigten der Hirschlands, dem Rechtanwalt Dr. Fritz Fenthol. Nach Wegzug der Inhaber gab es hier eine enorme Fülle von Aufgaben, die mit den Inhabern in Amsterdam, London und New York abzustimmen waren. Kümmern sollte sich die Essener Repräsentanz um die anstehenden Übergaben der Hirschland-Immobilien, um Erfassung, Verpackung und Transport des äußerst umfangreichen Umzugsgutes, um die Stiftungen, Nachlässe und Einrichtungen, die mit den Hirschlands verbunden waren, sowie um die in Deutschland verbliebenen Vermögenswerte. Zweitens sollten die Mitarbeiter jüdische Auswanderungswillige in jeder Form unterstützen, wobei sich ständig ändernde Einreisebestimmungen der Zielländer die Beratung erschwerten. Schließlich suchten die Angestellten nach bestmöglichen Transferlösungen, um die geringen Erlöse aus Zwangsverkäufen der „nichtarischen" Geschäftsfreunde wenigstens in Teilen zu retten. Eingezahlt wurde das Geld aus aufgelösten Vermögenswerten auf „Sperrmarkkonten", die nur über die Golddiskontbank oder bestimmte Außenhandelsbanken ins Ausland transferiert werden konnten. Dabei wurde eine Abgabe eingezogen, die im Januar 1934 bei rund 20 Prozent gelegen hatte und bis September 1939 auf 96 Prozent stieg. Für Fachleute wie Erich Grünebaum gab es hier Gestaltungsmöglichkeiten, wie er in einem Brief an Tante Traudl am 1. April 1938 erklärte.

> „Es wäre schon besser gewesen, Ihr hättet mich mal von Anfang an über den Stand der Angelegenheit und deren Verlauf unterrichtet. Nachdem Ihr Eure sämtlichen Wertpapiere schon veräussert habt, wird es z.B. nicht mehr gut möglich sein, das zeitweise nicht unerhebliche Agio der Aktiensperrmark gegenüber der Auswanderer-Sperrmark auszunutzen ..."[252]

Die mit den Hirschlands gut befreundete Hamburger Warburg-Bank hatte ein kompliziertes Transfergeschäft konzipiert, bei dem Sperrmarkguthaben zum Ankauf türkischer Unternehmen in deutschem Besitz genutzt wurden. „Die Erlöse aus dem Türkentransfer ermöglichten die Emigration von 90 Familien aus dem Deutschen Reich bis zum August 1941 und die Überführung von rund 1 Millionen RM ins Ausland trotz der seit Kriegsbeginn herrschenden Transfersperre."[253]

Zwischen den jüdischen Privatbankiers wurde solches Spezialwissen getauscht. Der Wirtschaftshistoriker Christopher Kopper schreibt: „Die jüdischen Privatbankiers sahen sich durch ihre Schlüsselfunktion bei der Beratung in Liquidations-, Auswanderungs- und Devisenangelegenheiten in der Rolle von Schiffskapitänen, die erst nach der letzten Liquidation eines jüdischen Unternehmens das sinkende Schiff Deutschland verlassen wollten."[254]

Aus der Vielzahl der Hilfsaktionen der Grünebaums sollen hier exemplarisch einzelne Fluchtgeschichten vorgestellt werden, die zeigen, wie kompliziert und dramatisch die Rettung von Juden kurz vor Kriegsausbruch war.

Die Schwestern Hanni und Julie Silbermann

Hanni Silbermann, 1898 geboren, trat nach ihrer kaufmännischen Ausbildung 1918 in die Simon-Hirschland-Bank ein und wurde 1924 die Leiterin des Sekretariats mit Prokura. Als Privatsekretärin war sie für Georg Hirschland tätig und regelte auch für Harrie und Elsbeth die Privatangelegenheiten, entsprechend eng war ihre Beziehung zur ganzen Familie. Nach dem Novemberpogrom wohnte sie in den Privaträumen über der Bank an der Lindenallee und versuchte verzweifelt, mit ihrer vier Jahre älteren Schwester Julie aus Deutschland zu fliehen. Julie

Abb. 68: Hanni Silbermann im Büro der Simon-Hirschland-Bank Hamburg.

Silbermann hatte die jüdische Volksschule besucht und arbeitete anschließend im Haushalt und in der Metzgerei ihrer Eltern. Sie absolvierte eine Kochausbildung und zog 1933 zu ihrer Schwester nach Essen. Sie pflegte dort den Vater, der 1935 starb. Für die Grünebaums war es eine Selbstverständlichkeit, sich mit aller Kraft um die Rettung dieser beiden Frauen zu kümmern. Zunächst bemühte sich Hanni um ein Einreisevisum in die USA, erhielt jedoch eine hohe Wartenummer, die wenig Aussicht auf eine baldige Ausreise versprach; erfolgversprechender erschien die Ausreise nach England für ihre Schwester Julie, deren Ausbildung als Köchin eine Chance bot, eine Lücke in der britischen Abschottungspolitik gegenüber Flüchtlingen zu finden.

Die britische Regierung hatte Sorge bei anhaltend hohen Arbeitslosenzahlen, dass jüdische Flüchtlinge den Arbeitsmarkt weiter belasten könnten oder der Staatskasse gar zur Last fielen. Auch antijüdische Ressentiments innerhalb der britischen Bevölkerung wurden befürchtet. Diese Haltung änderte sich auch nicht, als jüdische Hilfswerke 1933 eine Garantieerklärung abgaben, ohne jede zeitliche Begrenzung alle Kosten für diese Flüchtlinge zu übernehmen. Eine einzige Ausnahme schuf die Regierung für weibliche Hausangestellte, die in Großbritannien von der Mittel- und Oberschicht dringend gesucht wurden. Junge Frauen arbeiteten lieber in den Fabriken als im Haushalt, wo die „Herrschaft" mit ihren Launen den ganzen Tag Anweisungen gab, ihnen vorschrieb, was sie anziehen sollten und sie dazu noch schlecht bezahlte. Auch wenn sie Unterkunft und Essen als Fabrikarbeiterin selbst finanzieren mussten, zogen sie das freiere Leben und die Kameradschaft mit Arbeitskolleginnen vor. Diese Lücke auf dem Arbeitsmarkt konnten nach 1933 jüdische Flüchtlinge ausfüllen, die bei entsprechender Qualifikation eine Einreiseerlaubnis (domestic permit) erhielten.

Ihre Zeugnisse, die hauswirtschaftliche Qualifikation nachweisen mussten, wurden streng geprüft, die Frauen durften nicht älter als 45 Jahre und mussten unverheiratet sein. Zudem benötigten sie eine feste Zusage durch einen Arbeitgeber, der dann das domestic permit beantragte. Die Stellenvermittlung übernahm das Bloomsbury House (zuvor Woburn House), das Zentrum für fast ein Dutzend Flüchtlingsorganisationen; auch private Vermittlung war möglich. Von diesem Angebot erfuhren die Silbermann-Schwestern.

Unmittelbar nach dem Novemberpogrom, das auch in der britischen Presse ein großes Thema war und ein relatives Umdenken in der Flüchtlingspolitik bewirkte, begannen die Bemühungen der Silbermann-Schwestern, mit Hilfe des Tickets für Haushaltshilfen nach England zu kommen. Das „German Jewish Aid Committee" antwortete noch im November:

> „Wir erhielten Ihre Zuschrift, in welcher Sie sich um eine Haushaltsstellung in England bewerben, und ersuchen Sie, uns eine Bestätigung Ihrer jüdischen Gemeinde oder der für Sie zuständigen Stelle des Hilfsvereins der Juden in Deutschland (jüdischer Frauenbund) oder Ihrer zuständigen Hilfsorganisation einzusenden, dass Sie zur Annahme einer derartigen Stellung geeignet sind. Wir müssen Sie jedoch darauf aufmerksam machen, dass unsere Warteliste für Haushaltungen sehr lang ist und es daher längere Zeit in Anspruch nehmen wird, bevor wir Sie unterbringen können. Wir werden Ihnen nach Erhalt der Bestätigung einen Fragebogen zusenden und uns gerne bemühen, Ihnen soweit als möglich behilflich zu sein."[255]

Bald zeigte sich, dass allein Julie eine Chance hatte, den strengen Bestimmungen eines „domestic service visa" zu entsprechen, obwohl sie, 1894 geboren, schon kurz vor der Altersgrenze stand. Für Hanni kam eine andere Lösung in Betracht. Das britische Innenministerium (Home-Office), das für alle Pass- und Einwanderungsfragen zuständig war, gestattete Personen, die berechtigte Aussichten hatten, in absehbarer Zeit in ein Drittland weiterzureisen, die Wartezeit im Vereinigten Königreich zu verbringen, wenn der Lebensunterhalt während der Wartezeit gesichert war. Eine Arbeit durfte in dieser Zeit nicht aufgenommen werden. Die dazu notwendigen Unterlagen reichte Hanni ein und die Grünebaums garantierten für ihren Unterhalt. Allerdings war die Genehmigungsdauer für dieses Visum sehr lang. Hanni, die perfekt auf Englisch korrespondieren konnte, kümmerte sich um Julie und schrieb nach London:

> „Liebe Frau Grünebaum, ich bin geradezu gerührt von Ihrer Fürsorge, und ich nehme dankbar ihr Angebot an, sich im Interesse meiner Schwester bemühen zu wollen. Die Situation ist folgende:
>
> Als mir die Möglichkeit bekannt wurde, evt. in England als Hausangestellte unterzukommen, habe ich mich sogleich an die von Ihnen erwähnte Institution gewandt, und ich erlaube mir, Ihnen Abschrift der gesamten gewechselten Korrespondenz in dieser Angelegenheit zu überreichen. Auf den letzten Brief bin ich, bezw. meine Schwester ohne Antwort geblieben. Zunächst sah ich es nicht als ungünstiges Zeichen an, jetzt aber werde ich allmählich skeptisch, wage aber nicht zu reklamieren aus Furcht, wie viele andere einfach eine gedruckte Absage zu erhalten. [...] Aus den Anlagen dieses Briefes sehen Sie, dass wir schon alle notwendigen Unterlagen an die entsprechende Stelle geschickt haben. Wenn ich Sie nun bitten dürfte, dort einmal nachzufragen, ob Aussicht auf Erfolg besteht, so wäre damit schon etwas geschehen. Im andern Fall muss ich ja sehen, ob ich einen ähnlichen Weg finde, d.h., ob meine Schwester ohne diese Institution in einer Familie dort unterkommen kann [...].
>
> Ihre alte
> Hanni Silbermann,
> Essen, den 30. Dezember 1938."[256]

Das neue Jahr 1939 begann für Gaby Grünebaum mit der intensiven Suche nach einer Haushaltstelle für Julie Silbermann über verschiedene Agenturen. Sie riet ihr für alle Fälle, so schnell wie möglich einen Reisepass zu beantragen, für den eine Unbedenklichkeitsbescheinigung nötig sei sowie ein Gutachten der Auswanderungsberatungsstelle Köln. Es stellte sich heraus, dass die englischen Vermittlungsagenturen die fachliche Qualifikation von Julie nicht anerkennen wollten, weil nur Zeugnisse von Privatpersonen vorgelegt werden konnten. Deshalb begannen Gaby und Erich Grünebaum privat nach potentiellen Arbeitgebern für die Schwestern zu suchen. Verschiedenste Versuche scheiterten, weil es schwierig war, einen Arbeitgeber zu finden, der bereit war, eine verbindliche Zusage zu machen, ohne ein persönliches Gespräch mit der Interessentin führen zu können. Das Angebot einer in der Nähe Londons lebenden französischen Familie, die zwei Zimmermädchen suchte, die zwölf Räume reinigten, bei Tisch servierten und bereit waren, Uniform und Häubchen zu tragen, mussten die Silbermanns ablehnen, da es Hanni nicht möglich war, Essen Hals über Kopf zu verlassen. Die Familie bestand auf einen kurzfristigen Antritt der Stellen. Rechtsanwalt Dr. Fenthol, der in Essen die Hirschlands vertrat, sah es als unmöglich an, dass Hanni ihren Posten sofort aufgab. Sie würde noch für einige Wochen gebraucht, und Hanni selbst schrieb an Gaby Grünebaum, sie wolle doch nicht fahnenflüchtig werden. Die Pflicht gegenüber der Hirschland-Familie, der Firma und den hilfesuchenden jüdischen Mitbürgern wollte sie auf ihrem Posten unbedingt erfüllen. Hinzu kam, dass es ihr gesundheitlich schlecht ging.

> „Dabei muss ich allerdings bemerken, dass es mir sicher nicht möglich ist, […] sofort wieder zu arbeiten, denn nach zwei langen schweren Jahren ununterbrochener Tätigkeit haben doch meine Nerven einen argen Stoß bekommen, sodass auch Herr Dr. F[enthol] sagte, nach Beendigung der Arbeit hier müsse ich mich zunächst erholen. Sie kennen mich gut genug, um zu wissen, dass ich nicht arbeitsscheu bin.“[257]

Immer wieder gingen Briefe mit Bewerbungen hin und her. Auch das Stellenangebot von Miss Money, Tochter eines Generals, die eine Gesellschafterin suchte und deshalb bat, die Unterlagen mit Bild an die Sekretärin des Vetters von Frl. Brandenstein zu senden, wurde von Gaby und Erich Grünebaum sorgfältig behandelt und mit mehreren Briefen weiter bedacht, bis wieder eine Absage kam. Als alle Versuche über private Kontakte und ferne Beziehungen zu keinem Ergebnis führten, schaltete Gaby Grünebaum Stellenanzeigen in der Yorkshire Post und im Manchester Guardian, auf die es nur eine einzige positive Reaktion gab.

Eine Miss Ward aus Nottingham schrieb am 27. März an Julie Silbermann:

> I hear from Mrs. Simons that you would like to come to England. My cook (who has been with me 14 years) is going to be married at the end of April. We are 3 in family, my husband, myself and my little girl aged 8. We have a gardener

Refugee Advertisements

APPEAL for Humanity.—Who would be good enough to take a well-looking, good-natured Jewish Boy of 14, of good reliable family, living now in Vienna in greatest distress? Communicate with 31, Tudor Close, Belsize Avenue, London, N.W. 3.

COOK General, good needlewoman, nursing experience, German-Jewish refugee, Wants Any Position, May 1st to 15th or later. References apply Grunebaum, 5, Armstrong House, Manor Fields, London, S.W. 15.

URGENT.—Austrian Couple require immed. help; must leave Vienna: wife good cook and housekpr. husb'd any work; speak English. H 106, "M/c Guard."

Viennese, aged 39, ex cook, versed in every household work, needlewoman, seeks, urgently, Position. Write Olga Ranzenhofer, Vienna 10, Leibnizgasse 35.

YOUNG Hungarian Jew who is not able to continue his university studies in economics in Hungary desires a kindly disposed person to Finance the Completion of his Studies in England: good references. Vandor Tibor, VI Jokai-u-28, Budapest.

Abb. 69: Anzeige für Julie Silbermann in England.

who cleans the boots and puts the coal and sticks ready for the fires; we have also a young housemaid. Your duties would be to supervise and help her, cook and help with the washing. If you think you are competent to undertake these duties and would like to come here, will you please send photo and references. I pay my cook £ 1 each week. Please answer me that there will be no difficulty in your leaving Germany if I can obtain the permit from the British government.

Yours sincerely E. M. Ward“

Endlich konnte Hanni am 21. April 1939 an Gaby Grünebaum schreiben:

„Liebe Frau Grünebaum, ich bombardiere Sie beinahe mit Briefen, aber ich möchte nicht versäumen Ihnen sofort mitzuteilen, dass heute das permit für meine Schwester von Nottingham gekommen ist mit einem sehr netten Gruß von Mrs. Ward. Alle notwendigen Schritte hier werden nun beschleunigt unternommen, sodass die Dame nicht zu lange warten braucht. Jetzt aber darf ich Ihnen – trotz Verbotes – doch nochmals herzlich danken für alle Mühe, die Sie aufgewandt haben. – Ob ich auch bald an die Reihe komme? [...]

Mit herzlichen Grüssen auch für Ihren Gatten
Ihre Hanni Silbermann“

Als Julie Mitte Mai die Stelle bei Mrs. Ward antrat und in ihrem ersten Brief schrieb: „[M]ir ist nicht mehr bange, alle sind sehr nett, es spricht niemand im Haus ein Wort Deutsch, aber es wird schon gehen“, war Hanni natürlich erleichtert, wenn sie auch selbst mittlerweile in einem Nervenkrieg um die eigene Ausreise stand. Am 28. April 1939 teilte ihr ein Mr. Jolles mit,

„dass Ihre Akten beim BLOOMSBURY HOUSE vormals WOBURN HOUSE scheinbar in einem derartigen Stoß von anderen Akten vergraben [sind], dass zwei meiner Bekannten, die bei dieser Organisation arbeiten, und die ich gebeten hatte, dieselben mal herauszusuchen, um Ihre Angelegenheit zu beschleunigen, dieselben nicht finden konnten. Unter diesen Umständen scheint es mir in Ihrem Interesse am besten zu sein, wenn ich einem dieser Bekannten die ganze Angelegenheit nochmals frisch in die Hand stecke.“[258]

Hanni Silbermann sollte dann schnellstmöglich ihr Gesundheitszeugnis, den Geburtsschein, Schul- und Arbeitszeugnisse und weitere Bescheinigungen neu einreichen. Was ihr auch gelang. Es gibt in dem ausgesprochen umfangreichen Briefwechsel – es sind ca. 150 Briefe, die hin und her gehen – nur einen einzigen, in dem die immer sehr kontrollierte und optimistische Hanni die Fassung verliert. Am 30. Juni 1939, und damit zwei Monate vor Kriegsbeginn, schreibt sie an Erich Grünebaum:

„Lieber Herr Grünebaum,
Sie können sich nicht vorstellen, wie mich Ihre heutige Mitteilung betroffen hat. Nun gebe ich die Hoffnung ganz auf, denn es will mir nicht einleuchten, dass, nachdem für mich eine unlimitierte Bürgschaft – wie mir gesagt worden ist – gestellt wurde, soviel Schwierigkeiten auftauchen, nachdem der Antrag bereits seit Januar läuft. Nur die Hoffnung, dass auch für mich noch ein neues Leben möglich sein sollte, hat mir bisher Kraft gegeben, auszuhalten. Ich bin wirklich ohne Übertreibung, was Ihnen auch jeder hier bestätigen wird, am Ende meiner Nervenkraft. Ich habe alles aufgeboten, um mich nicht unterkriegen zu lassen, habe sicherlich meine Pflicht getan und darüber hinaus allen zur Verfügung gestanden und manchem geholfen, aber letzten Endes wird auch die beste Maschine einmal defekt. Ich werde hier nicht mehr unbedingt gebraucht und Herr Dr. F[entholl] hat mir gesagt, ich solle sofort abreisen, sobald das Permit da ist. Aber ich kann ja nichts dazu tun, und wenn es jetzt nicht kommt, wird es wohl zu spät sein in jeder Beziehung. – Seien

Sie mir nicht böse, dass ich Ihnen das schreibe, bitte verstehen Sie mich. Ohne Pflichten und ohne Aussicht ist das schwere Leben nutzlos. Sie wollen mir helfen, das weiss ich, aber es müsste schnell sein.

Mit herzlichem Gruss
Ihre
Hanni Silbermann"[259]

Der Versuch, ein Wartezeit-Visum zu bekommen, war gescheitert. Man weiß heute nicht mehr, wie es Hanni gelang, in kürzester Zeit ein Visum für Hausangestellte zu bekommen. Die Grünebaums selbst konnten, da sie kein eigenes Permit besaßen, nicht als Arbeitgeber auftreten. Ihnen war es tatsächlich gelungen, das Home-Office dazu zu bringen, ohne Nachweis einer Arbeitsstelle, allein aufgrund der von Erich Grünebaum gestellten Garantien, das Visum auszustellen; dies mag auch zeigen, dass es Erich gelungen war, beste Beziehungen zum Bloomsbury House aufzubauen. In den letzten Vorkriegswochen konnte Hanni endlich nach England reisen und fand zunächst Aufnahme bei den Grünebaums. Die außerordentliche Anspannung des vorangegangenen Jahres und die ständige Sorge um Menschen, die sie in Deutschland zurücklassen musste, führten dann zu einem Nervenzusammenbruch, der sie ans Bett fesselte und langfristig behandelt werden musste. Der Brief, den Gaby Grünebaum an Georg schrieb, um ihn zu bitten, sich um Hanni zu kümmern, war in englischer Sprache geschrieben. Schon mit Kriegsbeginn stellte die Familie ihre Konversationssprache um, ein deutliches Zeichen ihrer Distanzierung, das auch durch die Wendung „die Deutschen" unterstrichen wurde, denen sie sich nicht mehr zugehörig fühlten.[260] Ob sie dann ihren Plan fortsetzte und in die USA emigrierte oder den Krieg zusammen mit Julie auf britischem Boden überstand, wissen wir leider nicht.

Josef Hirschland – ein Angestellter der Levi-Hirschland-Bank

Josef Hirschland, 1919 geboren, war vermutlich mit den Inhabern der Simon-Hirschland-Bank entfernt verwandt und arbeitete bei der Levi-Hirschland-Bank als Angestellter. Die genaue Anzahl jüdischer Angestellter der Bank kann nur geschätzt werden. Auf einer Liste mit Empfängern von Unterstützungszahlungen, die Anfang der 1940er Jahre von den Hirschlands in New York erstellt wurde, finden sich etwa zwanzig Namen von früheren Mitarbeitern. Auch Josef Hirschland wandte sich 1939 an Erich Grünebaum und bat um Hilfe, um Deutschland verlassen zu können. Anscheinend versuchte auch Josef Hirschland per „domestic permit" ein Visum für Großbritannien zu bekommen. In der Bank hatte Hanni Silbermann sicherlich mit ihm darüber gesprochen. Ein Visum für Hausangestellte war eigentlich nur für weibliche Personen vorgesehen. Es gab aber eine Ausnahmeregelung für eine kleine Zahl junger, unverheirateter männliche Diener, wenn sie eine entsprechende berufliche Qualifikation nachweisen konnten. Der hier überlieferte Brief zeigt die ganze Dramatik und Verzweiflung, wie sich in Essen ein jüdischer „Bankbeamter" an jeden Strohhalm klammerte, der Rettung versprach:

„Sie, sehr geehrter Herr Grünebaum, werden sicherlich dafür Verständnis haben, dass man gern jeden Weg, der sich einem bietet, um Deutschland schnellstens verlassen zu können, wahrnehmen möchte. So habe ich jetzt erfahren, dass es beim German Jewish Aid Committee, Bloomsbury House, eine Abteilung gibt, die „Trainings-Permits" zur Erlernung eines beliebigen Handwerks erteilt, die einen zweijährigen Aufenthalt in England gestatten. Dies würde für mich in Frage kommen, da ich sehr gern ein Handwerk, gleichgültig welches, erlernen möchte. (Zu Ihrer Information teile ich Ihnen mit, dass ich hier bereits sowohl an einem Dienerkurs wie an einem Kursus zum Erlernen von Bügeln und Fleckenentfernung teilgenommen habe.) Um dieses „Trainings-Permit" zu erhalten, muss ein Garantiebetrag hinterlegt werden, dessen Höhe von der Zeit abhängt, bis zu der man fähig ist, eine Lehrlingsstelle anzunehmen. Die Garantiesumme hierfür ist naturgemäß erheblich geringer als bei einem „Guaranty-Permit", z. B. wie ich von einem Bekannten gehört habe, £ 75 – für die ganze Zeit. [...] Ich überlasse es Ihrem Gutdünken, sehr geehrter Herr Grünebaum, ob es richtig ist, mal diesen Weg zu versuchen ...

Ihr ergebener Josef Hirschland, Essen, den 4. Mai 1939"[261]

Ob Josef Hirschland tatsächlich ein „domestic permit" erhielt und nach Großbritannien ausreisen konnte, erfahren wir nicht. Sein Name erscheint aber auf der New Yorker Liste der von den Hirschlands betreuten Unterstützungsempfänger, die belegt, dass seine Ausreise, auf welchem Weg auch immer, noch rechtzeitig gelang.

Ismar Werner und Hugo Blum

Im Dezember 1938 informierte Georg Hirschland seinen Neffen Erich Grünebaum über eine Unterredung in New York, in der es um Rettungsmöglichkeiten für eine kleine Gruppe junger Männer aus dem Bekanntenkreis der Hirschlands ging. Georgs Gesprächspartner war Mauricio (ursprünglich Moritz) Hochschild, der nach dem Ersten Weltkrieg in Bolivien und Chile mit der Gewinnung und Vermarktung von Zinn-Erzen ein Imperium aufgebaut hatte, das in den 1940er Jahren rund 40 000 Menschen beschäftigte. Er konnte bolivianische Einreisevisa organisieren, Arbeitsplätze für jüdische Angestellte anbieten und kam für Reisekosten und die Unterbringung am Ziel ebenfalls auf. Nach seinem Tod stellte sich heraus, dass Hochschild mehreren tausend Juden zur Flucht nach Südamerika verholfen hatte.

Am 12. Dezember 1938 schrieb Grünebaum an Hochschild, der sich gerade in London aufhielt, dass sich bei ihm vier junge jüdische Herren bewerben würden: Ismar Werner und Hugo Blum aus Essen sowie Gerhard und Rudolf Weil aus Berlin. Mauricio Hochschild antwortete darauf mit der Bitte, „je eine Fotografie nach dem Dorchester Hotel zu schicken, damit ich wenigstens ungefähr weiss, wie sie aussehen und einen oder zwei auswählen kann"[262]. Ismar Werner war vermutlich auf die Liste gekommen, weil die Hirschlands ein jüdisches Kinderheim gestiftet hatten, das 1924 gebaute Hirschland-Haus in der Essener Peterstraße, in dem die Mutter von Ismar arbeitete. Eventuell arbeitete er auch als Banklehrling. Hugo Blum gehörte zu den Angestellten der Simon-Hirschland-Bank. Beide Kandidaten waren heilfroh, als sie ihre Bewerbungen an die Adresse Hochschilds schicken konnten, denn alle bisherigen Auswanderungsbemühungen waren gescheitert. Am 3. Januar 1939 konnte Erich Grünebaum an Ismar Werner vom Erfolg seiner Bewerbung berichten.

„Sehr geehrter Herr Werner!
Ich habe heute Herrn Hochschild gesprochen, & Ihre Bewerbung wird berücksichtigt werden, wie er mir mitteilt. Er wird Ihnen noch selbst schreiben, damit Sie auch einen Beweis haben, um beim bolivianischen Konsul Ihr Visum erhalten zu können. [...]

Er war zunächst gar nicht sehr erbaut, noch jemanden nehmen zu sollen, nachdem er schon mehr Bewerber akzeptiert hatte, als ursprünglich geplant. Ich habe Ihren Fleiß, Arbeitswilligkeit, Ihre Auffassungsgabe so geschildert, dass er nun doch noch einen mehr nehmen wird. [...] Ich wollte Ihnen nur heute schon mitteilen, dass Sic sofort anfangen können, Spanisch zu lernen [...]. Sie wissen, dass Ihr neuer Wirkungskreis nicht in Chile, sondern in Bolivien liegt. Dass es dort recht hoch gelegene Gebiete sind, wo die Bergwerke von Herrn Hochschild liegen, wissen Sie. Sie müssen sich also darüber klar sein, dass Ihr Herz tadellos in Ordnung ist. Ausrüstung für diese Gebiete muss also auch gegen recht hohe Kälte schützen. Auch derbe Schuhe müssen Sie mitnehmen, möglichst Lederhosen oder Arbeitshosen und hohe Stiefel. Aber das alles werden Sie wohl noch direkt hören. Beiliegenden Brief bitte ich Herrn Blum zu geben.

Mit besten Grüssen und Wünschen für Ihre neue Stelle bin ich Ihr E. G."[263]

Leider war der beiliegende Brief an Hugo Blum eine Absage, weil Maurico Hochschild schon mehr Leute genommen hatte, als er ursprünglich beabsichtigte, bevor die Anfrage von Erich Grünebaum kam. Den beiden Berliner Bewerbern, den Brüdern Weil, ging es ebenso. Nur mit großer Überredung hatte Ismar Werner als Letzter die Zusage bekommen. Ismar konnte 1939 nach Bolivien reisen. Er arbeitete dort in einer Bank und wurde später in das deutlich weiter entwickelte Brasilien versetzt. Insgesamt etwa 8000 jüdische Emigranten hatte Bolivien aufgenommen, um das Land zu modernisieren. Es war eines der ganz wenigen Länder, die noch 1939 gegenüber Juden eine Politik der offenen Tür praktizierten.

Hugo Blum versuchte nach diesem Misserfolg, obwohl er keinen gültigen Pass hatte, Deutschland zu verlassen, um über Luxemburg und Belgien – hier hielt sich sein Vater auf – nach England zu gelangen. An der Grenze verhaftete man ihn im März 1939 und er kam in Untersuchungshaft. Seine Schwester Grete, die mit dem Dienstmädchenvisum nach London entkommen war, wandte sich an Erich Grünebaum. Der hier in Auszügen abgedruckte Briefwechsel zeigt sehr deutlich, wie aufwendig die Mühen der Grünebaums waren, den Flüchtlingen beizustehen. Jeder einzelne Fall verlangte Behördenbesuche, Telefonanrufe, ausgedehnte Briefwechsel und finanzielle Opfer, immer im Wissen, dass die Zeit davonlief und menschliche Leben auf dem Spiel standen.

„Grete Blum, London, den 26.4.1939[264]

Sehr geehrter Herr Grünebaum!

Entschuldigen Sie bitte, wenn ich mich heute mit einer großen Bitte an Sie wende. Ich bin die Schwester des Hugo Blum aus Essen, der bei der Firma Simon Hirschland beschäftigt war.

Wie Sie vielleicht schon wissen, ist mein Bruder beim illegalen Grenzübertritt angehalten worden und nach Trier ins Gefängnis gebracht worden. Bei meinem damaligen Besuch in Trier habe ich meinen Bruder fast kaum wiedererkannt, so geschlagen hat man ihn. Wie Sie wohl verstehen können, ist dringendste Hilfe notwendig. Die benötigten Papiere zur Einreise nach England liegen beim Bloomsbury House und zwar seit ca. fünf Wochen. Ich war an dieser Stelle schon verschiedene Male, um das Permit für meinen Bruder zu erhalten. Aber leider vertröstet man mich immer. Um meinen Bruder die Überführung in ein Konzentrationslager zu ersparen, bitte ich Sie, verehrter Herr Grünebaum, ihm Ihre Hilfe angedeihen zu lassen. Ist es ihnen eventuell möglich, die Sache zu beschleunigen, um meinen Bruder aus dieser traurigen Lage zu befreien. Ich bin allein in England, und habe sonst niemanden an den ich mich wenden könnte. Hoffentlich können Sie mir helfen.

In dem ich Ihnen im Voraus bestens danke
zeichne ich
Hochachtungsvoll
Grete Blum"

„Erich O. Grunebaum, London, 4. Mai 1939[265]

German Jewish Aid Committee,
Immigration Section,
Bloomsbury House,
Bloombury Street,
W.C.l.

Sehr geehrte Herren,

Ich schreibe Ihnen im Namen von Herrn Hugo Blum aus Essen/Ruhr. Durch die Vermittlung einiger Freunde der Familie Blum wurde vor einigen Wochen ein Antrag im Namen des oben Genannten gestellt, aber da bis zum Zeitpunkt des Schreibens keine Antwort eingegangen ist, wird vermutet, dass diese Korrespondenz in die Irre gegangen ist, und deshalb erneuere ich hiermit den Antrag.

Herr Blum war, wie Sie aus der beiliegenden Zeugniskopie ersehen können, etwa zehn Jahre lang bei meiner früheren Firma beschäftigt, bis diese aufgelöst wurde, und hat vor einigen Wochen versucht, die deutsche Grenze ohne gültigen Pass zu überqueren. Er wurde jedoch erwischt und befindet sich seither in Trier in Haft. Aus diesem Grund versuche ich ihm zu helfen, da er beim USA Konsulat registriert ist und in dieses Land einreisen wird, da er eine eidesstattliche Erklärung [Affidavit, N. F.] hat, so dass er unter den genannten Umständen nicht die Zeit abwarten kann, bis er in Deutschland zugelassen wird. Ich verstehe, dass er entweder in Trier inhaftiert bleibt oder in ein Konzentrationslager geschickt wird.

Ich erlaube mir, einen weiteren Satz der Dokumente des Herrn Blum beizufügen:

- Fotokopie [Photostat] der Registrierungsnummer [des Konsulats]
- Fotokopie eines Briefes des amerikanischen Konsulats in Hamburg
- Ein Passbild nach 1937
- Fotokopie einer Bestätigung der Amsterdamer ACM Bank, dass 500 holl. Gulden Herrn Blum zur Verfügung stehen, wenn er Deutschland verlassen kann
- Gesundheitszeugnis
- Kopie eines Zeugnisses seines früheren Arbeitgebers

Die eidesstattliche Erklärung [das Affidavit] für Herrn Blum wurde für ihn zusammen mit seinem Vater abgegeben, der sich zur Zeit in Belgien aufhält. Mir wurde zu verstehen gegeben, dass die Unterlagen direkt an das [amerikanische, N. F.] Konsulat in Stuttgart geschickt wurden, das, wie Sie wissen, nicht zulässt, dass Fotokopien gemacht werden. Die oben genannte Summe, die Herrn Blum zur Verfügung gestellt wurde, könnte von Ihnen als zu gering angesehen werden. Ich möchte jedoch erwähnen, dass die Schwester von Herrn Blum hier eine Stelle als Hausangestellte hat und ihrem Bruder jede Woche ein paar Schilling geben könnte. Sie ist dazu durchaus bereit, wenngleich ihr Einkommen natürlich nicht ausreicht, um eine Garantie zu geben. Dasselbe gilt für einen anderen Bruder, der sich in Holland aufhält. Beide sind bestrebt, ihrem Bruder aus dieser Situation herauszuhelfen, in der er sich jetzt befindet.

Ich hoffe, dass Sie einen Weg finden, Herrn Blum aus seiner jetzigen Situation herauszuhelfen. Soweit ich weiß, wurde ihm ein gültiger Reisepass versprochen, sobald er nachweisen kann, dass er nach England oder in ein anderes Land ausreisen kann. Nach meinen Unterlagen sollte er in weniger als einem Jahr in die USA reisen können.

Ich warte darauf, von Ihnen in dieser Angelegenheit zu hören,

und verbleibe
mit freundlichen Grüßen
E. O. G.“

„Grete Blum, London, den 20. Mai 1939[266]

Sehr geehrter Herr Grünebaum!

Entschuldigen Sie bitte, wenn ich Sie heute noch mal belästigen muss. Wie Sie vielleicht schon gehört haben, ist es mir nicht möglich, für meinen Bruder das Permit zu erlangen, da die Bestätigung des Affidavits nicht in unseren Händen ist.

Nun gab man mir beim Komitee den Rat, ich sollte ein Transit Permit einreichen, das man innerhalb von vier Wochen bekommen könnte. Dazu gehört eine Stellung [Arbeitsstelle, N. F.] die von der Regierung genehmigt werden muss und eine Garantie von 100 £. Die Stellung ist schon zu bekommen, aber die Garantie nicht, denn als Fremde kann ich keinen dafür finden.

Für den Lebensunterhalt meines Bruders ist schon gesorgt, da ich ja 17 Schillinge wöchentlich verdiene.

Wäre es Ihnen vielleicht möglich, sehr geehrter Herr Grünebaum, die Garantie von 100 £ zu stellen. Das Geld wird ja nicht verbraucht, sondern bleibt in ihren Händen und soll nur zur Sicherheit dienen.

Oder könnten Sie mir einen anderen Vorschlag machen, was ich tun könnte, um meinem Bruder zur Ausreise zu helfen. Sein Anwalt bat mich dringend darum und ich wäre Ihnen wirklich dankbar, wenn Sie mir baldigst Antwort zukommen ließen – eventuell mit einer schriftlichen Bestätigung der Garantie.

Hochachtungsvoll
Grete Blum“

„Hugo Blum, 3. Juli 1939[267]
Sehr geehrter Herr Grünebaum!

Sie werden sicherlich durch den telefonischen Anruf bei ihrer Frau Gemahlin erfahren haben, dass ich gut in London angelangt bin. Ich hätte Sie gerne persönlich gesprochen, um Ihnen meinen herzlichen Dank für Ihre freundliche Unterstützung auszusprechen. Leider ist mir jedoch nicht bekannt, wann sie aus Amsterdam zurückkehren und zum anderen werde ich in diesen Tagen nach [...][268] ziehen müssen, um die Trainee Stellung anzutreten. Aus diesem Grunde erlaube ich mir, Ihnen auf diesem Wege meinen Dank zu übermitteln.

Die Angestellten der Firma Simon Hirschland hatten mich beauftragt, Ihnen, sehr geehrter Herr Grünebaum, freundliche Grüße auszurichten. Ansonsten lässt Fräulein Silbermann bitten, doch an sie denken zu wollen, dass sie bald nach hier übersiedeln kann.

In der Annahme, dass es ihnen recht gut geht und ich gelegentlich das Vergnügen haben werde, Sie zu sehen, verbleibe ich mit aufrichtigem Dank und freundlichen Grüßen

Ihr
Hugo Blum“

„Erich O. Grunebaum, den 6. Juli 1939[269]
Sehr geehrter Herr Blum!

Besten Dank für Ihren Brief vom 3. dieses Monats. Zur Zeit bin ich für wenige Tage hier, fahre aber in Kürze wieder nach Amsterdam. Sollten Sie zwischendurch mal nach London kommen, oder noch nicht abgereist sein, so können Sie ja mal telefonisch unter obiger Telefonnummer im Büro oder bei mir zu Hause PUTney 6989 versuchen, ob ich in London anwesend bin.

Für ihre neue Traineestelle wünsche ich Ihnen viel Glück und hoffe, dass Sie einiges dabei auch für Ihr Leben profitieren können. In Amsterdam hörte ich nun, dass ursprünglich vorgesehen gewesen war, dass ein Teil des für Ihr Permit benötigten Geldes, Ihnen von anderer Seite zur Verfügung gestellt wurde, was mir bisher nicht bekannt gewesen war. Als ihr Fräulein Schwester ihr SOS herausschickte, bin ich ohne weitere Rückfrage gleich eingesprungen, und, wie Sie wissen, nicht unwesentlich über den ursprünglich zugesagten Betrag hinaus gegangen. Aber wie Sie sich auch denken können, hat alles auch bei mir seine Grenzen, und, was der eine mehr erhält, fehlt nachher für den anderen. Wenn Ihnen also von anderer Seite ein Fehlbetrag – mir wurde von 20 £ gesprochen – zur Verfügung gestellt werden konnte, möchte ich Sie doch bitten, auch an die anderen zu denken, denen noch geholfen werden muss. Ich würde mich freuen, gelegentlich wieder von Ihnen zu hören und verbleibe

mit freundlichen Grüßen
E. O. G."

Aus den Akten des „Wiedergutmachungsamtes" hat der Stadtarchivar Hermann Schröter entnommen, dass Hugo Blum 1939 auf einer Schiffswerft in England eine Lehre aufnehmen konnte. Von 1940 bis 1942 war er als „feindlicher Ausländer" in einem Lager interniert und trat nach seiner Freilassung in die britische Armee ein. Wahrscheinlich hat Hugo Blum die angemahnten 20 £ sofort zurücküberwiesen. Jedenfalls steht sein Name auf einer Unterstützungsliste der Hirschlands aus dem Jahres 1940 mit einer erneuten Zahlung von 500 Gulden.

Hedwig Hirschland
Als auch die mittel- und südamerikanischen Staaten die Einreise deutscher Juden stoppten, war Shanghai einer der letzten erreichbaren Zufluchtsorte dieser Welt, bekannt als „Exil der kleinen Leute". Fast jeder der 18 000 bis 20 000 Juden in Shanghai hoffte, später in die USA emigrieren zu können. Kurz vor Kriegsbeginn versuchte Hedwig Hirschland, Witwe des 1932 verstorbenen Essener Getreidegroßhändlers Heinrich Hirschland, ein Visum für diesen Ort der Verzweifelten zu bekommen. Bis zum Sommer 1939 war eine Einreise ohne Quotenregelung möglich. Parallel hatte sich Erich Grünebaum in London intensiv bemüht, ein britisches Transitvisum für die 54-jährige Tante aufzutreiben. Hedwig entschied sich aber anders. Ihre Tochter Margarete, die mit ihrem Mann nach Frankreich geflüchtet war und eine kleine Pension an der Cote d'Azur eröffnet hatte, schrieb am 13. Juli an Erich Grünebaum über die Flucht der Mutter aus Deutschland:

„Mit Mutter haben wir viel Aufregungen und Unannehmlichkeiten gehabt. Wir haben ihr zum 8. Juli eine Schiffskarte nach Shanghai gekauft. [...] Die Grenzen Frankreichs werden täglich strenger überwacht und es war für eine Frau wie Mutter, die nicht über die Alpen klettern kann, der einzig gangbare Weg. Sie erhielt auch tatsächlich für das Schiff ihren Reisepass am 4. Juli ausgehändigt. Statt aber alles stehen und liegen zu lassen, sich ein chinesisches Einreisevisum irgendwie zu beschaffen und abzudampfen, musste sie unbedingt erst ihr Gepäck fertig machen, konnte das Schiff nicht mehr erreichen, und jetzt sitzt sie da und wartet, ob sie vielleicht noch im August ein Schiff bekommt, während die Einreise und Durchreise und das chinesische Visum täglich schwerer zu erhalten ist und immer weiter verschärft wird. Wenn sie jetzt nicht mehr ein chinesisches Visum erhält, sind alle Mühe und Ausgaben umsonst gewesen, Gesamtausgabe 15 000 Fr., die für uns sehr schmerzlich sind [...]."[270]

Am Ende schrieb Margarete, Erich solle alles versuchen, um sie nach England zu holen. Die Befürchtungen Margaretes trafen ein. Im August stellte China keine Visa mehr aus. Wie es dann gelang, die Mutter nach Südfrankreich zu bringen, ist aus den Briefen nicht zu ersehen. Am 10. August schrieb Erich an Hedwig an ihre neue Anschrift in Cagnes-sur-Mer, er sei aufrichtig froh, dass sie Deutschland verlassen konnte, und Hedwig schrieb zurück:

„Es ist allerdings notwendig, dass ich bei der Polizei nachweise, dass ich Kapitalistin bin und so dem frz. Staat erwünscht erscheine. Zu diesem

Zwecke hält der Anwalt es für notwendig, dass ich den Nachweis eines Kapitals erbringe. Ich bitte Dich also, mir umgehend einen fingierten Bankauszug auf meinem Namen zu übersenden, damit ich ihn hier vorlegen kann. Ich denke FL. 5.000,- werden genügen."[271]

Diesem Wunsch konnte Erich nicht ohne weiteres entsprechen, und fragte in New York bei Onkel Georg und Onkel Franz an, ob er bei der ACM in Amsterdam einen solchen fingierten Bankauszug über 5000 Gulden erfragen soll, was die beiden als unzumutbar gegenüber der Bank ansahen. Die Lösung des Problems ist dann nicht mehr dokumentiert. Man darf aber sicher sein, dass irgendeine Lösung gefunden wurde, um den Aufenthalt von Hedwig zu sichern. Die letzte Nachricht über ihr weiteres Schicksal findet sich in den Akten des Essener Stadtarchivars Schröter, demnach ist Hedwig Hirschland am 24. Januar 1944 verstorben. Nähere Umstände ihres frühen Todes sind nicht bekannt, sie steht nicht auf der Essener Liste der im Holocaust ermordeten Juden.

Dr. Berthold und Paula Weiss

Der Fall Dr. Berthold und Paula Weiss war für Erich Grünebaum außergewöhnlich kompliziert und arbeitsintensiv. Onkel Berthold war als Frauenarzt in München tätig, wo er im Januar 1938 zusammen mit 25 vorwiegend „arischen" Frauenärzten verhaftet und für einige Monate nach Dachau gebracht wurde, anschließend kam er in ein Münchener Untersuchungsgefängnis, wo es ihm besser erging. Über das ihm und den anderen Ärzten vorgeworfene Delikt kann nur spekuliert werden. Vermuten kann man vielleicht den Vorwurf illegaler Abtreibungen. Es war von vierzehn Fällen die Rede, die ihm zur Last gelegt wurden, die nach Meinung der Anwälte zu einer vier- bis fünfjährigen Haft hätten führen können, wenn es zu einem Strafverfahren gekommen wäre.

Die Familie war sich darin einig, dass politische Motive eine Rolle spielten. Eine Verhandlung oder eine Anklageschrift gab es nicht. Verhandlungen um seine Freilassung wurden dann vom Hirschland-Anwalt Dr. Fenthol und seinem Sozius Dr. Kraweliecki geführt, in denen die Gestapo deutlich machte, dass man gegen eine beträchtliche Zahlung Berthold Weiss freilasse, das Verfahren einstelle und ihn dann ausreisen lasse. Erich Grünebaum versuchte, mit Hilfe weiterer Familienmitglieder die Finanzierung der Freikaufsumme zu organisieren, was sehr schwierig wurde, weil entgegen erster Annahmen eine Zahlung in US-Dollar verlangt wurde. Die schon in den USA lebenden Kinder des Ehepaars Weiss waren selbst bei ihrer Ausreise ausgeplündert worden und konnten den geforderten Betrag von 5000 Dollar nicht vollständig aufbringen. Später wurde die Freikaufsumme noch auf 10 000 Dollar erhöht. Erich Grünebaum, der bereit war, eigene Mittel einzusetzen, verlangte am 7. Januar 1939 Sicherheiten:

„Das Geld muss bei einer ersten ausl. Bank sichergestellt sein, die dafür auch die Garantie übernehmen kann. Wenn dann alle Ausreisegenehmigungen von Gestapo, Polizei, Devisenstelle etc. da sind, will ich den Behörden mal eine Chance geben, wenn sie das Versprechen abgegeben haben, ob sie's auch halten. Aber nicht vorher, so leid mir der Berthold bei dieser Wartezeit auch tut. Das Zweite, worauf geachtet werden muss, ist, dass erst die anderen: Grossvater, & die diversen Tanten, Lisel etc. aus Deutschland raus sein müssen. Bei diesen Gangsters, wenn sie sehen, dass irgendwie Geld zu bekommen ist, setzten sie ein anderes Familienmitglied fest, & dann beginnt die Geschichte von Neuem."[272]

Die Rechtsanwälte konnten sich dann auf einen finanzierbaren Betrag mit den Nazi-Behörden einigen und im Juni 1939 wurde Berthold aus der Haft entlassen. Erich brachte eine Garantiesumme auf und bekam ein britisches Transitvisum, das aber nicht mehr benötigt wurde. Berthold und Paula

Unterstützungsliste

Name			Fl.	
Helmut Humberg	£	146.4.11	1.316.20	
Walter Sternberg			296.46	
Ernst Marcus	£	60.1. 3	450.56	
Walter Freundlich	£	35.-.-	315,25	
Ismar Werner	£	20.1. 3	180.56	
Ernst Frohsinn			100.-	
Dr.Walter Rinteln	$	400.-	729.18	
Irma Abel	bfr "	3000.- 3000.-	379.90	
Herr & Frau Ginsberg	£	160.-	1.440.-	ca.
Josef Hirschland	£	90.-	810.-	"
Herr & Frau Albert Schöndorff	£	500.-	4.500.-	"
Hermine Panofski	$ £ bfr	1139.95 175.- 3000.-	3.716.18	
Bruno Steinberg	ffr $	25000.- 20000.-Garantie	37.367.61	
Julius Weinberg	$	3500.- "	6.300.13	
Moritz Perlstein	$	2424.07 "	4.363.33	
Hugo Moses w/Schwester	$	5513.75 "	9.924.75	
Bruno Philipps	$	1000.-Aval	1.800.-	ca.
Hugo Blum		"	500.-	
Fritz Jonas	$	2300.- "	4.140.-	"
Käte Heinemann		Zusage	600.-	
Richard Kohn	$	150.- "	270.-	"
Cläre Guttentag	$	1000.- "	1.800.-	"
Karl & Margot Hirschland Schulgeld Frau Fechheimer	£	40.-.-	353,20	
Hedwig Hirschland	ffr.	3800.-	180.-	"

Abb. 70: Unterstützungsleistungen für frühere Angestellte und Familienangehörige, Juni 1940.

erhielten die Einreiseerlaubnis in die Schweiz, weil das amerikanische Konsulat zugesichert hatte, dass die Eheleute in die USA einreisen dürfen. Dieses Visum wurde erteilt, weil ihr Sohn Hans eine Amerikanerin geheiratet hatte und deshalb im Mai 1939 die amerikanische Staatsbürgerschaft erhielt. So konnte er ein Affidavit für die Eltern ausstellen und ein Verwandtschaftsvisum beantragen. Am Ende erfuhr Erich Grünebaum die Nachricht vom glücklichen Ende dieser Odyssee:

> „Von Paula und Berthold hatten wir bereits ein Telegramm aus New York über ihre glückliche Ankunft am 9. ds. [sic] Sie sind am 1.11.39 mit ‚D. Rex' ab Genua über Neapel weggefahren, trotz starker Befürchtungen, dass es ihnen wie dem vorhergehenden Schiff gehen könnte, wo nämlich eine grössere Anzahl von Passagieren mit deutschen Pässen von den Franzosen von Bord geholt und nach Algier verbracht wurden. Nun erwarten wir gerne die weiteren Mitteilungen von Paula und Berthold, was sie treiben werden."[273]

Die von den Hirschlands geleisteten finanziellen Unterstützungszahlungen lassen sich nur teilweise beziffern. Kurz nach dem Novemberpogrom 1938 schrieb Erich Grünebaum in einer Aktennotiz:

> „Wie sich erst im Laufe der folgenden Wochen herausstellte, war eine weitere Folge dieser Ereignisse, dass verschiedenen Familienangehörige von sämtlichen Inhabern, die in Deutschland bleiben sollten, und die man in Mark ausgestattet hatte oder ausstatten wollte, oder die selbst noch etwas Vermögen besassen, nunmehr entgegen dem ursprünglichen Plan zur Auswanderung gezwungen waren. Da sie meistens vollkommen mittellos an der Grenze ankamen, haben sich die in Devisen zu leistenden Unterstützungszahlungen sämtlicher Inhaber ins Ungeheure gesteigert."[274]

In den Folgemonaten wuchsen die aufzubringenden Hilfsgelder dramatisch an. Die Hauptinhaber der Bank, Kurt und Georg, mit den Juniorpartnern Kurt und Erich sowie „der Amerikaner Franz Hirschland" gaben so viel wie möglich, um ihren Leuten mit Garantiezahlungen für britische Transitpermits, Schiffspassagen, Bestechungsgeldern und Unkosten bei Behörden zur Flucht zu verhelfen. Anschließend waren für diesen Personenkreis meist längerfristige Zahlungen für den Lebensunterhalt nötig, für die sie zum größten Teil durch die amerikanischen „Affidavits of support" gebürgt hatten. In späteren Jahren hatte die Familie nie den Ehrgeiz, eine Bilanz ihrer Hilfsaufwendungen zu erstellen; überliefert sind Listen aus unterschiedlichen Jahren für verschiedene Personengruppen, die nachträglich nicht zur Ermittlung einer Gesamtsumme dienen können. Eine Übersicht sei hier abgebildet, die eine Ahnung vom Umfang der eingesetzten Mittel gibt.

16

TOD IN THERESIENSTADT

Der Unterschied zwischen einer wohlhabenden jüdischen Bankiersfamilie und einer wirklich reichen konnte nach 1933 völlig unterschiedliche Schicksale hervorbringen. In der Lindenallee 43 war das kleine Bankhaus „Levi Hirschland & Söhne“ nur wenige Schritte von dem imposanten Bank- und Wohnpalais entfernt, in dem die Inhaber der Simon-Hirschland-Bank tätig waren. 1934 kam die Bank mit drei Angestellten und zwei Lehrlingen aus. Alleininhaber der Levi-Hirschland-Bank war seit 1922 Max Hirschland. Er hatte Gertrud Freudenberg geheiratet, deren Vater und Bruder ein luxuriöses Kaufhaus in der Essener Innenstadt betrieben; es war das erste Geschäft in der Stadt mit einer Rolltreppe und einem Erfrischungsraum in der fünften Etage. Als Folge der Wirtschaftskrise und überzogener Investitionen ging das Kaufhaus bankrott und die Großeltern mussten zu Tochter und Schwiegersohn Max in die Alfredstraße 131 ziehen. In dem gutbürgerlichen, geräumigen Haus lebten sie dann zusammen mit ihren Kindern und den beiden Enkeln Margot (1920–2008) und Karl (1925–2015).

Wie die vormals heile Welt seiner Kindheit durch Schicksalsschläge zerbrach, schilderte Karl Hirschland, der nach seiner Flucht in England lebte, seinen Kindern in einem Jugendbuch, das er unter seinem angenommenen Namen Charles Hannam veröffentlicht hat. Die Hirschlands heißen darin „Hartlands“ und die Vornamen sind teilweise verändert:

> „Auch die anderen Hartlands waren Bankiers, aber ihr Geschäft hatte sich sehr viel blühender entwickelt als das von Levi Hartland, und ihre Bank hatte griechische Säulen am Eingang und sehr viel mehr Angestellte und Telefone. Die zwei Brüder, die die Bank leiteten, fuhren in großen Maibachs herum, Bruder Arnold [das ist Georg Hirschland, N. F.] in einem grauen und Bruder Kurt in einem dunkelroten. Mutter mokierte sich immer über die Protzerei, wenn sie an ihr vorbeifuhren. Onkel Arnold [Georg] – der mit dem grauen Wagen – hatte einen Sohn, der genauso alt war wie Karl. Obwohl die Familien nicht viel miteinander zu tun hatten, wollten sie, daß die beiden Jungen miteinander spielten. Schon nach kurzer Zeit sprachen alle von Karls Freund Lutz [Heinz Hirschland]. Lutz war sehr mager, mußte eine dicke Brille tragen und wirkte ängstlich und nervös, ganz im Gegensatz zu Karl, der dick war und auf andere den Eindruck von Liebenswürdigkeit und Freundlichkeit machte. Das große graue Auto holte Karl zu

Abb. 71: Karl Hirschland (später Charles Hannam), seine Mutter Gertrud und Großvater Freudenberg.

Hause ab und fuhr ihn zum ‚Spielen' zu den anderen Hartlands.

Sie hatten ein großes klassizistisches Haus an einem See und obendrein Diener und einen Butler und eine englische Gouvernante, die den verschüchterten Karl immer ‚Darling' nannte. Der Garten war so riesig, daß die Jungen ihn nie bis in den letzten Winkel erforschten, aber sie verschwanden darin und richteten so viel Unfug an, wie es zwei einsame und verwöhnte Knaben an einem einzigen Nachmittag fertigbringen. Den goldenen Karpfen im chinesischen Garten harpunierten sie mit einem Schürhaken: sie zertrampelten die Blumenbeete, versuchten das Boot zu versenken und einmal klärte Karl Lutz über die wesentlichen Dinge des Lebens auf, so wie er sie sah, oder besser, wie er sie von Heini Rademacher erzählt bekommen hatte."[275]

Zwar waren die familiären Kontakte zwischen den Familien von Max und Georg Hirschland wenig intensiv, doch teilten sie Interessen, Anschauungen und Lebensstil; Letzteren auf einem bescheideneren Niveau. Karl wurde auch in seiner Familie von mehreren Hausangestellten umsorgt. Skulpturen und Gemälde im Haus zeugten vom Kunstinteresse der Familie, die auch zu den Stiftern des Folkwang-Museumsvereins gehörten, eine reiche Bibliothek mit vielen kunstgeschichtlichen Bänden stand zur Verfügung und Max Hirschland gehörte wie die Brüder Kurt und Georg dem Vorstand der Synagogengemeinde an. Karls Mutter war religiösen Dingen gegenüber ablehnend eingestellt und erst der Bar-Mizwa-Unterricht führte Karl näher an das Judentum heran. Mit seinem Vater besuchte er dann auch regelmäßiger die Synagoge.

„Die Synagoge war prächtig, ein Denkmal des Reichtums und der Freigebigkeit der jüdischen Gemeinde und besonders der Bankiers Hartland. Es gab eine große Orgel, Mosaiken an den Wänden und viele, viele elektrische Glühbirnen, die wie Kerzen geformt waren. Wenn Karl seine Augen halb zumachte und blinzelte, schimmerte das Licht, und dann fühlte er sich seinem Gott ganz nahe.

Vater hatte einen Platz in der ersten Reihe. Dort gab es kleine Schränkchen, wo die Gebetbücher und die Tallis – Gebetsmäntel – aufbewahrt wurden. In der Eingangshalle war eine Garderobe, und Vater gab dort seinen Hut, Stock und Mantel ab und erhielt dafür von der Garderobenfrau einen Lederkoffer mit seinem Zylinder. Der Zylinder war schwarz und glänzend. Vater bürstete ihn gleichmäßig mit einem kleinen Samtkissen in einer Richtung, damit er schön glänzte. Vater sagte dann mit ganz ehrfurchtsvoller Stimme, daß der Zylinder aus England stamme. Als Lehrling hatte er ein Jahr in England verbracht und sprach nun immer mit besonderer Verehrung von diesem Land."[276]

Abb. 72: Heinz Hirschland beim Schachspiel mit seinem Vater Georg im Teehaus auf der Franzenshöhe.

Während die „reichen" Hirschland-Söhne das humanistische Burggymnasium in der Innenstadt besucht hatten, sollte Karl die Goetheschule, das Rüttenscheider Gymnasium an der Alfredstraße, besuchen.[277] Die Schule lag in unmittelbarer Nachbarschaft und hatte unter jüdischen Eltern den Ruf, ihre jüdischen Schüler etwas weniger zu diskriminieren, als es anderswo der Fall war. Kein anderes Jungengymnasium in Essen hatte nach 1933 noch ähnlich viele jüdische Schüler. Auch hoffte Vater Max, dass der Schulleiter für Karl bei seiner Anmeldung eine Ausnahme machte. Direktor Dr. Röhrscheidt hätte mit Hinweis auf einen Erlass vom Mai 1933, der festlegte, dass der Prozentsatz der neu aufzunehmenden (jüdischen) Schüler 1,5 Prozent der gesamten Schülerschaft nicht überschreiten dürfe, Karls Aufnahme verweigern können.[278] Aber wenige Tage später kam ein Schreiben der Schule, dass Karl als Sonderfall aufgenommen werde, obwohl Max Hirschland kein Frontkämpfer gewesen war. Karl ging dann mit seiner Mutter ins nächste Hutgeschäft, um die Schülermütze der Goetheschule zu kaufen, die mit farbigen Abzeichen die besuchte Klassenstufe anzeigte. Er hat sie wohl nicht mehr getragen, denn die NS-Schulpolitik lehnte Schülermützen als schädlich im Sinne der „Volksgemeinschaft" ab.

Die Hoffnung trog, dass antisemitische Beleidigungen und Schikanen an der Goetheschule seltener seien. Karls neuer Klassenlehrer begrüßte ihn mit dem NS-Parteiabzeichen am Revers und den Worten: „Wie schade. Ich hatte diesmal auf eine vollarische Klasse gehofft."[279] Schwer hatte es Karl im Sportunterricht, wo der Freund der Süßigkeiten und Extrabrötchen am Kletterseil nicht nach oben kam. Vor der gesamten Klasse beschimpfte ihn der Sportlehrer als „fettes Judenschwein". Karls Eltern waren sich bewusst, dass es für das Ansehen ihres Sohnes hilfreich wäre, wenn seine Leistungen im Turnen und in der Leichtathletik sich besserten. Im Stundenplan war der Sportunterricht auf acht Stunden erweitert worden und die „Leibeserziehung" stand auf dem Zeugnis an erster Stelle mit Teilnoten für Leichtathletik, Turnen, Schwimmen, Spielen und Boxen; vorher hatte das Fach „Religion" diesen Spitzenplatz inne. Max Hirschland reagierte mit privatem Sportunterricht und engagierte Sportlehrer Köhler, der Karl in Turnen, Jiu-Jitsu und Boxen unterrichtete. Dies stärkte die Muskeln, aber Karl kompensierte die verbrauchten Kalorien unmittelbar nach den Trainungsstunden durch den regelmäßigen Besuch einer Imbissbude.

Margot, Karls Schwester, besuchte bis zum „Einjährigen-Abschluss" 1936 das Mädchen-Gymnasium in Essen-Bredeney und erfuhr hier, nach eigener Erinnerung, keine antisemitischen Angriffe.

In einem Interview in den 2000er Jahren erinnerte sich Charles Hannam: „Ich wusste, dass ich jüdisch war. Das habe ich aber eher von den anderen in der Schule gelernt als von meinen Eltern."[280] Als Karl mit seiner fünf Jahre älteren Schwester allein in ein Ferienheim nach Wyk auf Föhr geschickt wurde, wurden sie an der Fähre mit einem Schild konfrontiert, auf dem „Juden unerwünscht" stand, und Karl fragte Margot, ob sie wieder umkehren sollten. „Tu so, als ob es nicht da wäre", beschwichtigte Margot.[281]

Um in der Schule Anerkennung und Freunde zu gewinnen, stahl Karl seinen Eltern immer wieder kleinere Geldbeträge und versuchte mit Süßigkeiten und kleinen Geschenken die Mitschüler zu bestechen. Sein Versuch, die Klasse mit Streichen zu unterhalten, brachte ihn immer mehr in Schwierigkeiten und sein Klassenlehrer ermahnte ihn drohend: „Ein Junge in deiner Lage kann sich so etwas gar nicht leisten."[282] Freundschaften zerbrachen und Einladungen bei nichtjüdischen Familien blieben aus. Karl war ein einsames Kind, das sich gern in die Spiel- und Abenteuerwelten seiner Kellerhöhle zurückzog. Ab und zu holte ihn Fahrer Schmitz mit dem grauen Maybach ab, um ihn zum Spielen zur Franzenshöhe zu fahren. Offenbar ging es dem gleichaltrigen Heinz Hirschland dort ähnlich. Als er Heinz zu sich einladen sollte, war Karl verzweifelt. Der Vermögensunterschied zu den „anderen" Hirschlands war ihm sehr bewusst und er bestaunte in ihrer Villa die Vitrinen voller ägyptischer Fragmente, die steinernen Statuen und die vielen Gemälde, von denen seine Mutter sagte, dass sie wertvoll seien. „Unser Haus ist so klein, ich kann ihn doch unmöglich hierher einladen." Vater Max meinte dazu trocken: „Du kannst ja so tun, als ob der Park gegenüber auch noch zu unserem Haus gehört" – er meinte damit den Gruga-Park, Austragungsgelände der Reichsgartenschau 1938.[283]

Als Karl am Morgen vor der Schule an einem Schaukasten des *Stürmers* vorbeikam, las er in der Schlagzeile den Namen „Hirschland", und in der Schule redete man darüber. Es ging um einen Fall sogenannter Rassenschande. Der Klassenprimus sprach ihn darauf an und fragte, ob Karl den Stürmer gelesen habe: „Du stehst nämlich drin" – „Nicht ich," sagte Karl, „nur mein Name." – „Das ist doch das gleiche. Ihr Juden seid doch alle eine heruntergekommene Bande", erwiderte sein Kontrahent.

Preis 20 Pfennig
Der Stürmer
Sonder-Nummer
...ches Wochenblatt zum Kampfe um die Wahrheit
HERAUSGEBER: JULIUS STREICHER
Sondernummer 2
Nürnberg, im August 1935
13. Jahr 1935
Albert Hirschland
Der Rasseschänder von Magdeburg
Eine jüdische Handelsschule
Nichtjüdische Schülerinnen

Abb. 73: Albert Hirschland, Direktor einer Handelsschule, war wegen „Sittlichkeitsverbrechen" angeklagt, begangen unter anderem an „nichtjüdischen" Schülerinnen der von ihm geleiteten Einrichtung. Der ungewöhnlich groß aufgemachte Artikel wurde auch öffentlich plakatiert. Nicht zufällig erschien die Geschichte einen Monat vor den Nürnberger Gesetzen, die u. a. „Rassenschande" als Delikt ins Strafgesetzbuch einführten. Mit Albert Hirschland waren die Essener Hirschlands nur sehr weitläufig verwandt.

Ein entsetzlicher Schlag für die Familie war der Tod von Karls Mutter Gertrud, die 1937 an Pemphigus starb, einer ungewöhnlichen und schmerzhaften Hauterkrankung. Auch ihre Mutter, die Frau von Großvater Freudenberg, war kaum ein Jahr zuvor an der gleichen Krankheit verstorben.

Lange hatte Max Hirschland gehofft, dass die politische Lage sich ändern und der antisemitische Sturm vorüberziehen werde. Als er im Oktober 1938 die Nachricht bekam, dass Georgs Familie plötzlich ihre Villa verlassen hatte und ausgereist war, ohne irgendjemandem Bescheid zu sagen oder sich zu verabschieden, antwortete er auf Karls Frage, ob sie nicht lieber auswandern sollten: „Ja, ich finde, du und Margot, ihr solltet gehen. Ich kann nicht. Ich muss mich um die jüdische Gemeinde kümmern und um die Bank. Außerdem kann ich Großvater Freudenberg nicht allein lassen; er ist zu alt, um noch einmal woanders neu anzufangen."[284] Von seinem Visum, das Max für einen lateinamerikanischen Staat erhalten hatte, wollte er keinen Gebrauch machen.

Das Attentat auf den Botschaftsmitarbeiter Ernst vom Rath in Paris gab dem NS-Regime den gesuchten Anlass, die stagnierende Vertreibung der deutschen Juden entscheidend voranzutreiben. Nach den Pogromen des 9. und 10. November 1938 fragte man nicht mehr: „Wollen Sie auswandern?", sondern: „Wie weit sind Sie?"[285]

Der 9. November wurde in Essen wie in ganz Deutschland als Jahrestag des Hitler-Ludendorff-Putsches nach einem festen Ritual begangen, das traditionell mit Treffen in den Stammlokalen der NSDAP, SA und SS endete. Die Zentralveranstaltung fand in München statt, wo am Abend die Nachricht vom Tod vom Raths eintraf. Nach einer Besprechung mit Hitler gab Goebbels in einer aufhetzenden Rede den anwesenden Gauleitern, SA- und SS-Anführern die Anweisung, ihre Untergebenen in ganz Deutschland zu instruieren, gegen jüdische Einrichtungen, Synagogen und Geschäfte „rückhaltlos" loszuschlagen unter dem Vorwand, es sei ein spontaner Ausbruch des „Volkszorns". Kurz nach Mitternacht erhielten die Essener Nazis in ihren Lokalen der Altstadt Anrufe mit der Aufforderung, die Synagoge zu brandschatzen. Sie organsierten Benzinfässer, drückten das Tor zum Synagogenvorhof ein und stürmten durch den Seiteneingang in die Gemeinderäume und die Rabbinerwohnung. Mit halbstündiger Verspätung traf die Feuerwehr ein und sah das Gebäude brennen; vor dem Gebäude spielten angetrunkene SA- und SS-Leute Fußball mit den Zylindern, die sie in der Garderobe gefunden hatten. Die Feuerwehrleute fungierten dann als Brandbeschleuniger. Sie holten weitere Benzinfässer herbei und schlugen die oberen Fenster der Synagoge ein, um dem Brand Sauerstoff zuzuführen. Die Essener Feuerwehroffiziere waren fast alle Parteimitglieder, die bedenkenlos dem Befehl folgten, Löscharbeiten zu unterlassen und nur bei Bedarf die umliegenden Gebäude zu schützen. In den frühen Morgenstunden wurde die Feuerwehr zum Großfeuer im Jüdischen Jugendheim gerufen, das in voller Ausdehnung brannte. Anders als die sehr massiv gebaute Synagoge, bei der lediglich die Inneneinrichtung verbrannte, war das Jugendheim nach dem Brand vollständig zerstört und abbruchreif. Demolierend und plündernd zogen Nazi-Banden durch die Stadtmitte und die Vororte, um gezielt jüdische Geschäfte und bekannte jüdische Personen in ihren Häusern heimzusuchen. Bei Max Hirschland in der Alfredstraße 133 klingelte die Türglocke in der Nacht. Karls Vater hatte auf dem Dachboden hinter einer Holzverkleidung ein Versteck eingerichtet, in dem er diese Nacht verbrachte. Als Karl und Großvater Freudenberg öffneten, stürmte das bewaffnete Rollkommando ins Haus, gab vor, nach Waffen zu suchen, und die Uniformierten begannen Raum für Raum zu verwüsten: Schubladen wurden ausgekippt, Geschirr und wertvolles Porzellan zerbarst, Holz splitterte und zerbrach. Karls Lieblingsgeschenk zu seiner Bar-Mizwa, eine Kamera, zertrat ein SA-Mann, Sofas und Bilder wurden mit Dolchen zerschnitten. Das Schlimmste war für Karl die Angst, dass diese Leute das Haus anzünden könnten mit der

Abb. 74: Das verwüstete Büro von Max Hirschland in der Bank in der Lindenallee 43 nach dem Novemberpogrom 1938.

Folge, dass sein Vater im Dachversteck verbrennen würde. Dazu kam es glücklicherweise nicht. Karl und sein Großvater bemühten sich, den demolierenden SA-Männern möglichst unterwürfig zu begegnen. Sie boten Zigarren und Cognac an und taten damit vermutlich genau das Richtige, um die Horde, die sich an der Angst und Demütigung ihrer Opfer weiden wollte, zu beruhigen. Nachdem sich die SA davongemacht hatte, kamen SS-Leute ins Haus, die nach Begutachtung des Zerstörungswerks ihrer Vorgänger nur an einigen Flaschen Wein interessiert waren und sich mit den von Louis Freudenberg angebotenen Geldscheinen zufriedengaben.

Weit schlimmer wüteten SA und SS bei der mit den Hirschlands befreundeten Familie des Rechtsanwalts Dr. Salomon Heinemann, am Haumannplatz 1. Heinemann war der langjährige Rechtsanwalt des Rheinisch-Westfälischen Kohlen-Syndikats und hatte alle wichtigen Unternehmen des Ruhrgebiets im Laufe der Zeit vertreten. In seiner herrlichen Villa setzte die Horde Möbel, Vorhänge und Teppiche in Brand und zerstörte die wertvolle expressionistische Kunstsammlung, die Heinemann bereits testamentarisch dem Museum Folkwang vermacht hatte. Zusammen mit Georg Hirschland hatte Heinemann die Idee gehabt, die Osthaus-Sammlung für Essen anzukaufen. Später wurde der Wert der zerstörten Gemälde vom Museum auf etwa 40 000 RM geschätzt. Anna und Salomon Heinemann kehrten wenige Tage nach dem Pogrom noch einmal in ihr zerstörtes Haus zurück. In der abgedichteten Bibliothek setzten sie ihrem Leben mit Leuchtgas ein Ende.

Am 10. November ging Max Hirschland als Erstes mit seinem Sohn zum Bankgeschäft in der Lindenallee. Der „arische“ Prokurist Otto Sohn, der über der Bank wohnte, öffnete ihnen und sie sahen ein unglaubliches Durcheinander. „Schreibmaschinen waren an die Wände geschleudert worden, Pulte umgekippt, Hocker zertrümmert, und der Geldschrank im Schalterraum war umgestürzt. Der große Panzerschrank zeigte Spuren von Gewalttätigkeit, aber sie hatten ihn nicht aufbekommen."[286] Auch wenn dies wieder in Ordnung gebracht werden konnte, für Max Hirschland war damit klar, dass dies das Ende der Bank war.

Die benachbarte Simon-Hirschland-Bank mit den herrschaftlichen Wohnetagen wurde am 9./10. November nicht heimgesucht. Mit einiger Sicherheit war hier die Situation die gleiche, die auch für das Anwesen von Kurt Hirschland am Haumannplatz und für die Villa Franzenshöhe seines Bruders Georg Hirschland galt. In Werden war die Villa unter Schutz gestellt. Als Mitglieder der örtlichen NSDAP und SA in der Pogromnacht versuchten, auf das Gelände zu kommen, trafen sie auf handfeste Gestapo-Mitarbeiter in schwarzen Ledermänteln, die dem marodierenden Trupp klar machten, dass dieses Anwesen nicht angetastet werden dürfe. Die Villen von Kurt und Georg mit ihrem äußerst wertvollen Mobiliar lagen in der unmittelbaren Interessensphäre der Gau- und Kreisleitung der NSDAP, die diesen Besitz unbeschädigt übernehmen wollte. Für die Bank in der Innenstadt war die „Arisierung" und Übernahme durch Burkhardt & Co. bereits eingeleitet.

Aus Furcht, Opfer tätlicher Angriffe randalierender Nazi-Banden werden zu können, setzte sich Max am 10. November mit seinem Sohn in den Zug nach Düsseldorf, wo sie niemand kannte. Schlimmer als der mutwillige Vandalismus und die Plünderungen waren für viele Essener Juden die Schläge, Demütigungen und Drangsalierungen, die sie in diesen Tagen erlitten:

> „Manche wurden halb bekleidet in der kalten Novembernacht aus ihrer Wohnung gezerrt, vor die brennende Synagoge getrieben und dort gezwungen, Lieder zu singen. Viele wurden in ihren Wohnungen, auf der Straße, aber auch in Polizeiwachen blutig geschlagen. Anderen wurde Rhizinusöl eingeflößt oder der Bart angezündet. Manche erlitten seelische Traumata, gegen die sie den Rest ihres Lebens ankämpfen mußten. [...] Der 1911 geborene Hans Winter berichtet über seine Eltern während des Novemberpogroms: ‚Sie hielten sich drei Tage zwischen den Steinen auf dem jüdischen Friedhof im Segeroth auf. Auch nachts. Sie hatten Angst, in die Wohnung zurückzugehen.'"[287]

Überall wurde über die „Kristallnacht" gesprochen, ein Begriff, den vermutlich der Berliner Volksmund prägte. Die Ablehnung des Pogroms in der Bevölkerung war fast einhellig. Sie richtete sich allerdings zumeist gegen den Vandalismus und die Plünderungen. Das Schicksal der jüdischen Opfer spielte eine geringere Rolle, jedenfalls dann, wenn nicht persönlich bekannte Menschen betroffen waren. Die systematisch betriebene Ausgrenzung jüdischer Nachbarn seit 1933, eine latente antijüdische Grundstimmung sowie die Angst, selbst in Schwierigkeiten zu geraten, erklärt die Passivität und die fehlende Protestbereitschaft.

Dieser „Rückfall in die Barbarei", so der Historiker Wolfgang Benz, zerbrach endgültig das Grundverständnis der national eingestellten „deutschen Staatsbürger jüdischen Glaubens", das von den Repräsentanten der Essener Gemeinde lange verteidigt wurde. An seinen Freund, den Lehrer und Prediger August Katzenstein in Essen, schrieb Salomon Samuel, der in Berlin lebende Altrabbiner Essens, im Jahr 1941:

> „Warum haben Sie und wir uns nicht rechtzeitig aus dieser Hölle gerettet, [...] solange noch eine Möglichkeit war. Wir letzten Zurückgebliebenen haben sicher viele Gründe gehabt, hier zu verharren, aber es zeigt sich, daß es törichte Scheingründe waren, die wir hätten durchschauen müssen. Wir glaubten törichterweise nicht daran, daß so etwas möglich wäre [...]. Wir waren blind und taub."[288]

Ähnlich gebrochen und verbittert reagierte der früher hoch angesehene Richter Ernst Grünebaum, der zusehen musste, wie die deutsche Justiz die Strafverfolgung von Rechtsbrüchen gegen Juden unterband und der Lynchjustiz gegen völlig Unschuldige einen Freibrief ausstellte.

In der Folge des Novemberpogroms hagelte es weitere Maßnahmen und Gesetze: In Essen wurden mindestens 319 Männer in „Schutzhaft" genommen; 175 meist jüngere Juden für einige Wochen ins Konzentrationslager Dachau deportiert.[289] Kollektiv wurde der jüdischen Bevölkerung in Deutschland eine „Sühneleistung" von einer Milliarde Reichsmark auferlegt. Versicherungszahlungen für die Schäden wurden zugunsten des Reiches beschlagnahmt. Eine Konferenz unter Görings Leitung beschloss die endgültige Ausschaltung von Juden aus dem Wirtschaftsleben und den Einzug ihres Vermögens. Die Zeitungsmeldung, dass „kein deutsches Kind in Zukunft neben einem jüdischen in der Schulbank sitzen müsse", fand bei Karl Hirschland dagegen Zustimmung. Er war heilfroh, als er sein Abgangszeugnis beim Direktor der Goetheschule abholen konnte.

Seinen Kindern Margot und Karl erklärte Max Hirschland, dass er sie so schnell wie möglich aus Deutschland rausbringen wolle. Margot hatte Ostern 1936 das Mädchengymnasium mit Abschluss der 10. Klasse verlassen, weil feststand, dass sie keine Chance hatte, ein Studium zu beginnen. Ein Jahr danach konnte sie an der Höheren Handelsschule ihren Abschluss unter der Bedingung machen, dass sie keine Stelle in Deutschland suchen würde. Die im Zeichnen begabte junge Frau besuchte dann noch ein Jahr eine Kunstschule in Düsseldorf. Es dauerte bis Mai 1939, bis die Hirschland-Kinder Deutschland verlassen konnten. Die 18-jährige Margot konnte über eine Vermittlungsagentur als Dienstmädchen mit einem domestic permit eine Stelle in einen englischen Haushalt finden und ihr 13-jähriger Bruder Karl wurde in einem Kindertransport aufgenommen. In dem kleinen Ort Elmfield in Sussex fand Margot Aufnahme bei der Familie Stephen, zu der auch Vater Max Vertrauen hatte. Der Hausherr war ein Admiral der britischen Marine. Sein handgeschriebener Brief auf gediegenem bläulichem Papier signalisierte feine Lebensart mit anständigen Prinzipien; auf dem Kuvert war die Adresse nicht einfach gedruckt, sondern geprägt. Margot packte einen Schrankkoffer und durfte in Holzkisten etwas Aussteuer mitnehmen: Bettwäsche, Besteck, einen Teppich und das schönste Geschirr des Hauses. In Düsseldorf bestieg sie den Zug, der sie zum Fährschiff brachte. Erich und Gabi Grünebaum nahmen sie in London in Empfang und kümmerten sich. „Bald kamen sehr vergnügliche Briefe von ihr, und Vater war zufrieden." Tatsächlich offenbarte Margot ihrem Bruder später, dass sie sich in der Offiziersfamilie gar nicht wohlgefühlt habe. Es sei ihr als Bankierstochter sehr schwergefallen, sich in die Rolle eines Dienstmädchens einzufinden. Margot schrieb über ihren weiteren Lebensweg:

> „Nach zwei Jahren in England war es mir möglich, aus der Hausarbeit herauszukommen, und eine Anstellung in London zu finden, als Zeichnerin. Die Arbeit war schlecht bezahlt, aber machte mir Spaß. Ich war jung, und konnte mich auf alles einstellen. In 1942 lernte ich Alfred Panofsky, meinen zukünftigen Mann kennen. Er stammte aus Berlin, und war der Bruder von Frau Georg Hirschland, geb. Panofsky. Jemand hat mal angefragt wie Margot Panofsky, geb. Hirschland und Elsbeth Hirschland, geb. Panofsky zusammenhängen. Dies ist die Antwort. Alfred und ich heirateten zwei Jahre später, in 1944. Anfang 1948 entschlossen wir uns in die Vereinigten Staaten weiter zu wandern. Wenn man einmal ausgewandert ist, fällt einem das Weiterwandern sehr viel leichter. Wir lebten einige Jahre in New York, wo mein Mann als Partner in einer Exportfirma arbeitete, und ich als fremdsprachliche Sekretärin in dem Büro einer großen chemischen Fabrik."[290]

Im Vorwort seines Buches „... und dann mußte ich gehen" schrieb Karl:

> „Wäre ich nicht im Mai 1939 mit dem Zug nach

England entkommen, ich wäre wahrscheinlich auf einem jener Züge gelandet, die Millionen von Juden und anderen Minderheiten in ihren Tod gefahren haben. Mehrere meiner Angehörigen sind auf diese Weise umgekommen, und ich erfuhr erst nach dem Krieg, daß ich nur mit knapper Not entkommen war."[291]

Der Kindertransport, der Karl nach England brachte, war Teil einer Rettungsaktion, die möglich geworden war, weil die britische Regierung als Reaktion auf das Novemberpogrom die Einreise von jüdischen Kindern und Jugendlichen gestattet hatte. Mehr als zehntausend Kinder konnten so gerettet werden. Max Hirschland hatte dazu Kontakt zum Schulleiter des Jawne-Gymnasiums in Köln Dr. Erich Klibansky aufgenommen. Klibansky hatte 1919 das erste und einzige jüdische Privatgymnasium im Rheinland gegründet.[292] Nach dem Schrecken des Pogroms plante Klibansky, seine Schule nach England zu verlegen, und reiste in den Weihnachtsferien nach England, um die Möglichkeiten eines Umzugs zu sondieren. Dem dritten und vorletzten Transport der Jawne-Schüler am 9. Mai wurde Karl zugeteilt und Vater Max erklärte den Reiseablauf:

„Ich werde dich nach Köln bringen, wo du dich dem Kindertransport anschließen wirst. Eine Gruppe jüdischer Kinder reist gleichzeitig, das ist sehr schön für dich, dann hast du gleich Gesellschaft. Wenn du in London ankommst, wird Herr Selig dich abholen, dich zu einem anderen Bahnhof bringen und dich in den Zug nach Ramsgate setzen."[293]

Karl verabschiedete sich von seinen Bekannten. Am schwersten war der Abschied von seinem pechschwarzen Schäferhund, der offiziell den Namen „Hasso" trug, von Karl aber nur „Pisser" genannt wurde. Als die beiden kleinen Koffer, die Karl selbst mitnehmen konnte, in der Diele bereitstanden und er sich von Großvater Freudenberg verabschiedete, stand dem alten Herrn vermutlich vor Augen, dass

Abb. 75: Im Zug erhielten die Kinder ein Schild mit ihrem Bestimmungsort und ihrer Transportnummer. Karls Zielort war Ramsgate.

Abb. 76: Kinderausweis von Karl Hirschland, 30. Dezember 1938.

dies ein Abschied für immer war. Vater und Sohn fuhren dann mit langen Schweigepausen im Zug nach Köln und frühstückten ein letztes Mal gemeinsam im Bahnhofswartesaal. Dann brachte ihn Max auf den Bahnsteig zu den anderen jüdischen Eltern mit ihren Kindern und gab den Rat:

> „‚Du mußt mit dem Geld so sparsam wie möglich umgehen', sagte Vater jetzt sehr hastig. ‚Es gibt ein englisches Sprichwort: Wenn du auf die Pennies achtest, dann werden die Pfunde ganz von allein kommen. Du wirst jeden Penny brauchen, denn ich kann dir kein Geld mitgeben.' Karl küsste seinen Vater auf die Wange und umarmte ihn. Er kletterte in den Zug und ging in ein Abteil, das nur mit Kindern belegt war; und so fuhr er ab."[294]

Als Karl in Ramsgate eintraf, wird er als Jüngster zusammen mit siebzehn anderen jüdischen Jungen aus ganz Deutschland und Österreich in einem Jugendheim einquartiert. Verpflegung und Unterbringung sind gut. Die Jungs konnten zum Baden an den Strand gehen, allerdings klagten die älteren darüber, dass sie weder eine Schule besuchen noch eine Lehre machen konnten. Ihnen wurde täglicher Englischunterricht angeboten, sie mussten Arbeiten im Haus erledigen und nachmittags hatten sie frei. Selten gab es Kontakt zur Bevölkerung und es hieß häufig, dass sie sich so unauffällig wie irgend möglich verhalten sollen. Es bedrückte Karl, dass fast täglich Postkarten seines Vaters eintrafen, und er antwortete nur widerwillig und sporadisch. Er hatte es ihm übelgenommen, dass sein Abschied scheinbar emotionslos gewesen war. Er fühlte sich alleingelassen und abgeschoben. Erst viel später verstand er, dass sein Vater informiert war, dass beim Abschied niemand schreien oder weinen durfte, weil sie sonst das Kind rausgezogen hätten.

Die Schulfrage und Unterbringung in England war für Karl auch eine Geldfrage. In New York hatte sich Georg Hirschland bereit erklärt, für die Ausbildungskosten von Karl zu sorgen. Karl, mitten in der Pubertät stehend, war nicht nur seinem Vater böse, sondern nahm es den „anderen" Hirschlands übel, dass sie aus Essen geflüchtet waren und nach seiner Meinung in Geld schwimmend in New York ein Luxusleben führten. So wie er sich weigerte, dem Vater zu schreiben, so ließ er auch bei Georg Hirschland nichts von sich hören. Erst über Margot kamen Nachrichten über sein Ergehen nach New York, so dass für Karl, der sich in Ramsgate immer weniger wohl fühlte, ein regelmäßiger Privatschulbesuch finanziert wurde. „Ich habe wohl so wunderbar gejammert, dass meine Schwester zu dem Headmaster der Gilbert Hannam Grammar School in Midhurst ging, in der Nähe war sie als Hausmädchen angestellt. Und so kam ich aus dem Hostel raus."[295]

> „New York, 12. Januar 1940
>
> Lieber Erich,
>
> […] Was den Sohn von Max Hirschland, Karl Hirschland, betrifft, so war ich ein wenig enttäuscht, weil ich dachte, dass ich für seine Kosten aufkomme, um ihm eine gute Ausbildung zu ermöglichen. Ich bin durchaus bereit, dies zu tun und habe Dir deshalb telegrafiert, um keine Zeit zu verlieren. Eine Kopie meines Telegramms ist hier beigefügt. Ich hoffe, dass Du dich in diesem Fall in der Zwischenzeit gekümmert hast. Ich hätte sogar nichts dagegen, wenn Du die Möglichkeit hättest, Karl Hirschland hierher zu holen, um mit uns zu leben. Er ist ein netter Junge und ich denke, wir sollten ihm die Gelegenheit geben, so viel wie möglich zu lernen. Wenn Du irgendwelche Fragen dazu hast, telegrafiere mir bitte, denn all diese Angelegenheiten nehmen im Moment auf dem Postweg zu viel Zeit in Anspruch.
>
> Mit freundlichen Grüßen
>
> Georg Hirschland"[296]

Georg Hirschland, der sich so freundlich über Karl äußerte und ihn in seiner Familie aufnehmen wollte, hat vermutlich nie ein Dankeswort von Karl erhalten. Als Georg 1942 starb, schrieb Max den Kindern, sie sollen sich an Georgs Bruder Franz wenden, er sei ebenfalls „sehr verwandtschaftlich". Die Gilbert-Hannam-Schule tat dem Jungen gut, der den frühen Tod seiner Mutter, die antisemitische Ausgrenzung, eine Schulzeit ohne Freunde, den Verlust der vertrauten Umgebung und das Fehlen langfristiger Bindungen durchlitten hatte. Er fand hier ein warmes Nest und wurde von einem Lehrer und seiner Frau in ihrem Zuhause aufgenommen. Als Karl nach drei Jahren die Schule verließ, machte ihm das Lernen Spaß. Er meldete sich für die British Army und bei der Musterung fragte ein Major nach seinem Namen. Karl Hirschland. Der Major schaute ihn an und sagte: „Mit so einem Namen werden die Deutschen dich erschießen, wenn sie dich erwischen." Karl dachte an seine Schule, wählte den Namen des Gründers und wurde so zu Charles Hannam. Nach seinem Militärdienst, den er ganz anders als erwartet in Burma ableistete, studierte Charles Hannam Geschichte und wurde Lehrer und Dozent für Erziehungswissenschaft. Er starb am 28. Mai 2015 in Devon.

Das recht große Haus in der Alfredstraße mochten Max und Großvater Freudenberg nach dem Auszug der Kinder nicht länger bewohnen und sie zogen in den Haushalt der Schwägerin Cilly, die nach dem Tod ihres Mannes Ludwig Hirschland mit den Kindern „Jupp" und „Nelly" in der nahe gelegenen Moorenstraße wohnte. Max wickelte hier noch die letzten Vorgänge zur Auflösung der Bank ab. Der Reichskommissar für das Kreditwesen hatte die Bank am 3. November 1938 angewiesen, dass sie nur noch Geschäfte ausführen dürfe, „die der Liquidation dienen"[297]. So blieb Max genug Zeit, sich um die Synagogengemeinde zu kümmern. Zwei Tage nach der Flucht von Georg Hirschland wählte ihn der Vorstand der Synagogengemeinde zum neuen Vorsitzenden.

1939 war die Essener Synagogengemeinde auf etwa ein Drittel ihrer früheren Größe zusammengeschrumpft. Die Gemeinde war hoffnungslos verarmt und musste sich mit unzureichenden Mitteln vor allem um ältere Menschen kümmern, die ihre letzten finanziellen Reserven verbraucht hatten. Nach der Zerstörung der Synagoge und des Jugendheims wurde die Gemeindearbeit in zwei Häusern der Hindenburgstraße geleistet. Hier, wie auch an anderen Stellen der Stadt, hatte die Verwaltung sogenannte Judenhäuser eingerichtet, um Juden, die man aus ihren alten Wohnungen vertrieben hatte, versammeln zu können. Solche Umzüge zerbrachen alte Nachbarschaften, die zu Solidarisierungen hätten führen können. Im Parterre des Hauses Nr. 22 entstand ein provisorischer Versammlungs- und Gottesdienstraum für die Restgemeinde. Morgens und abends kamen hier etwa dreißig Besucher zusammen, am Schabbat war die Zahl höher. Eine Zeitlang wurden in diesem Raum auch Sprachkurse für Auswanderer angeboten. An gleicher Stelle unterhielt die Gemeinde ein kleines Büro, sie richtete eine Notküche ein und eine Kleiderkammer und organisierte ein bescheidenes Kulturprogramm. Meist wirkungslos versuchte der Vorstand, die Interessen von Gemeindemitgliedern gegenüber der Gestapo zu vertreten.

In seinen fast täglichen Briefen und Postkarten an die Kinder unterließ Max Hirschland jegliche Klage über die erlittenen Schicksalsschläge und die immer neuen Beschränkungen aller Lebensmöglichkeiten. Von Ausgangssperren, unzureichenden Lebensmittelrationen, Ablieferungen von Kleidung und elektrischen Geräten, der Kennzeichnung mit dem Judenstern wollte er seinen Kindern nicht berichten, um sie nicht zu belasten. Auch gestattete die Zensur solche Mitteilungen nicht. Lieber wollte Max von seinen Kindern die kleinen Erlebnisse des britischen Alltags erfahren, fragte nach neuen Freunden, den Sprachfortschritten, gab väterliche Ratschläge zum sparsamen Umgang mit Geld und bemerkte dann gleich, dass er ihnen keine Predigten halten wolle. Jeder Brief, jede Karte lässt durchblicken, wie sehr er seine Kinder vermisste und bemüht war, über die Trennung hinweg ein inniges Verhältnis zu Karl und Margot zu bewahren.

Im Frühjahr 1942 wurde Max Hirschland mit seinem Schwiegervater wie die meisten noch in Essen

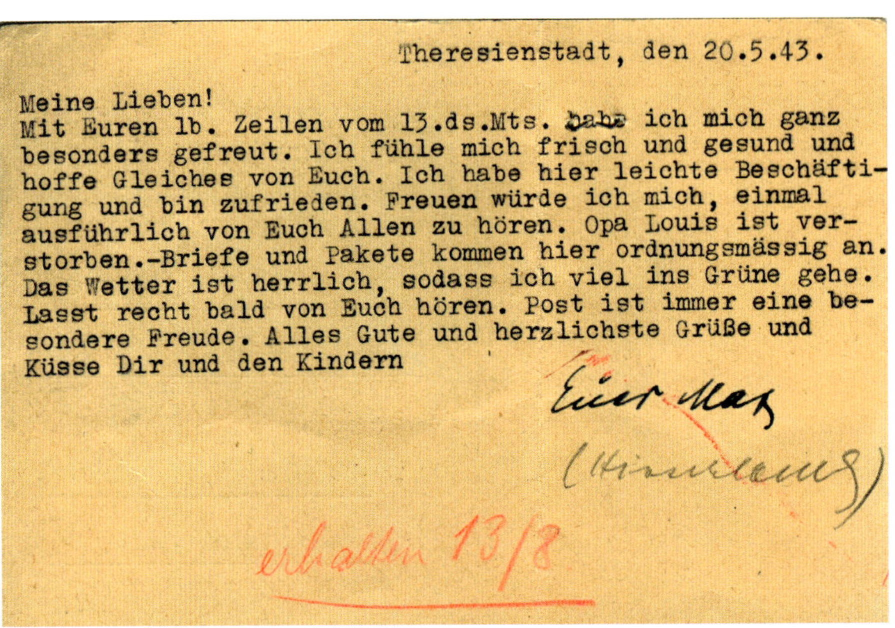
Theresienstadt, den 20.5.43.

Meine Lieben!
Mit Euren lb. Zeilen vom 13.ds.Mts. habe ich mich ganz besonders gefreut. Ich fühle mich frisch und gesund und hoffe Gleiches von Euch. Ich habe hier leichte Beschäftigung und bin zufrieden. Freuen würde ich mich, einmal ausführlich von Euch Allen zu hören. Opa Louis ist verstorben.-Briefe und Pakete kommen hier ordnungsmässig an. Das Wetter ist herrlich, sodass ich viel ins Grüne gehe. Lasst recht bald von Euch hören. Post ist immer eine besondere Freude. Alles Gute und herzlichste Grüße und Küsse Dir und den Kindern

Euer Max
(Hirschland)

erhalten 13/8

Abb. 77: Karte aus Theresienstadt. Die Postkarte illustriert die strengen Regeln der Zensur im Ghetto. Max durfte nur mit der Maschine oder in Blockschrift schreiben. Nichts durfte über die Situation im Ghetto geschrieben werden. Die Karte ging zunächst durch die mit Juden besetzte Zensur, dann zur Kommandantur. Wenn etwas Unzulässiges geschrieben wurde, wurden der Schreiber und der jüdische Zensor bestraft.

lebenden Juden in das Barackenlager „Holbecks Hof" in Essen-Steele eingewiesen. Das Gelände war mit einem Zaun umgeben und bewacht, aber tagsüber durfte man es verlassen. „Das unvollständige Hausbewohnerverzeichnis führt 347 Personen auf", doch tatsächlich war die Bewohnerzahl deutlich höher, in der Mehrzahl ältere Leute: „Jede Baracke bestand aus mehreren kleinen Räumen und einem Flur. Dicht gedrängt mußten sich sechs Personen einen mit Etagenbetten, Schrank, Tisch und Stühlen spärlich möblierten Raum teilen. Es wurden eine Gemeinschaftsküche und ein Gemeinschaftsraum mit Betsaal und Schulzimmer eingerichtet."[298]

Am 18. Juli 1942 schrieb Max hier einen Brief an seinen früheren („arischen") Prokuristen Otto Sohn:

> „Ich wohne seit einigen Wochen in den Baracken Steele Holbeckshof. Mein Schiegervater u. Frau Weiss ebenfalls. Meine Schwägerin ist vor 1 Monat nach Izbica im Osten abgewandert u. wir fahren Montag früh alle nach Theresienstadt – einige Stunden von Prag. Ich hatte mir hier eine kleine Lungen-Entzündung zugezogen, von der ich ziemlich geheilt bin."[299]

Die Bewohner der Steeler Baracken wussten zu dieser Zeit vermutlich, dass „Abwanderung nach Izbica" für fast alle den Tod bedeutete; Izbica im Distrikt Lublin diente als Durchgangsstation zu den Gaskammern. Mit dem Transport am 22. Juli 1942 kamen Max und der 71-jährige Louis Freudenberg in das Sammel- und Durchgangslager Theresienstadt, das in der NS-Propaganda als „Altersghetto" verklärt wurde. Überfüllte Massenunterkünfte in alten Garnisonsgebäuden, Unterernährung, fehlende Medikamente und schlimme hygienische Verhältnisse bedingten hohe Todeszahlen. Insgesamt starben hier 33 500 Menschen. Unter diesen Bedingungen überlebte Louis Freudenberg noch ein Jahr. Max, der gesundheitlich schon sehr angegriffen ins Ghetto kam, starb am 9. Juni 1944 unter den dort herrschenden mörderischen Bedingungen.

17

DIE VERGANGENHEIT ZIEHT MIT – ANFÄNGE IN NEW YORK

Nach ihrer Ankunft in New York am 15. Oktober 1938 mietete Georg für seine Familie in Scarsdale, 35 Zugminuten von New York City entfernt, ein Anwesen, dessen Zuschnitt zeigte, dass sie ihren gewohnten Lebensstandard nicht aufgeben mussten. Scarsdale galt damals wie heute als einer der reichsten Orte der amerikanischen Ostküste. Im Januar 1939 schrieb Georg an seine Neffen:

> „Das Haus selbst liegt am Waldrand und ist schöner und größer als ich es mir gewünscht hatte. Infolgedessen ist es auch teurer. Ich hoffe doch sehr, dass wir bis dahin klarer sehen, ob wir uns Möbel anschaffen müssen oder ob unsere Möbel heraus können, ob wir überhaupt hierbleiben können oder aber weg müssen. [...] Dadurch, dass wir so nah bei Franz wohnen, können wir das Auto von Franz mitbenutzen, ich kann damit zur Bahn fahren, die Kinder können auf der Schule bleiben und mit dem Auto zur Schule gebracht werden."[300]

Der Garten grenzte fast an das Grundstück des Bruders. Franz und Gula lebten hier in einer 22-Zimmer-Villa, in deren Räumen Werke von Renoir, Cézanne und van Gogh hingen. Das Haus lag inmitten eines Parks mit weiten grünen Rasenflächen, einem Apfelgarten, einem Tennisplatz und einem Seerosenteich, an dessen Ende ein künstlicher Wasserfall plätscherte, den man in der Küche ein- und ausschaltete.[301] Die Familie blieb in Scarsdale zunächst eng beieinander und auch für andere Hirschlands, die aus Deutschland kamen, begann hier ein neues Leben. Lutz Grünebaum mit Familie wohnte nebenan in der Brayton Road. Der gemeinsame Freitagabend wurde wieder möglich, aber unbeschwerte Unterhaltung hat es sicher selten gegeben, zu ernst war die Lage in Europa, und die Hirschlands besprachen sich, wie sie helfen können, um Familienangehörige, Freunde und Bekannte aus Deutschland zu retten. Franz Hirschland und Lutz Grünebaum waren US-Bürger und beide waren ausgesprochen wohlhabend – Franz aufgrund seiner langjährig erfolgreichen Unternehmertätigkeit, und Lutz, der 1924 in die USA gekommen war, durch das Vermögen seiner Frau Doris.[302] Dies machte es möglich, zahlreiche eidesstattliche Erklärungen zu unterschreiben, um einwandernde Flüchtlinge zu unterstützen. Gemeinsam mit Georg, der auch für Kurt handelte, wurden Listen erstellt, mit welchen Zahlungen ankommende Flüchtlinge ausgestattet werden mussten, die oft nur die Kleider auf dem Leib hatten, mit denen sie ankamen.

Ein beruflicher Neuanfang schien dem 54-jährigen Georg Hirschland auch nach einem halben Jahr in Scarsdale fraglich. Seinen Partnern schrieb er: „Ich weiß weder, was ich tun kann, noch was ich will. Solange ich nicht eingewandert bin, ist gänzlich ausgeschlossen, dass hierin ein Entschluss gefasst werden kann; wann das aber möglich ist, weiß kein Mensch" und an den älteren Partner Harff gerichtet, fügte er an:

> „Wenn Sie glauben, dass es in unserem Alter leichter ist, mit Rücksicht auf die politischen Verhältnisse in einem anderen Lande zu einer produktiven Tätigkeit wieder zu kommen, so irren Sie sich. Alle Gebiete, auf denen wir glauben, im internationalen Geschäft besondere Kenntnisse und Erfahrungen zu besitzen, sodass wir etwas Neues dem Wirtschaftsleben unserer Gastländer bieten können, sind von schlechten und guten Leuten so überbesetzt, dass ich fürchte, man wird sich doch etwas Neues suchen müssen, um wirklich eine nützliche Tätigkeit wieder auffinden zu können. Dazu gehört viel Zeit und viel Glück. Ob wir noch in unserem Alter genügend Zeit dazu haben, ist mir mehr als zweifelhaft. Dass Grünebaums auf Grund ihrer Jugend, ihren Sprachkenntnissen und ihrer Ausbildung dazu besser geeignet sind als wir, daran zweifele ich nicht, aber auch diese müssen sich sehr viel Zeit dazu nehmen."[303]

Georg Hirschlands pessimistische Sicht auf seine beruflichen Möglichkeiten deckte sich allerdings wenig mit dem tatsächlichen Engagement, das er in New York an den Tag legte. Schon im Juni 1939 wurde er in den Aufsichtsrat der New York Hanseatic Bank gewählt und bezog ein Büro im Bankgebäude am Broadway 120. Auch wenn Georg Hirschland anfangs überwiegend mit eigenen Rechts- und Steuerfragen und einer riesigen Korrespondenz durch seine Familien- und Flüchtlingshilfe belastet war, erwarb er sich in kürzester Zeit eine überragende Stellung in der Hanseatic. Begeistert schreibt Lutz über diesen „fabelhaften Kerl":

> „Es gibt ja dann und wann perfekte Menschen, aber das sind leider meist Schlemihls. Ein Mann wirklich großen Formats ist selten ohne große Nachteile, aber der Saldo, der bei Onkel Georg bleibt, ist doch schlechthin ungewöhnlich. Dabei sehe ich von seinem Kunstverständnis, seinen politischen oder ökonomischen Ansichten vollkommen ab; das erste kann ich nicht beurteilen, im letzten bin ich meist anderer Ansicht. Ich spreche vom rein Gesellschaftlichen und Menschlichen. Interessant ist ja die doch relativ schnell erworbene ganz überragende Stellung, die Georg in der Hanseatic einnimmt, und zwar natürlicherweise noch nicht als Geschäftsaquisiteur – in dieser Beziehung tut er fast gar nichts. Aber im Ausgleichen zwischen den verschiedenen recht eigenwilligen Persönlichkeiten [...] ist er schon heute nicht nur nicht primus inter pares, sondern Meister der Situation und entscheidend für die Politik, die jedes Department in der Hanseatic einschlägt."[304]

Die New York Hanseatic Corporation war von Franz Hirschland 1920 mitbegründet worden, der kurz nach dem Weltkrieg ein Unternehmen vertrat, das amerikanische Baumwolle nach Deutschland exportieren wollte. Dem Aufsichtsrat gehörte Franz Hirschland ständig an; sein Neffe Lutz Grünebaum arbeitet ebenfalls in dieser Bank und nach dem Verkauf der Beteiligungen an der ACM und Coba erwarben die Hirschlands die Aktienmehrheit. Als Georg in die USA kam, war die Hanseatic in ihrer Leitung verwaist und es gelang Georg schnell, das Unternehmen wieder auf Kurs zu bringen. Erich und Kurt, die 1941 in die USA kamen, traten in die

Leitung der Bank ein. Wann immer Mittel zur Verfügung standen, kauften sie Hanseatic-Aktien dazu. Erich wurde Vorstandsvorsitzender und Kurt hatte den Posten des Präsidenten bei der Hanseatic. Gedanken an eine mögliche Rückwanderung nach Deutschland kamen insbesondere in der jüngeren Generation nicht auf. Ihre Zukunftschancen waren in den USA deutlich besser als im kriegszerstörten Deutschland, dessen Wiederaufbau in den frühen Jahren nach dem Krieg nicht absehbar war.

1961 zählte die Bank unter der Regie der beiden Brüder zu den größten „außerbörslichen" Handelsorganisationen in den USA. Das Unternehmen emittierte neue Unternehmensaktien und handelte als eine von 21 zugelassenen Banken mit Staatsanleihen.[305] Während des Krieges konnten die Hirschlands auch einige frühere Hamburger und Essener Bankangestellte in der Hanseatic unterbringen, die sonst kaum eine Anstellungschance bei New Yorker Banken hatten.

Ein letztes Stück Heimat und eine erste Anlaufstelle in New York für Essener Flüchtlinge war die Gemeinde Habonim, die der charismatische Rabbiner Hugo Hahn mit den Hirschlands und weiteren alten Freunden in New York ein Jahr nach dem Pogrom am 9. November 1939 gründete. Das Datum ebenso wie der Name – Habonim bedeutet auf Hebräisch „Erbauer" – signalisierten den Widerstand der Gemeinde gegen den Naziterror in Deutschland. Für die Flüchtlinge wollte Hugo Hahn eine neue spirituelle Heimat schaffen und Hoffnung stiften, dass das deutsche Judentum überlebt, inmitten der zunehmend schlimmeren Nachrichten, die aus Europa eintrafen. Zu viele Eltern, Verwandte und Freunde waren in Deutschland gefangen und es wurde immer offensichtlicher, dass es im Krieg keinen Weg gab, sie zu retten.

In Manhattan fand die Gemeinde eine Synagoge, in der die liberale Essener Tradition auch im Stil des Gottesdienstes fortgesetzt wurde. Georg Hirschland, dessen Gesundheit erheblich gelitten hatte, verzichtete zugunsten des 40-jährigen Friedrich Brodnitz auf den Gemeindevorsitz und nahm den Posten des Stellvertreters an. Zwischen 1965 und 1974 setzte Erich Grünebaum die Präsidentschaftstradition der Familie fort. Die Gemeinde blühte auf und gewann eine Vielzahl von jungen Familien, die sich von einer engagierten Jugendarbeit und sozialen Aktivitäten angesprochen fühlten. Selbstverständlich tat die Gemeinde der „Erbauer" alles, um bald eine eigene Synagoge zu bauen. Die massive finanzielle Unterstützung der Hirschlands war wieder selbstverständlich. Der prominente Bibelexperte Eduard Strauss organisierte anspruchsvolle Vortragsreihen zu religiösen Fragen mit Referenten wie Martin Buber und Leo Baeck. Prominente Intellektuelle sprachen über naturwissenschaftliche, philosophische, literarische und politische Themen. Anfangs noch auf Deutsch erschien monatlich die Zeitschrift *The blue Pages*, eine wichtige lokale Ergänzung zum *Aufbau*, dem wichtigsten Informationsorgan der in die USA geflüchteten deutschsprachigen Juden.

Die deutschen Gemeinden begannen sich zu assimilieren. In den Gottesdiensten wurde immer weniger Deutsch gesprochen, bis es in den 1950er Jahren ganz abgeschafft war. Das Ende des Krieges brachte für die Gemeinde erschütternde Nachrichten über das, was in Europa geschehen war. Das Gedenken an die Toten bekam Priorität. Jedes Jahr fanden Holocaust-Gedenkgottesdienste statt. Mit Steinen zerstörter deutscher Synagogen baute der Künstler Emanuel Milstein einen Altar als Denkmal für die Opfer des Holocaust. Nach dem Novemberpogrom hatte man im Rinnstein an der Essener Synagoge eine verkohlte Tora-Rolle entdeckt, die nach Princeton gerettet wurde, wo man sie an Albert Einstein übergab. Später übergab er sie an die Gemeinde Habonim, die die verkohlte Tora von einem Künstler einfassen ließ und in der Synagoge anbrachte. Im Gegensatz zur Generation der Seniorpartner fand Erich Grünebaum, dass sich die meisten Flüchtlinge in New York zu sehr zusammendrängten:

Brüdergemeinde Habonim

(Central-Synagogue)

Freitag, 10. November

abends 8 Uhr

in der CENTRAL SYNAGOGUE

Lexington Ave. und 55th Street

Gedenkgottesdienst

in Erinnerung an den

10. November 1938

Predigt: Rabbiner Dr. Hugo Hahn
Schlussansprache: Rabbi Jonah B. Wise
Vorbeter: Oberkantor Peissachowitsch-Hardt
Orgel: Hermann Schwarz Chor

Die nächsten Gottesdienste

finden statt:

Freitag, den 24. November 1939
Freitag, den 8. Dez. (Chanukah)

Folgende Arbeitsgemeinschaften werden im

Jüdischen Lehrhaus
"Franz Rosenzweig"

innerhalb der Brüdergemeinde Habonim durchgeführt:

1) DR. EDUARD STRAUSS
Lesen der Heiligen Schrift
"Der Prophet Jesaia"
Beginn Mittwoch, den 15. November, abends 8 Uhr

2) DR. MAX SALOMON
Das jüdische Buch von heute (in englisch)
Beginn: Mittwoch, den 22. November, abends 9 Uhr

3) DR. HEINZ KELLERMANN
Stätten jüdischen Lebens in New York (mit Führungen)
Beginn: Sonntag, den 26. November, vormittags 10.30 Uhr

Alle Arbeitsgemeinschaften finden im Gemeindehaus der Central Synagogue, 35 East 62nd St., statt.

Sprechstunden von Rabbiner Dr. Hahn in allen Gemeinde-Angelegenheiten: Dienstags und Donnerstags von 10-12 Uhr vorm., sonst nach telefonischer Vereinbarung: RE 4-4073.

Brüdergemeinde Habonim

Innerhalb der Central-Synagogue hat sich unter Leitung von Rabbiner Dr. *Hugo Hahn* (früher Essen) eine Gemeinschaft von Juden aus Deutschland gebildet, die im Anschluss und in enger Zusammenarbeit mit der amerikanischen Synagoge ein Gemeindeleben zu entwickeln begonnen hat, das den kulturellen Anforderungen und religiösen Wünschen der Menschen unseres Kreises gerecht werden soll. Die grosse Beteiligung, die die Gottesdienste dieser Gemeinschaft an den hohen Feiertagen dieses Jahres gefunden haben, hat den Wunsch rege werden lassen, diese Gemeinschaftsarbeit fortzuführen und zu entwickeln. Es sollen zunächst vierzehntägig Freitag-Abend-Gottesdienste in dem schönen und grossen Tempel der Central-Synagogue (Lexington Ave. und 55. Str.) stattfinden, die bewusst auf einen späten Termin — 8 Uhr abends — angesetzt sind, um auch den Berufstätigen die Teilnahme zu ermöglichen. Der erste dieser Gottesdienste wird am 10. November 1939, in Erinnerung an die erschütternden Ereignisse, von denen die Jüdischen Gemeinden Deutschlands am gleichen Tage des vergangenen Jahres heimgesucht wurden, stattfinden.

Die neue Gemeinde trägt den Namen "Habonim", die Bauleute, weil sie sich bewusst ist, dass sie den Blick nicht nur rückwärts lenken darf, sondern dass sie, bei aller Betonung der Traditionen, die wir wahren wollen, eine grosse Aufbauarbeit innerhalb der neuen Heimat zu leisten hat. Neben dem Synagogalen soll darum die Pflege des Kulturellen in den Vordergrund gestellt werden. In Verbindung mit der Gemeinde ist das

Jüdische Lehrhaus "Franz Rosenzweig"

gegründet worden, dessen Aufgabe es sein wird, in Arbeitsgemeinschaften und Kursen jüdisches Wissen zu vermitteln, und den Anschluss an das jüdische Leben Amerikas zu pflegen. Das Lehrhaus steht unter der gemeinsamen Leitung von Dr. Hugo Höhn, Fritz Schwarzschild und Dr. Eduard Strauss.

Folgende Themen sollen in den kommenden Monaten behandelt werden:

1. Dr. Eduard Strauss: Lesen der Heiligen Schrift "Der Prophet Jesaia".
2. Dr. Max Salomon: "Das jüdische Buch von Heute" (in englischer Sprache).
3. Dr. Heinz Kellermann: "Stätten jüdischen Lebens in New York" (mit Führungen).

Die Sprechstunden von Rabbiner Dr. Hahn, in denen man das Nähere über alle gemeindlichen Einrichtungen (Religions-Unterricht für Kinder, Barmizwah-Vorbereitungen, usw.) erfahrèn kann, finden Dienstags und Donnerstags von-12 Uhr im Gemeindehaus der Central-Synagogue, 35 East 62. Str., Phone: Regent 4-4073, statt.

(Siehe auch Anzeige auf Seite 10)

*

Abb. 78 u. 79: Anzeigen zur Gründung der Gemeinde Habonim in New York in der deutsch-jüdischen Exilzeitschrift *Der Aufbau* am 1. November 1939.

Abb. 80: Die verkohlte Tora-Rolle, die in Essen gerettet wurde, erinnert heute in der Habonim-Synagoge New York an die Wurzeln dieser Gemeinde.

„Wir versuchten das zu vermeiden. Tatsächlich mieteten wir uns mit unseren Kindern zu Beginn eine möblierte Wohnung [...]. Meine Frau hatte eine Wohnung in Kew Gardens gesehen, die wir uns leisten konnten. Sie war sehr nett, und der Vermieter machte alle möglichen Zugeständnisse. An diesem Abend sagte ich zu meiner Frau, dass wir die Wohnung nehmen sollten, wenn wir wollten, dass unsere Kinder als deutsch-jüdische Flüchtlinge aufwüchsen. Wenn wir aber wollten, dass sie als amerikanische Juden aufwachsen sollten, dann dürften wir nicht freiwillig in ein Ghetto ziehen. [...] Also entschieden wir, nach Westchester zu ziehen. Zu diesem Zeitpunkt war mir nicht klar, dass ich ins andere Extrem verfallen war. Ich zog in eine geradezu antisemitische Gegend.“[306]

Schon Ende 1939 erkrankte Georg Hirschland, im Frühjahr 1940 konnte er seine Arbeit noch einmal aufnehmen. An der New York University hielt er Vorlesungen über Wirtschaftsprobleme, die mit dem Krieg zusammenhingen, und den Wiederaufbau Europas nach dem Krieg. Sie zeigen, wie Hugo Hahn in einem Nachruf schrieb, dass Georg Hirschland sich „mit Schwungkraft in die neuen Gegebenheiten einzuleben bemühte“.[307] Vermutlich stand diese Tätigkeit auch im Zusammenhang mit seinen Bemühungen, eine dauerhafte Aufenthaltserlaubnis in den USA zu erlangen. Nach einer zeitweiligen Erholung verschlimmerte sich sein Zustand. Seit Beginn des Jahres 1941 musste er sich vollständig aus der Firma und der Arbeit in der Habonim-Gemeinde zurückziehen. Georg Simon Hirschland starb am 14. März 1942. Sein bescheidenes Grab be-

Abb. 81: Georg Hirschland (1885–1942) – Zeichnung Max Liebermann, Museum Folkwang Essen.

findet sich auf dem Westchester Hills Cemetery. Auf dem gleichen Friedhof wurden 1957 sein Bruder Kurt und seine Ehefrau Elsbeth bestattet. Sie überlebte ihn um mehr als dreißig Jahre und starb am 27. Juni 1973.

Einen sehr persönlichen Nachruf auf Georg Hirschland schrieb sein Schwager und Freund Ernst Grünebaum in seinen Lebenserinnerungen:

„Am 14. März [1942] erlag mein lieber Schwager Georg mit nur 56 Jahren plötzlich einem Herzinfarkt in Scarsdale [New York] nach längerer Krankheit und nach scheinbarer Erholung.
Als ich in die Hirschland Familie kam, war er ein kleiner 10-jähriger Junge, so dass wir ein Leben lang zusammen verbrachten. Danach und in späteren Jahren half ich ihm bei schwierigen Hausaufgaben und zusammen mit den beiden anderen Brüder sangen wir kräftig bei den Familienausflügen. Als er Jura studierte, konnte ich ihn mit meinen juristischen Erfahrungen unterstützen. Mit herzlichem Interesse habe ich seine Fortschritte verfolgt und war glücklich, dass die beiden jungen Männer, er und Kurt, nach dem vorzeitigen Tod ihres Vaters als Eigentümer der Bank diese zum Blühen und zur internationalen Bedeutung brachten.
Wir machten zusammen schöne Wanderungen am Rhein und im Sauerland. Er war zusammen mit seiner lieben Frau, die sich in den bildenden Künsten bestens auskannte, unser Führer bei einer Italienreise im Jahr 1927. Durch sie lernten wir viel Schönes kennen. Ich sagte schon, dass es Georg 1931 gelang, den Sturm abzuwettern, in dem die Bank stand, nachdem sein Bruder gesundheitlich zusammengebrochen war. Was Georgs Gesundheit und Widerstandskraft zermürbte, das war der Kampf mit dem Nationalsozialismus; zuerst um die Bank vor der Gier der Nazis zu schützen, später der Kampf, um irgendeine noch akzeptierbare Entschädigung von den Nazis zu erreichen. Dieser Kampf zog sich über Jahre hin.

Schon vor und dann nach seiner Hochzeit verbrachten wir viel Zeit miteinander, zunächst in seinem Elternhaus, dann nach dem Tod des Vaters im mütterlichen Haus, schließlich in seinem eigenen Haus. Wie Brüder durchstanden wir schlechte Zeiten und genossen miteinander die schönen. Ich erwähnte schon, dass wir die Freitagabende auf der Franzenshöhe mit der ganzen Familie verbrachten. In schweren Zeiten, als ich meine Nerven verlor und unser Vermögen verschwand, stand uns Georg liebevoll zur Seite und half uns ganz praktisch. Genau so wenig beschränkte er sein Leben auf Bankgeschäfte und die Familie. Er war eine öffentliche Persönlichkeit, die sich besonders in jüdischen Angelegenheiten engagierte. Er war für viele Jahre Vorsitzender der jüdischen Gemeinde Essen und folgte darin seinem Vater. Während seiner Leitung entwickelte sich diese in vorbildlicher Weise. Es ging auf seine Initiative zurück, dass endlich die jüdische Gemeinschaft in der Reichsvereinigung der deutschen Juden zusammenfand, und die unterschiedlichen Ausrichtungen zurückstellte. Sein Andenken wird in den jüdischen Annalen verzeichnet bleiben. Er war ein aufrechter Mensch und ein guter Jude.“[308]

Abb. 82: Grabstein Georg Simon Hirschlands auf dem Westchester Hills Cemetery in Scarsdale, N. Y. (USA).

18

DIE RÄTSELHAFTEN JAHRE KURT HIRSCHLANDS IN DER SCHWEIZ

Nach dem Tod von Georg waren die Fragen um die finanzielle Zukunft der ehemaligen Teilhaber der Hirschland-Bank noch komplizierter geworden. Die 1938 geschlossene Partnerschaft der Gruppe Hirschland konnte nicht einfach aufgelöst werden und war jetzt unter Einschluss der Erben fortzusetzen. Wer aber konnte die grundlegenden Entscheidungen treffen? Eine ganze Reihe von Fragen waren in den 1940er Jahren offen. Wann und mit welchem Schlüssel wird das zusammengelegte Vermögen an die Gesellschafter aufgeteilt? Wie kann dem Wunsch von Gustav Harff entsprochen werden, der langfristig seine Bindung an die Hirschlands lösen wollte? Soll die New Yorker Hanseatic Bank das neue Standbein der Familie werden? Können die Hirschlands in Deutschland die Burkhardt-Bank zurückgewinnen? Bleibt man als Gruppe zusammen, um in Deutschland gemeinschaftlich für die Rückerstattung der erheblichen Verluste zu streiten?

Als handlungsfähige Geschäftsführer standen nur die beiden Juniorpartner Kurt und Erich Grünebaum und Gustav Harff zur Verfügung. Vieles hing davon ab, ob weitreichende Entscheidungen überhaupt ohne die Beteiligung von Kurt Hirschland getroffen werden konnten. In einem Memorandum hielt der New Yorker Familienanwalt Hermann Simon fest: „Kurt Hirschland war wegen Misswirtschaft, die vor 1938 stattgefunden hatte, nicht berechtigt, die Gesellschaft zu vertreten. Kurt Hirschland blieb trotz seiner fehlenden Zeichnungsberechtigung für die Gesellschaft vollberechtigter Gesellschafter, und ihm wurde nie das gesetzliche Recht entzogen, an den Beratungen über das Verhältnis der Gesellschafter und die allgemeine Geschäftsführung teilzunehmen."

Tatsächlich stand Kurt in den entscheidenden Jahren zwischen 1939 und 1950 mit der gesamten Familie, einschließlich seiner Ehefrau und den Kindern, in einem Dauerstreit. Ein Zeugnis dieser Auseinandersetzung ist eine zweiseitige Aufstellung, die Kurts Genfer Rechtsanwalt Louis Brand verfasste, als es zu einem Streit über seine Rechnung kam.

> „Kurze Zusammenfassung meiner Tätigkeit – Mandat erhalten im Juni 1946.
> Während eines Monats Konferenzen mit Herrn Hirschland und Studium der von ihm für seine Streitigkeiten mit Dr. Forel und seiner Familie erstellten Schriftsätze.

> Zusammenstellung der Korrespondenz, die der Ankunft des Rechtsanwalts Hermann Simon in der Schweiz vorausging, der ein Mandat von der Familie Hirschland erhalten hatte.
>
> Vorbereitung der Konferenzen mit diesem Anwalt. Konferenzen, die vom 25. bis 28. Juli 1946 in Zürich stattfanden. Dr. Simon versucht festzustellen, dass das Vermögen von Kurt Hirschland durch Abfindungen an seine Gläubiger und durch eine Schenkung des Restbetrages an die Familie von Kurt Hirschland vollständig aufgezehrt wurde. Drehung der Argumente von Dr. Simon. [...]
>
> Außerdem habe ich in den dreieinhalb Jahren, in denen ich daran gearbeitet habe, Konferenzen mit Professor Dr. Morel, mit Professor Dr. Naville, mit Dr. Demole. Konferenzen mit der Direktion der Schweizerischen Bankgesellschaft in Zürich, mit der Societé Bancaire in Genf. Intervention bei der Schweizerischen Ausgleichskasse, Briefe, Konferenzen; idem bei der eidgenössischen und kantonalen Verwaltung; Konferenzen bezüglich des Vermögens von Kurt Hirschland in Deutschland; Nachforschungen zur Klärung der ehelichen Verhältnisse von Kurt Hirschland; usw. Im Dezember 1948 erwirkte ich bei der Schweizerischen Ausgleichskasse die Bescheinigung über das Vermögen von Kurt Hirschland. Während dreieinhalb Jahren fanden im Durchschnitt drei Konferenzen pro Woche statt. Ich bleibe dabei, dass diese Notiz nur eine kurze Zusammenfassung ist."[309]

Im Streit um die Rechnung, die Louis Brand aufmachte, wurde nicht bestritten, dass der Anwalt erhebliche Zeit aufgebracht hatte, um Kurt darin zu bestärken, dass ihn die Familie finanziell ausplündere. Allerdings gab es auch erhebliche Zweifel an der Seriosität des Anwalts, der ohne gültige Zulassung für Kurt tätig war. In der Hoffnung auf ein außerordentliches Erfolgshonorar, das Kurt ihm zugesagt hatte, bestärkte er seinen Mandaten in dem Glauben, dass er Opfer eines Betrugs geworden sei. Es scheint, als wiederholte sich die Strupler-Affäre in neuem Gewand. Endlich gelang eine Einigung, als Kurt 1950 in die USA zurückkehrte. Eine finanzielle Einigung wurde in einem Vertrag detailliert vereinbart. Danach hat sich offenbar das Verhältnis zwischen Kurt und seinen Kindern fundamental gebessert, wie der Anwalt Kaskell schreibt:

> „Herr Kurt Hirschland hat unmittelbar nach dem Vergleich vom April 1950 seine Haltung gegenüber seinen Kindern völlig geändert. Er hat ihnen großzügige Geschenke gemacht und wäre sogar noch weiter gegangen, wenn sie ihn nicht daran gehindert hätten. Das Verhältnis zwischen ihm und seinen Kindern ist vom Feinsten und er würde keinen Schritt tun, ohne seinen Sohn um Rat zu fragen. Er hat wiederholt sein Bedauern über alles, was er seinen Kindern angetan hat, zum Ausdruck gebracht und betont, dass er völlig irregeführt wurde.
>
> Es kann kaum ein Zweifel daran bestehen, dass es ein Leichtes gewesen wäre, den Frieden zwischen Herrn Kurt Hirschland und seinen Kindern zu einem viel früheren Zeitpunkt und ohne eine aufwendige finanzielle Regelung herzustellen, wenn Herr Brand nicht in Herrn Kurt Hirschland ein Gefühl des Grolls und der Feindschaft genährt hätte."[310]

Ob diese Versöhnung auch gegenüber seiner Ehefrau Henriette stattfand, lässt sich mangels schriftlicher Äußerungen nicht feststellen. Rätselhaft bleibt bis heute, warum Kurt bis 1950 in der Schweiz geblieben ist. Als Adresse auf seinen Briefen ist meist das Hotel de Russie in Genf genannt, in dem Kurt eine Wohnung hatte. In allen „Wiedergutmachungsakten" hat die Familie nähere Umstände verschwiegen. Meist heißt es hier unpräzise: „Nach Kriegsende hat sich Kurt Hirschland in die USA begeben". Sicher ist, dass er am 18. Januar 1950 von London mit der Pan American Airways nach New York flog. Auf der Passagierliste ist unter „c/o" nicht der Name eines in den USA lebenden Verwandten, sondern die Rechtsanwaltskanzlei Sullivan, Donovan & Heenehan genannt.

Eine Spur, die etwas über Kurts Jahre in der Schweiz verrät, wurde durch eine Veröffentlichung des Jahres 2021 offenbar. Im Buch „Keine Ostergrüsse mehr! Die geheime Gästekartei des Grand Hotel Waldhaus in Vulpera“[311] ist die Gästekarte von Kurt Hirschland abgebildet, eine von gut 20 000 Karten, die die Empfangschefs des Nobelhotels über ihre prominenten Gäste angelegt hatten. Prinzessinnen und Großindustrielle, Generäle und Naziprominenz, Literaten und Kriegsgewinnler sind hier mit ihren An- und Abreisedaten verzeichnet. Dazu gab der Rezeptionist Kopfnoten und Kommentare: Friedrich Flick war „Glanzgast“ und konsumierte gut, ebenso Bosch und Siemens. Sie ließen es sich vor spektakulärer Bergkulisse in diesem Luxusresort gut gehen, wo 300 Angestellte für 300 Gäste sorgten. „Eitler Tropf“, „dubiose Person“, „flirtet zu viel mit 2. Telefonistin“ betrafen weniger bekannte Namen. Der „ganz normale Schweizer Antisemitismus“ fand auf vielen Karten Ausdruck. Über einen aus London angereisten Gast ist zu lesen: „Schießt den Vogel aller Juden ab“. Bemerkungen wie „frecher Jude“ oder „ein wahrer Levy“ vermied der Empfangschef nach 1945. Jetzt wurde das Kürzel „P“ benutzt, das für „Palästina“ steht. „Ein einzelnes P markiert ‚vorzeigbare Juden‘, sieben aneinandergereihte P bezeichnen maximale Abscheu.“[312] Kurt Hirschland wird auf der P-Skala weit oben eingeordnet mit der Kennzeichnung „PPP ein 100%er PPP“. Opfer und Täter kamen sich im Waldhaus beim Fünf-Uhr-Tee, beim Abendessen an der Table d’Hôte oder an der Hotelbar nahe. Kurt hätte hier auf Gauleiter Josef Terboven treffen können, der sich zuvor seine Villa am Haumannplatz unter den Nagel gerissen hatte. Walter Mayr schreibt im *Spiegel*:

> „Erich Neumann wiederum gönnte sich eine Woche Waldhaus, ein Jahr nachdem er als Görings Staatssekretär für Wirtschaftsfragen bei der Wannsee-Konferenz die ‚Endlösung der Judenfrage‘ diskutiert hatte. Ein paar Schritte neben Neumann, auf Zimmer 156 residierte der aus Essen geflüchtete deutsch-jüdische Bankier Kurt Hirschland. Ehemals Aufsichtsratsvize der Dresdner Bank, überlebte Hirschland den Holocaust in der Schweiz.“[313]

In den Jahren 1943, 1945 und 1948 sind drei Aufenthalte vermerkt. Die handschriftliche Zufügung „1952 abgereist“ bedeutet allerdings nach Auskunft von Rolf Zollinger, langjähriger Direktor des Hotels, nicht, dass Kurt Hirschland noch 1952 das Hotel besuchte. Die Bemerkung wurde eingetragen, wenn Werbeschreiben nicht mehr zugestellt werden konnten.

Undurchsichtig sind besonders die Kontakte, die Kurt Hirschland zu zweifelhaften Figuren des Schweizer Kunstmarkts hatte. Am 21. Mai 1947 hielt vor der Villa Mary in Prangins ein Polizeiauto. In dieser Villa wohnte schon Zelda Fitzgerald, als sie von Dr. Forel behandelt wurde. Polizeibeamte und Mitarbeiter der Schweizer Verrechnungsstelle, die sich um Vermögenswerte kümmerten, die aus kriegsbesetzten Gebieten stammten, wollten Kurt Hirschland verhören. Das Protokoll berichtet, dass Kurt im Bett lag und über seinen unglaublich schlechten Gesundheitszustand klagte. Die Beamten wollten sich nicht den Vorwurf machen lassen, diesen Zustand auszunutzen, und gaben sich mit der mit „theatralischen Phrasen und Gesten“ beteuerten Erklärung

Name Hirschland Herr Kurt, 14.5.1882 · Exallemand
Adresse ~~Hotel-de-la-Paix,~~ Genève, 2 Rue Mont Blanc
Hôtel de Russie
PPP ein 100%er PPP
[handschriftlich:] 1952: abgereist

Jahr	Ankunft	Abreise	Zimmer Nr	Anzahl M.	E.	D.	Appartement	Pension
		18.8.chge au 163 n.c.		1			17.-	11.-
1943	4.8.	1.9.	156	1			14.-	11.-
1945	6.9.	10.9.	176	1			8.-	11.-
1948	17.6.		48	1			18.-	12.-

Abb. 83: Die Karteikarte Kurt Hirschlands im Grandhotel Waldhaus Vulpera. Für ihn hatte der Empfangschef drei „P“ eingetragen: das Kürzel für „Palästina“, eine antisemitische Chiffre.

Abb. 84: Das Hotel Waldhaus Vulpera im Engadin.

Kurts zufrieden, dass er keine Vermögenswerte von Hans Wendland in Verwahrung habe.

Der promovierte deutsche Kunsthistoriker Hans Wendland, 1880 geboren, hatte den Ruf, „der König" des Pariser und Schweizer Kunstmarktes zu sein. Während des Krieges reiste Wendland von seinem Hauptquartier in der Schweiz regelmäßig nach Paris, wo er im Hotel Ritz abstieg, dem Hauptquartier der deutschen Besatzer. Die Schweizer Behörden verdächtigten ihn, dass er in Paris mit einem Syndikat zusammenarbeitete und konfiszierte Gemälde aus jüdischem Besitz illegal in die Schweiz transferierte. Kurt stand im Verdacht, mit Wendland zu kooperieren und als dessen Bankier zu arbeiten. Kurz nach dem Besuch bei Kurt erhielten die Beamten der Verrechnungsstelle durch Wendlands Anwalt den Hinweis auf ein Schrankfach der Bankgesellschaft Genf, das Kurt gemietet hatte, in dem sie dann eines der gesuchten Gemälde fanden. Die Sekretärin von Kurt, Denise Dupuis, die zunächst geleugnet hatte, etwas über verwahrte Bilder zu wissen, legte dann ein Geständnis ab und führte die Polizei zu zwei Safes beim Bankverein Genf, die sie auf ihren Namen gemietet hatte. Insgesamt wurden sieben Bilder beschlagnahmt, von denen sich drei als gefälscht erwiesen: ein Raffael, ein Rubens und ein Daumier. Die Schweizer Behörden klagten Kurt und seine Sekretärin an und im Juni wurde Kurt zu einem geringfügigen Bußgeld von 1000 Franken verurteilt, weil er gegen verschiedene Bestimmungen verstoßen hatte. Eine denkbare Anklage wegen Hehlerei wurde nicht erwogen. Mademoiselle Dupuis kam mit 200 Franken davon, weil sie auf Anweisung gehandelt hatte. Was letztlich hinter diesen Vorgängen steckte, bleibt bis heute unklar. Möglich ist, dass Kurt in der Schweiz versuchte, die ihm und seiner Familie geraubten Bilder bzw. einen entsprechenden Ersatz dafür zurückzuerhalten.[314]

19

EIN PERSILSCHEIN FÜR ALFRIED KRUPP?

Am 11. April 1945 hielt ein amerikanischer Jeep vor der Villa Hügel und GI's verhafteten Alfried Krupp von Bohlen und Halbach. Am 8. Dezember 1947 begann in Nürnberg vor dem alliierten Militärgericht der Prozess gegen Alfried Krupp und elf leitende Direktoren des Krupp-Werkes, das den Kriegsgegnern als größte „Waffenschmiede" Deutschlands galt. Zwar war Alfried erst 1943 als Nachfolger seines Vaters Gustav Krupp von Bohlen und Halbach als Firmenchef eingesetzt worden, doch konnte der kranke und demente Gustav nicht vor Gericht gestellt werden, deshalb stand auch nicht die „Vorbereitung eines Angriffskrieges", sondern die Ausplünderung eroberter Gebiete und die menschenunwürdige Behandlung von „Ostarbeitern" und Kriegsgefangenen im Zentrum der Anklage. Die Krupp-Familie war für Chefankläger Robert H. Jackson „der Brennpunkt, das Symbol und der Nutznießer der allerbösesten Kräfte, die den Frieden in Europa bedrohen".[315] Alfrieds Verteidiger schlugen der Familie vor, mit eidesstattlichen Erklärungen die liberale, weltoffene und antirassistische Haltung der jüngeren Krupps zu dokumentieren. Alfrieds Bruder Berthold schrieb hierzu:

> „So unterhielten meine Eltern zu dem Bankhaus der jüdischen Familie Hirschland in Essen freundschaftliche Beziehungen und es war für sie eine Selbstverständlichkeit, dass mein Bruder Claus, als er im Bankfach ausgebildet werden sollte, im Jahre 1934 oder 35 zum Bankhaus Hirschland kam. Diese Tatsache wurde im ‚Stürmer' aufgegriffen und zu einem Angriff gegen meine Eltern benutzt."[316]

Dieser Umstand bewog die Verteidiger, intensiv nach weiteren Belegen für einen freundschaftlichen Verkehr mit der jüdischen Bankiersfamilie zu suchen. Eine Tätigkeit von Alfried von Bohlen in der Hirschland-Bank konnte nicht festgestellt werden. Drei Rechtsanwälte, darunter der Chef der Krupp'schen Rechtsabteilung, Dr. Walter Ballas, verteidigten Alfried Krupp. An die Genfer Hoteladresse von Kurt Hirschland schrieb Walter Ballas:

> „Es interessiert insbesondere von Ihnen zu erfahren, wie Herr Dr. Gustav Krupp von Bohlen und Halbach und die Firma Krupp sich Ihnen und Ihrer Firma gegenüber verhalten haben. Soviel ich aus meiner eigenen Kenntnis als damaliger Justitiar der Firma Krupp weiss, war die Einstellung des Herrn Krupp von Bohlen und Halbach Ihnen gegenüber stets loyal. Es ist bekannt, dass Herr von Bohlen Ihnen gegenüber

stets dankbar war für die Hilfe, die ihr Bankhaus in kritischen Zeiten der Firma Krupp geleistet hat und dass er diese dankbare Einstellung Ihnen gegenüber stets hat erkennen lassen. Ich habe eine eidesstattliche Erklärung seines Privatsekretärs, aus der sich ergibt, dass Herr von Bohlen bei dem Diktat eines Telegramms an ein ausscheidendes Mitglied des Aufsichtsrats, in dem er diesem seine Anerkennung und seinen Dank zum Ausdruck brachte, tief erschüttert gewesen sei. Die innere Erregung sei so stark gewesen, dass ihm beim Diktat die Stimme versagt habe und er für eine Weile das Zimmer habe verlassen müssen.

Ich wäre Ihnen sehr dankbar, wenn sie sich über ihr Verhältnis zu Herrn von Bohlen und zur Firma, insbesondere auch darüber, dass ihr Ausscheiden aus dem Aufsichtsrat von Krupp unter dem Druck der damaligen Verhältnisse erfolgt ist in Form einer eidesstattlichen Erklärung äußern würden. Ich bitte bei der Gelegenheit auch zu erwähnen, dass z. Zt. und zwar auch nach 1933, Herr von Krupp von Bohlen seinen 2. Sohn Claus, der zunächst eine Bankausbildung haben sollte, zu Ihnen in die Lehre geschickt hat, dass dieser längere Zeit bei Ihnen arbeitete, bis er schließlich auf den Druck der Partei ausscheiden musste."[317]

Dies war schon das zweite Schreiben an Kurt Hirschland, der auf das erste nicht reagiert hatte. Auch auf diesen zweiten Versuch, eine eidesstattliche Erklärung zu erwirken, reagierte Kurt nicht. Im Schreiben an Erich Grünebaum musste der Verteidiger erwähnen, dass er sich „zum 3. Mal an Herrn Grünebaum gewandt [habe], ohne von ihm eine Antwort zu erhalten". Ganz offenbar war die Erschütterung bei den Hirschlands nicht so tief, dass ihnen Tränen in den Augen standen, als sie von der Anklage gegen Alfried Krupp hörten. Immerhin kam es für die Krupp-Anwälte zu einem Teilerfolg. In einer Aktennotiz hielt Walter Ballas fest:

„Herr Grünebaum teilte mir mit, dass er mit seinem Onkel über meinen Brief gesprochen habe und dass dieser mit ihm gleicher Meinung sei, dass man solche Bescheinigung für die Firma Krupp ohne weiteres von ihm bekommen könne. Sie hätten sich zum Grundsatz gemacht, nur in solchen Fällen Bescheinigungen auszustellen für Personen, die einer der Inhaber persönlich kenne. Fälle, bei denen ihnen die Herren nicht persönlich bekannt seien, würden sie grundsätzlich ablehnen. Im Übrigen ständen sie auf dem Standpunkt, dass sie sich auch für verpflichtet hielten, um Ungerechtigkeiten zu verhindern, denjenigen Personen und Firmen zu helfen, die sich ihrer Firma gegenüber früher anständig gezeigt und die sich auch in der Judenfrage vornehm gezeigt hätten. Aus diesem Grund sei er und auch sein Onkel bereit, eine Bescheinigung auszustellen für die Firma Krupp, in der zum Ausdruck gebracht würde, wie die Firma Krupp sich zur Judenfrage und insbesondere zum Bankhaus Hirschland gestellt habe. Man wäre auch bereit, dieses auf den alten Herrn [gemeint ist Gustav Krupp, N. F.] auszudehnen, dagegen widerspreche es ihrem Grundsatz, über Herrn Alfried etwas zu erklären, da sie diesen nicht persönlich kennten."[318]

Aus Nürnberg dankte Walter Ballas am 15. Februar 1948 Erich Grünebaum für sein Schreiben und die beigelegte eidesstattlich Erklärung, die ihm allerdings wenig detailliert erschien. Kurt Hirschland ließ sich über seinen Neffen mit der Erklärung entschuldigen, dass die Schweizer Behörden eine derartige Korrespondenz von ihren Gästen nicht gern sähen, er müsse hier vorsichtig sein.

20

DER ZÄHE KAMPF UM RÜCKERSTATTUNG

Am 26. Dezember 1958 veröffentlichte der *Aufbau* in New York den „Brief eines ollen Berliners an sein Entschädigungsamt“. Albert Rosenberg schrieb hier:

„Seit Jahren sitz ick uff die Lauerkiste.
Wenn ich doch bloss nur Eenes wüsste:
Ob ick uff Jeld noch rechnen kann?
[...] Nehmt meine Akten mal zur Hand.
Denn sie verstauben, mir zur Pein,
Und mal muss doch ein Abschluss sein.“[319]

Wenn die Hirschlands diese Zeilen gelesen haben, dann stimmten sie sicher aus vollem Herzen zu. Die Rückerstattung des geraubten Eigentums war ein ausgesprochen komplexes und häufig langwieriges Verfahren, das mit einem zermürbenden Schriftwechsel, langen Wartezeiten und teils bösartigen Abwehrstrategien der deutschen Seite verbunden war. Wer seine Ansprüche durchsetzen wollte, musste eine hohe Frustrationstoleranz, einen langen Atem, Geld und einen exzellenten Rechtsanwalt besitzen.

Der Impuls, „Wiedergutmachung“ zu leisten, ging in erster Linie von den westlichen Siegermächten, insbesondere von den Amerikanern aus. Sie zwangen der frühen Bundesrepublik eine Gesetzgebung auf, die von der deutschen Justiz widerwillig umgesetzt wurde. Gerichte und Oberfinanzdirektionen, oft besetzt mit Juristen mit brauner Vergangenheit, standen dem Schicksal der Geschädigten ausgesprochen kühl gegenüber und versuchten, wo sie konnten, Entschädigungszahlungen zu verzögern und zu kürzen. Diese Haltung traf in der Öffentlichkeit auf verbreitete Zustimmung. Antragssteller hörten häufig den Satz, dass schließlich alle unter Hitler gelitten hätten.

Bei den Hirschlands, deren finanzielles Wohlergehen in den Verfahren bekannt war, war das Engagement beim Aufstellen von Hindernissen vielleicht besonders groß. Im Gegensatz zu vielen Flüchtlingen, die über Flucht und Krieg Beweismaterial verloren hatten, waren in den Lifts von Georg und Elsbeth alle wichtigen Geschäfts- und Bankunterlagen in die USA gekommen.

Grundsätzlich gab es zwei Rechtszüge, um Ansprüche durchzusetzen. Erstens zivilrechtliche Ansprüche gegen Private, etwa wenn es um die „Arisierung“ der Hirschland-Bank ging, zweitens Ansprüche gegen den Rechtsnachfolger des Deutschen Reiches, also die Bundesrepublik, wenn es um die „Wegnahme“ von Vermögen durch Staat oder Partei ging. Rückerstattungsanträge mussten

Abb. 85: Karikatur „Mensch ärgere Dich nicht über die Wiedergutmachung", aus dem Jahr 1950 aus der *Allgemeinen Wochenzeitung der Juden in Deutschland* (heute *Jüdische Allgemeine*).

einzeln – für alle Mitglieder der Familie Hirschland und Grünebaum separat – nach Schadenskategorien eingereicht werden. Ansprüche auf Wertpapiere, Bankguthaben, Umzugsgut, Schmucksachen und Immobilien wurden jeweils als einzelner Vorgang behandelt und bekamen ein eigenes Aktenzeichen. Auch Schäden, die das berufliche Fortkommen, Renten oder Verzögerungen der Ausbildung betrafen, verursachten jeweils eigene Verfahren. Teils wurden diese Verfahren recht schnell mit einem Vergleich abgeschlossen, oft zu Lasten der Antragssteller, andere Verfahren zogen sich über viele Jahre hin.

Es war ein Glücksfall für die Familie, dass sie in Essen auf die Kanzlei von Helmut Janus zurückgreifen konnte, der schon 1938 durch seine Tätigkeit als Justiziar bei Burkhardt & Co. Einblick in die Geschäftsunterlagen hatte und das Vertrauen der Hirschlands besaß. Die Kanzlei von Janus und seinem Sozius Niermann wurde von allen Mitgliedern der Familie Hirschland, Grünebaum und Harff gewählt, weil es nach den guten Erfahrungen mit Fritz Fenthol allen aussichtsreicher erschien, eine Kanzlei zu beauftragen, die sich langfristig auf einen Kampf gegen eine penible, wenig empathische und extrem kleinliche Justiz einstellen konnte. Die Anwälte mussten eine ständig sich verändernde Rechtsprechung berücksichtigen und entwickelten sich zu Experten im Bereich des Rückerstattungs-

und „Wiedergutmachungsrechts“. Über seinen Vater schreibt Hans Janus:

„Die Mandate für die genannten Familien waren diejenigen, die allen anderen Anwalts- und Notariatstätigkeiten meines Vaters vorgingen. Ganz sicher nicht wegen der damit verbundenen Honorare, sondern basierend auf freundschaftlicher Verbundenheit und dem Gefühl, dass dem himmelschreienden Unrecht, das diesen Familien widerfahren ist, abgeholfen werden müsste. [...] Das letzte gewonnene Verfahren habe ich nach meines Vaters Tod [am 15. Dezember 1980, N. F.] noch für Werner Harff zum Abschluss gebracht.“[320]

Im Englischen gibt es den Ausdruck „adding insult to injury“, das übersetzt in etwa „eine dem Unrecht noch hinzugefügte Beleidigung“ beschreibt. Aus der Fülle der Rückerstattungsakten soll das Beispiel des Umzugsguts von Kurt und Harrie Hirschland vorgestellt werden. Hier war weniger die unzureichende Erstattungssumme eine Beleidigung als vielmehr der jahrzehntelange zähe Kampf um eine angemessene Entschädigung. Die Hauptursache für die unerträglich lange Dauer der Verfahren war die Involvierung verschiedener ermittelnder, entscheidender und überprüfender Instanzen, die häufig zu einander widersprechenden Ergebnissen kamen. Die Tätigkeit in den „Wiedergutmachungsämtern“ war zudem äußerst unbeliebt und personelle Unterbesetzung die Regel. Der Kampf um die Rückerstattung des Umzugsguts von Harrie und Kurt gibt auch eine Vorstellung, wie gering die Chancen für die Mehrzahl der Juden war, eine Rückerstattung durchzusetzen, wenn sie nicht über die finanziellen Mittel verfügten, über lange Zeit Rechtsanwälte zu bezahlen, einmal abgesehen von den Nerven, die man bei solchen Prozessen investieren muss.

Im Gegensatz zu Georg und Elsbeth, die in Scarsdale ihre Liftvans auspacken konnten und mit ihrem fast kompletten Essener Hausstand in einer relativ vertrauten heimeligen Umgebung lebten, war die Schwägerin Harrie mit wenigen Koffern in New York eingetroffen. Ihre Möbel, Kunstgegenstände und der umfangreiche Hausrat waren in Kisten verpackt und warteten im Amsterdamer Hafen auf den Transport nach Übersee. Ihre Liftvans kamen nie in New York an. Es lohnt sich, die Geschichte dieses Verlustes zu erzählen. Sie beginnt 1936 und endet 1975 mit einem Vergleich über die Rückerstattung von 50 000 DM durch die Bundesrepublik Deutschland.

Harrie Hirschland und Kurt beschlossen 1936, Essen zu verlassen. Kurt hielt sich aufgrund seiner Erkrankung ohnehin meist in dem Schweizer Sanatorium des Oscar Forell auf und Henriette mietete in Amsterdam in der Johannes-Vermeerstraat eine 15-Zimmer-Villa in der Nähe des Rijksmuseums. 1965 erklärte der Familienanwalt Helmut Janus in einem Rückerstattungsverfahren, dass die Eheleute vor der Auswanderung ihr Vermögen geschieden, Gütertrennung vereinbart und auch den Hausrat aufgeteilt hatten. Henriette nutzte ihren Teil zur Einrichtung des Amsterdamer Hauses, Kurts Besitz blieb zunächst noch in der Essener Villa am Haumannplatz: „Der Haushalt des Herrn Hirschland wurde erst Ende 1938 aufgelöst und der Hausrat im Dezember 1938 von Essen aus zu einer Speditionsfirma nach Düsseldorf gesandt.“[321] Diese expedierte ihn im Juni 1939 über Belgien nach Den Haag, wo sich seine Spur verliert. Höchstwahrscheinlich ist er später von deutschen Behörden beschlagnahmt worden.

Die geplante Auswanderung in die USA, wo schon die Kinder Marianne, Paul und Ruth eingetroffen waren, verzögerte sich für Harrie durch die Besuche bei Kurt in der Schweiz und die laufenden Verhandlungen der Hirschland-Gruppe in Amsterdam. Ihren Hausrat ließ sie von einer Amsterdamer Speditionsfirma fachmännisch verpacken und zu einem Lagerhaus bringen. Über den Kriegsbeginn und den im Mai 1940 erfolgten Überfall auf die Niederlande blieben die Kisten im Lagerhaus des Amsterdamer Hafens stehen, ohne verladen zu werden. Ein Schicksal, das sich auch tausendfach in den Auswandererhäfen Hamburg und Bremerhaven ereignete, wo dann Gerichtsvollzieher in „Schnäppchenauktionen" jüdisches Eigentum verschleuderten. In den späteren Verfahren spielte es eine Rolle, dass das Umzugsgut unter dem Namen „Franz H. Hirschland" eingelagert wurde. Dies hielt man für eine sinnvolle Tarnung gegenüber den erwarteten deutschen Besatzern, die abgehalten werden sollten, sich am Besitz eines amerikanischen Staatsbürgers zu vergreifen.

Im April 1943 wurde dann von der deutschen „Sammelverwaltung feindlicher Hausgeräte" (SfH) das Umzugsgut angefordert. Man kann davon ausgehen, dass die kostbaren Möbel, Perserteppiche, Silbersachen und Kunstwerke von Harrie Hirschland nicht als Ersatz für Verluste nach Bombenangriffen genutzt wurden, sondern aufgrund einer Anordnung des Reichskommissars „ins Reich" gingen und der NS-Prominenz und anderen Interessenten angeboten wurden.[322] Was sich in den 55 Kisten mit Haushaltswaren aus Henriettes Besitz befand, hielten Packlisten fest, die für die Transportversicherung angefertigt worden waren. Um den Wert des Hausrats von Henriette zu kalkulieren, brachte Anwalt Janus in späteren Verfahren vor, dass die Transportkosten von Essen nach Amsterdam den damals ungewöhnlichen Betrag von 3500 RM beanspruchten und dass zwölf bis fünfzehn Räume mit diesen Sachen in Amsterdam hochwertig möbliert waren. Die Feuerversicherungssumme habe 60 000 Gulden betragen. Aus eigener Anschauung, fügte Janus hinzu, könne er sagen, „dass die gesamte Einrichtung geschmacklich und in der Qualität jedes einzelnen, auch die Möblierung anderer Häuser wohlhabender Familien ganz erheblich übertraf".[323] Leider hatte Janus die Zeitschrift *Kunst und Dekoration* nicht vorliegen, die seine Ausführungen bestens hätte belegen können.

Das Umzugsgut von Harrie und Kurt war eine ganz besonders harte Nuss. Anträge, die sich auf den Anteil von Kurt Hirschland bezogen, wurden erst gar nicht gestellt, da hier die Beweislage besonders schlecht war. Erstaunlicherweise gelang es, vom Nederlandse Beheersinstituut eine Entschädigung über rund 16 000 Gulden für jüdisches Eigentum zu erhalten, das auf dem Boden der Niederlande entzogen wurde. Im Dezember 1958 meldete Rechtsanwalt Janus gegenüber deutschen Behörden den Anspruch an, der ab 1963 den „Wiedergutmachungsbehörden" Berlin vorlag. Aufgrund einer Anweisung des Bundesministers der Finanzen wurde zunächst geprüft, ob die Formerfordernisse des Antrags erfüllt waren. Im Dezember 1964 verlangte die Behörde, die entzogenen Gegenstände so zu beschreiben, dass ein Gutachter eine Wertermittlung durchführen könnte.

Nach einem zwölfseitigen Schreiben mit einer Vielzahl an mühsam zusammengetragenen Anlagen mit genauen Listen des Inhalts der 55 Kisten, kam dann im Februar 1966 die Entscheidung, dass der Anspruch zurückgewiesen werde, da die Beschreibung der entzogenen Güter und die Angabe des Entziehungsortes unzureichend seien. Anwalt Janus legte Widerspruch ein. Im Juli 1966 wurde der Einwand vorgebraucht, es sei nicht mit genügender Sicherheit feststellbar, ob es sich bei den eingereichten Listen tatsächlich um das Umzugsgut von Henriette Hirschland handele, da in Amsterdam Franz Hirschland als Alleineigentümer in den Begleitdokumenten eingetragen gewesen sei. Janus legte aus diesem Grund eine Erklärung von Franz Hirschland vor, die beglaubigte, dass allein Henriette die Eigentümerin sei. 1967 wurde dann ein Vergleichsangebot angedeutet, wenn alle Zweifel ausgeräumt werden könnten, dass Henriette wirklich alleinige Eigentümerin gewesen sei. So zog es sich hin. Auch die Versuche des Anwalts, die Behörden davon zu überzeugen, dass die 55 Kisten Hausrat nur einen Teil der Verluste ausmachen, schlugen

Abb. 86: Möbel aus der Villa der Hirschlands. Abbildung aus der Zeitschrift *Kunst und Dekoration.*

fehl, obwohl er beweisen konnte, dass die achtzig Kubikmeter Umzugsgut überwiegend durch antike Möbel beansprucht wurden, die in ihrem Wert weit über dem des Hausrats lagen.

1969 schreibt die Oberfinanzdirektion Berlin, der Anspruch könne nicht durchgesetzt werden, weil die Anmeldung des Jahres 1958 nicht den Formerfordernissen entsprach. Janus argumentierte dagegen, dass die 1958 erfolgte Anmeldung in der Form daran gescheitert sei, dass das Verwaltungsamt damals keine passenden Formulare zur Verfügung stellen konnte. Ihm sei zu diesem Zeitpunkt mitgeteilt worden, er solle zunächst stichwortartig anmelden, die Anmeldung würde dann als rechtzeitig angesehen. Im August 1969 wies das Landgericht Berlin den Einspruch gegen die ablehnenden Bescheide der „Wiedergutmachungsämter" Berlin mangels Angabe des Entziehungsortes in der Anmeldung von 1958 zurück. Gegen dieses Urteil legte Janus Beschwerde beim Berliner Kammergericht ein. 1971 endlich urteilte das Kammergericht, dass die Beschlüsse der Berliner „Wiedergutmachungsämter" aufgehoben werden. Die Sache ging zur erneuten Prüfung an die „Wiedergutmachungsämter" zurück.

Nach weiteren Versuchen, die Hirschlands juristisch auszubremsen, kam es 1975 zu einem Vergleich über 50 000 DM zuzüglich Zinsen. Anwalt Janus konnte an Henriettes Sohn Paul Hirschland das Geld abzüglich seines Honorars überweisen. Pauschal war für alle „Wiedergutmachungsverfahren" der Familie Hirschland 12 Prozent Erfolgshonorar vereinbart worden. 7920 DM Einnahmen konnte der Rechtsanwalt in diesem Fall für sich verbuchen. Es war sicher nicht das Honorar, das Anwalt Janus motivierte, immer wieder geduldig auf neue Zumutungen und Winkelzüge der behördlichen Ablehnungsautomaten einzugehen. Er war

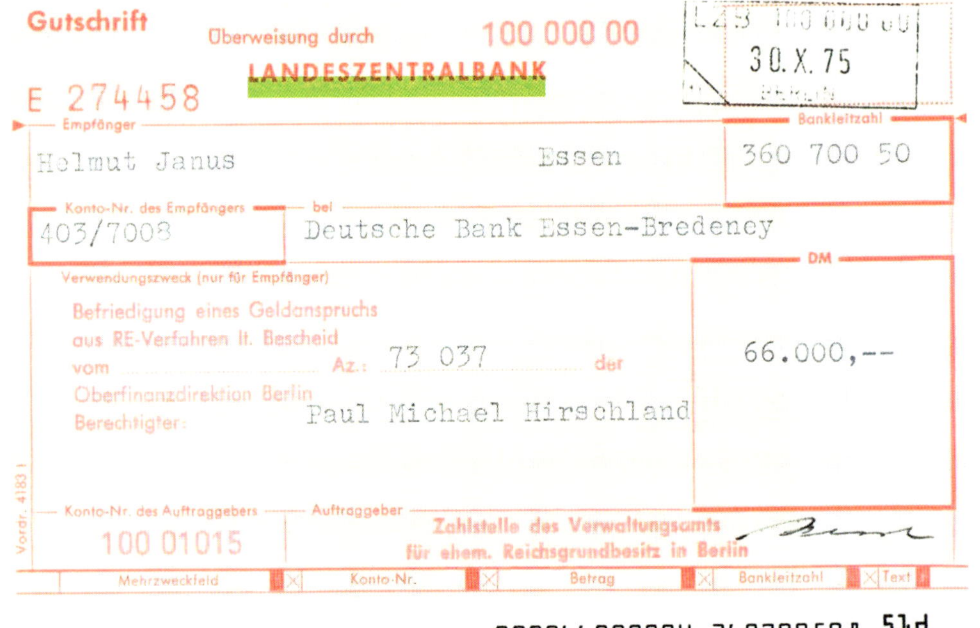
Gutschrift
Überweisung durch 100 000 00
LANDESZENTRALBANK
30. X. 75
E 274458
Empfänger: Helmut Janus Essen
Bankleitzahl: 360 700 50
Konto-Nr. des Empfängers: 403/7008
bei: Deutsche Bank Essen-Bredeney
Verwendungszweck (nur für Empfänger): Befriedigung eines Geldanspruchs aus RE-Verfahren lt. Bescheid vom ... Az.: 73 037 der Oberfinanzdirektion Berlin
Berechtigter: Paul Michael Hirschland
DM: 66.000,--
Konto-Nr. des Auftraggebers: 100 01015
Auftraggeber: Zahlstelle des Verwaltungsamts für ehem. Reichsgrundbesitz in Berlin
Vordr. 4183 I
Mehrzweckfeld | Konto-Nr. | Betrag | Bankleitzahl | Text
00006600000Y 36070050 51H
Bitte dieses Feld nicht beschreiben und nicht bestempeln

Abb. 87: Überweisungsbeleg Rückerstattung.

über Jahrzehnte freundschaftlich mit der Familie verbunden und entsetzt über das Unrecht, das ihnen vor und nach 1945 geschah.

Nicht in allen deutschen Amtsstuben herrschte der alte Ungeist. Bei den finanziell wirklich bedeutsamen Entschädigungsverfahren um die Abgaben an die Dego, die Vermögensabgabe und die Reichsfluchtsteuer hatte Anwalt Janus ungewöhnliches Glück und traf in der Düsseldorfer Oberfinanzdirektion auf Dr. Stolz, der sich selbst als „erstattungsfreudig" bekannte. Stolz begann umgehend, die umfangreichen Akten zu studieren. Er zog die in Hamburg anhängigen Verfahren nach Düsseldorf und sorgte dafür, dass er allein verantwortlich wurde für das umfangreichste und schwierigste Verfahren, das Düsseldorf bis dahin zu bearbeiten hatte.[324] Schon am 6. Februar 1959 telegrafierte Helmut Janus nach New York: „Dego von allen Stellen genehmigt und Auszahlung angeordnet."[325]

An einer freundschaftlichen Regelung von Rückerstattungsansprüchen gegen Burkhardt & Co. waren sowohl die Hirschlands als auch die Bank interessiert. Kurt Grünebaum und der Chef der Burkhardt-Bank, Gotthard von Falkenhausen, suchten einen Weg, um eine künftige vertrauensvolle Zusammenarbeit herbeizuführen. Von Falkenhausen hatte schon 1938 versucht, mit maximal möglichem Anstand die „freundliche Arisierung" zu gestalten. Am 25. Mai 1949, die Bundesrepublik Deutschland war zwei Tage zuvor gegründet worden, vereinbarten beide einen Vergleich, um juristische Auseinandersetzungen zu vermeiden. Ohnehin fehlten zu diesem Zeitpunkt noch die erwarteten Rückerstattungsgesetze.

Die Bank räumte ohne Einschränkung ein, dass die Hirschlands ihre Bank allein unter nationalsozialistischem Druck verkauft hatten, dass der Kaufpreis fast restlos von der Deutschen Golddiskontbank eingezogen worden und dass im Oktober 1938 kein Goodwill für das traditionsreiche und angesehene Bankhaus bezahlt werden durfte. Mit „Goodwill" ist der immaterielle Wert der Bank gemeint, der sich durch den Ruf des Unternehmens, seine geschäftliche Vernetzung, die Organisationsstruktur etc. ergibt. Der vereinbarte Vergleich sah vor, dass die Hirschland-Gruppe gut 30 Prozent des Kapitals der Burkhardt-Bank übernahm und berechtigt war, diesen Anteil künftig zu erhöhen. Tatsächlich wuchs dieser Anteil in den 1950er Jahren kurzzeitig auf über 60 Prozent, als andere Kommanditisten von Burkhardt ausschieden. Die weiteren Regelungen des Vergleichs strebten eine enge Zusammenarbeit mit der New Yorker Hanseatic an; mit der Ausweitung ihrer Auslandsgeschäfte wollten sie sich gegenseitig unterstützen. In einer Zusatzvereinbarung war ferner eine pauschale Zahlung von 800 000 DM vorgesehen, für die die Hirschland-Gruppe zusagte, auf alle weiteren Rückerstattungsansprüche zu verzichten.

Keiner der Hirschlands hatte ein Interesse, in die Geschäftsleitung von Burkhardt einzutreten. Es blieb bei einer stillen Teilhaberschaft und Erich Grünebaum kam ein Mal im Jahr zu Besuch. „Man muss vor Ort sein", erklärte er, wenn man eine Privatbank führen will.[326] Auch unter der Leitung von Fritz Meyer-Struckmann und von Falkenhausen entwickelte sich Burkhardt & Co. prächtig. Der Finanzbedarf der Ruhrindustrie in den Wirtschaftswunderjahren war gigantisch und ließ die Bank aufblühen, die 1957 die viertgrößte Privatbank der Bundesrepublik war. In den Jahren zuvor hatten die Grünebaums ihren Anteil bei Burkhardt auf über 60 Prozent erhöht, wohl in der Gewissheit, dass es in Deutschland zu einem Wirtschaftswunder kommen würde.

Zu den prominenten Kunden gehörten die Brüder Karl und Theodor Albrecht, die hier mit Startkapital versorgt wurden und in ihrem Aufstieg zum größten Discounter Europas zu den treuen Kunden der Bank gehörten. Karl Albrecht, der eine Verkäuferlehre in einem Essener Feinkostgeschäft absolvierte, fiel Georg Hirschland auf. Als der Bankherr dort einkaufte, fragte er den fixen Lehrling, ob er nicht lieber eine Banklehre machen möchte. Karl Albrecht freute sich über das freundliche Angebot, lehnte aber ab.[327]

1972 fusionierte Burkhardt & Co. mit der Düsseldorfer C. G. Trinkhaus Bank, die dann von der HSBC-Holding übernommen wurde. Heute ist sie vollständig im Besitz der britischen Großbank. Schon nach 1958 war die Beteiligung der amerikanischen Kommanditisten schrittweise reduziert worden.

21

VERGESSEN IN DER HEIMATSTADT?

Die Frage, ob er feindliche Gefühle gegenüber Deutschland hege, beantwortete Erich Grünebaum 1972 so:

> „Nein. Während des Krieges sagte ich zu meiner Frau, wenn alles vorbei wäre, würden wir Pakete an diejenigen schicken, die unsere Freunde geblieben waren. Meine Frau glaubte das nicht. Ich sagte ihr, dass es nur zwei Möglichkeiten für uns gäbe. Die eine wäre, alle Deutschen zu vergasen. So war Herr Hitler mit den Juden verfahren; das ist nicht mein Ding, aber es wäre eine Lösung. Wenn man nicht an diese Lösung glaubte, dann konnte man den Deutschen helfen, in Anstand zu leben. In diesem Fall wollten wir denen helfen, die sich anständig benommen hatten. Und das taten wir. [...]
>
> Es gab da einen Nicht-Juden bei Simon Hirschland, der am 9. November 1938 fünf seiner jüdischen Kollegen in seinem Keller versteckte. Er riskierte dabei sein Leben. So einem Mann musste man helfen; wenn sich einer für jüdische Kollegen so weit aus dem Fenster lehnte, muss man seine Wertschätzung zeigen."[328]

Diese Haltung vertraten auch Elsbeth und Georg Hirschland. Ihrem Chauffeur Johann Schmitz und wohl auch anderen Angestellten schickten sie in den Hungerjahren nach dem Krieg regelmäßig Care-Pakete. Es scheint, dass es den Männern der Hirschlands leichter fiel als ihren Frauen, sich mit dem Nachkriegsdeutschland zu arrangieren. Die Banker hatten vor und nach der Emigration zahlreiche Kontakte zu Geschäftsfreunden, die keine Nazis waren, und sie weigerten sich, die Deutschen insgesamt zu dämonisieren. Zudem führte die schnelle Einigung mit den Inhabern der Burkhardt-Bank zu der pragmatischen Haltung, dass man künftig wieder Geschäfte mit den Deutschen machen werde. Allerdings hatte dieser Pragmatismus auch Grenzen.

Konkrete Überlegungen, wieder nach Deutschland zurückzugehen, hatten die Hirschlands nicht. Sie waren schnell im Netzwerk amerikanischer Banker eingebunden und der Einstieg in die Leitung der lange bestehenden New Yorker Hanseatic war von Beginn an erfolgreich. Dem stand gegenüber, dass man in Deutschland nicht da hätte weitermachen können, wo man aufgehört hatte. Hier waren die wirtschaftlichen Aussichten nurmehr schwierig kalkulierbar und das Ausmaß der Kriegszerstörungen und das Elend der Bevölkerung deprimierten.

Je wieder Urlaub in Deutschland zu machen, lehnten die Grünebaums ab. Das Gefühl, das Land der Mörder zu betreten, bestimmte die Hirschlands nicht. Eine Zeitlang hielt sich in der Familie der Mythos, dass alle Hirschlands vor dem Holocaust gerettet wurden. Der Neffe der Grünebaums, Thomas Hackett, schreibt im Internetblog der Familie, dass erhebliches Kapital, insbesondere von Franz Hirschland und Lutz Grünebaum, aufgebracht wurde, um Affidavits zu finanzieren und herüberkommende Familienmitglieder zu unterstützen, die nur ihre Kleider auf dem Leib hatten. Darüber sei vergessen worden, dass außerhalb der Kernfamilie acht Hirschlands aus Essen in der Shoa umkamen: Max, Fritz, Cilli, Clara, Erhard, Ernst, Hedwig und Otto Hirschland.[329]

Natürlich spürten die Hirschlands auch, dass die meist restriktive Haltung der Behörden in der Frage der Rückerstattung von jüdischem Eigentum nicht allein durch die braune Vergangenheit von Beamten und Richtern zu erklären war. Die „Wiedergutmachungspolitik", die schon dem Begriff nach euphemistisch war, wurde von erheblichen Teilen in der Bevölkerung heftig kritisiert, insbesondere dann, wenn man „unter sich" war. Jüdischen Anspruchsstellern wurde im Anschluss an alte Stereotype des Wucher- und Schiebertums häufig Geldgier unterstellt und nicht wenige Deutsche fanden, dass die NS-Judenpolitik bis 1939 irgendwie verständlich war. Die fast durchgängig beschwiegene „Endlösung" sahen viele als Entgleisung, für die Hitler und Himmler mehr oder weniger allein verantwortlich waren. Meinungsumfragen im Winter 1950/51 stuften ein Drittel der befragten Deutschen als antisemitisch ein, ein weiteres Drittel nannte antisemitische Vorurteile, die sich vor allem in Distanz und Reserviertheit äußerten. Als der Bruder von Elsbeth Hirschland, Alfred Panofsky, im Sommer 1946 über eine Wiederbelebung seines Bankhauses Jacquier & Securius in Berlin nachdachte, „ließen Bekannte ihn wissen, der Antisemitismus in Deutschland sei ‚schlimmer denn je'".[330]

Bei ihren geschäftlichen Besuchen in Essen mussten die Grünebaums, wenn sie die Gräber der Familie auf dem jüdischen Friedhof am Segeroth besuchen wollten, erst den Schlüssel für das Friedhofstor organisieren. Schändungen der jüdischen Friedhöfe waren auch in Essen immer wieder ein Thema. Die Synagoge am Steeler Tor stand weitgehend unbeschädigt inmitten einer fast vollständig zerstörten Innenstadt. Gleichwohl überlegte der Essener Stadtrat, ob man dieses Gebäude, das den Hirschlands so viel bedeutete, nicht abreißen solle. Allein die hohen Abrisskosten für das monumentale Gebäude hinderten den Rat der Stadt. Zwischen 1945 und 1959 blieb das Gebäude ungenutzt. Vor dem Portal ließ die Stadt Essen einen merkwürdig anmutenden Steinsarg aufstellen, dessen Inschrift besagte:

> „MEHR ALS 2500 JUDEN DER STADT ESSEN MUSSTEN IN DEN JAHREN 1933–1945 IHR LEBEN LASSEN"

Eine Formulierung, die die Täter verschweigt und die Ermordung verschleiert. Nicht besser war die in den 1950er Jahren angebrachte Inschrift:

> „DIESES HAUS
> DIE EHEMALIGE SYNAGOGE DER JÜDISCHEN GEMEINDE
> IST EIN STUMMER ZEUGE EINES FURCHTBAREN GESCHEHENS
> DAS WIEDERGUTZUMACHEN UNS ALLEN AUFGETRAGEN IST"

Das Verschweigen des Novemberpogroms und des Genozids in diesen Inschriften ist ein Zeugnis des allgemeinen Beschweigens der Vergangenheit. Der Holocaust war für viele Deutsche ein im Wortsinn „unsagbares" Verbrechen. 1960/61 wurde im Innern der Synagoge eine Dauerausstellung für modernes Industriedesign, das „Haus Industrieform" eingerichtet. Kaum einer nahm Anstoß daran. Auch die 275 meist sehr alten Mitglieder der jüdischen Gemeinde waren mit dieser Nutzung einverstanden. Für sie war 1959 eine kleine Synagoge mit Gemeindezentrum und Altenheim auf dem Grundstück des früheren Jugendheims gebaut worden. Ein Kurzschluss in der Elektrik verursachte 1979 einen Brand in der Designausstellung und der Rat der Stadt beschloss, die Alte Synagoge künftig als Mahn- und Gedenkstätte zu nutzen. Vorangegangen war dem eine Neuorientierung in der bundesrepublikanischen Vergangenheitspolitik. Der Auschwitzprozess 1963, neue gesellschaftliche Werthaltungen nach 1968 und die Ausstrahlung der Fernsehserie „Holocaust" 1979 bewirkten zusammen mit der Tatsache, dass die Kriegsgeneration aufgrund ihres Alters nicht mehr alle Diskussionsräume bestimmen konnte, diesen Wandel.

1985 wurde der Wiener Platz vor dem Gebäude der ehemaligen Simon-Hirschland-Bank umbenannt. Der Ort passte gut, denn der „Wiener Platz" hatte 1939 seinen Namen zur Erinnerung an den „Anschluss" von Österreich erhalten. Paul Hirschland, Kurts Sohn, wurde mit Familie eingeladen, um das neue Straßenschild „Hirschlandplatz" zusammen mit dem Oberbürgermeister zu enthüllen.

Die nächste städtische Einladung an die Hirschlands konnte 2010 erfolgen, als im Neubau des Museums Folkwang der „Hirschland-Saal" eingeweiht wurde. Museumsdirektor Dr. Hartwig Fischer erinnerte daran, dass an diesem Ort bewusst werde, wie viel die Einwohner der Stadt jüdischen Mitbürgern zu verdanken haben. Es blieb aber bei solchen besonderen Momenten, um an die Hirschlands zu erinnern. Zum 100-jährigen Jubiläum des Museums, 2022, wurde der Mitgründer Georg Hirschland nur am Rande erwähnt.

Keiner der inzwischen 394 verlegten Stolpersteine in Essen, kleine Gedenktafeln des Künstlers Gunter Demnig, die an NS-Opfer erinnern, ist einem Hirschland gewidmet.[331] Zu hoffen ist, dass sich die Essener Schulen um das Andenken der Hirschlands künftig stärker kümmern. Material dazu ist genügend vorhanden. Allerdings kennt in Essen kaum ein Lehrer das Internetangebot des NS-Dokumentationszentrums Köln, „Jugend! 1918–1945". Wer die Briefe von Max Hirschland an seine beiden Kinder lesen will, findet sie hier; zusammen mit einer überaus reichen Dokumentation zu allen Hirschlands. Hunderte von Dokumenten, Videointerviews mit Karl Hirschland (= Charles Hannam) und kommentierende Informationen.[332] Auch das Jugendbuch von Charles Hannam „... und dann mußte ich gehen" verdient eine Neuauflage für Essener Schulen. Vielleicht gelingt es auch, eine Ausstellung in der Alten Synagoge oder im Haus der Essener Geschichte zu initiieren. Hier müssten berufene Kräfte einmal an einem Strang ziehen. Die Hirschlands haben es verdient.

EPILOG:
WAS WURDE AUS DER HIRSCHLAND-VILLA IN ESSEN-WERDEN?

Das herrliche Anwesen von Georg und Elsbeth Hirschland wurde in der Pogromnacht nicht gestürmt oder geplündert. Gestapo-Beamte hatten den Auftrag, den wertvollen Hausrat und die Kunstschätze zu schützen. Im „Wiedergutmachungsverfahren" des Jahres 1966 wurde festgestellt, dass die Villa nach dem Wegzug der Hirschlands fünf bis sechs Monate von der Werdener SA unter dem Vorwand kontrolliert wurde, die im Haus vorhandenen Kunstwerke schützen zu müssen. Offenbar richteten sich die SA-Männer hier häuslich ein und vernichteten die Weinbestände. Im Deal vom 1. April 1939 war die entschädigungslose Abgabe der Immobilien von Georg und Kurt Hirschland vereinbart worden, die die Partei für ihre Zwecke nutzen wollten. Die beiden Villen von Kurt Hirschland am Haumannshof beanspruchte die Kreisleitung der NSDAP, während die Zukunft der Villa auf der Franzenshöhe noch unbestimmt war. Man munkelte, dass in der Villa ein Gästehaus der Gauleitung eingerichtet werden sollte. Zuverlässig dokumentiert ist bislang allein der Versuch, hier eine Gebietsführerschule der Hitlerjugend (HJ) einzurichten. In einem Schreiben vom 25. Januar 1941 schlägt der Arbeitsausschuss für HJ-Heimbeschaffung „die Besitzung des Juden Hirschland in Essen-Werden" als Ersatz für die bisherige Gebietsführerschule „Burg Alpen" bei Wesel vor. Tatsächlich schätzte ein Sachverständiger den Wert des Anwesens. Am 16. April 1941 unterschrieb der frühere Hirschland-Prokurist Heinrich Schumacher für die Eigentümer Dr. Franz Hirschland und Dr. Georg Hirschland einen notariellen Kaufvertrag mit der HJ der NSDAP. In der weiteren Abwicklung des Vertrages beklagt der Reichsschatzmeister der HJ im Schreiben vom 7. Juni 1941, dass „der Eigentümer zwar Jude, jedoch amerikanischer Staatsbürger" sei, so dass die Umschreibung des Eigentums erst nach Bezahlung des Kaufpreises erfolgen könne.

Die Kriegsereignisse haben die angedachten Nutzungen blockiert. Ein Zeitzeuge, der heute noch lebende Sohn des Hirschland-Chauffeurs Johann Schmitz, der im anliegenden Kutschenhaus aufwuchs, erinnert sich, dass während der Kriegszeit, als er täglich im Park spielte, die Villa einen durchgehend belebten Eindruck machte. Sekretärinnen hörte man Briefe tippen, mittags saßen sie auf der Terrasse und sonnten sich. Es geschah dabei eines Tages, dass ein mitgebrachtes Kind in das tiefe Schwimmbecken fiel; Ernst-Josef Schmitz alarmierte die Mutter auf der Terrasse und das Kind konnte gerettet werden. Vieles spricht dafür, dass die NSDAP-Kreisleitung das Haus für ihre Zwecke nutzte, insbesondere als der bisherige Sitz der Kreisleitung in der Villa Haumannshof 2, die Kurt Hirschland gehörte, nach einem Bombenangriff zerstört worden war.

Nach dem Einmarsch ins Ruhrgebiet nutzten die Amerikaner die Villa Franzenshöhe für Besatzungszwecke. Heinz Hirschland besuchte jetzt als amerikanischer Soldat die Villa, die er 1938 mit seinen Eltern verlassen hatte. Die im Kutschenhaus wohnende Familie des Chauffeurs Schmitz, der ohne Unterbrechung als Cheffahrer von der Burkhardt-Bank übernommen worden war, und die beiden Gärtnerfamilien konnten noch kurze Zeit dort verbleiben. Sie mussten allerdings ihre Wohnungen verlassen, als die Amerikaner durch britische Soldaten abgelöst wurden. Chauffeur Johann Schmitz hatte beim Abschied der Hirschlands eine Sonderzahlung von 5600 RM erhalten und konnte in Werden ein bescheidenes Haus kaufen.

Nach dem Wegzug der Briten 1946 konnten die früheren Bewohner des Werdener Ludgeri-Altenheims die Villa nutzen. Am 29. November 1944 hatte eine Luftmine ihr Haus in der Brückstraße zerstört. Das Heim war unbewohnbar und die Schwestern vom Hl. Kreuz zogen mit den Bewohnern übergangsweise in das ehemalige Flak-Kasino nach Kupferdreh-Dilldorf. Die alten Leute schliefen in vier Holzbaracken. Mit dem Einzug in die Villa Franzenshöhe besserten sich die Verhältnisse. Zumindest nach außen war das neue Heim hochherrschaftlich, der Park ein Geschenk, aber die inneren Einrichtungen entsprachen kaum den Anforderungen der Altenpflege. Insbesondere die sanitären Anlagen reichten für zeitweise über 170 Personen nicht aus. 1955 beklagte ein Schreiben, dass „die primitiven sanitären Anlagen sehr zu beanstanden sind und die Arbeit der Schwestern erheblich erschweren. Außerdem sind ca. 50 alte Leute in einer Holzbaracke untergebracht, die jedoch baufällig wird und in allernächster Zeit wohl nicht mehr als Heim für alte Leute gebraucht werden kann.“[333]

Ein Besichtigungsprotokoll des Kölner Dombaumeisters vom März 1956 erwähnt, dass in der Villa einhundert, im Kutschenhof zwanzig und in einer Holzbaracke im Park weitere fünfzig alte Leute wohnten; die beengten Verhältnisse mag man sich heute nicht vorstellen. Als 1952 das „Ludgeriheim“ in der Brückstraße wieder bezogen wurde, hatte Werden zwei Altenheime und zur Unterscheidung nahmen die Schwestern in der Franzenshöhe den Namen „Altenheim Maria Theresia“ an, benannt nach der Stifterin des Ordens Maria Theresia Haze. Bis zur Schließung 1958 leiteten die Töchter vom Hl. Kreuz zwölf Jahre lang das Heim. Mit Blick auf die geplante Errichtung des Bistums Essen schrieb der Werdener Dechant Bruno Jungmann im Dezember 1955 dem Generalvikar in Köln:

> „Ich möchte nun bei dieser Gelegenheit nicht versäumen, auf das herrliche Anwesen Ruhrtalstr. 2–6 aufmerksam zu machen, besonders auch im Hinblick auf die Aussicht der baldigen Errichtung des Bistums Essen. Dieses Anwesen müßte eigentlich in den Besitz der Kirche übergehen, sei es, daß es für eine caritative Einrichtung oder eine direkt kirchliche Institution benutzt würde. Ich bitte, diesen Hinweis zu erwägen und sich mit der ehr. Schwester Oberin des Altersheimes in Verbindung zu setzen.“[334]

Mit der Gründung des Ruhrbistums 1958 stellte sich für den frisch ernannten Bischof Hengsbach die Aufgabe, für den Priesternachwuchs eine Einrichtung zu schaffen, die die praktische Ausbildung nach dem Theologiestudium übernehmen sollte. Der baufreudige Bischof rechnete mit fünfzig bis sechzig Seminaristen und suchte ein geeignetes Baugrundstück. Etwa zeitgleich hatten die Hirschlands, denen ihr

Abb. 88: Die Villa Franzenshöhe als Altersheim.

Anwesen 1951 rückerstattet worden war, der Stadt Essen ein Kaufangebot unterbreitet.[335] Da die Stadt wegen fehlender Mittel selbst nicht interessiert war, vermittelte der Baudezernent an den Bischof, der die günstige Gelegenheit wahrnahm. Am 1. April 1958 wurde das Anwesen erworben und 1960 wurde mit dem Bau des Priesterseminars begonnen; am 16. März 1962 wurde es feierlich eingeweiht. Der Kaufpreis für das stolze Anwesen war moderat und Hans Schmitz, Sohn des Chauffeurs, der 1938 durch Vermittlung der Hirschlands als Lehrling in das Bankhaus Burkhardt eingetreten und dort zum Prokuristen aufgestiegen war, kommentierte den Vertragsabschluss mit den Worten, dass er zu diesem geringen Preis die Franzenshöhe selbst gekauft hätte. Eindeutig falsch ist dagegen die Legende, die noch heute in Werden gelegentlich erzählt wird, die Hirschlands hätten der Katholischen Kirche Villa und Park in Dankbarkeit zum Symbolpreis von 1 DM geschenkt – als Anerkennung für die Warnung des Werdener Propstes, der kurz vor dem Novemberpogrom 1938 die Hirschlands besuchte und zur sofortigen Flucht vor dem anrückenden Nazi-Mob geraten hätte.

Der Bau des Seminars bedingte keineswegs den Abriss der Villa. Seine Grundfläche lag auf dem Gelände des früheren Gemüsegartens an der Tiergartenstraße, etliche Schritte von der Villa entfernt. Der herrliche Park sollte nicht angegriffen werden. 1958 zog das neu gegründete Pastoralsoziologische Institut unter Leitung von Norbert Greinacher in die Villa ein, auch der künftige Regens des Seminars, Paul Aufderbeck, nahm hier Wohnung. Später

Abb. 89: Gesamtanlage des Priesterseminars als Neubau.

brachte man in dem Gebäude die Diözesan- und Seminarbibliothek unter, allerdings waren die Drucklasten für die Holzdecken zu hoch. Warum die prächtige Villa im Dezember 1964 schließlich abgerissen wurde, erschließt sich vielleicht durch einen Artikel in der Bistumszeitung *Ruhrwort*:

> „Ausgerechnet eine der modernsten Einrichtungen unserer heutigen Seelsorge, das […] Pastoralsoziologische Institut […] ist in einer Industriellenvilla des ‚klassischen' Gründerstils untergebracht. Sie trägt alle Spuren eines endgültigen Verfalls. In ihren überhohen, allem heutigen Raumempfinden widersprechenden Räumen wird mit den modernsten Methoden einer hochmodernen Wissenschaft gearbeitet. […] Die äußere Situation hat einen Zug ins Groteske."[336]

Ein Schreiben vom 23. Juli 1963 des Gartenbaudirektors Muhl, einem Studienfreund von Bischof Hengsbach, der sich in Sachen Parkgestaltung eingeschaltet hatte, setzt den Abriss der Villa als Entscheidung des Bischofs bereits voraus: „Der große alte Teich sollte beim Abbruch der alten Villa mit den gut zerkleinerten Trümmern aufgefüllt werden. An der Abbruchstelle des Hauses und zwischen den alten Kastanien sollte eine Spiel- und Sportmöglichkeit vorgesehen werden."[337]

Dann ging alles sehr schnell – und nach den Wünschen des Generalvikariats, auf dessen Bitte hin das Bauaufsichtsamt tätig wurde und für den 3. September 1963 eine Ortsbesichtigung ansetzte. Man möchte sagen, „wunschgemäß" bescheinigte der Statiker Schwamm- und Fäulnisschäden und fordert den baldigen Abriss der Villa. Am Ende verzögerte sich der Abriss noch um ein Jahr und wurde im November 1964 ausgeführt.

Wie schwerwiegend die baulichen Mängel der Villa waren, kann heute keiner mehr feststellen. Es verwundert aber doch, wenn der Kölner Diözesanbaumeister Schlomps 1956 den Bauzustand so beurteilte: „Die Substanz ist gut erhalten, das Dach muß jedoch repariert werden, ferner müssen die Kessel der Zentralheizungsanlage erneuert werden."[338] Manches spricht dafür, sich Rainer Metzendorf anzuschließen, der schrieb: „[M]an riss die ‚Franzenshöhe' wegen Unvereinbarkeit ab."[339]

Die Villa passte nach damaligem Empfinden einfach nicht neben das moderne Priesterseminar. Hohe dauerhafte Erhaltungskosten und kostspielige Umbauten für eine kirchliche Nutzung haben sicher ebenso eine Rolle gespielt. Auch wenn deutliche Renovierungsarbeiten wohl nötig waren, hatte der Zeitgeist, der den „alten Kasten" neben dem Neubau nicht duldete, gesiegt. 1987, als es um die Frage ging, ob das Kutschenhaus in die Denkmalliste der Stadt eingetragen werden soll, schrieb die Untere Denkmalbehörde: „Was man aus heutiger Sicht hätte schützen sollen oder müssen, das war die alte Villa Hirschland, die mitten in dem zum Priesterseminar gehörenden Gelände gestanden hat. Dieses Gebäude aber ist niedergelegt worden."[340] Dem Antrag wurde später aber stattgegeben und der Kutschenhof ist in der Denkmalliste der Stadt Essen eingetragen.

Abb. 90: Abriss der Villa Franzenshöhe, November 1964.

Ein Geheimnis wurde beim Abriss der Villa gelüftet. In einem Zwischengeschoss befand sich ein riesiger Tresor, in den man nur durch manuelles Anhalten des Hausaufzugs gelangen konnte. Nach dem Krieg überlegte man, diesen Tresor aufzuschweißen, weil die Schlüssel fehlten. Dieser Versuch konnte gerade noch gestoppt werden, da der Aufzug mit Holz ausgekleidet war und akute Brandgefahr bestand. Erst der Abriss ergab die Möglichkeit, mit dem Abbruchbagger den Tresor ans Tageslicht zu bringen. Die höchst gespannt erwartete Öffnung brachte dann eine SA-Uniform, eine Fahne und Bilder einiger Nazi-Größen hervor. Der Verbleib dieser Gegenstände konnte später nicht mehr aufgeklärt werden.

Ein Mitarbeiter des Bistums, der gerade sein Einfamilienhaus in Werden baute, war clever: Er erwischte noch eine solide Haustüre aus der Villa und baute diese in sein Haus ein. Auch ein offener Marmorkamin und der Fußbodenbelag sowie Zimmertüren der Villa fanden hier Verwendung und sind heute die letzten Erinnerungsstücke an dieses Gebäude.

1962 zogen die ersten Priesteramtskandidaten nach ihrer universitären Ausbildung in das neue Seminar „Sankt Ludgerus" ein, um sich zwei Jahre lang auf die Praxis ihrer priesterlichen Tätigkeit vorzubereiten. Noch während der Ausbildung wurden die Seminaristen zu Diakonen geweiht, mit der Priesterweihe schloss die Ausbildung ab. Der Gebäudekomplex umfasste neben den Zimmern

Abb. 91: Einweihung des Schwimmbads im Priesterseminar, das gerne „Zölibad" genannt wurde.

auch Unterrichtsräume, die Kapelle, einen Sportplatz, eine Turnhalle und ein Schwimmbad. Architekt war Fritz Schaller, der auch die Kölner Domplatte entworfen hatte. Die ausgesprochen großzügig und auf Zuwachs hin gebaute Einrichtung diente in einem Teilbereich mit dreißig Zimmern als Studien- und Erholungsort für tätige Priester. 32 Jahre lang war das Seminar aktiv. Doch von Jahr zu Jahr traten weniger Seminaristen ein und mit der zurückgehenden Zahl der Katholiken im Ruhrbistum sank auch das Kirchensteueraufkommen. 1994 entschloss sich die Bistumsleitung, die wenigen Priesteramtskandidaten im Bochumer Kolleg nahe der Ruhruniversität auszubilden.

Heute hat das größere Bistum Münster diese Aufgabe übernommen. Das Haus wurde danach als Tagungsstätte und für spirituelle Angebote des Bistums genutzt. 1987 erlebte die Franzenshöhe einen ganz besonderen Gast, als Papst Johannes Paul II. bei seinem Deutschlandbesuch hier übernachtete. Nach dem Tod von Bischof Franz Hengsbach führte das Haus den Namen „Kardinal-Hengsbach-Haus". 2021, inzwischen hatte sich die wirtschaftliche Lage des Bistums weiter verschlechtert, entschied das Bistum, den wertvollen Gebäudekomplex mit dem 45 000 Quadratmeter großen Areal zu veräußern. Etwa zeitgleich versuchten interessierte Bürger, die Denkmalbehörde zu aktivieren, um mindestens die kunsthistorisch bedeutsame Kapelle, besser noch den gesamten Gebäudebestand und die besonderen Garteneinrichtungen, die auf die Hirschlands zurückgehen, also den Japanischen Garten, das Teehaus und den Badegarten, unter Denkmalschutz zu stellen. Nach anfänglichem Zögern der Unteren Denkmalbehörde in Essen übernahm das Amt für Denkmalpflege im Rheinland die Begutachtung, die zur Eintragung in die Denkmalliste der Stadt Essen führte. Unter die-

Abb. 92: Besuch von Johannes Paul II.

sem Vorzeichen war auch das Generalvikariat Essen willens, das Objekt an einen Investor zu verkaufen, der auf diesen besonderen historischen Ort Rücksicht nimmt und nicht ein Maximum an verkaufsfähiger Wohnfläche anvisiert. In Fatih, Inhaber der FC Real estate GmbH, fanden die Anbieter einen Käufer, der ein Konzept vorstellen konnte, das versprach, diesen besonderen Ort zu respektieren und schonend umzugestalten. Geprüft werden soll, ob es möglich ist, die alte Villa, wie sie zur Zeit der Hirschlands aussah, zu rekonstruieren. Als Sitz einer Stiftung oder einer kulturellen Einrichtung könnte dieser Bau genutzt werden, um an die Hirschlands zu erinnern.

Abb. 93: 2022 besuchten die Nachfahren von Kurt Hirschland das Grab ihrer Familie auf dem Jüdischen Friedhof Segeroth in Essen.

SELBSTZEUGNISSE DER FAMILIE HIRSCHLAND

Hochzeitszeitungen waren um 1900 eine beliebte und kreative Aufgabe bei der Vorbereitung der Feierlichkeiten. Die sonst in Tageszeitungen üblichen Themen wurden mit gereimten Anekdoten und viel Humor auf das Brautpaar zugeschnitten. Agathe Hirschlands Ehemann, Ernst Grünebaum, hat zu vielen Anlässen Verse geschmiedet und die Gesellschaften unterhalten. Die im Bildungsbürgertum sehr beliebte politisch-satirische Wochenzeitschrift *Kladderadatsch* lieferte in Aufmachung und Inhalt vielen Familienpoeten entsprechende Anregungen. Kosten und Mühen in der grafischen Umsetzung scheuten die Hirschlands nicht, schließlich wurde die Hochzeitzeitung von den Gästen lange verwahrt und repräsentierte den kulturellen Anspruch der Gastgeber.

No. 1. Cöln, den 12. August 1874. Jahrgang I.

Hochzeits-Kladderadatsch.

Flitterwochen-Kalender.

Donnerstag, 13. August.
Ein süßes Tagwerk wird vollbracht,
Es wird geküßt, geliebt, gelacht.

Freitag, 14. August.
Es wird geküßt, gelacht, geliebt,
Weil's auf der Welt nichts Schöneres giebt.

Sonnabend, 15. August.
Besuche gehen aus und ein,
Doch lieber bleiben sie zu zwei'n.

Sonntag, 16. August.
Was man vergang'ne Woch' gethan,
Fängt man in dieser wieder an.

Montag, 17. August.
Die Köchin leichte Arbeit hat,
Noch wird man von der Liebe satt.

Dienstag, 18. August.
In lauter Lust und Seligkeit
Vergeht die gold'ne Flitterzeit.

Mittwoch, 19. August.
Doch wenn die Liebe echt und wahr,
Ist gold'ne Zeit das ganze Jahr.

Kladderadatsch.

Humoristisch-satyrisches Hochzeitsblatt.

Dieses Blatt erscheint alle Jubeljahr einmal, nach 25 Jahren in Silber-, nach 50 Jahren in Golddruck. Die einzelne Nummer gratis. Im Abonnement billiger.

Zum 12. August 1874.

Der alten Sitte untreu, will ich heute
Des Spottes Geißel nicht verletzend schwingen,
Verfolgen nicht die aufgespürte Braut,
Nicht reden heute von polit'schen Dingen;
Ein schön'rer Stoff sei meines Dichtens Ziel —
Heut treib' ich Poesie nur „für's Gefühl."

Sei mir gegrüßt, Du Braut im Schmuck der Myrthe,
Sei Bräutigam gegrüßt im Festgewande!
Der Liebesgott, der Euer Herz verwirrte,
Er führt Euch lächelnd zum gelobten Lande,
Dem mild'ren und gesetzt'ren Bruder zu —
Nun, Hymen, Freudenbringer, herrsche du!

Geschlossen sei der Bund zur guten Stnnde,
Der Euch vereint durch dieses Leben leitet.
Zufriedenheit und Frohsinn geben Kunde,
Vom Himmel, der auf Erden Euch bereitet!
Das ist der Wunsch getreuer Freundesschaar —
In Aller Namen bring' ich ihn Euch dar

Kladderadatsch.

Isaac und Henriette.

Ein erzählendes Gedicht in 3 Gesängen.

I. Gesang.

In unsern schönen Mähren wird wundersviel erzählt,
Von kühner Ritter Werben um Damen auserwählt.
Von solchem heißen Minnen will ich auch hier Euch melden,
Und fange zu erzählen drum an von unserm Helden.

Da war im Städtchen Essen eines braven Mannes Kind,
Isaac war es geheißen; den Namen trug der Wind
Ob seines Leibes Schönheit, ob seiner Kühnheit Muth,
Ob seines Geistes Schärfe, in viele Lande gut.

Als Isaac war geworden nun neunundzwanzig Jahr,
Da lag sein hohes Streben wohl Jedem offenbar.
Doch denkt nicht, daß Philister er darum war o nein!
Nie war er Spielverderber in froher Brüder Reih'n.

Da gab es hohe Feste zu Essen an der Bern' —.
Wohl priesen ihn die Damen, wie hatten sie ihn gern!
Doch ach! zu Keiner fühlt er gezogen hin sein Herz,
Nie kannt er heißes Minnen, nie fühlt' er Liebesschmerz.

Von einem solchen Feste erzähl' ich sonder Harm,
Wie er der Frauen Beste gewann mit starkem Arm.
Es traut sich's zu verrathen fast nicht des Dichters Mund
Doch thut er Euch zu Liebe das Unbekannte kund.

II. Gesang.

Da war zu Cöln am Rheine ein braves Mägdelein,
Wie wohl in allen Landen kein beff'res mochte sein,
Mit Namen Henriette. Es pflegten ihr in Liebe
Die treuen Eltern beide die tugendhaften Trieben,

Es floff' dahin ihr Leben, ein zarter Jugendtraum,
Wie in dem Thal das Bächlein, mit bunten Blumen-Saum.
Mit Liebe von den Eltern umgeben, und mit Ehren
Von Freunden und Gespielen, was sollt' sie wohl entbehren!

Doch als die Zeit gekommen, da Minne fordert Raum,
Da hatte Henriette, die Holde, einen Traum.
Verlassen und verirret ist sie auf steilen Höh'n,
Und weiß nicht wohin wenden sie sich soll, wohin gehn.

Da tritt heraus aus Wolken, mit schönem Angesicht
Ein Jüngling hell von Blicken, der freundlich zu ihr spricht:
Reich mir die Hand, mein Liebchen, komm in mein Haus mit mir!
Ein Leben wie im Himmel; ich will's bereiten Dir.

Und plötzlich nun erwacht sie. Es scheint ihr öd' und leer
Die Welt, sie ist die Frohe, die Frühere nicht mehr.
Zerstreuung soll dem Kinde, Vergnügen soll ihm nahn,
So wollen es die Eltern, die tiefbetrübten han.

III. Gesang.

Gott Amor schüttelt' den Köcher aus
Und zählet seine Pfeile.
Mein Kind, rief ihm Frau Venus zu,
Mein Kind, warum die Eile?
Hoi Ho! ich muß recht rasch hinaus,
Sonst rücken am Ende die Beiden mir aus,
Der Isaac und Henriette.

Er spricht's und grüßt und schwingt sich kühn
Aufs Roß und bringts zum Traben,
Die Venus sie schüttelt den lockigen Kopf,
Wie mag er's so eilig nur haben?
Will schauen wohin er denn eigentlich geht
Und ob er sich eilend nicht kommet zu spät
Zu Isaac und Henriette.

Sie folget, sie flieget von Hellas Strand
Bis in des Drachenfels Nähe,
Wie hat sich der Junge so weit nur verrannt;
So denkt sie und schwebt aus der Höhe
Hernieder aufs schwärzliche Felsgestein,
Da sieht sie Gott Amor das Bübchen fein
Bei Isaac und Henriette.

Die Beiden sie hatten getroffen sich;
Der Traum er war glücklich erfüllet,
Gott Amor, er peinigt sie fürchterlich,
In rosige Wolken gehüllet;
Mit Pfeilen die Herzen im Sturme er nahm,
Vom Drachenfels glücklich herunter bald kam
Der Isaac und Henriette.

Was soll ich Euch melden noch weitere Mähr?
Das Ende Ihr vor Euch ja blicket,
Die als zwei Verlobte heut' kommen hierher
Von treuester Liebe beglücket,
Die sich schon so lange den Beiden that kund
Sie schwuren sich heute den ewigen Bund
Der Isaac und Henriette.

Tischlied
zur Hochzeitsfeier
des
Fräulein Agathe Hirschland
mit
Herrn Amtsrichter Ernst Grünebaum.

Essen, 8. Juli 1896.

Melodie: „Der Papst lebt herrlich in der Welt.“

Nichts Schön'res giebt es auf der Welt,
Als wenn ein Lieb im Arm man häli,
:,: Und dazu trinket gold'nen Wein
Und singt ein lustig Liedelein. :,:

Wie sehr die Frau'n man stets verehrt,
Wird in der Bibel schon gelehrt,
:,: Der weise Salomo allein
Nannt an die tausend Frauen sein. :,:

Stimmt ein, dass laut es rings erschall,
Ein Hoch den Frau'n und Mädchen all
:,: Die zieren uns're Tafelrund
Drauf trinket aus bis auf den Grund. :,:

Den Wein schätzt Noah schon sehr hoch
Als er einst aus der Arche kroch
:,: Und auch sogar der fromme Lot,
Trank ärger als ein Hottentott. :,:

Im Wein liegt Wahrheit nur allein
D'rum Vivat hoch der edle Wein!
:,: Drauf stosset alle fröhlich an,
Es lebe wer gut trinken kann! :,:

Stimmt an mit hellem, hohen Klang,
Das letzte Hoch dem deutschen Sang,
:,: Dem deutschen Lied so hoch und hehr,
Stosst an und trinkt die Gläser leer. :,:

Ja wer nicht liebt Weib, Wein, Gesang,
Der bleibt ein Narr sein Leben lang;
:,: Wir wollen diesen drei'n uns weih'n
Und lieben, trinken, fröhlich sein. :,:

Jede angehende Abiturientin hatte bis 1975 einen Lebenslauf in der Oberprima (der 13. Klasse) zu schreiben, der in die Prüfungsakte einging, darin sollten die persönlichkeitsbildenden Erfahrungen geschildert werden. Nach 1945 wurden die Lebensläufe deutlich kürzer und formaler verfasst. Aus dem Archiv des Viktoriagymnasiums (bis 2008 Viktoriaschule), das nach seiner Schließung 2020 eine Dependance des Burggymnasiums wurde.

Von den ersten Jahren meiner Kindheit weiß ich kaum noch etwas. Ich spielte immer zusammen mit meinem älteren Bruder. Um die des Krieges zu verstehen oder nur mitzuerleben, war ich zu jung. Nur weiß ich noch von den Fliegerangriffen und von dem Heimkommen der Soldaten.

Ostern 1919 sollte ich auf die 10. Klasse der Viktoriaschule kommen. Im Sommer 1918 hörten aber meine Eltern, daß es von Ostern 1919 an keine 10. Klasse mehr geben sollte, und alle Kinder 4 Jahre die Volksschule besuchen müßten. Um mir aber dieses 4. Schuljahr zu ersparen, ließen mich meine Eltern von meinem 6. Geburtstag an von meiner Lehrerin unterrichten, sodaß ich das Pensum der 10. Klasse von November bis März erledigt hatte und Ostern 1919 auf die 9. Klasse der Viktoriaschule kam. Trotzdem die Vorschule noch nicht abgebaut wurde, war ich froh, das erste Jahr so abgekürzt zu haben, obwohl ich später immer die Jüngste oder Zweitjüngste in der Klasse war.*

Aus meinen ersten Schuljahren erinnere ich mich außer an kleine Erlebnisse mit meinen Spielgenossinnen und kleinen Reisen an die See und in die Berge nur noch an die schreckliche Zeit während des Kapp-Putsches. Zu Hause war immer große Aufregung, da mein Vater von den Roten verhaftet werden sollte, weil er mit den Polizisten Wache gestanden hatte und immer im rechten Augenblick verschwinden mußte. Gerade in diesen Tagen, als die Kanonen vor unserm Haus standen, wurde meine kleine Schwester geboren.

---

* Die Viktoriaschule war vor dem Ersten Weltkrieg grundständig, d. h. sie nahm Mädchen im 6. Lebensjahr auf. Die Zählung der Jahrgangsstufen erfolgte absteigend, entsprechend der Zählung an Gymnasien, die damals mit der Prima endete. Nach zehn Schuljahren endete für viele Mädchen der höhere Schulbesuch mit dem Abschluss des Lyziums. Daneben bot die Viktoriaschule ihren Schülerinnen an, nach der 8. Klasse (heutiger Zählung) in die „Studienanstalt" überzuwechseln, die das Abitur als Abschluss anbot. Vor 1918 war die Viktoriaschule in Essen weit und breit die einzige Schule, die Mädchen diesen Abschluss, der zum Besuch der Universität berechtigte, ermöglichte. Entsprechend elitär war die Viktoriaschule und nur ganz wenige Mädchen erreichten die Reifeprüfung.

All dieser aufregenden Zeiten nach dem Kriege erinnere ich mich noch sehr gut. Die Inflation mit dem Rechnen in Millionen und all dem Notgeld verstand ich nicht.

Auch die Franzosenbesatzungszeit gehört mit zu diesen aufregenden Epochen. Die Franzosen wollten unser Haus in Pferdeställe, Garagen und Offizierswohnungen umbauen. 2 mal wollten sie Vater als Geisel ins Zuchthaus nach Werden bringen. Durch tausenderlei Schikane suchten sie uns in allem zu stören.

Von der 4. Klasse an wurde die Schule ernster. Ich fing an, auch zu Hause die Dinge, von denen wir in der Schule hörten, zu verwerten, über sie nachzudenken und sie weiter zu führen. Besonderes Interesse hatte ich immer an den Biologiestunden, an den Arbeiten am Mikroskop. Mein Lieblingsfach kam später in der Schule sehr schlecht weg. Sogar jetzt in der Oberprima haben wir es nach besonderem Bitten fertig gebracht, wenigstens eine inoffizielle Arbeitsgemeinschaft eingerichtet zu bekommen.

In der 4. Klasse entschloß ich mich, auf die Studienanstalt zu gehen, um später Medizin studieren zu können. Außerdem ging ich aber damals noch so schrecklich gerne zur Schule, daß ich es furchtbar fand, im Lyzeum schon nach 3 Jahren das Ende erreicht zu haben. In Untertertia fing ich an, Bücher zu verschlingen, und allmählich wurde der Deutsch-Unterricht und die Beschäftigung mit Literatur und Theater das Schönste für mich. Ich wurde um diese Zeit krank, mußte längere Zeit die Schule versäumen, hatte aber nebenbei viel Zeit zum Lesen. Durch Anregung zu Hause, durch Vorträge und durch Reisen, auf denen ich die Museen vieler Städte in Deutschland und im Ausland kennen lernte, begann ich mich sehr für die bildende Kunst, besonders für die Malerei zu interessieren und schließlich zu begeistern. Auf diesem Gebiete etwas zu erfahren, und, wenn man es so ausdrücken darf, zu lernen, mußte ich mich außerhalb der Schule bemühen. Denn bis zum vorigen Jahre, als wir nach München fuhren, hörten wir in der Schule kaum etwas von Kunst. Ich bin aber viel mit meinen Eltern gereist, sodaß ich in Holland, England und Italien unbeschreiblich viel herrliche Kunst sah, mit der ich mich dann Monate vor- und nachher zu Hause beschäftigen konnte. In den letzten Osterferien war ich in Florenz und von dort aus in ganz alten italienischen kleinen Städten. Es war eine Zeit mit unerhörten Kunsterlebnissen.

Aber auch in anderer Hinsicht habe ich durch diese Reise viel gelernt. Ich war allein mit einer Freundin dort, wir hatten keine Bekannten in Italien, sodaß wir ohne Hilfe mit allem fertig werden, und uns auf den italienischen Menschen umstellen mußten. Ich erkannte, wie nützlich es ist, andere Maßstäbe für Menschen und Leben anlegen zu können, nicht nur den Deutschen für gültig zu halten. Auf all den Reisen traf ich oft sehr interessante Menschen, von denen ich lernen, – an denen ich Erfahrungen in Menschenbeurteilung sammlen konnte.

Ich hatte schon einmal vorher erfahren, wie anders man Menschen und Leben außerhalb von Deutschland auffassen und erfassen muß, als ich mit meinen Eltern für 2 Monate in Amerika war [1928]. Vater hatte mich auf eine Geschäftsreise mit nach New-York genommen. Diese, in vielen Einzelheiten fremde Welt hat unbeschreiblichen, großartigen Eindruck auf mich gemacht. Auf der Reise bekam ich natürlich viel Übung im Englischen und konnte mich mehr als bisher mit englischer Literatur befassen. Aber auch schon vorher hatte ich neben der Schule viel Englisch getrieben, da meine Großmutter Engländerin ist.

Ein anderes besonderes Interesse, das aber größtenteils außerhalb der Schule liegt, habe ich für den Sport. Die Turnstunden in der Schule und zu Hause habe ich schon als ich ganz klein sehr geliebt. Aber auch von jeder anderen Sportart, die ich bis jetzt ausführen durfte, bin ich begeistert. Am meisten Gelegenheit hatte ich natürlich immer zum Tennisspielen und Schwimmen. Aber viel schöner noch ist Reiten oder halsbrecherische Bergtouren mit Anseilen und Eispickel, oder die herrlichen Skiabfahrten in der Schweiz.

Ich beabsichtige, nach Ostern Medizin zu studieren.

Ich erbitte meine Zulassung zu der Reifeprüfung und um den Vermerk meiner israelitischen Konfession auf dem Zeugnis.

Marianne Hirschland

Essen, den 1.12.1930

Das Interview mit Erich Otto und Gabrielle Grunebaum wurde am 10. August 1985 in der Alten Synagoge in Essen geführt. Die Transkription des Tonbandprotokolls wurde vom Verfasser sprachlich geglättet und gekürzt. Erich Grunebaum berichtet hier über seine Ausbildungsstationen. (Quelle: Archiv Alte Synagoge Essen, IN.97a)

Ich bin 1902 in Essen geboren, als Sohn des Landesgerichtsrats Ernst Grünebaum. Meine Mutter Agathe war eine geborene Hirschland. Wie ich fünf Jahre alt war, ist meine Vater als Oberlandesgerichtrat nach Hamm versetzt worden. Meine gesamte Schulzeit habe ich in Hamm verbracht, wo ich dann im Jahr 1920 mein Abitur gemacht habe. Ich wollte damals Chemie studieren, aber mein Vater erklärte mir sehr deutlich, dass er sich nicht leisten könnte, zwei Söhne auf der Universität zu haben, und dass mein älterer Bruder Lutz, der im Krieg gewesen war, den Vorzug haben müsse, ich solle mal erst eine Banklehre machen, das könne im Leben nie schaden. Ich kam dann in die Lehre zu Simon Hirschland an der Lindenallee. Nach zwei Jahren Lehre fanden dann meine Onkels, ich solle mir eine Stellung suchen. Ich bin nach München gegangen, zur Firma Aufhäuser und habe dort erst in der Effektenabteilung gearbeitet und nachher in der Devisenabteilung.

Von Hamburg aus rief dann mein Onkel eines schönen Tages in München an und fragte, ob ich nach Hamburg kommen könne, denn die Firma Simon Hirschland hatte damals eine Filiale in Hamburg aufgemacht, weil durch die Ruhrbesetzung des Jahres 1923 alle großen Verwaltungen wie das Kohlesyndikat oder Stinnes nach Hamburg gingen. Bei Hirschland in Hamburg hab' ich dann wieder im Devisenzimmer gearbeitet. Die Inflation haben wir eigentlich relativ gut überstanden, denn mein Onkel Georg hat genau gemerkt, was in Deutschland passierte, und hat dafür gesorgt, dass jeden Abend die Gewinne der Firma in Dollars oder in Schweizer Franken angelegt wurden. An der Währungsstabilisierung hatte die Firma noch ein sehr erhebliches Kapital, aber der Devisenhandel wurde dann sehr unbedeutend. Ein Jahr habe ich dann in Amsterdam gearbeitet. Im Jahr 1925 haben mir meine Onkels eine Einführung in die Firma Kleinwort Sons & Company in London gegeben, und eine Einführung von Simon Hirschland bei Kleinworts war ungefähr wie ein Hausschlüssel. Da wurd' ich sofort angenommen als Trainee und habe nicht nur Englisch gelernt, sondern auch sehr viel von einem großen internationalem Bankgeschäft. Nach einem Jahr lief meine Arbeitsbewilligung in England ab, und ich wollte weiter die Welt sehen und mit einer Einführung von Kleinworts an ihre Geschäftsfreunde in Neu York fand ich dann sehr schön eine Stelle. Ich hatte zwei Angebote, eine bei der Chase Manhattan Bank und eine bei Goldman Sachs. Weil Goldman Sachs eine kleinere Firma war fing ich dort an. Eines Tages wurde der zweite Kassierer krank, und da geh ich rüber zu dem anderen Kassierer, und fragte, ob ich ihm helfen könne. „Das versteht du ja sowie nicht." Sag' ich: Du könntest es mir doch erklären, ich wird' es schon verstehen." Er war sehr beeindruckt, wie schnell ich das verstanden habe. Am Abend ging er zum Personalchef und sagte, er hätte einen jungen Mann, der wäre sehr intelligent und sehr anpassungsfähig. Der Personalchef hat mich dann gefragt, ob ich bereit wäre , das zu sein, was sie in Amerika heute einen Floater nenn, das heißt ein Mann, der keiner Abteilung zugehört, sondern der im ganzen Büro rumschwirrt. Und wo immer jemand krank wurde, musste ich aushelfen. Er frug, ob ich den Job als Floater annehmen wolle. „Dazu bin ich gern bereit, aber nicht mehr für die 20 Dollar die Woche, da müssen Sie mir schon ein anständiges Gehalt geben". Daraufhin hab' ich dann 150 Dollar im Monat bekommen, davon konnte ich wenigstens leben. Ich hab' dann zwei Jahre bei denen gearbeitet, dann hatte ich auch genügend verdient und sag' mir „Jetzt muss ich mal was vom Lande sehen". Mit einem Freund zusammen haben wir für 80 Dollar einen Wagen gekauft und sind durch Amerika gefahren. Das war im Jahr 1927. Wie wir in Los Angeles waren, haben wir den Wagen verkauft und uns getrennt, und ich hab' gesagt: „Jetzt will ich mal versuchen, auf dem Landweg von Los Angeles nach Buenos Aires zu kommen." Ich wollte ganz gern mal einen Job in einer spanischen Stadt annehmen. Es hat sechs Monate gedauert und in Buenos Aires habe ich bei der Banco Germanico Sudamericano, einer Filiale der Dresdener Bank, gearbeitet. Weil ich gutes Spanisch lernen wollte, musste ich eine Familie finden, bei der ich wohnen konnte. Ich hatte sehr großes Glück, ich fand den Kassierer von Siemens in Buenos Aires, der mit einer Argentinierin verheiratet war, bei denen ich ein Zimmer mieten konnte. Er hat sich immer geniert, vor seiner Familie zuzugeben, dass er das Zimmer vermietet. Ich durfte niemanden sagen, dass ich was zahle, denn er stellte mich als seinen Neffen vor. Infolgedessen wurde ich auch von der ganzen Familie mit eingeladen. Auf diese Weise konnte ich Spanisch lernen. Das einzige, was sehr gefährlich wurde, waren die Mädchen in der Familie, die alle geheiratet werden wollten. Daraufhin hab' ich das Bild meiner Schwester im Schlafzimmer aufgehängt und erklärte:

„Es ist meine Verlobte." Ich wollte mich vor diesen jungen Mädchen schützen. Ich blieb dann ein Jahr in Buenos Aires. Dann wurde die Banco Germanica geschlossen, weil sie ein Devisenvergehen begangen hatte. Personal aus Buenos Aires wurde nach Sao Paulo in Brasilien geschickt, wo ich noch ungefähr zwei Monate arbeitete. Dann hatte ich genug von Südamerika und wollte wieder zurück nach Europa.

Mit einem Frachtdampfer fuhr ich von Santos nach Bremerhaven. Meine Onkels fanden, ich sollte doch wenigstens ein paar Monate in Paris sein. Drei Monate habe ich bei einem Effektenhändler gearbeitet, um wenigstens etwas Französisch zu lernen und bin dann wieder zu Simon Hirschland nach Essen gekommen. Im Januar 1928 übernahm ich dann die Leitung der Filiale in Hamburg.

ANMERKUNGEN

1 Vgl. Waldhoff, Johannes: Die Geschichte der Juden in Steinheim, Paderborn 1980; sowie Schröter, Hermann: Die Familie Hirschland in Essen, in: ders.: Geschichte und Schicksal der Essener Juden, Essen ^{3}1984, 167–185.

2 Zit. nach Waldhoff, Johannes [Anm. 1], 105f.

3 Berding, Helmut: Emanzipation der Juden im Königreich Westfalen (1807–1813), in: *Archiv für Sozialgeschichte*, Bd. 23 (1983), 23–50.

4 Vgl. Menze, Josef: Judenschule und Synagoge in der Stadt Steinheim während der ersten Hälfte des 19. Jahrhunderts, in: *Mitteilungen des Kulturausschusses der Stadt Steinheim*, Heft 50, 2. Halbjahr 1992, 3–51.

5 Es war aber nicht gestattet, Vornamen zu führen, die mit der christlichen Religion in Beziehung stehen, wie Christian, Christoph, Peter, Baptist usw.

6 1936 hat die Familie Hirschland den Genealogen Albert Phiebig beauftragt, einen Stammbaum der Familie mit Kommentierung und Ablichtungen der Originaldokumente anzufertigen. Die Ahnentafel verwahrt heute das Leo Baeck Institute in New York, https://archive.org/details/simonhirschlandb002f001/page/n1/mode/1up?view=theater, abgerufen am 17. April 2023. Judel Abraham, die früh verstorbene Ehefrau von Salomon, ist in den Akten auch als Judith (oder Gütel) Löwenstein eingetragen. Ihre Familie hatte nach 1808 den Namen Löwenstein gewählt.

7 Salomon Hirschland wurde auf dem Friedhof Lazarettstraße in Essen beigesetzt, der 1941 wegen eines Luftschutzneubaus aufgelöst wurde. Das heute stark angegriffene Grabmal Salomons wurde auf dem jüdischen Teil des Parkfriedhofs wieder aufgestellt. Ob die Gebeine übertragen wurden, ist fraglich. Die Inschrift lautet: „Naftali Hirz Hirschland. Sohn des toragelehrten Herrn Schlomo ..." Dass die Grabsteine im Oktober 1941 gerettet wurden, ist ein großes Verdienst der Beteiligten. Vgl.: Brocke, Michael: Jüdische Friedhöfe in Essen, in: Alte Synagoge (Hg.), Jüdisches Leben in Essen. 1800–1933, Essen 1993, 107.

8 Zit. nach Schneider, Wolf: Essen – Abenteuer einer Stadt, Düsseldorf/Wien 1971, 128f.

9 Zit. nach Samuel, Salomon: Geschichte der Juden in Stadt und Synagogenbezirk Essens von der Einverleibung Essens in Preußen (1802) bis zur Errichtung der Synagoge am Steeler Tor (1913). Festschrift zur Weihe der Synagoge, Essen 1913, 7.

10 Ebd., 8.

11 Eine Abbildung dieser Synagoge existiert nicht, allein ein Grundriss des Jahres 1823 ist erhalten. Die Fläche des langgestreckten Gebäudes ging über die eines durchschnittlichen Wohnhauses kaum hinaus.

12 Vgl. Samuel [Anm. 9], 11f.

13 Ebd., 12.

14 Zimmermann, Michael: Zur Geschichte der Essener Juden im 19. und im ersten Drittel des 20. Jahrhunderts. Ein Überblick, in: ders.; Konieczek, Claudia (Hg.), Jüdisches Leben in Essen, 1800–1933 (= Studienreihe der Alten Synagoge. Bd. 1), Essen 1993, 13.

15 Die jüngste Tochter Goldchen verstarb als Säugling.

16 Samuel [Anm. 9], 21.

17 1824 führte der preußische Staat die allgemeine Schulpflicht auch für jüdische Schüler ein. Die Aufsichtsbehörden unterbanden von da an die herkömmlichen Cheder (hebr. Bezeichnung für die traditionelle religiöse Schule für den Anfangsunterricht, siehe Anm. 22). In der ersten Stufe lernten die drei- bis sechsjährigen Knaben Hebräisch; in der zweiten Stufe (sechs bis zehn Jahre) lernten sie die Tora, den Raschi-Kommentar und die Kantilierungszeichen zum Vortragen beim Gottesdienst; in der dritten Stufe (zehn bis zwölf Jahre) wurden die Jungen in den Talmud eingeführt. Vgl. Rieker, Yvonne; Zimmermann, Michael: Akkulturation und antisemitischer Druck. Identitätsmuster und Bildungsbestrebungen im jüdischen Vereinswesen an der Ruhr, in: *Essener Beiträge*. Beiträge zur Geschichte von Stadt und Stift Essen, Bd. 119, Essen 2006, 269.

18 Samuel [Anm. 9], 23.

19 Ausführlich wird dieser Konflikt beschrieben in: Zittartz, Suzanne: Episoden aus der Geschichte der jüdischen Gemeinde Essen in der ersten Hälfte des 19. Jahrhunderts, in: Barbian, Jan-Pieter; Brocke, Michael; Heid, Ludger (Hg.), Juden im Ruhrgebiet. Vom Zeitalter der Aufklärung bis in die Gegenwart, Essen 1999, 281–288.

20 Samuel [Anm. 9], 29.

21 Kester, Daniel: Familienforschung Hirschland, http://familienbuch-euregio.eu/genius?person=181564, abgerufen am 24. Februar 2023.

22 Schon mit drei Jahren besuchten Jungen den Cheder, in dem sie das hebräische Alphabet und dann die hebräische Sprache lernten. Danach begann das Studium der Tora, das mit dem Auswendiglernen von Abschnitten begann. Mit der Bar Mizwa wurde diese Schule abgeschlossen. Im Gottesdienst las der Junge dann einen Abschnitt aus der Tora.

23 Samuel [Anm. 9], 37.

24 Zit. nach 100 Jahre Simon Hirschland Essen – Hamburg, Essen 1938, 40 Bl. [Entwurf für eine Festschrift, maschinenschriftlich vervielfältigt; Verfasser ist vermutlich der Prokurist Heinrich Schumacher], HdEG: D II 3347, 3.

25 Ebd., 6.

26 Vgl. Bormann, Patrick; Scholtyseck, Joachim: Der Bank- und Börsenplatz Essen. Von den Anfängen bis zur Gegenwart, München 2018, 41–48.

27 Ebd., 48.

28 Zit. nach 100 Jahre Simon Hirschland Essen [Anm. 24], 11.

29 Alberts Ehe mit Franka Isaac blieb kinderlos. Nach Alberts Tod vermachte Franka Hirschland der Stadt Essen 100 000 Mark und später weitere 30 000 Mark zur Errichtung des „Albert und Frank Hirschland Hauses" für Augenleidende. Vgl. Schröter [Anm. 1], 171.

30 Wisskirchen, Wilhelm: Burkhardt & Co. Privatbankiers im Herzen des Ruhrgebiets, in: *Tradition. Zeitschrift für Firmengeschichte und Unternehmerbiographie*, 2. Jg. Heft 3, August 1957, 229–246, hier 233.

31 Zit. nach 100 Jahre Simon Hirschland Essen [Anm. 24], 19.

32 Ebd., 20.

33 Die Inhaber der Bank unterzeichneten alle mit „Simon Hirschland". Ihre Geschäftspartner hatten ein Blatt mit den verschiedenen Unterschriften der Inhaber.

34 Vgl. Steinheim Institut, http://spurensuche.steinheim-institut.org/pdf/LobaufdietuechtigeGattinZunz.pdf, abgerufen am 24. Februar 2023, hier ist aus Salomos Sprüchen 31,25 zitiert.

35 Zit. nach Chernow, Ron: Die Warburgs. Odyssee einer Familie, Berlin 1996, 369.

36 Vgl. Köhler, Ingo: Wirtschaftsbürger und Unternehmer – Zum Heiratsverhalten deutscher Privatbankiers im Übergang zum 20. Jahrhundert, in: Ziegler, Dieter (Hg.), Großbürger und Unternehmer. Die deutsche Wirtschaftselite im 20. Jahrhundert, Göttingen 2000, 116–143.

37 Leo Baeck Institute (LBI), Reel 13, 411.

38 LBI, Reel 13, 407.

39 Zimmermann [Anm. 14], 13f.

40 Vgl. Lässig, Simone: Jüdische Wege ins Bürgertum. Kulturelles Kapital und sozialer Aufstieg im 19. Jahrhundert, Göttingen 2004, 419–427.

41 Ebd., 438.

42 Zit. nach Zimmermann [Anm. 14], 12.

43 Vgl. Saalmann, Timo: Die Einweihung der Synagoge am Steeler Tor 1913. Bürgerliche Festkultur und Lebensführung der Essener Juden, in: *Essener Beiträge* [Anm. 17], 470.

44 Vgl. Schröter, Hermann: Essener Kommerzienräte, in: Die Heimatstadt Essen, 11. Jahrbuch 1959/60, Essen o. J., 59.

45 Bormann; Scholtyseck [Anm. 26], 138.

46 Saalmann [Anm. 43], 466.

47 Vonde, Detlev: Revier der großen Dörfer. Industrialisierung und Stadtentwicklung im Ruhrgebiet, Essen 1989.

48 Borchardt; Paul: Zum 100-jährigen Bestehen der Gesellschaft Verein 1828–1928, HdEG/Stadtarchiv YcII 3b.

49 Vgl. Brimmer-Brebeck, Angelika: Frauen im jüdischen Milieu. Essener Jüdinnen von 1900–1932, in: Alte Synagoge (Hg.), Jüdisches Leben in Essen. 1800–1933, Essen 1993, 79f.

50 Schröter [Anm. 1], 172.

51 Zit. nach Saalmann [Anm. 43], 469.

52 Ebd., 472.

53 Abgedruckt in: Alte Synagoge Essen (Hg.): Stationen jüdischen Lebens. Von der Emanzipation bis zur Gegenwart. Katalogbuch zur Ausstellung, Bonn 1990, 42.

54 Zit. nach Saalmann [Anm. 43], 484.

55 Zit. nach Alte Synagoge Essen (Hg.) [Anm. 53], 98.

56 Grünebaum, Ernst: Memoirs of Ernst Grünebaum 1861–1944, Scarsdale New York, 1960 (Privatdruck für die Familie. Erhalten geblieben ist wohl nur die englische Übersetzung), 153.

57 Bertha Krupp war mit einem Vermögen von 283 Millionen Mark die reichste Deutsche.

58 Martin, Rudolf: Jahrbuch des Vermögens und Einkommens der Millionäre in der Rheinprovinz, Berlin 1913, 88.

59 *Essener Volkszeitung* 43 (1910), 27. Dezember 1910.

60 Grünebaum, Ernst [Anm. 56], 108, übertragen aus dem Englischen durch den Verfasser.

61 Zweig, Stefan: Die Welt von Gestern, Fischer, Frankfurt am Main 1970, 14.

62 Grünebaum, Ernst [Anm. 56], 81ff.

63 Ebd., 88. Demnach seien die Planeten entstanden, indem ein anderer Stern sich der Sonne näherte. Dabei seien durch die gegenseitigen Gezeitenkräfte große Mengen Materie aus der Sonne und dem anderen Stern gerissen worden, die dann zu Planeten kondensiert seien.

64 Ebd., 135.

65 Der Verfasser dankt Michael Ramage, ein Nachfahre von Kurt Hirschland, für die Überlassung eines digitalisierten Familienfilms, der die Reisen der Hirschlands in den 1920er und 1930er Jahren zeigt.

66 Vgl. Grünebaum, Memoirs [Anm. 56], 144–152.

67 Vgl. ebd., 92.

68 Vgl. ebd., 162.

69 LBI, Reel 4, 44.

70 Ernst Grünebaum, Freitagabend, 1. Mai 1934, LBI, Reel 8, 317.

71 Lutz Grünebaum, Vorwort zu Ernst Grünebaum [Anm. 56], 6f.

72 Lässig, Simone: Nationalsozialistische ‚Judenpolitik' und jüdische Selbstbehauptung vor dem Novemberpogrom. Das Beispiel der Dresdner Bankiersfamilie Arnhold, in: Pommerin, Reiner (Hg.), Dresden unterm Hakenkreuz, Köln 1998, 129–191, hier 135.

73 Zeitzeugen-Bericht Dieter Herrmann, in: *Werdener Nachrichten*, 12. August 2011.

74 Königliches Gymnasium zu Essen (Hg.): Jahres-Bericht über das Schuljahr 1903, Essen 1904 [Universitäts- und Landesbibliothek Düsseldorf].

75 Abitur konnten Mädchen bis dahin nur nachmittags in Sonderkursen an Jungengymnasien machen. Berta Marcus, eine Frau aus dem jüdischen Bildungsbürgertum, hatte für ihre Töchter Dore und Eva nach der Jahrhundertwende diese Möglichkeit erstritten. Vgl. Brimmer-Brebeck [Anm. 47], 78. Dass die Viktoriaschule sich nicht Viktoriagymnasium nennen durfte, lag daran, dass Höhere Schulen, die nach Mitgliedern der kaiserlichen Familie benannt waren, das vom Kaiser als undeutsch betrachtete „Gymnasium" nicht im Namen tragen durften.

76 Archiv des Viktoriagymnasiums Essen (heute in der Dependance des Burggymnasiums Essen), Reifeprüfungsunterlagen 1919.

77 Am 7. November 1903 reiste Kurt Hirschland mit dem Dampfer „Grosser Kurfürst" nach New York.

78 Balbaschewski, Marc: Das Bankhaus H. Aufhäuser 1870–1938. Netzwerkbildung und ihre Auswirkung auf die Verdrängungsbestrebungen und „Arisierung" im Nationalsozialismus, Diss., Darmstadt 2015, 57.

79 LBI, Interview mit Erich Otto Gruenebaum, 1972, AR 25395.

80 Ob die Ehe, wie noch im 19. Jahrhundert in diesen Kreisen vielfach üblich, von einem professionellen Heiratsvermittler angebahnt wurde, ob die Eltern sich umsahen und Einladungen arrangierten, bei denen die passenden Partner nebeneinander an der Tafel saßen, oder ob die Verbindung zufällig entstand – diese Frage bleibt mangels Quellen offen.

81 100 Jahre Simon Hirschland [Anm. 24], 36.

82 Püplichhuysen, Diana; Waldmann, Anke; Roeseling, Severin: Den Werten verpflichtet. 225 Jahre HSBC Trinkhaus 1785–2010, Köln 2010, 120.

83 HdEG, Hausakte Haumannplatz 2, 143 / 6539.

84 Bis 1918 konnte diese Schule von der 1. Klasse bis zum Abitur durchlaufen werden. Ab Ostern 1919 wurde nach der Revolution für alle eingeschulten Kinder in den ersten vier Schuljahren die gemeinsame Volksschule eingeführt, der Übertritt zum Gymnasium sollte erst nach der 4. Klasse erfolgen. Mit Hilfe einer Privatlehrerin bekam Marianne schon vor dem 6. Geburtstag Unterricht und konnte deshalb in die 2. Klasse dieses Gymnasiums einsteigen, denn das alte Model lief ja noch aus.

85 Archiv des Viktoriagymnasiums Essen (heute in der Dependance des Burggymnasiums Essen), Reifeprüfungsunterlagen 1931. Siehe vollständigen Lebenslauf auf Seite S. 211ff.

86 Gesuch der Oberprimanerin Marianne Hirschland um Zulassung zur Reifeprüfung 1931, Essen, den 1. Dezember 1930. Archiv des Viktoriagymnasiums Essen.

87 LBI, Reel 4, 217

88 Gesuch Marianne Hirschland [Anm. 86].

89 Bormann; Scholtyseck [Anm. 26], 156.

90 Die Vertriebsorganisation der Zechen des Ruhrgebiets.

91 Janus, Hans: Kein Paket für Familie Klaudat. Das Leben von Helmut Janus, Hamburg 2018, unveröffentlicht, aus dem Besitz des Autors.

92 Vgl. das Protokoll der Sitzung des Zentralausschusses der Reichsbank vom 25. August 1923, Bundesarchiv, https://www.bundesarchiv.de/aktenreichskanzlei/1919-1933/11a/str/str1p/kap1_2/para2_24.html, abgerufen am 27. Februar 2023.

93 Interview mit Erich Otto und Gabriele Grünebaum, 10. August 1985, Alte Synagoge Essen, Archiv.

94 Hundert Jahre Simon Hirschland [Anm. 24], 23f.

95 Vgl. Bormann; Scholtyseck [Anm. 26], 164.

96 Zit. nach ebd., 168.

97 Münzel, Martin: Tradition – Integration – Transfer? Zur Geschichte deutsch-jüdischer Unternehmer in Zwischenkriegszeit und Emigration, in: Kotowski, Elke-Vera (Hg.), Das Kulturerbe deutschsprachiger Juden, Berlin, München, Boston 2014, 168–184, hier 172.

98 Zit. nach Münzel, Martin: Die jüdischen Mitglieder der deutschen Wirtschaftselite 1927–1955. Verdrängung – Emigration – Rückkehr, Paderborn 2006, 67.

99 Püplichhuysen u. a. [Anm. 82], 168.

100 Die Darstellung folgt hier dem Aufsatz von Welzel, Robert: „Von der Müllhalde zum ‚Renommier'-Viertel. Das Massenbauen auf dem Rüttenscheider Haumannhof", in: *Essener Beiträge*, Bd. 116, 2004, 227–272. – Bredt, E. W.: „Das Haus Krawehl Essen-Ruhr, Erbaut von Prof. Adelbert Niemeyer", in: *Deutsche Kunst und Dekoration*, Oktoberheft 1912, 42–86, hier 43.

101 Zit. nach Bormann; Scholtyseck [Anm. 26], 205.

102 100 Jahre Simon Hirschland [Anm. 24], 24.

103 James, Harold; Müller, Martin L. (Hg.): Georg Solmssen – ein deutscher Bankier. Briefe aus einem halben Jahrhundert 1900–1956, 319.

104 Ebd., 320.

105 Bormann; Scholtyseck [Anm. 26], 219.

106 Ebd., 221.

107 Hundert Jahre Simon Hirschland [Anm. 24], 24.

108 LBI, Reel 4, 57.

109 Zit. nach Chernow [Anm. 35], 327.

110 Van der Velde, Henry: Geschichte meines Lebens, München 1962, 346f.

111 Die Darstellung folgt hier dem Gutachten des Direktors der Irrenanstalt Münsterlingen, Staatsarchiv Thurgau 4'802'57 Nr. 1933/221 und dem Bericht des Pflegers Paul Strupler für die *Nationalzeitung Essen*, LA NRW RW0058 Nr. 62242 (Gestapoakte Kurt Hirschland).

112 Bericht des Pflegers Paul Strupler [Anm. 111].

113 Universitätsarchiv Tübingen, Akte 441/4976 I + II.

114 Bericht des Pflegers Paul Strupler [Anm. 111].

115 Abschrift einer Kopie, die sich in den Unterlagen befindet, die Strupler an die Nationalzeitung schickte. LA NRW RW0058 Nr. 62242 (Gestapoakte Kurt Hirschland).

116 Pschyrembel online, „Manie", https://www.pschyrembel.de/Manie/K0DNN/doc/, abgerufen am 27. Februar 2023.

117 Auguste Forel, Professor der Psychiatrie und Direktor der Psychiatrischen Universitätsklinik Zürich, war Hirnforscher, Therapeut, Sozialreformer, zudem Sozialist, Pazifist und Ameisenkundler, aber auch Eugeniker und Rassist.

118 Fitzgerald, Francis Scott: Zärtlich ist die Nacht, Zürich 1982, 226.

119 Karl, Michaela: Wir brechen die Zehn Gebote und uns den Hals: Zelda und F. Scott Fitzgerald, München 2014, Anm. 340.

120 LBI, Reel 6, 306, 6. Juni 1939.

121 Ebd., 302.

122 Ebd., 328.

123 LBI, Reel 6, 309.

124 LBI, Reel 6, 275.

125 Ebd., 271.

126 Ebd., 339.

127 Landesarchiv NRW BR 3008 Nr. 27.

128 Wilhelm Flügge in seiner Chronik von 1886, zit. nach Real, Marc: „150 Jahre Personenverkehr auf der Schiene", *Werdener Nachrichten* 13, 1. April 2022.

129 Zit. nach Welzel, Robert: Aufbruch in die Moderne. Das Bredeneyer Realgymnasium und die Reformarchitektur, in: Bittner, Vera; Goltsche, Patrick; Franke, Michael (Hg.), Goetheschule 2010. Schulkultur: Stationen und Perspektiven, Essen 2009, 26.

130 Vgl. Wisotzky, Klaus: Wie Essen größer wurde. Die Eingemeindungspolitik der Stadt Essen im Kaiserreich, in: *Essener Beiträge*, Bd. 127, Essen 2014, 181–317. – Weichel, Thomas: Bürgerliche Villenkultur im 19. Jahrhundert, in: Hein, Dieter; Schulz, Andreas (Hg.), Bürgerkultur im 19. Jahrhundert. Bildung, Kunst und Lebenswelt, München 1996, 234–251.

131 Serlo, W.: „Bergmannsfamilien XIV", in: *Glückauf. Berg- und Hüttenmännische Zeitschrift*, Nr. 24, 65. Jg., 15. Juni 1929.

132 Köhne-Lindenlaub, Renate: Die Villa Hügel. Unternehmerwohnsitz im Wandel der Zeit, München/Berlin 2002, 45.

133 Grünebaum [Anm. 56], 87.

134 Vgl. Metzendorf, Rainer: Georg Metzendorf 1874–1934. Siedlungen und Bauten, Darmstadt/Marburg 1994, 259.

135 Laufer, Ulrike: Sammlerfleiß und Stiftungswille. 90 Jahre Folkwang-Museumsverein – 90 Jahre Museum Folkwang, Folkwang-Museumsverein e. V. (Hg.), Göttingen 2012, 83.

136 Nach einem Bericht von Herrmann, Dieter, in: *Werdener Nachrichten* Nr. 31, 5. August 2011 und Nr. 32, 12. August 2011.

137 Ab 1915 wurden in Städten hölzerne Objekte aufgestellt (zum Beispiel Nagelfiguren oder Eiserne Kreuze). Die Bevölkerung war aufgerufen, gegen eine Mindestspende einen Nagel in das Objekt einzuschlagen. So konnte man vaterländische Gesinnung zeigen und Kriegerwitwen und Waisen unterstützen.

138 Vgl. Grünebaum [Anm. 56], 111–113.

139 Kopie der Verleihungsurkunde, Alte Synagoge Essen, Archiv, AR 9726.

140 Goldmann, Christina: Der Central-Verein deutscher Staatsbürger jüdischen Glaubens im Rheinland und Westfalen 1903–1938, Diss., Düsseldorf 2006, 194f.

141 LBI, Reel 9, 549. Der Dawesplan von 1924 machte die Reparationszahlungen abhängig von der Leistungsfähigkeit des Deutschen Reiches. Dieser Finanzierungsplan ermöglichte den wirtschaftlichen Wiederaufstieg und die Beendigung der Ruhrbesetzung.

142 Zit. nach Chernow [Anm. 35], 338.

143 Institut zum Studium der Judenfrage (Hg.): Die Juden in Deutschland, München 1935, 35.

144 Brenner, Michael: „Die Gefahr erkennt man immer zu spät. Zum Krisenbewusstsein der deutschen Juden damals und heute", siehe: https://www.bpb.de/politik/extremismus/antisemitismus/308383/krisenbewusstsein-damals-und-heute, abgerufen am 27. Februar 2023; daraus auch die folgenden Zitate der *Centralverein-Zeitung* von Leo Baeck, Albert Einstein und Kurt Rosenheim. Hervorhebung im Original.

145 Gemeint ist der Regierungsrat Dr. Max Weinberg, seit 1923 verheiratet mit Käthe Grünebaum. Max Weinberg wurde zunächst beurlaubt. Aufgrund einer Ausnahmebestimmung, die Reichspräsident von Hindenburg durchgesetzt hatte, wurden Frontkämpfer des Weltkriegs, zu denen Weinberg gehörte, bis zum Tod Hindenburgs 1934 wiedereingestellt.

146 LBI, Reel 5, 296f.

147 Gemeint ist die Hanseatic Bank in New York, in der Erichs Onkel Franz Hirschland tätig war.

148 LBI, Reel 5, 289f.

149 LBI, Reel 5, 286.

150 LBI, Reel 4, 137.

151 LBI, Reel 5, 286.

152 Schreiben vom 1. September 1933, Alte Synagoge Essen, Archiv, 7097.

153 Grünebaum [Anm. 56], 164; Übersetzung Norbert Fabisch.

154 Alte Synagoge Essen (Hg.) [Anm. 53], 141.

155 Ebd., 142.

156 Ebd.

157 Ebd.

158 Die führende Rolle Georg Hirschlands bei der Gründung der Reichsvertretung erklärt sich durch die Mittlerrolle der Essener Gemeinde. Die nichtpreußischen jüdischen Gemeinden wollten sich nicht den Dominanzansprüchen der Berliner Gemeinde unterordnen, die ein Drittel der rund 500 000 deutschen Juden vertrat. Hirschlands immer noch starke wirtschaftliche Position und die relative Unabhängigkeit gegenüber den NS-Behörden, die er als Privatbankier hatte, sprachen ebenfalls für ihn.

159 Zu Leo Baeck siehe: Meyer, Michael A.: Leo Baeck. Rabbiner in bedrängter Zeit, München 2021.

160 Entwurf eines Aufrufs der Reichsvertretung der deutschen Juden, Berlin, 21. September 1933, in: LBI, Leopold Levi-Otto Hirsch Correspondence Collection, AR 5412.

161 Herzfeld, Ernst: Meine Letzten Jahre in Deutschland. 1933–1938, Manuskript nach 1941, 27f., siehe: https://digipres.cjh.org/delivery/DeliveryManagerServlet?dps_pid=IE8941783, abgerufen am 27. Februar 2023.

162 Vgl. Zimmermann, Michael [Anm. 14], 8–72.

163 Zit. nach Lordick, Harald: „‚Das schönste Jugendheim Deutschlands.' Erich Mendelsohns Haus der jüdischen Jugend in Essen 1932–1938", in: *Kalonymos.* Beiträge zur deutsch-jüdischen Geschichte aus dem Salomon Ludwig Steinheim-Institut an der Universität Duisburg-Essen, 19. Jg., 2016, Heft 2, 2.

164 Hugo Hahn, Das Jugendheim in Essen, LBI, Hugo Hahn Collection AR 4831.

165 Protokoll der Vorstandssitzung, 5. November 1929, LBI, Reel 10, 171.

166 Ebd., 172.

167 Lordick [Anm. 163], 4.

168 Ebd.

169 Brodnitz, Friedrich: Ein Rabbiner aus Deutschland – der Lebensweg von Dr. Hugo Hahn, in: Schröter, Hermann, Geschichte und Schicksal der Essener Juden [Anm. 1], 124.

170 Max M. Warburg, Begrüßungsworte zur Einweihung des Jüdischen Gemeinschaftshauses in Hamburg am 9. Januar 1938, Max M. Warburg Collection, LBI, AR 1211.

171 Vgl. Interview 1972, Erich Grünebaum [Anm. 79].

172 Zit. nach Lässig [Anm. 72], 157.

173 100 Jahre [Anm. 24], 33.

174 Münzel [Anm. 98], 156f.

175 Vgl. Ulrich, Keith: Das Privatbankhaus Simon Hirschland im Nationalsozialismus, in: Köhler, Manfred; Ulrich, Keith (Hg.), Banken, Konjunktur und Politik. Beiträge zur Geschichte deutscher Banken im 19. und 20. Jahrhundert, Essen 1995, 129–142, hier 135.

176 Simon Hirschland, Essen-Hamburg, Geschäftsbericht f. d. Jahr 1936, LBI Reel 1, 309f.

177 Lässig [Anm. 72], 149. Hervorhebung im Original.

178 Simon Hirschland, Essen-Hamburg, Geschäftsbericht f. d. Jahr 1936, LBI Reel 1, 310f.

179 Nach Lässig [Anm. 72], 146.

180 Vgl. Anmerkung 450, in: Lorenz, Ina: Die Hamburger Juden II, 899.

181 Grünebaum [Anm. 56], 171; Übersetzung Norbert Fabisch.

182 Vgl. Scholtyseck: Die Nationalbank, München 2021, 171f.

183 Bankguthaben in Sperrmark wurden mit einem Abschlag in konvertierbare Reichsmark umgetauscht. 1934 betrug der Abschlag 20 Prozent und stieg bis 1939 auf 96 Prozent.

184 LBI, Reel 1, 93.

185 Ulrich, Keith: Aufstieg und Fall der Privatbankiers. Die wirtschaftliche Bedeutung von 1918 bis 1938, Frankfurt 1998, 322.

186 Landesarchiv NRW Abt. Rheinland RW0058, Nr. 62242.

187 Bormann; Scholtyseck [Anm. 26], 273.

188 Ihm oblag die Bankenaufsicht.

189 Keith, Ulrich [Anm. 185], 343.

190 Stillhaltekredite waren von ausländischen Banken in Devisen gewährte Kredite, die deutsche Bankhäuser an ihre Kundschaft weiterreichen konnten. Angesichts der Devisennot der deutschen Wirtschaft während der NS-Diktatur kam ihnen oft eine zentrale Bedeutung bei der Finanzierung des Außenhandels zu. Vgl. Wixforth, Harald: „Ein ‚Stiller Teilhaber‘ – die ‚Arisierung‘ des Bankhauses Simon Hirschland und der Flick-Konzern“, in: *Bankhistorisches Archiv*, Bd. 33, 2007, 63–77, hier 67.

191 Scholtyseck [Anm. 182], 174.

192 Vgl. Keith Ulrich [Anm. 185], Anm. 238, 348.

193 Georg Hirschland verteilte als Abschiedsgeschenk 500 000 RM an die rund 160 Angestellten.

194 Zit. nach Ulrich [Anm. 185], 347f.

195 Bormann; Scholtyseck [Anm. 26], 266.

196 Interview am 12. Juli 1972 vermutlich im Leo Baeck Institute New York, Interviewer: Michael Tietz; LBI AR 25385.

197 LBI, Reel 4, 540.

198 Brown, Jonathan N.: „A valuable man in the right place“: the untold story of Fritz Fenthol and the Belmonte letter, in: *Journal of Intelligence History*, 20/2, 2021, 168–202.

199 Chernow [Anm. 35], 609.

200 Interview mit Erich Otto und Gabriele Grünebaum, 10. August 1985, Alte Synagoge Essen, Archiv, IN.97a.

201 Zit. nach Brämer, Andreas; Rürup, Miriam: Die Hamburger Juden im NS-Staat 1933 bis 1938/39, Bd. 2, Göttingen 2016, 1010.

202 Ebd., LBI, Reel 6.

203 Interview mit Erich und Gabriele Grünebaum, 1985 [Anm. 200].

204 Zit. nach Diner, Dan: „Vom ‚Anschluss‘ zur ‚Kristallnacht‘ – Das Krisenjahr 1938“, in: Stiftung Jüdisches Museum Berlin, Stiftung Haus der Geschichte der BRD (Hg.), Heimat und Exil, Emigration der deutschen Juden nach 1933, Frankfurt 2006, 24.

205 LBI, Reel 4, 480.

206 Zit. nach Stremmel, Ralf: „Paul Hoffmann – Gauwirtschaftsberater der NSDAP – Spuren eines gewöhnlichen Parteifunktionärs“, in: *Geschichte im Westen* 27 (2012), 91–123, hier 117.

207 Zit. aus einem „Aide Memoire“, das Erich Grünebaum nach Abschuss der Verhandlungen verfasste. LBI, Reel 20, 289.

208 Die Judenvermögensabgabe wurde im November 1938 als „Sühne“ für das Attentat auf Ernst vom Rath in Paris verhängt. Sie betrug 25 Prozent des Vermögens bei Vermögen über 5000 RM.

209 Die Reichsfluchtsteuer betrug ebenfalls 25 Prozent. Diese Steuer existierte bereits seit 1931, als Brüning die Kapitalflucht der Industrie und zahlreicher Großindustrieller verhindern wollte. Die Nationalsozialisten setzten die Freigrenzen erheblich herab.

210 Landesarchiv NRW Abt. Rheinland / RW 0058/555 55560 0056f.

211 Schreiben Fritz Fenthol, 29. April 1941, Landesarchiv NRW Abt. Rheinland RW0058/555/55560 0054.

212 LBI, Reel 20, 276.

213 In einem „Aide Memoire“ hat Erich Grünebaum die komplexen Verhandlungen und Problemstellungen des Deals auf 16 Seiten zusammengefasst. LBI, Reel 20, 275ff.

214 Vgl. die Eidesstattliche Versicherung im Entschädigungsverfahren 1958, Landesarchiv NRW Abt. Rheinland / BR 3008 ZK 631292.

215 LBI, Reel 6, 206.

216 LBI, Reel 6, 207.

217 LBI, Reel 4, 454ff.

218 Ebd., 382.

219 LBI, Reel 6, 771.

220 Landesarchiv NRW Abt. Rheinland / RW 0058/555 55560 Gestapo Akte Ernst Grünebaum.

221 LBI, Reel 4, 383.

222 LBI, Reel 6, 172.

223 Siehe www.hirschland.com/2012/03/28/hirschland-art/, abgerufen am 27. Februar 2023.

224 Dieses Urteil geht zurück auf Paul J. Sachs, einem Mitgründer des MoMA in New York, der 1932 das Museum Folkwang besucht hatte.

225 Schneider, Wolf: Essen. Abenteuer einer Stadt, Düsseldorf/Wien [3]1971, 253.

226 Zit. nach Lässig, Simone: „Juden und Mäzenatentum in Deutschland. Religiöses Ethos, kompensierendes Minderheitsverhalten oder genuine Bürgerlichkeit?", in: *Zeitschrift für Geschichtswissenschaft* 46, 1998, 211–236, hier 234.

227 Heute befindet sich das Gemälde als Stiftung von Elsbeth Hirschland im Museum Folkwang in Essen.

228 Max Weber: Wissenschaft als Beruf (1919), in: ders.: Schriften 1894–1922. Ausgewählt und herausgegeben von Dirk Kaesler. Kröner Stuttgart 2002.

229 Laufer, Ulrike [Anm. 135], 22.

230 Luther, Hans: Zusammenbruch und Jahre nach dem ersten Krieg in Essen. Erinnerungen des Oberbürgermeisters, in: *Essener Beiträge*, Bd. 73, Essen 1958, 5–138, hier 108.

231 Eine Denkschrift Ernst Gosebruchs aus dem Jahr 1933 nennt 48 Gründungsmitglieder, vgl. Laufer, Ulrike [Anm. 135], 120.

232 Nach erster provisorischer Unterbringung wurde das Museum 1929 an der Bismarckstraße eröfAnm. et. Edmund Körner, Architekt der Synagoge, hatte unter Einbeziehung der beiden großen Goldschmidt-Villen den Neubau geplant. Hans und Karl Goldschmidt hatten ihre Anwesen der Stadt gestiftet.

233 Laufer, Ulrike [Anm. 135], 81.

234 Laufer, Ulrike [Anm. 135], 83.

235 Ebd.

236 Laufer, Ulrike [Anm. 135], 118.

237 Ebd., 142.

238 Ebd.

239 Laufer, Ulrike [Anm. 135], 143.

240 Ebd., 154.

241 Ebd., 142.

242 Ebd., 166.

243 Zit. nach Laufer, Ulrike [Anm. 135], 166.

244 17. März 1939, LBI Reel 4, 504.

245 Zit. nach Laufer, Ulrike [Anm. 135], 171.

246 Zit. nach Laufer, Ulrike [Anm. 135], 210.

247 Laufer, Ulrike [Anm. 135], 214.

248 Archiv Museum Folkwang, MF 00624.

249 Ebd.

250 LBI, Reel 6, 256.

251 LBI, Reel 6, 248f.

252 LBI, Reel 1, 325.

253 Hauser, Dorothea: „Zwischen Gehen und Bleiben. Das Sekretariat Warburg und sein Netzwerk des Vertrauens 1938–1941", in: Heim, Susanne; Meyer, Beate; Francis R. Nicosia (Hg.), „Wer bleibt, opfert seine Jahre, vielleicht sein Leben". Deutsche Juden 1938–1941, Göttingen 2010, 115–133, hier 124.

254 Kopper, Christopher: „Wirtschaftliche Selbstbehauptung im sozialen Ghetto. Jüdische Wirtschaftsbürger im ‚Dritten Reich'", 204–214, hier 213, in: Ziegler, Dieter (Hg.), Großbürger und Unternehmer. Die deutsche Wirtschaftselite im 20. Jahrhundert, Göttingen 2000.

255 LBI, Reel 3, 675.

256 Ebd., 672f.

257 Ebd., 647.

258 LBI, Reel 2, 428.

259 Ebd., 420.

260 LBI, Reel 6, 87f.

261 LBI, Reel 2, 174.

262 Ebd., 242.

263 Ebd., 248.

264 LBI, Reel 1, 821.

265 LBI, Reel 1, 824f.; Übersetzung Norbert Fabisch.

266 Ebd., 822f.

267 Ebd., 807.

268 Dieses Wort ist im Original nicht lesbar.

269 LBI, Reel 1, 807.

270 LBI, Reel 2, 210f.

271 Ebd., 202.

272 LBI, Reel 3, 126.

273 LBI, Reel 6, 349.

274 LBI, Reel 20, 276.

275 Hannam, Charles: ... und dann mußte ich gehen, Würzburg 1985, 21f.

276 Ebd., 16.

277 Die heutige Goetheschule in Essen-Bredeney hat zwei Wurzeln: die Goetheschule in Rüttenscheid,

gegründet 1899, und das 1910 gegründete Realgymnasium Bredeney. Die Vereinigung beider Schulen erfolgte nach der Zerstörung des Gebäudes in Rüttenscheid im Zweiten Weltkrieg.

278 Hoffmann, Elisabeth: „Und dann wurden wir auf die letzte Bank gesetzt." Das Schicksal der jüdischen Schüler am Realgymnasium in Bredeney und an der Goetheschule in Rüttenscheid, in: Bittner, Vera; Goltsche, Patrick M. (Hg.), 100 Jahre Goetheschule Essen 1899–1999. Erfahrungen, Begegnungen, Herausforderungen, Essen 1999, 61–77, hier 64.

279 Hannam, Charles [Anm. 275], 27.

280 https://www.jugend1918-1945.de/portal/Jugend/zeitzeuge.aspx?bereich=projekt&root=5561&id=5813&redir, abgerufen am 2. März 2023.

281 Hannam, Charles [Anm. 275], 33.

282 Ebd., 45.

283 Ebd., 84.

284 Ebd., 118.

285 Zimmermann, Michael: Die „Reichskristallnacht" 1938 in Essen, in: Alte Synagoge (Hg.), Entrechtung und Selbsthilfe. Zur Geschichte der Juden in Essen unter dem Nationalsozialismus, Essen 1994, 66–97, hier 78.

286 Hannam, Charles [Anm. 275], 129.

287 Zimmermann, Michael [Anm. 285], 77.

288 Zit. nach Kulka, Otto Dov; Jäckel, Eberhard: Die Juden in den geheimen NS-Stimmungsberichten 1933–1945, Düsseldorf 2004, 475.

289 Ebd., 77f.

290 Alte Synagoge Essen, Archiv, Briefe von Margot Panofsky, geb. Hirschland, BR. 430 (1988).

291 Hannam, Charles [Anm. 275], 6.

292 Seine Familie und sich selbst konnte Dr. Erich Klibansky nicht retten. Die Klibanskys wurden am 20. Juli 1942 deportiert und vier Tage später in einem Wald in der Nähe von Minsk vor ausgehobenen Gruben erschossen.

293 Hannam, Charles [Anm. 275], 153.

294 Ebd., 154.

295 Zit. nach Charles Hannam, siehe: http://www.kindertransporte-nrw.eu/hannam/hannam_midhurst_1.html, abgerufen am 27. Februar 2023.

296 LBI, Reel 6, 57.

297 Zit. nach Scholtyseck; Bormann [Anm. 26], 272.

298 Alte Synagoge [Anm. 53], 227.

299 Charles Hannam hat dem NS-Dokumentationszentrum der Stadt Köln den umfangreichen Briefwechsel seines Vaters zur Verfügung gestellt. Die Briefe wurden dem Verfasser freundlicherweise in Reproduktion überlassen.

300 LBI, Reel 4, 480.

301 Victoria Hess, die Enkelin von Franz, beschreibt das Anwesen ihres Großvaters Franz Hirschland auf ihrem Blog: https://hirschland.com/2012/03/21/harrison-tarantara/, abgerufen am 2. März 2023.

302 Lutz war nach seiner Promotion 1924 als Jurist nach New York gegangen und trat in die Fußstapfen seines Onkels Franz. Von 1928 bis 1935 arbeitete er für die Hanseatic Bank. Der Vater von Doris, Carl Ulmann, war 1929 verstorben und hinterließ ein großes Vermögen. Vgl. Grünebaum, Erich [Anm. 56], 133f.

303 LBI, Reel 4, 456 und 459.

304 Lutz Grünebaum, 16. Juni 1939, LBI, Reel 5, 627.

305 Vgl. Grunebaum v. Commissioner of Internal Revenue, siehe: https://casetext.com/search?q=Grunebaum%20v.%20Commissioner%20of%20Internal%20Revenue&sort=relevance&p=1&type=case, abgerufen am 2. März 2023.

306 Interview Erich Otto Gruenebaum, 1972 [Anm. 79].

307 Hahn, Hugo, in: *Der Aufbau*, 27.3.1942. *Der Aufbau* war die wichtigste Exilzeitung deutscher Immigranten.

308 Grünebaum, Ernst [Anm. 56], 180f.; Übersetzung Peter Kerkmann.

309 LBI AR 25342, Box 2, Folder 8; Übersetzung Norbert Fabisch.

310 Ebd.

311 Hechenblaikner, Lois; Kühbacher, Andrea; Zollinger, Rolf (Hg.): Keine Ostergrüsse mehr! Die geheime Gästekartei des Grand Hotel Waldhaus in Vulpera, Edition Patrick Frey, 2021.

312 Mayr, Hans: „Abgereist in den Tod", in: *Der Spiegel* 13/2021, 26. März 2021, 78f.

313 Ebd.

314 Vgl. hierzu die Darstellung von Buomberger, Thomas: Raubkunst – Kunstraub. Die Schweiz und der Handel mit gestohlenen Kulturgütern zur Zeit des Zweiten Weltkriegs, Zürich 1998, 203–206.

315 Zit. nach Priemel, Kim Christian: „Der Sonderweg vor Gericht. Angewandte Geschichte im Nürnberger Krupp-Prozess", in: *Historische Zeitschrift* 294, 2012, Nr. 2, 391–426, hier 403.

316 Eidesstattliche Erklärung Berthold von Bohlen und Halbach, 9. September 1947, Historisches Krupp-Archiv, Essen WA 40/536.

317 Schreiben Dr. Walter Ballas an Kurt Hirschland,

ohne Datum, Historisches Krupp-Archiv, Essen WA 40B 1199-WA 40B 1222.

318 Aktenvermerk vom 4. August 1947, Historisches Krupp-Archiv, Essen WA 40B 1199–WA 40B 1222.

319 In: *Der Aufbau*, 26. Dezember 1948.

320 Mitteilung an den Verfasser vom 27. Juli 2022. Vgl. hierzu Janus, Hans: Kein Paket für Familie Klaudat. Das Leben von Helmut Janus, Hamburg 2018, 110.

321 LBI AR 25342 B1/F10, Schreiben RA Janus vom 16. August 1965 an die Wiedergutmachungsämter von Berlin.

322 Siehe https://www.archieven.nl/nl/zoeken?mivast=0&mizig=210&miadt=298&miaet=1&micode=282&minr=827508&miview=inv2, abgerufen am 25. Juli 2022.

323 Schreiben RA Janus [Anm. 321].

324 LBI, AR 25342 Box 2/Folder 3, Schreiben RA Janus vom 13. April 1957 an Kurt Grünebaum.

325 LBI, AR 25342 Box 2/Folder 3, Schreiben RA Janus vom 6. Februar 1959 an Kurt Grünebaum.

326 LBI, Interview Erich Otto Gründebaum 1972 [Anm. 79].

327 Auskunft des Sohnes von Karl Albrecht gegenüber dem Verfasser.

328 LBI, Interview Erich Otto Grünebaum 1972 [Anm. 79].

329 Alte Synagoge Essen (Hg.) [Anm. 53], 265.

330 Münzel, Martin: Die jüdischen Mitglieder der deutschen Wirtschaftselite 1925–1955. Verdrängung, Emigration, Rückkehr, Paderborn 2006, 292.

331 Stand August 2022.

332 Einen Einstieg findet man über die Seite https://jugend1918-1945.de/portal/jugend/zeitzeuge.aspx?root=5561&id=5809, abgerufen am 6. März 2023.

333 Eine Holzbaracke war in Essen-Dilldorf demontiert und in Werden aufgebaut worden. Die hygienischen Verhältnisse waren aufgrund fehlender Toiletten so schlimm, dass Bewohner in ihrer Not nachts die Notdurft in der Schublade des Nachtschränkchens verrichten mussten. Weil der Aufzug nicht funktionierte, mussten die Schwestern gehunfähige Bewohner in der Villa oft über die Treppen tragen. Vieles sei damals völlig unzureichend gewesen, allerdings haben die Schwestern wegen der guten Stimmung gerne in diesem Haus gearbeitet. (Auskunft der Schwestern am 4. Februar 2020 an den Verfasser).

334 Bistumsarchiv Essen, K 530 Essen, Anstalten und Krankenhäuser (Werden), Blatt 969.

335 HdEG/Stadtarchiv Essen, Rückerstattungsvergleich vom 6. Juli 1951, Wiedergutmachungsakte Kurt Hirschland.

336 Bistumsarchiv Essen GV6 Theologenreferat Nr. 142.

337 Ebd.

338 Alte Synagoge, AR 4624.

339 Metzendorf, Rainer: Georg Metzendorf 1874–1934. Siedlungen und Bauten, Darmstadt/Marburg 1994, 259.

340 Bistumsarchiv Essen, GV6 Theologenreferat Nr. 138.

AUSWAHLBIBLIOGRAPHIE

100 Jahre Simon Hirschland Essen – Hamburg, Essen 1938, 40 Bl. [Entwurf für eine Festschrift, maschinenschriftlich vervielfältigt; Verfasser ist vermutlich der Prokurist Heinrich Schumacher], HdEG: D II 3347.

Alte Synagoge Essen (Hg.): Stationen jüdischen Lebens. Von der Emanzipation bis zur Gegenwart. Katalogbuch zur Ausstellung, Bonn 1990.

Balbaschewski, Marc: Das Bankhaus H. Aufhäuser 1870–1938. Netzwerkbildung und ihre Auswirkung auf die Verdrängungsbestrebungen und „Arisierung" im Nationalsozialismus, Diss., Darmstadt 2015.

Berding, Helmut: Emanzipation der Juden im Königreich Westfalen (1807–1813), in: *Archiv für Sozialgeschichte*, Bd. 23, Bonn 1983.

Borchardt; Paul: Zum 100-jährigen Bestehen der Gesellschaft „Verein" 1828–1928, HdEG/Stadtarchiv YcII 3b.

Bormann, Patrick; Scholtyseck, Joachim: Der Bank- und Börsenplatz Essen. Von den Anfängen bis zur Gegenwart, München 2018.

Brämer, Andreas; Rürup, Miriam: Die Hamburger Juden im NS-Staat 1933 bis 1938/39, Bd. 2, Göttingen 2016.

Bredt, Ernst Wilhelm: Das Haus Krawehl Essen-Ruhr. Erbaut von Prof. Adelbert Niemeyer, in: *Deutsche Kunst und Dekoration*, Nr. 31, Oktoberheft 1912, 42–86.

Brimmer-Brebeck, Angelika: Frauen im jüdischen Milieu. Essener Jüdinnen von 1950–1932, in: Alte Synagoge (Hg.), Jüdisches Leben in Essen. 1800–1933, Essen 1993, 73–102.

Brocke, Michael: Jüdische Friedhöfe in Essen, in: Alte Synagoge (Hg.), Jüdisches Leben in Essen. 1800–1933, Essen 1993, 103–135.

Brown, Jonathan N.: „A valuable man in the right place": the untold story of Fritz Fenthol and the Belmonte letter, in: *Journal of Intelligence History*, 20/2, 2021, 168–202.

Buomberger, Thomas: Raubkunst – Kunstraub. Die Schweiz und der Handel mit gestohlenen Kulturgütern zur Zeit des Zweiten Weltkriegs, Zürich 1998.

Chernow, Ron: Die Warburgs. Odyssee einer Familie, Berlin 1996.

Fabisch, Norbert: Dr. Georg Hirschland – Essen – Ruhr – Franzenshöhe. Über den Aufstieg der Bankiersfamilie Hirschland, Ihre Villa Franzenshöhe in Essen-Werden und die Vertreibung im Jahr 1938, in: *Essener Beiträge*, Bd. 134, Essen 2021, 111–145.

Fitzgerald, Francis Scott: Zärtlich ist die Nacht, Zürich 1982.

Goldmann, Christina: Der Central-Verein deutscher Staatsbürger jüdischen Glaubens im Rheinland und Westfalen 1903–1938, Diss., Düsseldorf 2006.

Grünebaum, Ernst: Memoirs of Ernst Grünebaum 1861–1944, Scarsdale New York, 1960.

Hannam, Charles: ... und dann mußte ich gehen, Würzburg 1985.

Hauser, Dorothea: Zwischen Gehen und Bleiben. Das Sekretariat Warburg und sein Netzwerk des Vertrauens 1938–1941, in: Heim, Susanne; Meyer, Beate; Francis R. Nicosia (Hg.), „Wer bleibt, opfert seine Jahre, vielleicht sein Leben". Deutsche Juden 1938–1941, Göttingen 2010, 115–133.

Hechenblaikner, Lois; Kühbacher, Andrea; Zollinger, Rolf (Hg.): Keine Ostergrüsse mehr! Die geheime Gästekartei des Grand Hotel Waldhaus in Vulpera, Edition Patrick Frey, 2021.

Hein, Dieter; Schulz, Andreas: Bürgerkultur im 19. Jahrhundert. Bildung, Kunst und Lebenswelt, München 1996.

Institut zum Studium der Judenfrage (Hg.): Die Juden in Deutschland, München 1935.

James, Harold; Müller, Martin L. (Hg.): Georg Solmssen – ein deutscher Bankier. Briefe aus einem halben Jahrhundert 1900–1956, München 2012.

Janus, Hans: Kein Paket für Familie Klaudat. Das Leben von Helmut Janus, Hamburg 2018, unveröffentlicht [aus dem Besitz des Autors].

Köhler, Ingo: Wirtschaftsbürger und Unternehmer – Zum Heiratsverhalten deutscher Privatbankiers im Übergang zum 20. Jahrhundert, in: Ziegler, Dieter (Hg.), Großbürger und Unternehmer. Die deutsche Wirtschaftselite im 20. Jahrhundert, Göttingen 2000, 116–143.

Köhne-Lindenlaub, Renate: Die Villa Hügel. Unternehmerwohnsitz im Wandel der Zeit, München, Berlin 2002.

Kopper, Christopher: Wirtschaftliche Selbstbehauptung im sozialen Ghetto. Jüdische Wirtschaftsbürger im „Dritten Reich", in: Ziegler, Dieter (Hg.), Großbürger und Unternehmer. Die deutsche Wirtschaftselite im 20. Jahrhundert, Göttingen 2000, 204–214.

Kulka, Otto Dov; Jäckel, Eberhard: Die Juden in den geheimen NS-Stimmungsberichten 1933–1945, Düsseldorf 2004.

Lässig, Simone: Jüdische Wege ins Bürgertum. Kulturelles Kapital und sozialer Aufstieg im 19. Jahrhundert, Göttingen 2004.

Lässig, Simone: Nationalsozialistische „Judenpolitik" und jüdische Selbstbehauptung vor dem Novemberpogrom. Das Beispiel der Dresdner Bankiersfamilie Arnhold, in: Pommerin, Reiner (Hg.), Dresden unterm Hakenkreuz, Köln 1998, 129–191.

Laufer, Ulrike: Sammlerfleiß und Stiftungswille. 90 Jahre Folkwang-Museumsverein – 90 Jahre Museum Folkwang, Göttingen 2012.

Lordick, Harald: „‚Das schönste Jugendheim Deutschlands'. Erich Mendelsohns Haus der jüdischen Jugend in Essen 1932–1938", in: *Kalonymos.* Beiträge zur deutsch-jüdischen Geschichte aus dem Salomon Ludwig Steinheim-Institut an der Universität Duisburg-Essen, 19. Jg., 2016, Heft 2, 1–10.

Lorenz, Ina; Berkemann, Jörg: Die Hamburger Juden im NS-Staat 1933 bis 1938/39. Bd. 2, Monografie, Göttingen 2016.

Menze, Josef: Judenschule und Synagoge in der Stadt Steinheim während der ersten Hälfte des 19. Jahrhunderts, in: *Mitteilungen des Kulturausschusses der Stadt Steinheim*, Heft 50, 2. Halbjahr 1992, 3–51.

Metzendorf, Rainer: Georg Metzendorf 1874–1934. Siedlungen und Bauten, Darmstadt/Marburg 1994.

Meyer, Michael A.: Leo Baeck. Rabbiner in bedrängter Zeit, München 2021.

Münzel, Martin: Die jüdischen Mitglieder der deutschen Wirtschaftselite 1927–1955. Verdrängung – Emigration – Rückkehr, Paderborn 2006.

Naarmann, Margit: Eine „vernünftige" Auswanderung. Geseke, Paderborn, Amerika: Aufstieg, Verfolgung und Emigration der Familie Grünebaum, Paderborn 2002.

Rieker, Yvonne; Michael Zimmermann: Akkulturation und antisemitischer Druck. Identitätsmuster und Bildungsbestrebungen im jüdischen Vereinswesen an der Ruhr, in: *Essener Beiträge*, Bd. 119, Essen 2006, 263–308.

Saalmann, Timo: Die Einweihung der Synagoge am Steeler Tor 1913. Bürgerliche Festkultur und Lebensführung der Essener Juden, in: *Essener Beiträge*, Bd. 119, Essen 2006, 457–498.

Samuel, Salomon: Geschichte der Juden in Stadt und Synagogenbezirk Essens von der Einverleibung Essens in Preußen (1802) bis zur Errichtung der Synagoge am Steeler Tor (1913). Festschrift zur Weihe der Synagoge, Essen 1913.

Schneider, Wolf: Essen – Abenteuer einer Stadt, Düsseldorf/Wien 1971.

Scholtyseck, Joachim, Die National-Bank. Von der Bank der christlichen Gewerkschaften zur Mittelstandsbank 1921–2021, München 2021.

Schröter, Hermann: Die Familie Hirschland in Essen, in: ders., Geschichte und Schicksal der Essener Juden, Essen 1984, 167–180.

Schröter, Hermann: Essener Kommerzienräte, in: Die Heimatstadt Essen, 11. Jahrbuch 1959/60, Essen o. J., 59–84.

Schröter, Herrmann: Zum Gemälde des Malers Klein-Chevalier „Besuch des Kaisers Wilhelm II. im Essener Rathaus", in: *Das Münster am Hellweg*, 13. Jg., Nr. 5, 1960.

Serlo, W.: Bergmannsfamilien XIV, in: *Glückauf. Berg- und Hüttenmännische Zeitschrift*, Nr. 24, 65. Jg., 15. Juni 1929.

Stremmel, Ralf: Paul Hoffmann – Gauwirtschaftsberater der NSDAP – Spuren eines gewöhnlichen Parteifunktionärs, in: *Geschichte im Westen* 27 (2012) 93–123.

Ulrich, Keith: Aufstieg und Fall der Privatbankiers. Die wirtschaftliche Bedeutung von 1918 bis 1938, Frankfurt 1998.

Ulrich, Keith: Das Privatbankhaus Simon Hirschland im Nationalsozialismus, in: Köhler, Manfred; Ulrich, Keith (Hg.), Banken, Konjunktur und Politik. Beiträge zur Geschichte deutscher Banken im 19. und 20. Jahrhundert, Essen 1995, 129–142.

Vonde, Detlev: Revier der großen Dörfer. Industrialisierung und Stadtentwicklung im Ruhrgebiet, Essen 1989.

Waldhoff, Johannes: Die Geschichte der Juden in Steinheim, Paderborn 1980.

Walter, Kerstin: Entdeckung eines Gartendenkmals in Essen. Zwei ehemals private Sondergärten von Gartenarchitekt Heinrich Friedrich Wiepking, in: Landschaftsverband Rheinland (Hg.), *Denkmalpflege im Rheinland*, Heft 2, 2023, 12–24.

Weber, Annette; Radjai-Ordoubadi, Jihan (Hg.): Jüdische Sammler und ihr Beitrag zur Kultur der Moderne, Heidelberg 2011.

Welzel, Robert: Aufbruch in die Moderne. Das Bredeneyer Realgymnasium und die Reformarchitektur, in: Goetheschule Essen 2010. Schulkultur: Stationen und Perspektiven, Essen 2009.

Welzel, Robert: Von der Müllhalde zum „Renommier"-Viertel. Das Massenbauen auf dem Rüttenscheider Haumannshof, in: *Essener Beiträge*, Bd. 116, Essen 2004, 227–272.

Wisotzky, Klaus: Wie Essen größer wurde. Die Eingemeindungspolitik der Stadt Essen im Kaiserreich, in: *Essener Beiträge*, Bd. 127, Essen 2014, 181–317.

Wisskirchen, Wilhelm: Burkhardt & Co. Privatbankiers im Herzen des Ruhrgebiets, in: *Tradition. Zeitschrift für Firmengeschichte und Unternehmerbiographie*, Jg. 2, Heft 3, August 1957, 229–246.

Zimmermann, Michael: Die „Reichskristallnacht" 1938 in Essen, in: Alte Synagoge (Hg.), Entrechtung und Selbsthilfe. Zur Geschichte der Juden in Essen unter dem Nationalsozialismus, Essen 1994, 66–97.

Zimmermann, Michael: Zur Geschichte der Essener Juden im 19. und im ersten Drittel des 20. Jahrhunderts. Ein Überblick, in: ders.; Claudia Konieczek (Hg.), Jüdisches Leben in Essen, 1800–1933 (= Studienreihe der Alten Synagoge. Bd. 1), Essen 1993, 8–72.

Zittartz, Suzanne: Episoden aus der Geschichte der jüdischen Gemeinde Essen in der ersten Hälfte des 19. Jahrhunderts, in: Barbian, Jan-Pieter; Brocke, Michael; Heid, Ludger (Hg.), Juden im Ruhrgebiet. Vom Zeitalter der Aufklärung bis in die Gegenwart, Essen 1999, 281–288.

Zweig, Stefan: Die Welt von Gestern, Fischer Taschenbuch, Frankfurt 1970.

Besuchte Archive

Archiv der Alten Synagoge Essen

Archiv des Museums Folkwang

Archiv des Viktoriagymnasiums Essen (heute Dependance des Burggymnasiums Essen)

Bistumsarchiv Essen

Haus der Essener Geschichte / Stadtarchiv Essen

Hirschland Bank and Family collection, 1819–1999, AR 25638

Historisches Archiv Krupp

Landesarchiv Nordrhein-Westfalen Abteilung Rheinland

Leo Baeck Institut Berlin

Leo Baeck Institute New York (LBI)*

Staatsarchiv Thurgau, Schweiz

Universitätsarchiv Tübingen

* Im LBI liegt die Hirschland Bank and Family collection, 1819–1999, AR 25638, die die Bank- und Familiensammlung Hirschland, den Familiennachlass sowie die Bankunterlagen des Bankhauses Hirschland enthält. Es handelt sich um Nachlässe von Mitgliedern der Familien Hirschland, Grünebaum, Neumann und anderer Familien. Die Sammlung umfasst eine umfangreiche Korrespondenz, Bankakten und Finanzunterlagen, Familienpapiere, offizielle Dokumente, Fotos und Fotoalben, Verträge und andere Unterlagen. Das Material ist auf zwanzig Mikrofilmrollen einsehbar, die digitalisiert wurden. Daneben gibt es einen Bestand „Hirschland Bank Collection, AR 25342", der nur mit Zustimmung der Familie zugänglich ist.

BILDNACHWEIS

Abb. 1: Foto LVR-ADR, Silvia M. Wolf

Abb. 2: Möbelmuseum Steinheim

Abb. 3: Foto Norbert Fabisch

Abb. 4: Leo Baeck Institute, New York (LBI, NY)

Abb. 5: Naomi Hannam

Abb. 6: Aus Schröter, Hermann: Die Familie Hirschland in Essen, in: ders., Geschichte und Schicksal der Essener Juden, Essen 1984

Abb. 7: Aus Wisskirchen, Wilhelm: Burkhardt & Co. Privatbankiers im Herzen des Ruhrgebiets, in: *Tradition. Zeitschrift für Firmengeschichte und Unternehmerbiographie*, 2. Jg., Heft 3, August 1957, 233

Abb. 8: Ebd., 234

Abb. 9: Museum Folkwang

Abb. 10: Gemeinfrei

Abb. 11: Foto Norbert Fabisch / Ausstellung im Haus der Essener Geschichte (HdEG)

Abb. 12: HdEG / Stadtarchiv

Abb. 13: Archiv Alte Synagoge Essen

Abb. 14: Archiv Alte Synagoge Essen

Abb. 15: Archiv Alte Synagoge Essen

Abb. 16: Foto Norbert Fabisch

Abb. 17: Aus Grünebaum, Ernst: Memoirs, 80

Abb.18: Gemeinfrei

Abb. 19: Ernst-Josef Schmitz, Essen

Abb. 20: LBI, NY

Abb. 21: LBI, NY

Abb. 22: LBI, NY

Abb. 23: LBI, NY

Abb. 24: Jüdisches Museum Berlin

Abb. 25: HdEG / Stadtarchiv

Abb. 26: Archiv der Viktoriaschule, heute im Burggymnasium

Abb. 27: Archiv der Viktoriaschule, heute im Burggymnasium

Abb. 28: Archiv der Viktoriaschule, heute im Burggymnasium

Abb. 29: Archiv der Viktoriaschule, heute im Burggymnasium

Abb. 30: Foto Victoria Hess-Hirschland

Abb. 31: Bibliothèque nationale de France

Abb. 32: Aus Wisskirchen, Wilhelm: Burkhardt & Co. Privatbankiers im Herzen des Ruhrgebiets, in: *Tradition. Zeitschrift für Firmengeschichte und Unternehmerbiographie*, 2. Jg., Heft 3, August 1957, 254

Abb. 33: Aus E. W. Bredt, Das Haus Krawehl Essen-Ruhr, erbaut von Prof. Adelbert Niemeyer, in: *Deutsche Kunst und Dekoration*, Oktoberheft 1912, 44

Abb. 34: Ebd., 63

Abb. 35: Ebd., 37

Abb. 36: Foto Norbert Fabisch

Abb. 37: Universitätsarchiv Tübingen 123/456

Abb. 38: Universitätsarchiv Tübingen 123/456

Abb. 39: Bibliothek des Bischöflichen Priesterseminars Trier

Abb. 40: Bibliothek des Bischöflichen Priesterseminars Trier

Abb. 41: Gemeinfrei (Foto Jacques Lüscher)

Abb. 42: Gemeinfrei (Foto Jacques Lüscher)

Abb. 43: Gemeinfrei (Foto Jacques Lüscher)

Abb. 44: Foto Norbert Fabisch

Abb. 45: LVR-Industriemuseum Oberhausen rz 12/110

Abb. 46: HdEG / Stadtarchiv

Abb. 47: HdEG / Stadtarchiv

Abb. 48: Foto Norbert Fabisch

Abb. 49: LBI, NY

Abb. 50: Foto Norbert Fabisch

Abb. 51: LBI, NY

Abb. 52: Foto Norbert Fabisch

Abb. 53: Bundesarchiv

Abb. 54: Stiftung Preußischer Kulturbesitz, Kunstbibliothek

Abb. 55: HdEG / Stadtarchiv

Abb. 56: HdEG / Stadtarchiv

Abb. 57: Transkription nach Wisskirchen, Wilhelm: Burkhardt & Co. Privatbankiers im Herzen des Ruhrgebiets, in: *Tradition. Zeitschrift für Firmengeschichte und Unternehmerbiographie*, 2. Jg., Heft 3, August 1957, 238

Abb. 58: Foto Edward Hirschland

Abb. 59: LBI, NY

Abb. 60: Archiv Alte Synagoge Essen

Abb. 61: Stadtarchiv Dannenberg (Elbe)
Abb. 62: Im Besitz von Norbert Fabisch
Abb. 63: Gemeinfrei
Abb. 64: Gemeinfrei
Abb. 65: Gemeinfrei
Abb. 66: Gemeinfrei
Abb. 67: Museum Folkwang
Abb. 68: Archiv Alte Synagoge Essen
Abb. 69: LBI, NY
Abb. 70: LBI, NY
Abb. 71: Naomi Hannam
Abb. 72: HdEG / Stadtarchiv
Abb. 73: *Der Stürmer,* Sondernummer 2, August 1935
Abb. 74: Jüdisches Museum Berlin
Abb. 75: Naomi Hannam
Abb. 76: Naomi Hannam
Abb. 77: Naomi Hannam
Abb. 78: LBI, NY
Abb. 79: LBI, NY
Abb. 80: Archiv Alte Synagoge Essen
Abb. 81: Museum Folkwang
Abb. 82: Das Foto wurde dem Autor von einer ehrenamtlichen Mitarbeiterin des Westchester Hills Cemetery in Scarsdale zugesandt.
Abb. 83: Rolf Zollinger
Abb. 84: Jochen Ziegelmann
Abb. 85: *Allgemeine Jüdische Illustrierte,* 1. Juni 1951; Zeichner: Peter Holstein
Abb. 86: Aus E. W. Bredt, Das Haus Krawehl Essen-Ruhr, erbaut von Prof. Adelbert Niemeyer, in: *Deutsche Kunst und Dekoration*, Oktoberheft 1912, 78
Abb. 87: LBI, NY
Abb. 88: Fotoarchiv Ruhr Museum
Abb. 89: Archiv des Bistums Essen
Abb. 90: Archiv Alte Synagoge Essen
Abb. 91: Archiv des Bistums Essen
Abb. 92: Archiv des Bistums Essen
Abb. 93: Foto Norbert Fabisch

ÜBER DEN AUTOR

Norbert Fabisch
geboren 1956 in Essen, studierte Geschichte und arbeitete bei Professor Hans Mommsen. Als Lehrer kümmerte er sich besonders um Holocaust-Erziehung. Nach seiner Pensionierung stieß er in Essen-Werden auf die Reste der Villa Franzenshöhe. Damit begann eine intensive Recherche im New Yorker Leo Baeck Institute, das auf rund 16 000 Seiten das Schicksal einer außergewöhnlichen Bankiersfamilie und ihre Vertreibung dokumentiert.